La philosophie du langage

D1996829

ausgesondert am
Mrz 2021

F 19,1
Aur
1

Sylvain Auroux
Jacques Deschamps
Djamel Kouloughli

La philosophie du langage

QUADRIGE / PUF

Institut für Romanische Philologie Aachen

DES MÊMES AUTEURS

SYLVAIN AUROUX

L'Encyclopédie « grammaire » et « langue » au XVIIIe siècle Paris, Mame, 1973.

La sémiotique des encyclopédistes. Essai d'épistémologie historique des sciences du langage, Paris, Payot, 1979.

Condillac. La langue des calculs, Villeneuve d'Ascq, Presses Universitaires de Lille, 1981 (en collaboration).

L'Illuminismo francese et la tradizione logica di Port-Royal, Bologne, Clueb, 1982.

Matériaux pour une histoire des théories linguistiques, Villeneuve d'Ascq, Presses Universitaires de Lille, 1984 (en collaboration).

La linguistique fantastique, Paris, Clims/Denoël, 1985 (en collaboration).

Pour une histoire de la linguistique amérindienne en France, Paris, Association d'ethnolinguistique amérindienne, 1985 (en collaboration).

Histoire des idées linguistiques, t. I : *La naissance des métalangages en Orient et en Occident,* Liège, Mardaga, 1989 (en collaboration).

Les notions philosophiques. Dictionnaire, t. II de l'*Encyclopédie philosophique universelle,* Paris, PUF, 1990 (en collaboration).

Barbarie et philosophie, Paris, PUF, 1990 (trad. italienne, avec une postface, Rome, Éd. Riuniti, 1993).

L'Encyclopédie, Diderot, l'Esthétique. Hommage à Jacques Chouillet (1915-1990), Paris, PUF, 1991 (en collaboration).

Histoire des idées linguistiques, t. II : *Le développement de la grammaire occidentale,* Liège, Mardaga, 1992 (en collaboration).

La logique des idées, Montréal-Paris, Bellarmin-Vrin, 1993.

La révolution technologique de la grammatisation. Introduction à l'histoire des sciences du langage, Liège, Mardaga, 1994 (version initiale en portugais, *A revolução tecnologica da gramatização,* Campinas, Editora da Unicamp, 1992).

La raison, le langage et les normes, Paris, PUF, 1993.

Histoire des idées linguistiques, t. III : *L'hégémonie du comparatisme,* Liège, Mardaga, 2000 (en collaboration).

JACQUES DESCHAMPS

J. Deschamps a été le secrétaire scientifique du t. II de l'*Encyclopédie philosophique universelle, Les notions philosophiques. Dictionnaire,* Paris, PUF, 1990.

DJAMEL KOULOUGHLI

Auteur de nombreux articles sur l'histoire de la grammaire arabe, sur des questions linguistiques concernant cette langue et de plusieurs logiciels destinés à son traitement automatique, D. Kouloughli est, notamment, l'auteur d'une grammaire de l'arabe. Il a collaboré au t. II de l'*Encyclopédie philosophique universelle.*

ISBN 2 13 054706 0
ISSN 0291-0489

Dépôt légal – 1re édition : 2004, novembre

© Presses Universitaires de France, 2004
6, avenue Reille, 75014 Paris

Institut für Romanische
Philologie Aachen
- 59400 -

Sommaire

Préface

Depuis la première édition (1996) de cet ouvrage, peu de choses ont changé dans le domaine de la philosophie du langage, voire dans celui des sciences du langage. Le renouvellement des thèmes philosophiques est extrêmement lent et il dépend largement des avancées des connaissances positives. Le point le plus important de ces dix dernières années semble être la focalisation d'une partie de la recherche en matière de langage sur une thématique que l'on pourrait qualifier globalement de « naturalisation du langage ». La question linguistique n'est pas isolée, on retrouve la même problématique générale en matière de sociologie (« sociobiologie »), d'éthique, voire de théorie de la connaissance (l'origine de cette thématique réside alors dans l'article de Quine sur l' « épistémologie naturelle »). Le thème n'est pas totalement nouveau. Le positivisme linguistique du XIXe siècle (l'école naturaliste d'H. Chavée, en France, et celle d'A. Schleicher, en Prusse) avait déjà largement exploré cette voie en s'appuyant sur un modèle biologique (les langues sont comme les plantes : elles naissent, croissent et meurent selon un programme qui leur est propre) et des conceptions innéistes assez frustes (Chavée imaginait que des constitutions cérébrales différentes correspondaient aux diverses familles linguistiques). L'ensemble du programme de recherche qui aboutit aux formulations du *Cours de linguistique générale* de F. de Saussure parvint à marginaliser ce courant en créant un socle épistémologique fort (« la langue est un fait social »), parfois proche du conventionnalisme (c'est le point de vue qui crée l'objet ; la « langue » n'est pas une espèce naturelle, mais une construction du linguiste). Le contexte de la « naturalisation » aujourd'hui a totalement changé. D'abord, parce que nous sommes dans une phase de domination des positivités de type « naturaliste », l'intrication entre le domaine des neurosciences, qui connaissent de réels succès, et la nébuleuse confuse des « sciences cognitives » conduisant à un nouveau « paramétrage » des disciplines. Ensuite, parce que la structure démographique de la science contemporaine impose un changement rapide de génération qui ne permet pas la reproduction du savoir. De nombreux chercheurs abordent les sciences du langage avec une formation d'ingénieur, ignorant tout de la lente formation qui a permis les résultats de la linguistique comparée, et, *a fortiori,* des valeurs épistémologiques tacites qui se transmettent au cours de cette formation. Il ne s'agit pas nécessairement d'une catastrophe globale, l'invention repose aussi sur l'oubli.

Quoi qu'il en soit, *l'une des nouvelles frontières* de recherche de la philosophie contemporaine est incontestablement *la question de la naturalisation de l'esprit et du langage.*

Qu'est-ce que la naturalisation ? Lorsque l'on remonte jusqu'aux débuts du XIXe siècle, on remarque l'opposition claire dans l'idéalisme allemand entre la *philosophie de la nature* et la *philosophie de l'esprit.* La distinction est d'abord ontologique. La philosophie de la nature concerne le monde de la matière ; ce dernier est semblable à lui-même en tous les points du réel, par conséquent ce qui s'y passe est atteint du double sceau de l'*universalité* (si on décrit un phénomène quelque part dans l'espace-temps, alors cette description est valable partout) et de la *nécessité* (si quelque chose se passe d'une certaine façon moyennant la définition des conditions initiales, alors cela ne peut pas se passer autrement). Le monde de l'esprit correspond à des phénomènes clairement identifiables de notre environnement (organisations sociales, arts, sciences, religions, monuments, etc.), mais se trouve distingué par la désignation d'une entité globale, l'esprit, dont la principale qualité est de ne pas être matière. Évidemment, une telle distinction manque de clarté, mais ses conséquences sont explicites. Le dualisme ontologique impose, en effet, une discontinuité radicale entre la matière et l'esprit, donc entre le monde de la culture et celui de la matière (qu'elle soit inerte ou vivante), incidemment entre le règne animal et les activités humaines. Il est certain que cette situation a facilité la représentation réflexive de nos activités scientifiques. Toutefois ces thèses plutôt confuses résistent mal à un approfondissement. D'abord, la distinction ontologique baptise un problème plus qu'elle ne l'explique. Encore faudrait-il savoir ce qu'est l'esprit, et ce qui se passe lorsque l'on opte pour un monisme ontologique. N'en est-il pas de l'esprit comme de la « vie », entité abstraite postulée pour expliquer une classe de phénomènes, mais qui ne faisait que la signaler ?

De fait, la séparation entre la nature et la culture repose sur quelque chose de plus profond que la postulation d'une quelconque entité ontologique. Il s'agit de la distinction entre la norme (la « règle ») et la « loi » au sens des « lois de la nature », universelles, nécessaires et atemporelles.

La démarcation doit alors être pensée comme une absolue solution de continuité entre les deux ordres. Le problème est parfaitement posé par Rousseau dans le chapitre 3 du livre I du *Contrat social* : on ne peut pas dériver le droit du fait (le « droit du plus fort » est une contradiction). Plus généralement, les faits et les lois n'expliquent pas les règles et les normes. L'État n'a pas sa source dans la spontanéité d'une organisation naturelle, mais dans le contrat social. L'ambiguïté de la phrase qui précède montre le véritable enjeu de la question : « source » y signifie non pas « origine historique », quelque chose comme un « commencement », mais « légitimité ».

C'est probablement Claude Lévi-Strauss (*Les structures élémentaires de la parenté,* 1947 ; 2e éd., Paris, La Haye, Mouton & Co, 1967) qui a donné la généralisation la plus claire de la thèse de l'irréductibilité d'essence entre la culture et la nature. L'introduction à l'ouvrage note que « la distinction entre état de nature et état de société, à défaut d'une signification historique acceptable, présente une valeur logique qui justifie pleinement son utilisation par la sociologie moderne, comme un instrument de méthode » (*loc. cit.,* p. 3). L' « absence de règles semble apporter le critère le plus sûr qui permette de distinguer un processus naturel d'un processus culturel ». On sait que, pour l'anthropologue, la question porte sur le statut de la règle de prohibition de l'inceste – autrement dit, de l'origine du mariage qui sépare le phénomène social de la famille (et donc, plus globalement, l'origine de la société) du phénomène biologique de la reproduction. On pourrait toujours penser que l'on peut dériver cette règle de la constatation empirique selon laquelle la consanguinité dans la reproduction conduirait l'espèce à des catastrophes biologiques. En fait, la question n'est pas là. Quand bien même on disposerait d'un état de regroupement humain apte à faire cette constatation (à supposer qu'elle soit valide), le problème qui demeure est le passage d'un état de fait à une règle qui le prohibe. D'où viendrait cet acte ? C'est pourquoi, vingt ans après, Lévi-Strauss, tout en reconnaissant qu'il n'a peut-être pas fait assez de place aux considérations biologiques, réitère sa position : « Au sujet de la causalité biologique, je me bornerai maintenant à dire, en reprenant une formule célèbre, que l'ethnologue n'a pas besoin de cette hypothèse » (préface à la 2e éd., *loc. cit.*, 1967, p. XVI).

Le statut du langage est évidemment directement concerné par la représentation des rapports entre la nature et la culture ; ce n'est pas un hasard si Lévi-Strauss défend l'épiphénoménisme en matière d'origine du langage (voir notre section sur la question). La discussion antique sur le conventionnalisme linguistique (voir notre chap. 3) peut assurément être considérée comme la première façon d'aborder la question. Le premier modèle moderne en matière de naturalisme (autant pour la culture que pour le langage) est celui de Court de Gébelin que nous avons analysé à plusieurs reprises dans cet ouvrage (Antoine Court de Gébelin, *Le monde primitif*, 9 vol., Paris, Chez l'auteur, 1773-1782 ; voir notamment vol. 2 : *Histoire naturelle de la parole ou grammaire universelle*, Paris, 1774). Chez ce protestant des Lumières, la naturalisation de l'esprit suppose une naturalisation du langage et des significations (hypothèse d'un premier langage imitatif, ce que l'on nomme habituellement « cratylisme ») : la nature est originellement signifiante. Évidemment, la démonstration tourne à la circularité.

Qu'en est-il aujourd'hui de la naturalisation du langage ? On peut la résumer en trois thèmes :

— l'universalité structurelle du langage humain ;
— l'assise biologique de cette universalité ;

— l'insistance sur l'origine naturelle du langage humain (elle revient souvent à un refus d'une démarcation claire entre les systèmes de communication animale et le langage).

Ce n'est pas le lieu, ici, de discuter ces thèmes ; nous renvoyons à l'ouvrage technique de l'un des trois collaborateurs (Sylvain Auroux, *Le langage, la raison et les normes,* Paris, PUF, 1998). Nous nous contenterons de situer les enjeux dans la perspective de l'ouvrage que l'on va lire.

L'ordre linguistique possède sa régulation et ses catégories propres (voir notre section « Les parties du discours et le théorème de Platon »). Il y a incontestablement un substrat biologique à l'ordre linguistique. Ce substrat peut-il expliquer les catégories linguistiques selon une chaîne causale ? Si oui, cette chaîne est-elle nécessaire ? En quoi l'universalité pourrait-elle faire avancer la discussion biologique ? Comment l'universalité serait-elle compatible avec la diversité des langues ? Les multiples études contemporaines sur l'origine des langues font-elles en quoi que ce soit avancer la question ? Au fond de tout ce questionnement, on peut renverser la problématique : le naturalisme se réclamant des « faits », a-t-on découvert de nouveaux faits qui changent radicalement notre position ?

L'état de l'art ne permet guère d'être optimiste sur cette dernière question. On n'a évidemment pas découvert le « gène » de l'adjectif ! Les progrès considérables de l'éthologie animale ne nous permettent toujours pas de surmonter la solution radicale de continuité entre les systèmes de communication animale et le langage humain. Les faits évoqués ou les protocoles utilisés sont pratiquement toujours sujets à caution. Dans la lignée des discussions sur les enfants sauvages, on invoque souvent dans la littérature scientifique le cas contemporain des « enfants sourds du Nicaragua ». Une communauté d'enfants orphelins (à cause de la révolution de 1979) intégrés à des programmes sociaux aurait créé spontanément une forme de communication ; ce fait est parfois interprété comme validant la thèse de D. Bickerton (*Language and Species,* University of Chicago Press, 1990) selon laquelle le langage découlerait d'un programme biologique qui se révèle dans la création des pidgins, avant qu'ils ne soient créolisés. Comment peut-on travailler sur un seul cas, dont l'interprétation mériterait qu'on revienne sur sa discussion ? Dans un autre ordre d'argumentation, le linguiste M. Ruhlen (*The Origin of Language. Tracing the Evolution of the Mother Tongue*, New York, John Wiley & Sons, Inc., 1994) s'est efforcé de reconstruire un modèle remontant la généalogie des langues à une seule proto-langue. Les discussions ultérieures sur ces apparentements montrent indubitablement qu'ils ne sont pas statistiquement satisfaisants.

Nous sommes incontestablement devant une grande confusion. Supposons qu'un spécialiste sur l'origine des langues nous explique que la cause de l'apparition du langage humain est la nécessité de faire des récits. La thèse possède indubitablement des relations fortes avec l'état social et permet un accord sur la démarcation entre communication animale (absence de récits) et le langage humain (voir, par exemple, Jean-Louis Dessales, *Aux origines du langage. Une histoire naturelle de la parole*, Paris, Hermès, 2000 ; rien ne nous permet de penser que la reprise du titre de Gébelin soit volontaire). Mais en quoi a-t-on produit une quelconque explication sur l'origine du langage ? Ne sommes-nous pas dans la circularité pure et simple, dans la mesure où le récit suppose un appareillage linguistique (système de repérage temporel, ancrages énonciatifs, etc.) ? Et que répondre à celui qui soutient que le développement du langage humain a permis le récit, acte culturel irréductible à la nature ?

On rencontre souvent, dans la littérature, des passages comme le suivant (c'est une citation dont nous n'indiquons pas l'auteur pour éviter la polémique et rester dans la généralité) :

« Le cerveau humain possède de manière évidente une capacité de langage dans un sens général, qui aurait la forme d'une large potentialité de communication et de représentation. »

En quoi s'agit-il d'une assertion susceptible d'une démonstration ou d'un appui empirique quelconque ? Ce type de trivialité peut-il légitimement faire partie d'un discours académique ?

La naturalisation du langage n'est pourtant pas une trivialité. Elle mérite les discussions philosophiques les plus amples possibles.

Parmi ces discussions nous aimerions citer un dernier cas dont le sujet est fondamental. Comme nous le montrons dans cet ouvrage, l'argumentation de Quine contre la traduction radicale est essentielle à l'appréhension moderne de l'universalité linguistique (qu'elle réfute). L'interprétation que nous en avons donnée consiste à dire qu'un fait (l'ostension concomitante d'un objet et l'audition d'un son) ne permettait pas de fixer la signification. Nous disposons de quantité d'exemples anthropologiques (un mot figure dans une liste de mots, traduit par « aiguille » ; plus tard, quand on connaît mieux la langue, on s'aperçoit que la traduction exacte est « celle de ma fille » ; conclusion : hors d'un contexte linguistique, il n'y a pas de traduction possible et, comme le contexte dépend de la langue, il n'y a pas de traduction absolue). Le philosophe I. Hacking a récemment repris des listes d'exemples invoqués par les philosophes, en montrant que la traduction n'était pas si erronée que cela (« Was there ever a radical mistranslation », chap. 10 de Ian Hacking, *Historical Ontology* (Cambridge, Mass., Harvard University Press). Hacking en conclut qu'il y a des erreurs de classification, non de traduction. N'est-ce pas suffisant pour soutenir l'indétermination de la traduction ?

En reprenant cet ouvrage pour sa publication en « Quadrige », nous avons changé peu de chose à l'esprit du texte originel. Nous avons essayé de corriger les coquilles (il y en a donc probablement de nouvelles !), d'éclaircir certains passages et de simplifier au maximum les éléments techniques. Dans ce contexte nous avons décidé de ne pas reproduire les Appendices concernant la question de la formalisation et la chronologie des découvertes en matière de science du langage (ce qui a déjà été fait dans les traductions italiennes et portugaises). Les lecteurs désireux d'en retrouver une nouvelle version ainsi que des discussions sur les questions de philosophie du langage peuvent se rendre sur le site du Centre Jean-Toussaint Desanti pour la philosophie de la connaissance (https://centredesanti.ens.lsh.fr). Nous avons également complété la bibliographie et changé sa présentation, en espérant la rendre plus commode pour le lecteur. Pour le reste, nous continuons à assumer les positions théoriques et la forme de cet ouvrage.

Lyon, septembre 2004.

Jacques Deschamps a rédigé le chapitre 7 (« Langage et subjectivité ») ; Djamel Kouloughli, le chapitre 8 (« La mécanisation du langage »). Tous les autres chapitres ont Sylvain Auroux pour auteur.

Introduction – Qu'est-ce que la philosophie du langage ?

Les sciences du langage

Dans toutes les sociétés sédentarisées et urbanisées, disposant d'une relative densité démographique et d'une certaine extension territoriale, on voit naître, pour peu qu'elles possèdent l'écriture, les embryons de quatre disciplines cardinales. Il s'agit des mathématiques, de l'astronomie, du droit et de la *grammaire.* Le langage humain, ce que l'on appelle volontiers le *langage naturel,* fait donc l'objet de pratiques techniques (par exemple, les écritures ou l'argumentation codifiée de la rhétorique) et de disciplines visant à le décrire depuis fort longtemps. En Occident, on peut faire naître la grammaire au tournant des IIIe et IIe millénaires avant notre ère, lorsque apparaissent des paradigmes grammaticaux (par exemple, un verbe conjugué à toutes les personnes) dans des listes bilingues sumérien/akkadien[1]. Plusieurs civilisations ont vu naître des traditions d'analyses linguistiques, embryonnaires (les Babyloniens, les Égyptiens) ou solidement développées (les Chinois, les Indiens, les Grecs, les Arabes). Il faut insister sur le fait que toutes ces traditions sont nées après que les civilisations en question eurent maîtrisé une forme complète d'écriture.

La réflexion linguistique occidentale provient de la tradition grecque et elle n'atteint sa maturité qu'avec la grammaire d'Apollonios Dyscole, au IIe siècle de notre ère, bien longtemps

1. En ce qui concerne l'histoire des sciences du langage, nous renvoyons pour plus de précisions à l'*Histoire des idées linguistiques,* 3 vol., 1989-2000.

après la maturation, par exemple, de la grammaire indienne (la grammaire du sanskrit de Panini date du Ve siècle avant notre ère), mais de façon, semble-t-il, indépendante. Les grammairiens latins ont opéré un *transfert* de la grammaire du grec sur leur propre langue. Plus tard, cette grammaire latine sera transférée aux langues européennes et aux autres langues du monde, le processus s'accélérant à partir du XVIe siècle, avec la naissance des États-nations européens, l'expansion occidentale à travers le monde[1] et les développements de l'imprimerie. Ce processus de *grammatisation* des langues du monde à partir d'un noyau théorique construit pour le grec et le latin est un phénomène unique dans l'histoire de l'humanité[2]. Les autres grandes traditions (Inde, Chine, monde arabe) n'ont pas opéré un tel transfert massif. On peut comparer le processus de grammatisation et ses effets dans le devenir des sciences du langage à ce qu'a été pour les sciences de la nature la mathématisation galiléo-cartésienne.

C'est avec les traditions linguistiques nationales de l'Europe de la Renaissance que naît un nouvel outil linguistique, le dictionnaire monolingue[3], qui, à la différence des listes de mots que l'on rencontre déjà dans les traditions orales ou des recueils du Moyen Âge, s'efforce clairement de séparer l'information sur la langue (qui est son objet) et l'information encyclopédique sur les êtres du monde. Le dictionnaire monolingue moderne correspond donc à une nouvelle fonctionnalité : il n'a pour but ni l'accroissement des connaissances objectives, ni l'apprentissage d'une langue seconde, et il s'adresse à des natifs qui connaissent déjà leur langue. Sa fonction ne peut être que de *modifier* la compétence (les capacités linguistiques des locuteurs), comme si l'on ajoutait à cette compétence interne aux individus des éléments externes (une sorte de prothèse ou d'outil) que nul ne domine naturellement.

Les grammaires aussi bien que les dictionnaires modernes visent à fournir des instruments permettant de comprendre ou de produire les énoncés d'une langue naturelle. On peut se proposer

1. On notera que la première grammaire du castillan, celle de Nebrija, est publiée en 1492, date du célèbre voyage de Christophe Colomb.

2. S. Auroux, *La révolution technologique de la grammatisation,* 1994.

3. Le *Dictionnaire de l'Académie française* est publié en 1694.

d'autres buts, par exemple décrire les régularités observables dans toutes les langues et leur donner des explications. Ou encore, repérer les éléments sur lesquels portent les transformations quand les langues évoluent et décrire comment s'effectue le passage d'une langue à une autre.

Le premier de ces buts était poursuivi par la *grammaire générale,* discipline que l'on fait emblématiquement remonter à la parution de la *Grammaire générale et raisonnée* (1660) rédigée par le philosophe A. Arnauld et le grammairien C. Lancelot pour les écoles de Port-Royal[1]. Le second a été l'objet, au XIXe siècle, d'une discipline universitaire que l'on a appelée *grammaire historique et comparée* ou encore *linguistique*[2]. Il y a une différence de visée théorique considérable entre ce type de discipline et la grammaire traditionnelle : ni la grammaire générale ni la grammaire comparée n'ont directement des buts pratiques, elles s'efforcent de produire des énoncés empiriques, c'est-à-dire vérifiables (et falsifiables), à propos des langues en poursuivant un intérêt immédiat purement cognitif[3]. De nos jours, le terme de « linguistique » ou l'expression *sciences du langage* (voir n. 2, ci-dessous) servent à désigner globalement les disciplines (sémantique[4], pho-

1. En fait, la grammaire générale est un mouvement européen qui naît de la multiplication des grammaires des langues particulières. En France, son apogée correspond à l'œuvre de N. Beauzée, l'un des principaux auteurs des articles de grammaire dans l'*Encyclopédie* de D'Alembert et Diderot (1751-1775). Au début du XIXe siècle, sous l'influence de Kant et de l'idéalisme allemand, certains auteurs construiront une grammaire générale qui déduit *a priori* les catégories grammaticales de la structure de l'entendement. Les linguistes réagiront violemment à ce projet que reprendra Husserl.

2. Ce mot a commencé à être utilisé en français en 1812, à partir d'un modèle allemand apparu quelques années auparavant ; son emploi s'est généralisé à partir de 1840. Il désigne primitivement, comme la grammaire ou philologie comparée, l'étude des relations génétiques entre les langues. Par la suite (tournant des XIXe-XXe siècles), il en est venu à désigner l'ensemble des sciences du langage, y compris la grammaire. Dans cet usage, il conserve une connotation très normative, puisqu'il comprend l'idée que la linguistique est une discipline unitaire et autonome, dont les critères de scientificité sont plus ou moins ceux des sciences de la nature. Face à cette prétention positiviste, pour marquer l'hétérogénéité et la multiplicité des approches, on a tendance aujourd'hui à utiliser l'expression *sciences du langage.*

3. C'est cet intérêt qui permet de les qualifier de sciences.

4. Science des significations linguistiques (voir chap. 3) et, par extension, science permettant l'interprétation de tout système symbolique (notamment des systèmes formels de la logique).

nétique[1], phonologie[2], morphologie[3], syntaxe[4], sémiotique/sémiologie (voir chap. 3), analyse du discours, etc.) qui abordent l'un quelconque des aspects du langage naturel dans cette perspective. Il s'agit de ce que l'on peut appeler la *connaissance positive* des langues naturelles et de la faculté de langage. Il faut y joindre des approches plus interdisciplinaires comme la psycholinguistique, la sociolinguistique et l'étude des pathologies linguistiques.

L'indétermination du champ de la philosophie du langage

La *philosophie du langage* ne correspond pas à une unité conceptuelle très claire, quoique cette expression puisse entrer dans la description de programmes universitaires ou donner lieu à des titres d'ouvrages. On peut désigner par là plusieurs choses assez différentes :

i) Les réflexions que l'on rencontre sur la nature du langage avant l'apparition des traditions linguistiques positives et autonomisées (par exemple, chez les présocratiques, chez Platon, Aris-

1. Science des sons du langage.

2. Cette approche, qui a pris une forme disciplinaire au tournant du XIXe et du XXe siècle, traite de l'aspect fonctionnel, c'est-à-dire distinctif, des sons articulés par les êtres humains dans leur activité langagière. Un phonème n'est pas un son mais la matrice des traits qui, dans une langue, sont utilisés pour distinguer les unités porteuses de signification. On reconnaît les traits distinctifs des phonèmes, notamment parce que, dans le même environnement phonique, ils permettent de distinguer au moins deux éléments du lexique (test des paires minimales : par exemple, en français, l'opposition sourde/sonore des labiodentales permet de distinguer *tome* et *dome*).

3. Étude de la structure des formes linguistiques (par exemple, règles de composition et de dérivation des éléments lexicaux). Le terme de « morphologie » est un néologisme du XIXe siècle, d'abord utilisé en biologie et en géologie. Le domaine de la discipline existe depuis l'Antiquité ; jusqu'au XIXe siècle, on lui donne le nom d' « étymologie ».

4. Étymologiquement, la syntaxe désigne l'étude de la façon dont les mots sont construits ensemble pour former un énoncé. Les logiciens ont développé la technique qui consiste à représenter les formules à l'aide de lettres ; dans ce contexte, on nomme syntaxe l'ensemble des règles concernant les formules dont les lettres ne sont pas interprétées. La linguistique moderne a suivi ce chemin. En étudiant la façon dont pouvaient s'organiser les différentes catégories dans l'énoncé avant leur réalisation sous forme d'éléments lexicaux, elle a développé la thèse très controversée de l'autonomie de la syntaxe.

tote ou les stoïciens). On notera que la tradition linguistique occidentale a ses sources chez les philosophes qui ont commencé à distinguer les classes de mots (noms et verbes, *onoma* et *rhêma* chez Platon et Aristote) pour les besoins d'une théorie de l'argumentation. On notera que la particularité de la tradition occidentale consiste dans l'ordre d'apparition des disciplines : on a d'abord la logique et la rhétorique, puis la grammaire, à l'inverse de ce qui s'est passé partout ailleurs où la grammaire est toujours première[1]. Cette situation doit être liée à l'organisation du savoir qui se structure entre les Ve-IVe siècles avant notre ère et donne une place centrale à la philosophie, discipline que l'on ne rencontre guère sous cette forme et à cette place dans les autres traditions.

ii) Les conceptions concernant le langage que l'on rencontre dans les ouvrages des auteurs reconnus comme philosophes (ainsi parle-t-on de la philosophie du langage de Platon, de Hegel, de Heidegger, etc.). Il s'agit, bien souvent, de remarques disparates.

iii) Les réflexions visant à expliquer la nature du langage et son rôle dans l'expérience humaine avec une visée fondatrice. K. O. Apel explique ce qui, dans ce cas, distingue l'approche scientifique et l'approche philosophique :

> <la philosophie du langage> ne se limite pas à systématiser le domaine de recherche de la science empirique du langage, ou à synthétiser (...) les résultats de cette science empirique[2].

La philosophie du langage devient une *philosophie première* et fait de la langue « une entité transcendantale au sens où l'entendait Kant » (Apel, *loc. cit.*). Il s'agit donc d'expliquer une fois pour toutes quelles sont les conditions de possibilité du langage humain et en quoi il caractérise le fait d'être homme. On reconnaît la démarche de toute la tradition phénoménologique issue de Husserl. L'une des caractéristiques de cette tradition est de penser que les disciplines positives ne sont pas aptes à fournir des réponses à ce genre de problème. Elle soutient fortement l'idée que la philosophie – sur quelque objet qu'elle s'applique – possède une démarche autonome. On notera que les travaux de Husserl ont eu

1. Une exception : le cas de la Chine, où la tradition autochtone n'a jamais développé, sur son propre fonds, la grammaire en discipline.

2. *Die Idee der Sprache in der Tradition des Humanismus von Dante bis Vico,* Bonn, Bouvier, 1963, p. 22.

une certaine importance pour la connaissance positive des langues. Ils ont clairement posé la question du rôle que pouvait jouer l'*intentionnalité* dans notre activité langagière (voir notre chap. 6).

iv) Un certain nombre de discussions techniques issues des représentations des développements et des discussions des systèmes logiques (considérés comme des systèmes linguistiques artificiels et abstraits) tels qu'ils ont été construits à partir de la fin du XIXe siècle (Frege) et du début du XXe (Russell). On se pose, par exemple, la question de savoir en quoi consiste la signification d'un *nom propre* (c'est-à-dire d'un nom au sens propre, qui désigne un individu), s'il faut admettre que la *proposition* est une entité différente de sa réalisation linguistique, ou encore s'il est correct de réduire la signification d'une expression à l'ensemble des conditions qui la rendent vraie. Ce type d'approche est assez voisin des réflexions positives sur le langage, à cette différence fondamentale près qu'il n'est jamais question de prendre en compte la réalité de la diversité des langues naturelles. On travaille soit sur une seule langue conçue comme réalisant des propriétés universelles (en général l'anglais), soit avec des fragments de langue artificielle – autrement dit, on prend pour objet le langage en général, pas les langues. Lorsque nous nous référerons à cette tradition, essentiellement développée dans les pays anglo-saxons, nous parlerons de *philosophie analytique du langage*.

v) Une dissidence importante du courant précédent, née de la seconde philosophie de Wittgenstein et de la critique de Russell par Strawson (1950), a refusé d'aborder les systèmes abstraits de la logique formelle pour développer une *philosophie du langage ordinaire*. Le langage ordinaire, c'est le langage que parlent les hommes quotidiennement, abstraction faite de toute formalisation. Depuis Francis Bacon jusqu'à Carnap, en passant par Locke, Leibniz et Condillac, nombreux sont les philosophes qui ont dénoncé l'*abus des mots* (les erreurs qui naissent de ce que les hommes prennent pour acquis le fait que des entités réelles ou conceptuelles correspondraient à tous les mots de leurs langues) et l'inadéquation des langues quotidiennes. Les philosophes du langage ordinaire prennent le contre-pied de cette position, quoique certains d'entre eux puissent parfois être modérément réformistes. Leur espoir est qu'une analyse minutieuse du langage ordinaire permette d'accéder à des connaissances incluses dans son usage.

Le projet dépasse largement l'exploration de la nature du langage. Pour des auteurs comme Austin, on ne saurait entreprendre aucune réflexion philosophique sans avoir analysé les expressions du langage ordinaire qui touchent au problème envisagé. Cette orientation correspond à ce que Rorty a nommé le *linguistic turn*[1], le tournant linguistique en philosophie.

La philosophie du langage ordinaire se résume donc, dans son projet, à deux thèses, l'une sur l'importance du langage ordinaire et sa spécificité, l'autre sur la méthode philosophique. La première est une thèse philosophique parmi d'autres (relativement triviale) et la seconde ne nous concerne pas directement dans cet ouvrage. Remarquons simplement qu'analyser, par exemple, les expressions linguistiques concernant la perception n'est sans doute pas la méthode la plus adéquate pour comprendre le mécanisme de cette activité humaine. La philosophie linguistique a cependant produit un certain nombre d'analyses importantes, notamment avec la redécouverte par Austin du rôle des *performatifs*, ces énoncés dont la prononciation suffit à faire ce qu'ils signifient (par exemple, *Je déclare la séance ouverte*, *Je te maudis*, etc.).

vi) Une tendance, non négligeable quantitativement, voit dans la *linguistique générale*[2] l'essentiel de la philosophie du langage. La linguistique générale est un projet, né dans le dernier tiers du XIXe siècle, pour ramener la diversité des connaissances positives concernant les langues humaines à un nombre restreint de principes fermes et assurés. Le linguiste danois L. Hjelmslev définit ainsi ce projet dans un texte rédigé pendant la dernière guerre mondiale, mais publié seulement en 1963 :

> On doit pouvoir concevoir une science qui ne se représente pas seulement le langage comme un agglomérat d'éléments logiques, historiques, physiologiques, physiques, psychologiques et sociologiques, mais qui conçoit avant tout le langage en soi, comme une unité autonome, une totalité de nature particulière[3].

1. En 1967, R. Rorty a publié une anthologie sous le titre *The Linguistic Turn. Recent Essays in Philosophical Method*, où sont repris les textes essentiels des auteurs de la tradition linguistique en philosophie.

2. Par exemple, dans le *Cours de linguistique générale* de F. de Saussure, publié à titre posthume par ses élèves en 1916.

3. *Le langage*, trad. franç., 1966, p. 25.

L'idée que la linguistique générale soit une « science » autonome est très discutable, notamment parce que cela suppose que la linguistique le soit au même sens. Souvent, on désigne sous ce nom une approche globale des principes les plus généraux que l'on utilise dans la construction positive de la connaissance des langues et de la faculté de langage. Le célèbre ouvrage d'O. Jespersen, *Philosophie de la grammaire* (original anglais, 1924), est un traité de linguistique générale conçu en ce sens étendu.

vii) Une approche réflexive d'un certain nombre de questions apparues dans les sciences du langage et qui n'y trouvent pas de réponses univoques. On peut qualifier ce domaine de *philosophie de la linguistique*. Son apparition suppose non seulement une certaine maturité théorique des connaissances positives (une grammaire pédagogique pose rarement des problèmes de ce niveau, et, si elle le fait, elle manque son but pédagogique), mais aussi une séparation claire entre la connaissance positive et la réflexion philosophique, qui ne peut provenir que de l'autonomie universitaire de la première (la grammaire spéculative médiévale ou la grammaire générale traitaient directement leurs problèmes réflexifs).

L'un des premiers grands textes de ce type est l'ouvrage injustement méconnu du linguiste V. Henry, intitulé *Antinomies linguistiques* (1896). Ce spécialiste de linguistique indo-européenne s'efforce d'aborder des problèmes cruciaux de la grammaire comparée (la délimitation d'une langue, le rapport du langage et de la pensée, la question de l'origine des langues) en montrant l'égale justification d'une thèse et de son antithèse, selon le modèle élaboré par Kant dans la *Critique de la raison pure*, à propos de la structure du monde naturel (la première antinomie kantienne, par exemple, concerne le caractère fini ou infini du monde). On trouve un semblable détour par la positivité des connaissances linguistiques dans le premier tome, consacré au langage, de la *Philosophie des formes symboliques* (1922) du philosophe E. Cassirer.

Le développement de la grammaire générative a donné lieu, ces vingt dernières années, à un important renouveau de la philosophie de la linguistique ; dans son ouvrage *La philosophie du langage* (original anglais, 1966), J.-J. Katz s'exprime clairement à ce sujet :

> C'est par <le> besoin de comprendre la nature des systèmes conceptuels que commence la recherche philosophique. La philosophie prend pour objet les systèmes conceptuels développés par les scientifiques, les mathématiciens, les critiques d'art, les moralistes, les théologiens, etc., et elle tente d'expliquer et de clarifier ce qui doit l'être au sujet de ces systèmes, afin de les rendre pleinement compréhensibles. Les philosophes poursuivent cette tâche en décrivant la structure de ces systèmes conceptuels, en analysant les méthodes par lesquelles ils ont abouti, et en évaluant la validité de leurs prétentions. Cette description, cette analyse et cette évaluation des systèmes conceptuels particuliers dans différentes disciplines universitaires sont aujourd'hui menées dans différentes branches de la philosophie : philosophie des sciences, philosophie des mathématiques, philosophie de l'art (esthétique), philosophie de la morale (éthique), philosophie des religions et ainsi de suite (*loc. cit.*, trad. franç., 1971, p. 14).

Dans cette perspective[1], que l'on peut considérer comme celle de la *philosophie du génitif* ou *philosophie domainiale*[2], la philosophie retrouve un rôle critique essentiel. Prenons un exemple simple. Chomsky définit le langage comme l'ensemble des règles intériorisées par un sujet qui serait un locuteur/auditeur idéal ; ces règles (= langage interne, conçu en compréhension) seraient susceptibles d'engendrer une infinité de phrases (= langage externe, conçu en extension). On peut répéter cette définition, comme s'il s'agissait d'une « vérité scientifique », parfaitement stabilisée. Mais on peut aussi s'interroger sur la signification de l'infini ainsi introduit et sur sa légitimité. Pour rester dans la philosophie de la linguistique, ce type d'interrogation doit obéir à deux conditions : *a)* les questions doivent provenir du champ des connaissances positives (qu'elles y soient explicites ou pas) ; *b)* les réponses envi-

1. Katz l'avait adoptée en 1962 ; à cette époque il concevait même que la philosophie du langage devait se réduire à la philosophie de la linguistique. Dans l'ouvrage cité, il rejette cette position pour distinguer entre la philosophie du langage et la philosophie de la linguistique, la tâche de la première étant d'explorer la relation étroite entre la forme et le contenu du langage et entre la forme et le contenu de la représentation. Il s'agit d'un but traditionnel de la philosophie du langage (voir plus loin, sur les rapports pensée/langage) ; dans la mesure où Katz respecte toujours le principe de discuter à partir de l'état de l'art, on peut contester que sa philosophie du langage soit autre chose qu'une partie de la philosophie de la linguistique. En tout état de cause, il s'agit d'un domaine singulièrement étroit par rapport à la riche histoire de la philosophie du langage.

2. *Philosophie de [...* ; cf. S. Auroux, *Barbarie et philosophie*, 1990, p. 174, 184, 190.

sagées doivent respecter la positivité des connaissances produites, c'est-à-dire ne pas rompre le contact avec elles. Par ailleurs, il importe peu de savoir si celui qui traite ces questions est un philosophe ou un linguiste.

viii) On trouve parfois sous le titre de *philosophie du langage* des introductions encyclopédiques qui reprennent pêle-mêle des conceptions générales sur le langage provenant des disciplines positives, des références aux philosophes antiques et aux discussions fondatrices, des remarques historiques sur le développement des sciences du langage, etc. C'est à notre sens une approche qu'il faut résolument bannir. Ou la philosophie du langage est susceptible de recevoir une définition claire et distincte, ou elle n'est qu'un ramassis de généralités et le domaine ne vaut pas la peine que l'on y consacre son temps et son intelligence.

Il est évident que ces façons d'aborder la philosophie du langage ne sont pas étanches et qu'un même ouvrage peut participer de plusieurs d'entre elles. Tout dépend donc de l'idée que l'on peut se faire de la philosophie et de son rapport à la connaissance positive.

Une approche problématologique

Toute connaissance est une réponse à un problème (ou, comme on dit, une question). Certains problèmes sont formulables de façon telle qu'il suffit de leur appliquer une procédure connue pour aboutir à une réponse. Soit la question : *Quel est le plus grand diviseur commun aux nombres 455 et 1045 ?* Il s'agit d'une question simple que les écoliers savent résoudre à l'aide d'un algorithme attribué à Euclide. Nous commençons à diviser 1045 par 455, nous obtenons 2, avec un reste de 135. Nous divisons 455 par 135, nous obtenons 3, avec un reste de 50. Nous divisons 135 par 50, nous obtenons 2, avec un reste de 35, etc. En continuant jusqu'à ce que la division tombe juste, nous obtenons finalement 5. Nous reviendrons plusieurs fois dans ce livre sur la notion d'algorithme. Ce qui nous importe pour l'instant, c'est la notion de problème. Il y a donc des problèmes auxquels il suffit d'appliquer une méthode connue pour obtenir une réponse en un nombre fini d'étapes. Il s'agit des problèmes les plus simples auxquels répond la connaissance positive. Tous les problèmes ne sont pas de cette espèce. Pour certains, nous n'avons pas trouvé de méthode générale, et pour d'autres encore nous savons même qu'il n'existe pas de méthode générale de résolution. Mais il y a aussi des problèmes très bizarres, comme *(a)* et *(b)* :

(a) Jeanne (Pierre) parcourt la distance de Paris à Roubaix en vélo à une moyenne de 18 km/h. Quel âge a-t-elle (il) ?

(b) Pierre (Jeanne) va au marché ; il (elle) achète 1 kg de pommes à 15 F et 3 kg de sucre à 12 F le kilo. Combien lui reste-t-il ?

On remarque vite une incohérence dans le problème *(a)* entre les données et la question posée : les deux n'ont rien à voir. Il s'agit d'un problème *absurde.* Il n'est pas toujours évident de déceler si un problème est absurde ou pas. Dans *(b)*, on a tout simplement oublié d'indiquer la somme d'argent disponible au départ. On peut considérer que de tels problèmes sont formulés de façon incomplète ou *non saturée.* Pour parvenir à traiter un problème non saturé, il faut le « saturer », c'est-à-dire donner les éléments qui permettent de le résoudre. On peut dire que les problèmes philosophiques ressemblent à des problèmes non saturés du genre de *(b)*, à ceci près que l'on dispose de plusieurs façons de les saturer et qu'à chaque fois on change la solution. Si nous connaissions une seule façon de saturer et une seule solution, nous ne serions plus dans la philosophie, mais dans la connaissance positive[1]. Dans le fond, toute personne qui s'applique sérieusement à la philosophie cherche à saturer les problèmes afin de leur donner des solutions – autrement dit, ce qu'elle cherche à atteindre, c'est la connaissance positive. En principe, il n'y a donc pas de

1. Le lecteur aura remarqué que nous employons assez souvent les expressions « connaissance positive » et « positivité ». Il s'agit d'un concept philosophique traditionnel qui a sa source dans les oppositions bien connues du droit positif et du droit naturel, de la religion positive et de la religion naturelle. La positivité, c'est ce qui existe en tant que tel dans sa factualité (dans notre cas, les sciences du langage) ; elle se distingue traditionnellement d'une approche réflexive et rationnelle de type philosophique. L'emploi du concept ne présume en rien du rapport entre les termes de l'opposition (notre thèse est qu'il n'y a pas de discontinuité véritablement assignable). Il ne faut pas confondre ce concept avec celui de *positivisme* qui désigne une doctrine philosophique, sur laquelle nous reviendrons dans notre conclusion pour en montrer les limites.

différence de visée ultime entre la recherche philosophique et la recherche scientifique.

L'étonnante disparate que nous avons relevée en cherchant les domaines qui pouvaient se présenter comme *philosophie du langage* disparaît si l'on adopte un point de vue qui s'efforce de dégager des problèmes à résoudre. Quelle que soit l'orientation analysée dans les points (i) à (vii), elle est toujours susceptible d'être rattachée dans son développement et ses efforts intellectuels aux problèmes suivants :

— la nature du langage et son rapport à l'humanité : les autres animaux parlent-ils ? Le langage suppose-t-il des entités intentionnelles (des idées, des significations), voire une propriété spécifique de l'esprit humain (l'intentionnalité) ? Quelle est l'origine du langage ? D'où vient que nous parlons ? À ce type de question, il faut en joindre qui ne sont apparues qu'au XVIIIe siècle : elles concernent la nature de l'écriture et son rapport au langage.
— le langage et la pensée : peut-on penser sans langage ? La pensée est-elle un langage intérieur ? Les concepts généraux ne sont-ils que des mots ?
— le langage et la réalité : que signifient les différents éléments de nos langues ? Un terme isolé peut-il être vrai ? La vérité de ce que nous disons dépend-elle des mots dont nous disposons pour le dire ?

Bien entendu, ces questions sont bien trop générales pour définir la philosophie du langage comme discipline intellectuelle. Elles ne font qu'*indiquer* un champ. Dans ce domaine les questions sont, à chaque fois, construites et spécifiées et reçoivent même des formulations où il faut quelque habitude et quelque travail pour les reconnaître. Mais il n'est pas absurde de considérer que nous avons là, en extension et abstraction faite de toute spécification historique et doctrinale (on se doute que la question du langage et de la pensée n'est pas formulée dans les mêmes termes par Aristote et par Chomsky !), une présentation suffisante de notre objet. Il nous reste cependant quelques précisions à apporter, elles concernent (iii), (iv), (vi) et (vii).

Lorsque nous traitons aujourd'hui, en philosophes, les problèmes non saturés concernant notre connaissance de la nature (par exemple, lorsque nous nous posons la question de savoir si l'univers est clos ou non), nous abordons la *philosophie de la physique.* Nous n'imaginons pas un seul instant que le philosophe puisse avoir un accès direct, par ses propres méthodes, à la connaissance du monde, comme le préconisait encore la *philosophie de la nature* que l'on trouve chez les idéalistes allemands, Hegel, Fichte ou Schelling. Comment pouvons-nous expliquer que la philosophie du langage n'ait pas pareillement cédé la place à une philosophie de la linguistique ? Que faut-il penser du projet autonome décrit en (iii) ?

Si (iv) ne pose pas le même problème et prend appui sur des techniques logiques éprouvées, on peut toutefois se demander s'il est légitime de construire une philosophie du langage qui ne passe pas par l'étude du *langage naturel,* c'est-à-dire par les disciplines scientifiques qui se consacrent à cet objet.

Concernant (vi), on remarquera que la linguistique générale est la détermination, par la linguistique, de son propre programme de recherche et de la nature du langage *en tant seulement* qu'il est soumis à ce programme. La linguistique générale est parfaitement libre de choisir les problèmes qu'elle entend traiter et d'en rejeter d'autres (par exemple, elle considère que la question de l'origine du langage n'est pas de son ressort, voir p. 44). Par là, il devient clair qu'elle ne saurait se substituer à une philosophie du langage qui entend assumer les problèmes que nous venons de situer.

Si l'on adopte la position (vii), il est évident que l'on restreint indûment le champ de la philosophie du langage et qu'on laisse de côté des pans entiers de la réflexion philosophique sur le langage. On ne saurait donc se contenter, aujourd'hui, d'adopter notre découpage du territoire et de choisir l'un des secteurs. Il reste à travailler sur l'hypothèse d'une unification du champ.

L'objet de ce livre

C'est une réflexion sur ces points, rarement abordés dans la littérature, qui a déterminé le plan et le choix des thèmes traités dans ce livre. Nous avons parfaitement conscience, en achevant cet ouvrage, d'avoir exposé la philosophie du langage d'une manière qui n'est pas tout à fait conventionnelle. En particulier, nous lui donnons une extension qu'on ne trouve pas dans les manuels les plus connus, lesquels effectuent tous un choix entre les différentes conceptions possibles. Le choix le plus courant s'effectue selon une dichotomie entre :

— une tendance plutôt européenne (et même continentale) qui privilégie une approche fondée sur un agrégat des conceptions (i), (ii) et (iii) ; s'y joint souvent une critique essentielle des sciences du langage qui seraient par définition incapables de comprendre la nature de leur objet ;
— une tendance plutôt anglo-saxonne qui privilégie les conceptions (iv), (v) et (vii).

Nous avons souhaité ne renoncer à rien, pas plus à Derrida, Heidegger et Lacan qu'à Carnap et Chomsky, ni, bien sûr, à Platon et Aristote. Notre but est, en quelque sorte, de donner une topographie de tout le territoire. Nous souhaitons montrer au lecteur en quoi la philosophie du langage peut se construire sans solution de continuité avec la philosophie de la linguistique et, par conséquent, avec la connaissance positive des langues. Nous avons donc choisi une présentation par grandes questions et par problèmes. Toutefois, les questions que se pose une philosophie de la linguistique tiennent essentiellement à l'état du savoir. Notre but n'est pas de les aborder toutes dans leur aspect le plus technique. Nous souhaitons seulement présenter au lecteur un ouvrage qui montre comment *certaines questions récurrentes* se sont transformées tout en demeurant grossièrement dans le même domaine ; accessoirement, nous évoquons les solutions possibles. Par là nous restons dans les limites d'un manuel de référence pour la philosophie du langage, manuel que nous souhaitons destiner autant à l'étudiant en philosophie qu'à l'étudiant en linguistique et à tous ceux qui seront confrontés tôt ou tard aux questions du langage.

L'un des problèmes que nous avons dû affronter est la place qu'il fallait accorder à l'histoire de la réflexion linguistique. D'un côté, la philosophie du langage ne saurait être un catalogue de théories arrangé chronologiquement. Notre approche résolument problématologique nous interdisait, au reste, ce défaut. Nous avons résolument privilégié la modernité. Mais, d'un autre côté, l'absence de préoccupations historiques enferme dans une vision insuffisante du présent ; à chaque étape nous risquons de réinventer la roue et de présenter naïvement comme des nouveautés de vieux problèmes et des modes de saturation classiques. Si l'histoire n'est pas, en tant que telle, l'objet de notre exposé, nous y avons souvent recours et elle constitue le cadre de notre réflexion.

Bien entendu, quels que soient nos soucis pédagogiques, nous avons tenté de ne rien céder dans le domaine de l'exactitude et des contenus techniques. Les difficultés ne seront pas les mêmes selon l'origine du lecteur. Pour un non-philosophe, les chapitres 3, 4 et 5, notamment, paraîtront peut-être ardus ; pour le philosophe, il devra s'habituer à manipuler des connaissances dont il n'a pas nécessairement l'habitude, en particulier dans les chapitres 8 et 9.

À part quelques allusions, nous nous sommes volontairement limités à la tradition occidentale. Cela ne constitue pas un déni de l'importance de la philosophie comparée, voire de la nécessaire prise de conscience de la diversité des façons dont différentes civilisations ont pu réfléchir au langage. Pour le reste, nous pensons qu'il est plus facile au lecteur de commencer par aborder de front une seule tradition. Les termes techniques ont été expliqués au fur et à mesure ; le lecteur pourra se repérer plus facilement grâce à l'index des noms. La bibliographie, enfin, permettra au lecteur d'aller au-delà des informations et des questions traitées dans le texte. Nous y avons privilégié les ouvrages en français ; les nombreuses références indispensables qui constituent soit des articles, soit des ouvrages dans une autre langue que le français sont abordées au fur et à mesure de leur discussion.

Avant de clore cette introduction, il nous reste un mot à dire sur nos propres choix théoriques. Il est vain de se leurrer, notre exposé témoigne bien d'un certain type de choix. Le lecteur verra bien que notre sympathie va plutôt à accorder une place centrale à la philosophie des sciences du langage dans la philosophie du langage, que de faire de cette dernière une philosophie première. Nous ne proposons pas toujours des solutions aux problèmes présentés, mais lorsque nous le faisons nous prenons indubitablement parti. Nous ne voyons pas comment faire autrement, sinon en rédigeant un ouvrage plat et aseptisé. Nous ne craignons pas d'assumer une certaine originalité, même lorsque celle-ci va jusqu'à présenter une vision quasiment inédite (cf. notre chapitre sur la mécanisation du langage, ou le dernier chapitre sur l'éthique linguistique). Il n'est pas innocent, non plus, de tenter d'unifier le champ de la philosophie du langage. Nous ne pensons pas que cela puisse nuire au but pédagogique d'introduire à la philosophie du langage. D'abord, nous nous sommes efforcés de présenter honnêtement le maximum de points de vue. Le but principal est de faire comprendre qu'avec la philosophie du langage nous avons affaire à un secteur fondamental, voire central, de la réflexion philosophique, certes difficile et technique, mais qui se trouve en plein bouleversement et qui appelle de nouvelles contributions. Ensuite, nous invitons le lecteur à ne pas nous croire sur parole, lorsque nous présentons des arguments dans telle ou telle direction. Il doit, au contraire, être sceptique et chercher à nous contredire et à nous prendre en défaut. C'est dans ce contexte que la quantité des informations que nous avons réunies et discutées portera véritablement ses fruits : la philosophie n'est ni un prêt-à-penser, ni une présentation de doctrines standardisées, elle consiste avant tout à faire bouger les gens dans leur tête !

Remerciements. – Nous avons bénéficié, lors de l'élaboration de ce livre, de remarques critiques sur plusieurs versions du manuscrit que nous ont faites B. Colombat, M. Cori, A. Daladier, S. Laugier, J. Léon et I. Rosier. H. Sinaceur nous a aidés par une lecture attentive du chapitre 10 ; nous devons à P. Roulon plusieurs des exemples inédits du chapitre 5. E. Lazcano nous a donné son appui de documentaliste spécialisée, et nous devons à J. Arpin plusieurs idées sur la présentation du manuscrit. Nous sommes également redevables de discussions avec de nombreux chercheurs du Laboratoire d'histoire des théories linguistiques de l'Université Paris VII (URA 381 du CNRS), en particulier J. Guilhaumou et F. Mazière. Nous devons également beaucoup à de multiples échanges avec les ethnolinguistes E. Bonvini et F. Queixalos. Sans la participation généreuse de tous, nous n'aurions certainement pas pu mener notre tâche jusqu'au bout. Bien entendu, nous assumons seuls la responsabilité de nos erreurs, de nos faiblesses et de nos choix théoriques.

1 – Le langage humain

Pourquoi la nature du langage est-elle un problème philosophique ?

Que l'homme parle est une énigme ; qu'il soit seul à parler est tout aussi mystérieux, voire parfois l'objet d'un doute ; qu'il puisse le faire, enfin, selon des langues aussi différentes qu'elles sont mutuellement incompréhensibles est, à première vue, inexplicable. Ce sont ces interrogations auxquelles répondent les mythes. La Genèse, que contient l'Ancien Testament et qui remonte probablement à un vieux fonds légendaire sumérien, procède en deux temps : d'une part, Adam donne des noms aux animaux et aux choses, ce qui explique la première langue et le privilège de l'humanité ; d'autre part, Dieu, en mettant fin à la construction de la Tour de Babel, donne naissance à la première diversité des langues. Chez les Dogons (voir Calame-Griaule, 1965), Binou-Sérou, le premier homme qui ait reçu la révélation de la parole, a disposé d'un coup de toutes les langues, au nombre symbolique de douze (*loc. cit.*, p. 98-99). Ailleurs, hommes et bêtes, quoiqu'ils disposent d'idiomes spécifiques, possèdent d'abord quelque possibilité de communiquer, jusqu'à ce qu'un événement malheureux prive les secondes de la parole et instaure la différenciation entre la Nature et la Culture.

Les Dogons ont des mots différents pour désigner la parole humaine, le cri des êtres vivants et les divers bruits de la nature. Parce que la parole humaine n'est ni un simple bruit ni un simple cri, sa reconnaissance et sa distinction sont intuitives. Le langage est *articulé* : pour insister sur cette propriété, les Grecs donnaient même des exemples de suites sonores qui, comme *bli-turi*, n'étaient pas des mots, mais étaient articulées. Ce n'est pas simplement à la qualité physique du son que l'on reconnaît du langage : le même mot peut être prononcé avec quantité de variantes acoustiques. Ce qui caractérise l'élément du langage, c'est une nature fonctionnelle. L'homme qui parle ou qui écoute entend moins la réalité des sons que leur structure fonctionnelle extrêmement réduite (une vingtaine de phonèmes). Écouter parler, c'est avant tout être sourd à la diversité des bruits !

Dans la fameuse cinquième partie du *Discours de la méthode* (1637), Descartes, conformément à la tendance dominante dans la tradition judéo-chrétienne, notait que « les hommes les plus hébétés » peuvent parler, mais que ni les machines ni, par conséquent, les animaux ne le peuvent faire. Sauf déficit physique grave et assignable, l'être humain accède toujours au langage. Dans le cerveau, les aires du langage sont formées dès avant la naissance et font donc l'objet d'un développement ontogénétique. Mais l'enfant humain ne parle pas lorsqu'il vient au monde (lat. *in-fans* : qui ne parle pas) ; il doit apprendre une langue selon des étapes qui vont de pair avec le développement de sa motricité :

5 mois : babillage ; sons linguistiques[1]. *Motricité :* s'assied en prenant appui sur les mains ; saisie d'objets.

1 an : compréhension de certains mots ; réduplication des syllabes ; utilisation d'un ou deux mots. *Motricité :* station debout, marche avec appui.

18 mois : répertoires de 30 à 50 mots non combinés en phrases ; séquences de sons avec intonations ; progression de la compréhension. *Motricité :* manipulation d'objets ; marche, mais descente des escaliers en rampant.

2 ans : plus de 50 mots ; majorité de phrases à deux mots ; disparition du babillement. *Motricité :* course, descente des escaliers en avançant un pied à la fois.

30 mois : utilise chaque jour de nouveaux mots ; phrases de 3 mots et plus ; début d'apparition des mots grammaticaux ; bonne compréhension de ce que disent les adultes ; subsistance de nombreux écarts grammaticaux. *Motricité :* course, station sur un pied, jeux de construction.

1. Il semblerait que la reconnaissance des sons linguistiques propres à la langue de l'environnement soit atteinte dans un stade prénatal.

3 ans : vocabulaire d'environ 1 000 mots ; diminution des erreurs. *Motricité :* marche sur la pointe des pieds ; descend les escaliers sur deux pieds ; saute.

54 mois : langage bien établi ; erreurs grammaticales localisées aux expressions les moins habituelles. *Motricité :* saute par-dessus une corde, à cloche-pied, marche le long d'une ligne.

Puisque les capacités linguistiques correspondent à des localisations cérébrales, on peut dire qu'elles revêtent probablement un caractère inné. Au tournant du XVIIIe et du XIXe siècle, les tentatives d'éducation du Dr Itard sur un « enfant sauvage », Victor, trouvé dans l'Aveyron, ont apporté un résultat fondamental. Contrairement à ce que pouvait prédire l'empirisme sensualiste de Condillac, à partir duquel Itard avait élaboré son programme d'éducation, Victor n'a jamais pu apprendre à parler. En deux siècles, tous les cas de même nature ont rencontré le même échec. L'interprétation la plus communément admise est que, si les capacités linguistiques ne sont pas utilisées avant l'âge de la puberté, elles semblent devenir totalement indisponibles. Par ailleurs, tout enfant dispose de la possibilité d'apprendre n'importe quelle langue. On doit en conclure que, s'il est possible d'admettre que la faculté de langage est innée, il n'en va pas de même de la structure d'une langue donnée, à l'exception, peut-être, des traits, s'ils existent, que toutes les langues auraient en commun.

La théorie darwinienne a pour conséquence que l'être humain est un produit de l'évolution. Il en résulte que les capacités linguistiques, d'une part, et les différentes langues, d'autre part, sont elles-mêmes des produits et ont un commencement. L'étude préhistorique de l'humanité ne débute véritablement qu'au XIXe siècle avec la découverte de gisements comme ceux d'Aurignac ou de Cro-Magnon et des fossiles humains dont on fit l'hypothèse qu'ils étaient contemporains d'animaux disparus. Quoique de nombreuses zones d'ombre demeurent, nos connaissances actuelles nous offrent un cadre chronologique global. À l'origine on situe les *dryopithèques* (22 millions d'années), qui marchent en s'appuyant sur le revers des mains et qui sont peut-être l'ancêtre commun des *pongidés* (dont subsistent les gorilles, les orangs-outans et les chimpanzés) et des *hominidés*. Ces derniers apparaissent avec les *australopithèques* (3,5 millions d'années ; station debout). Les fossiles les plus anciens que nous ayons découverts sont tous situés en Afrique orientale et australe. L'*australopitecus africanus* connaîtra une séparation en plusieurs lignées vers 2,5 millions d'années, à laquelle il ne survivra pas ; l'une d'entre elles correspond à un nouveau genre, l'*homo habilis* (2 millions d'années, éteint vers 1,6 million d'années ; capacité crânienne de 650 à 800 cm^3 ; premiers outils en pierre taillée). De là viendra l'*homo erectus* (1,5 million d'années, éteint vers – 300 000 ans ; capacité crânienne de 775 à 1 250 cm^3 ; usage du feu), dont on a trouvé des restes en Afrique, en Asie et en Europe, ce qui semble correspondre à un vaste mouvement migratoire ; puis l'*homo sapiens néanderthalais* (100 000 ans, éteint vers 30 000 ans ; capacité crânienne de 1 300 à 1 700 cm^3 ; premiers rites et cérémonies), dont on ne trouve des restes qu'en Europe et au Levant. La transition rapide (5 000 ans) vers l'*homo sapiens sapiens* (30 000 ans ; l'homme moderne de capacité crânienne moyenne d'environ 1 400 cm^3) semble d'abord avoir eu lieu en Palestine (Qafzeh) ; certains fossiles suggèrent des hybridations entre l'*homo sapiens néanderthalais* et l'*homo sapiens sapiens*, qui appartiennent au même genre mais sont des collatéraux. Il y a quelque vingt-cinq mille ans eut lieu ce que l'on appelle la révolution néolithique, marquée par la sédentarisation, l'agriculture et la domestication des animaux.

Les laps de temps recouverts sont très longs. Comment dater l'apparition de la faculté du langage et celle des premières langues ? Le développement cérébral est évidemment essentiel. On a fait remarquer l'absence ou la quasi-absence de certaines aires cérébrales chez les pongidés (Ecclés, 1994, p. 121 et s.). L'australopithèque n'a qu'un léger renflement à l'emplacement de l'aire de Broca (voir chap. 6 : « La question des aphasies »), celle-ci se développe chez l'*homo habilis* et l'*homo erectus* et atteint vraisemblablement chez l'homme de Néanderthal la taille et la place qui sont les siennes chez l'*homo sapiens sapiens*. On pourrait admettre que, dès les premiers outils nécessitant des chaînes opératoires et une certaine organisation sociale, il y eut une forme de communication ; mais cela ne devient une certitude qu'avec l'apparition d'activités symboliques (tombes, graphisme pariétal). La maîtrise de systèmes de communication n'implique pas nécessairement celle du langage articulé : pourquoi l'homme a-t-il utilisé des *sons* et, donc, le système audiophonatoire ? On accorde généralement la supériorité pratique de ce dernier : facilité d'émission (cela n'occupe aucune partie du corps utile au travail, au combat, etc.) et généralité de réception (distance, indépendance de la lumière). Mais cela explique au mieux pourquoi l'évolution aurait sélectionné ce système[1], pas pourquoi il serait né[2]. On a suggéré qu'il y eut probablement transformation des cris que l'on peut émettre spontanément. Certains vertébrés (et pas seulement les primates) utilisent un système oral de ce type ; mais celui-ci est régi par un centre cérébral, le système « limbique », situé sous le cortex ; ce système fonctionne encore chez le nourrisson et chez l'homme en situation de stress. Il ne s'agit pas de langage articulé, ce qui laisse supposer une discontinuité entre les systèmes de communication « animaux » et humains.

La phonation nécessite un appareil complexe et la coordination de ses éléments (poumons, larynx, langue, etc.). On peut suivre leur évolution, cela détermine une date où le langage vocal est possible, pas celle où il est apparu puisque ces organes ont chacun d'autres fonctions. On notera toutefois que le larynx humain est en position bien plus basse que chez les autres primates ; la langue est beaucoup plus arrondie et plus mobile. Dans le cerveau, la proximité entre les fibres de projection manuelles et les fibres faciales rend plausible la liaison du langage et des outils. Mais l'étude qu'a menée Leroi-Gourhan sur l'évolution simultanée des techniques et des caractères physiologiques des hommes semble montrer que si, au début, il y a bien une liaison entre les deux, la courbe d'évolution des techniques s'infléchit de façon significative *après* l'arrêt du développement physiologique et cérébral. Il s'agit donc d'un phénomène culturel : l'essentiel, c'est la libération des contraintes physiologiques et naturelles. On peut supposer qu'il en va de même pour le langage tel que nous le

1. On s'est posé la question de savoir si un être humain ne disposant pas de la faculté de produire des sons linguistiques (sourd-muet) pouvait disposer néanmoins d'un langage. Les tentatives d'éducation des sourds-muets ont opposé les « oralistes », partisans d'une éducation destinée à développer les capacités vocales, et les « signifistes », partisans de l'utilisation d'un langage artificiel non vocal.

2. On notera que le système humain n'utilise pas l'inspiration de l'air (cf. le hennissement des équidés), mais son expiration, à l'exception d'une poignée de langues d'Afrique du Sud, qui disposent de quelques consonnes claquantes ou clics (Hagège, 1985, p. 23).

connaissons et qu'il s'est développé après l'arrêt de l'évolution biologique ; mais cela ne préjuge en rien de l'apparition préalable de systèmes de communication plus élémentaires. Le seul problème est que nous ne disposons pas, dans le règne animal, d'une série de systèmes qui permettrait de parvenir de façon continue jusqu'au langage humain (Premack, 1986).

La question de la nature et de l'origine de la faculté de langage et des langues a été l'objet d'innombrables spéculations et de grands débats philosophiques. D'une certaine façon, on peut accorder qu'aujourd'hui la recherche dans ce domaine dépend largement de disciplines comme la Préhistoire, les neurosciences ou la psycholinguistique. Cela ne signifie pourtant pas que l'on ait quitté une fois pour toutes la discussion philosophique, pour des connaissances assurées. Il suffit de remarquer la façon *a priori* dont l'école générativiste défend la thèse de l'innéité de la faculté de langage ou dont ses adversaires la récusent, pour constater que les cadres de discussions sont encore largement déterminés par une mise en place qui provient de l'histoire de la philosophie. On ne peut échapper à la tâche d'évaluer l'utilisation de ces cadres. Ils concernent la théorie de la pensée-langage, la définition de son caractère propre, la diversité des fonctions du langage, les traits caractéristiques du langage humain, la question du langage animal et celle de l'origine des langues. C'est peut-être sur cette dernière question qu'il faut situer l'un des apports les plus originaux de la pensée philosophique moderne, dans sa tradition continentale : il se situe dans le refus que la question de l'origine des langues soit une question scientifique, ce qui revient à défendre la thèse de l'épigénétisme.

Le verbum mentale *et le mentalais*

Les Grecs définissaient l'homme comme « l'animal possédant le *logos* », ce que nous traduisons depuis le Moyen Âge latin par *animal rationale*, « animal rationnel », qui ne signifie pas tout à fait la même chose. *Logos* vient du verbe *legein*, « rassembler, cueillir, choisir », d'où « compter, raconter et dire ». Chez Héraclite, il désigne autant l'expression de la pensée humaine que le principe déterminant le devenir cosmique ; chez Parménide, c'est l'argumentation, par opposition à la sensation ; il correspond donc à l'être et à la vérité. Le *logos*-raison est ainsi la même chose, qu'il s'agisse de la parole ou de l'être[1]. Il n'y a donc rien d'étonnant à ce que Platon, à différentes reprises, dans le *Théétète* (189 *e*), le *Sophiste* (263 *e*) et le *Philèbe* (38 *c*), identifie le *logos* et la *dianoia*, la pensée. La pensée est le dialogue *(dialogos)* intérieur que l'âme se tient à elle-même, tandis que le *logos*, le discours, est la pensée qui s'écoule de l'âme vers l'extérieur sous forme de flux vocal. Cette identité ne va pas sans problème au sein même de la théorie platonicienne, puisque les formes ne sauraient se réduire au langage. Le point important, c'est l'autonomisation progressive de la notion de langage intérieur[2]. Ainsi, les stoïciens ont utilisé la distinction entre le *logos endiathetos* (pensée ou langage intérieur) et le *logos prophorikos* (langage proféré) dans leur discussion sur le langage animal qui les opposait aux académiciens : les animaux (pie, perroquet, corneille) n'ont que le *logos prophorikos*. Cela aboutira au schéma ternaire d'Aristote que nous discuterons dans notre chapitre 3, lequel a pour conséquence de faire du langage une manifestation de la pensée intérieure des hommes.

Par là se trouvait mise en place la théorie du *langage comme traduction de la pensée*, c'est-à-dire comme manifestation sensible et externe de la représentation interne. Dans la philosophie classique (chez Leibniz ou Hobbes), on distingue nettement entre le fait qu'un mot soit la marque *(nota)* d'une pensée (elle peut l'être essentiellement pour l'individu qui la pense) ou le signe *(signum)* qui manifeste à l'extérieur cette pensée, manifestation qui est la véritable fonction du langage. Cette théorie traditionnelle du langage-traduction peut se représenter schématiquement de la façon suivante, où a désigne l'idée, a^* le son et f une fonction sémiotique dont l'inverse est $f-1$:

[1] i) $a^* = f(a)$
ii) $f-1(a^*) = a$.

1. En latin, on traduit *logos* par *verbum*, ce que l'on rend très maladroitement par le français *verbe*. D'où le caractère insolite de la traduction du début de l'Évangile selon saint Jean : « Au commencement était le Verbe (= *logos*), et le Verbe était auprès de Dieu, et le Verbe était Dieu. »

2. Pour plus de détails, le lecteur pourra se reporter à C. Chieza, Le problème du langage intérieur dans la philosophie antique de Platon à Porphyre, *Histoire, épistémologie, langage*, XIV-2, 1992, p. 15-30.

On remarquera que l'autonymie – l'usage métalinguistique des termes – falsifie [1i], tandis que les performatifs rendent [1ii] pour le moins problématique. D'un côté, en effet, lorsque je dis que *« mot » a trois lettres*, il est clair que « mot » ne désigne pas l'idée de mot. De l'autre, *sois maudit* ne signifie pas l'idée de la malédiction du destinataire, mais instaure le fait qu'il est maudit. La théorie du langage-traduction a cependant constitué la base de la grammaire spéculative et, plus tard, de toute la grammaire générale. Elle avait un avantage considérable : on pouvait supposer la pensée universelle et, de là, imaginer déduire les caractéristiques que devait posséder tout langage pour pouvoir la représenter. Elle laissait cependant ouverte la difficile question de la nature de la pensée, qui fut longtemps considérée comme la représentation analogique des choses. Mais, si le langage doit conserver quelque propriété de la nature de la pensée pour la représenter, on peut, en retour, considérer de nouveau celle-ci comme un langage. Pour ce faire, il faut admettre qu'elle possède, comme tout langage, le caractère d'être *arbitraire*. Il y a là un pas considérable à franchir, qui est une véritable révolution. Locke sera le premier[1] à avancer résolument dans cette direction, tout en conservant la théorie du langage-traduction (la proposition verbale est le signe de la proposition mentale), ouvrant une voie radicalement neuve au nominalisme classique.

Aujourd'hui, on avance des raisons techniques[2] pour identifier la pensée avec un langage intérieur. Inspiré par le modèle des ordinateurs, dans lequel on peut installer une série de langages, pourvu que l'on dispose de compilateurs qui les traitent à partir d'un « langage machine », Fodor propose que tout être humain dispose d'un « langage résidant » inné, le mentalais (angl. *mentalese*), lui permettant notamment d'acquérir les langues naturelles.

1. Wittgenstein qui, il est vrai, ne débordait pas de culture philosophique, éprouvait le besoin de noter ce qui représentait pour lui une découverte : « La raison pour laquelle je pensais que la pensée et la parole étaient une seule et même chose est maintenant devenue claire. La pensée en effet est une espèce de langage » (*Carnets*, 12 septembre 1916).

2. Nous laissons de côté la théorie béhaviouriste selon laquelle la pensée est un langage subvocal ; nous reviendrons sur la théorie du signe qu'elle suppose dans notre chapitre 3.

Il résume lui-même (1975, p. 99) les points forts de son argumentation de la façon suivante :

i) les modèles dont nous disposons pour représenter les processus cognitifs (ou, comme on dit parfois : les opérations mentales) sont tous des systèmes de représentations assortis de moyens de calcul ;
ii) ces systèmes ne peuvent pas être des langues naturelles ;
iii) il doit donc y avoir un système primitif et inné.

Chaque point de cette argumentation peut être contredit. Comme nous le verrons (voir chap. 8 : « L'approche connexionniste »), le modèle computationnel n'est pas le seul possible. Quand bien même ce serait notre seule représentation, il ne s'ensuit pas que la nature de notre représentation soit la même que celle de son objet : je calcule l'équation parabolique de la trajectoire d'un projectile, il ne s'ensuit pas que le jet d'un rocher par un volcan soit de nature computationnelle. Rien ne prouve que nous disposions de réels moyens de calcul avant que ceux-ci n'existent dans nos langues naturelles ; de fait, on n'en trouve pas même dans les langues des civilisations ne disposant pas de l'écriture. Une solution comme le mentalais a l'inconvénient rédhibitoire de rendre incompréhensible la façon dont le langage émerge dans l'évolution corporelle des hominidés.

Les parties du discours et le théorème de Platon

Nous apprenons tous à l'école que nos langues disposent de différents éléments, par exemple des noms, des verbes ou des articles. Derrière la théorie des parties du discours, il faut reconnaître quelque chose qui est la propriété essentielle du langage humain et qu'on peut énoncer comme étant sa *nature catégorielle* : une liste n'est pas un langage, une expression linguistique ne correspond pas simplement à la concaténation d'unités indifférenciées, c'est-à-dire que le langage humain n'est pas simplement un monoïde libre[1]. Les mots doivent être catégorisés et leurs possibi-

1. Chomsky définit canoniquement le langage humain comme *une partie d'un monoïde libre* ; ce n'est évidemment pas inexact, mais on doit s'interroger sur la pertinence de ce genre de définition dès lors que le point essentiel est justement qu'une telle structure algébrique est insuffisante pour caractériser le langage humain. Une définition se fait par l'énoncé d'une propriété spécifique ; il est d'un très faible intérêt de définir les humains simplement comme une partie des vivants.

lités d'association dépendent de leur appartenance aux différentes catégories. Il s'agit là d'une découverte essentielle pour l'histoire scientifique de l'humanité, quelque chose d'aussi important que le sont dans le domaine des mathématiques les théorèmes de Thalès ou de Pythagore. On peut attribuer cette découverte à Platon ; dans le *Sophiste*, le « théorème de Platon » est ainsi formulé :

> Des noms tout seuls énoncés bout à bout ne font donc jamais un discours, pas plus que des verbes énoncés sans l'accompagnement d'aucun nom (362 *a*).

Le système minimal des parties du discours est sans doute trinaire (deux classes, *nom* et *verbe*, et une troisième classe pour le reste), c'est sous cette forme qu'il apparaît chez Platon et Aristote. En tout état de cause, l'analyse grammaticale repose toujours sur une analyse de la chaîne parlée *(merê logu, partes orationis)*. Cette analyse met en œuvre deux pratiques susceptibles d'aboutir au mot, qui sont logiquement distinctes, quoique leur différence ne semble pas avoir été prise pour thème d'une réflexion spécifique :

1 / D'un côté, on a une *décomposition linéaire* : par exemple la chaîne en phrases, la phrase en sujet et prédicat, le sujet en mots, etc. La connexion des parties de même niveau, obtenues par la décomposition, donne une expression linguistique.

2 / De l'autre, on rencontre une *répartition des parties en fonction de propriétés imbriquées* : par exemple, les propositions sont réparties en propositions principales et incidentes, les mots en noms, verbes, etc. On a alors des classements ou des classifications (formellement une classification suppose des oppositions dichotomiques) des unités des différents niveaux. La réunion des parties de même niveau donne l'extension de la classe supérieure et non pas une expression linguistique.

La reconnaissance des parties du discours tient largement à la morphologie, c'est-à-dire à l'aspect extérieur que revêtent les différents mots (on disait, autrefois : leurs accidents). Lorsque Aristote donne une définition du nom et du verbe, il le fait par référence à l'absence ou à la présence de l'indication du temps :

> Le nom *(onoma)* est un son vocal possédant une signification conventionnelle, sans référence au temps, et dont aucune partie ne présente de signification quand elle est prise séparément (*Peri Herm.*, 2, 16 *a* 18-20).
>
> Le verbe *(rhêma)* est ce qui ajoute à sa propre signification celle du temps : aucune de ses parties ne signifie rien prise séparément, et il indique toujours quelque chose d'affirmé de quelque chose (*Peri Herm.*, 3, 16 *b* 6-8).

On peut évidemment faire remarquer que la définition du Stagirite demeure sémantique. Il ne faut toutefois pas se fier aux apparences. Une expression comme « le mois prochain » ajoute aussi une référence au temps ; le philosophe ne fait jamais allusion à ce type de phénomène. La différence spécifique entre le nom et le verbe consiste bien dans le marquage temporel des différentes conjugaisons. La définition ne vaut donc que pour les langues *flexionnelles*. Ce sont les seules à propos desquelles nous voyons naître spontanément une analyse grammaticale.

Des catégories comme « nom », « verbe », « phrase », etc., sont des catégories spécifiquement linguistiques. Il y a donc des catégories linguistiques, comme il y a des catégories biologiques. Leur spécificité impose pareillement des limites au réductionnisme. Une catégorie biologique comme celle de « progestérone » peut certes être décrite en termes physico-chimiques, mais on ne pourra comprendre son fonctionnement à l'aide des seules lois de la physique. De la même façon, le langage correspond à des types de réalité et de fonctionnement irréductibles à tout autre chose. Dans ces conditions, la tentation est grande de les faire correspondre à des éléments du patrimoine génétique de l'humanité. Dans l'absolu, il y a certainement quelque chose de vrai dans cette position : il y a toutes chances que la spécificité du langage humain tienne de près ou de loin à quelques traits génétiques. Mais il n'en résulte pas qu'il faille s'attendre à trouver un jour le gène du nom ! Les traits spécifiques du langage humain peuvent très bien être le résultat lointain, contingent et indirect, de traits génétiques qui n'ont *a priori* rien à voir avec le langage. Les générativistes reconnaissent que l'un des traits les plus caractéristiques du langage est la propriété qu'ils nomment *c-commande*. On dit qu'un élément *a* c-commande un élément *b* si *a* ne contient pas *b* et est dominé par la première catégorie branchante qui domine *b*, comme dans [2] dont on a un exemple en [3] :

[2]

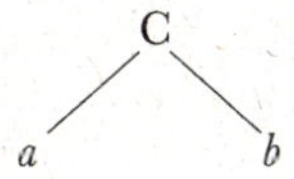

[3]

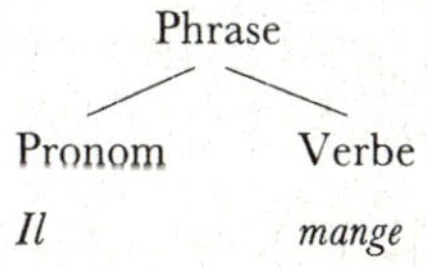

Il s'agit donc de la propriété dont les grammairiens ont rendu compte par des notions comme la rection ou la complémentation. Doit-on admettre que cette propriété (qui est probablement un universel linguistique) appartient génétiquement à la faculté du langage innée à l'homme ? Qu'est-ce que l'on entend par là ? Est-ce que cette question a plus de sens que celle qui consisterait à se demander si la méiose est inscrite dans les lois de la physique ? Pourquoi faudrait-il que les propriétés du langage soient directement inscrites dans le patrimoine génétique de l'homme[1] ?

Les fonctions du langage

Nous avons vu que l'analyse classique du langage lui accordait pour fonction d'externaliser la pensée. C'est évidemment quelque peu réducteur. K. Bühler (1934) a proposé de distinguer trois fonctions :

— fonction expressive ou symptomatique (expression de l'état interne et des sentiments) ;
— fonction de signal (cri d'alerte d'un oiseau) ;
— fonction de description ou de représentation.

On peut également considérer la fonction de discussion argumentée, ajoutée par K. R. Popper[2]. En fait, c'est la théorie mathématique de l'information qui a apporté une impulsion décisive à la question. Weaver et Schannon (1949) ont proposé le modèle suivant pour la communication :

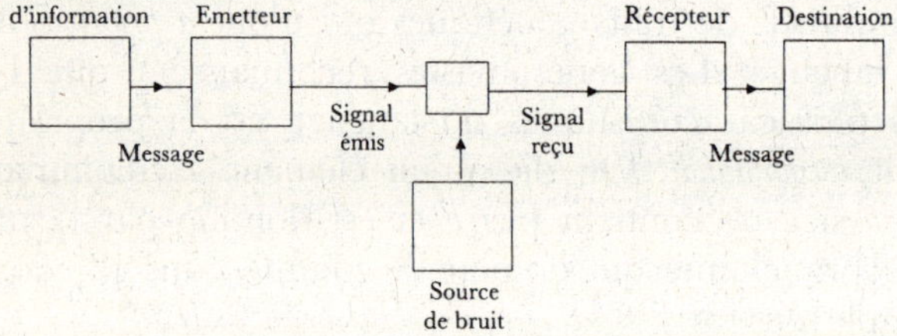

1. L'une des réponses traditionnelles à cette question consiste à soutenir que, dans le cas contraire, les hommes n'apprendraient jamais à parler. Mais pourquoi l'objection ne vaudrait-elle pas pour les règles du cricket ?

2. *Objective Knowledge. An Evolutionary Approach*, Londres, Clarendon Press, 1972, chap. 4.

On suppose donc un émetteur qui code un message pour le transmettre par un certain canal à un récepteur qui effectue l'opération inverse de décodage. Sur cette base, Jakobson a proposé un modèle pour la communication linguistique :

	CONTEXTE	
DESTINATEUR...	MESSAGE...	DESTINATAIRE
	CONTACT	
	CODE	

On peut rattacher les fonctions du langage à ces différents éléments et même reconnaître des expressions qui ont pour usage principal de les réaliser :

— fonction expressive ou émotive centrée sur le destinateur (interjections) ;
— fonction conative, orientée vers le destinataire (impératifs) ;
— fonction phatique, destinée à vérifier si le circuit de communication fonctionne (« allo, vous m'entendez ? ») ;
— fonction métalinguistique, centrée sur le code (« que voulez-vous dire ? ») ;
— fonction poétique, centrée sur le message, qui met en évidence le côté palpable des signes (par exemple dans la paronomase « l'affreux Alfred ») ;
— fonction référentielle, qui sert à transmettre une information sur le contexte et qui est la fonction prédominante.

On retrouve la structure de la communication :

	RÉFÉRENTIELLE	
ÉMOTIVE	POÉTIQUE	CONATIVE
	PHATIQUE	
	MÉTALINGUISTIQUE	

Le modèle de Jakobson a été maintes fois utilisé et souvent commenté. Son principal défaut est de présupposer que le langage humain possède la structure d'un code et qu'il y a toujours des messages préétablis à coder de façon parfaitement définie *a priori*. C'est une conception du langage qui n'est pas étrangère à la théorie traditionnelle du langage-traduction. On la retrouve dans l'école générativiste, lorsque Chomsky assigne pour tâche à la grammaire d'associer une structure sémantique à une structure phonétique. On la retrouve également chez des pragmaticiens comme O. Ducrot qui, pour aller au-delà de la simple grammaire, recherchent des règles qui permettent d'expliquer l'utilisation des expressions dans différents contextes. Que le langage possède certains aspects des codes est plausible ; que la grammaire ait pour fonction d'étudier ces aspects est admissible. Il ne s'ensuit pas que la nature du langage humain soit réductible à celle des codes. On comprendrait mal, dans ces conditions, comment la communication humaine pourrait être autre chose qu'une forme creuse et ritualisée et qu'elle puisse voir surgir la nouveauté. Sperber et Wilson (1986) ont apporté des critiques décisives contre ce modèle, en proposant un autre type de fonctionnement. Si je dis à Irène : « Tu as vu, Jean-Claude a coupé ses cheveux », ma phrase présuppose qu'il est vrai que Jean-Claude avait les cheveux longs. Pour comprendre ma phrase, Irène n'a pas besoin de savoir que Jean-Claude avait les cheveux longs. Au reste, il se peut que Jean-Claude soit chauve et que je désire simplement faire une plaisanterie. Pour qu'Irène me comprenne, il suffit que je fasse des hypothèses sur les éléments cognitifs (et linguistiques) dont elle dispose et sur ceux du contexte qui nous sont mutuellement accessibles. Elle reconstruira ce que je veux dire ou autre chose ; j'ai pu me tromper dans l'évaluation de mes hypothèses ; elle peut très bien être incapable de faire les hypothèses que je suggère. L'incompréhension et le malentendu sont l'une des formes les plus ordinaires de la communication humaine. Notre communication est contingente, dans un contexte contingent ; elle est un élément nouveau, pas le contenu d'un code disposant seulement de messages préétablis. Ce n'est pas la structuration en code qui est la partie la plus essentielle du langage humain, mais sa nature inférentielle.

Les traits caractéristiques du langage humain

Si le langage humain possède des fonctions propres, on peut concevoir qu'il tient la possibilité de les assumer de caractéristiques qui lui sont particulières et le définissent. Généralement, on avance comme essentielles trois propriétés :

i) *La double articulation*[1]. — Lorsque nous disposons d'un signe linguistique, par exemple *aimerait*, nous pouvons le décomposer de deux façons. D'abord en sons élémentaires : notre exemple en comporte cinq (*ai-m-e-r-ait*). Ces sons apparaissent dans d'autres mots, combinés différemment entre eux et avec d'autres sons. Mais nous pouvons aussi analyser la signification de ce mot. Or cette décomposition ne coïncide pas avec la précédente. Ainsi, *r-ait* correspond à la signification de la troisième personne du présent du conditionnel. Ces éléments de signification peuvent, eux aussi, se combiner différemment : *r-i-ons*, seconde personne du présent du conditionnel ; *r-a*, troisième personne du présent du futur. Ils ne correspondent nullement à un son élémentaire, comme ce serait le cas si nous pouvions faire coïncider chaque son élémentaire avec une signification élémentaire.

ii) *Le marquage de la subjectivité.* — Le propre du langage humain est d'être parlé par des sujets, situés *hic et nunc*, qui ne se contentent pas d'exprimer un contenu représentatif, mais donnent aussi leur point de vue sur ce contenu. Pour Ch. Bally[2], la phrase, « forme la plus simple possible de la communication d'une pensée », comprend nécessairement un *dictum*, corrélatif de la représentation, et un *modus*, corrélatif de l'opération d'évaluation modale du sujet pensant. « On ne peut donc pas attribuer la valeur de phrase à une énonciation tant qu'on n'y a pas découvert l'expression, quelle qu'elle soit, de la modalité » (*loc. cit.*, p. 36). L'analysabilité en *dictum* + *modus* est constitutive de tout énoncé linguistique et, donc, de toute communication en langue naturelle. Il y a d'autres façons de concevoir le rôle essentiel de la subjectivité, en insistant, par exemple, sur le dialogue, le mensonge ou l'usage délibéré du silence comme modalité de la communication. Pour Benveniste, ce rôle se rattache au système des pronoms personnels et à son fonctionnement spécifique :

> ces pronoms sont là, consignés et enseignés dans les grammaires, offerts comme les autres signes et également disponibles. Que l'un des hommes

1. Pour les structuralistes et fonctionnalistes européens, cette propriété est essentielle : « Nous réservons le terme de "langue" pour désigner un instrument de communication doublement articulé et de manifestation vocale. (...) hors cette base commune, rien n'est proprement linguistique qui ne puisse différer d'une langue à une autre » (Martinet, 1967, p. 20).

2. *Linguistique générale et linguistique française*, Berne, Francke, 1950.

> les prononce, il les assume, et le pronom *je* d'élément d'un paradigme est transmuté en une désignation unique et produit, chaque fois, une personne nouvelle. C'est l'actualisation d'une expérience essentielle, dont on ne conçoit pas que l'instrument puisse jamais manquer à une langue (1974, p. 68).

Il ajoute :

> le pronom personnel n'est pas l'unique forme de cette nature. Quelques autres indicateurs partagent la même situation, notamment la série des déictiques... Le système des coordonnées spatiales se prête ainsi à localiser tout objet en n'importe quel champ, une fois que celui qui l'ordonne s'est lui-même désigné comme centre et repère (*loc. cit.*, p. 68-69).

iii) *La créativité.* — Il semble évident que tout être humain connaissant une langue ait la possibilité de comprendre et de produire des phrases jamais entendues dans cette langue. Cela est notamment vrai pour la langue maternelle et pour les enfants en situation d'apprentissage. Il s'agit d'une propriété que Descartes avait remarquée (*Discours de la méthode*, 5e partie), mais qu'il attribuait à la raison et non au langage. Ce dernier devenait alors le symptôme de la présence de l'âme dans le corps. Un cartésien comme le P. Lamy exprime parfaitement cette position :

> Il y a bien de la différence entre les enfants et les oiseaux, qui n'ayant point d'esprit ne prononcent jamais le petit nombre de mots qu'ils ont appris avec beaucoup de peine que dans le même ordre, et dans la même occasion où ces organes ont reçu cette disposition pour les prononcer. Au lieu que cet enfant arrange en différentes manières les mots qu'il a appris, et en fait mille usages différents (*La rhétorique ou l'art de parler*, éd. de 1699, p. 72).

Chomsky et, après lui, toute l'école générative ont renversé la problématique en faisant de cette propriété, qu'ils nomment « créativité », un attribut du langage lui-même. La créativité prise en ce sens n'est pas toujours quelque chose de très clair. Il est arrivé à Chomsky de l'identifier au fait que les phrases soient engendrées par des algorithmes qui n'en limitent pas la longueur[1]. Il semble que l'apport technique central du modèle génératif – à savoir, l'usage de règles récursives de réécriture[2] –,

1. Voir chap. 6 « La question de l'intentionnalité », une critique de cette conception de la créativité, comme propriété définitoire du langage humain.

2. La grande innovation apportée par N. Chomsky dans l'histoire des théories linguistiques à la fin des années 1950 a consisté dans l'utilisation de la conception mathématique des langages formels pour la description des langues naturelles. Ce change-

conduise les tenants de ce modèle à surestimer précisément ce que cet apport technique permet de formaliser : l'engendrement d'un nombre infini de chaînes nouvelles à partir d'un petit stock d'éléments de départ. Cela les conduit à minimiser tout ce qui, dans le langage, n'aurait pas son foyer dans cette propriété de « créativité ». C'est ainsi que Chomsky répond à la question « Comment définiriez-vous le langage ? » en disant : « Je crois que le langage est avant tout un moyen pour la création et l'expression de la pensée, au sens le plus large, sans se référer uniquement à des concepts d'ordre intellectuel » (1976, p. 30).

La conception de la spécificité du langage humain est donc souvent tributaire, chez les linguistes, des propriétés que leurs théories privilégient. Ainsi, pour Jakobson, « la faculté de parler une langue donnée implique celle de parler de cette langue » (1963, p. 81). Cette faculté, que le linguiste rattache à la « fonction métalinguistique » (voir plus haut), serait ainsi une propriété constitutive des langues humaines. Pour échapper à ce type de particularisme théorique, la solution pourrait consister à faire la somme des propriétés reconnues par les uns et les autres. D'un point de vue purement empirique ou inductiviste, le linguiste américain C. F. Hockett a proposé une liste des traits dont la conjonction caractériserait les langues humaines par rapport à tous les autres systèmes de communication, animaux ou artificiels. Cette liste, qui a fait l'objet de bien des commentaires, a été souvent remaniée. Le tableau ci-dessous en donne une version assez largement diffusée où 16 traits ont été retenus[1] :

1. L'usage du canal audio-phonatoire.
2. La directionnalité de l'émission et de la réception.
3. La rapidité d'extinction.

ment considérable conduit à voir dans les règles de grammaire non plus des règles au sens que l'on vient de définir, c'est-à-dire, tout simplement, des algorithmes de calcul. Les règles (dites parfois règles de production ou règles de réécriture) qui définissent les langages formels sont de la forme générale W → X, où W et X représentent des séquences simples ou complexes du vocabulaire (terminal ou auxiliaire) et → symbolise l'opération de réécriture.

1. Voir C. F. Hockett (1958), *A Course in Modern Linguistics*, New York, McMillan. Toutefois l'exposé le plus exhaustif qu'ait proposé Hockett est celui qu'il présente dans sa contribution au célèbre ouvrage édité par Greenberg (en 1963 puis en 1966) sur les universaux du langage, The problem of universals in language, J. Greenberg (éd.), *Universals of Language*, Cambridge (Mass.), The MIT Press, 1966.

4. L'interchangeabilité : Les usagers sont tour à tour émetteurs et récepteurs.
5. La rétroaction totale : l'émetteur perçoit rétroactivement son message.
6. La spécialisation : absence de relation entre la forme physique du message et le type de réaction qu'il est susceptible de provoquer.
7. La sémanticité : existence d'une relation entre certains éléments du message et un référent.
8. L'arbitraire : pas de relation de ressemblance entre signifiants et signifiés.
9. Le caractère discret : le répertoire des messages possibles n'est pas continu.
10. Le déplacement : les messages peuvent renvoyer à des référents éloignés dans l'espace et le temps.
11. L'ouverture : des messages inédits peuvent être produits et sont généralement reconnus.
12. La culturalité : l'usage du système de communication est transmis culturellement et non génétiquement.
13. La dualité de structuration : équivaut à ce que les structuralistes français ont appelé « double articulation » (voir plus haut). Pour Hockett, les systèmes de communication qui la possèdent ont un niveau d'organisation « cénématique » (signes minimaux) et un niveau « plérématique » (combinaisons signifiantes de cénèmes).
14. La capacité de simulation : le système permet de produire des messages faux ou dénués de sens.
15. La réflexivité : c'est l'équivalent de la « fonction métalinguistique » de Jakobson. Le système de communication peut être lui-même l'objet de certains des messages qui y sont produits.
16. La possibilité d'apprentissage : les humains peuvent apprendre plus d'une langue humaine.

On reste quelque peu désorienté devant ce listage dont, pourtant, l'adéquation empirique ne fait guère problème. Que signifie-t-il véritablement pour la nature du langage humain ? Tous les éléments n'en semblent pas indépendants. Plusieurs traits se conditionnent mutuellement : ainsi, l'ouverture (productivité) est liée à la double structuration, elle-même conditionnée par l'arbitraire et le caractère discret. Parmi ces propriétés, en existe-t-il une ou plusieurs qui soient décisives et indiquent la frontière entre le langage humain et tout autre système de communication ?

La question du langage animal

On peut dire que le problème moderne du langage animal a été ouvert par le dualisme cartésien. En séparant radicalement l'âme du corps humain, Descartes faisait de ce dernier et donc des bêtes qui ne possèdent pas d'âme de pures machines mécaniques. Si le langage est le propre de l'homme, il doit être rattaché au fait que l'homme possède une âme : les machines ne peuvent parler (cf. plus haut sur la créativité). On pouvait donc contester la position cartésienne de deux façons : soit en construisant des machines parlantes, soit en montrant que les bêtes disposent d'une forme de langage leur permettant de communiquer leurs sentiments. Il y a là deux programmes de recherche qui ont été poursuivis au XVIIIe siècle. Le second a fourni la matière d'un ouvrage très controversé de l'abbé Bougeant, dont l'abbé Yvon fera le compte rendu à l'article « Âme des bêtes » de l'*Encyclopédie*. S'il faut reconnaître à l'abbé une indéniable sympathie envers le règne animal, sa position théorique, dans l'*Amusement philosophique sur le langage des bêtes* (1739), est assez faible. Elle consiste à admettre qu'il y a des unités signifiantes dans les émissions sonores des oiseaux ou les gestes des animaux domestiques et à leur assigner un sens par identification avec les sentiments que nous avons lorsque nous sommes placés dans les mêmes circonstances d'émission. L'attribution de sens par le récepteur humain ne prouve pas que l'émetteur animal possède une quelconque intention de signifier, c'est-à-dire qu'il signifie véritablement. La tentative de l'abbé Bougeant se situe dans le contexte sensualiste de l'époque qui s'efforce de restituer un rôle essentiel au corps vivant en général et au corps humain en particulier. Mais Condillac, qui ira sans doute le plus loin dans cette direction, refusera que les bêtes disposent d'un véritable langage, c'est-à-dire de signes manipulés au gré du sujet et lui donnant par là accès à la réflexivité.

La véritable avancée concernant le langage animal est venue d'un changement de méthode, lorsqu'on a rompu avec l'anthropomorphisme. Les organismes vivants émettent des signaux, c'est-à-dire accomplissent des actes par lesquels ils déclenchent un certain type de comportement dans un autre organisme. Si l'on parvient à isoler ces signaux, à comprendre le message qu'ils véhiculent et à trouver un moyen de les émettre artificiellement en obtenant la même réponse, on sera assuré qu'il y a un véritable système de communication entre certains organismes vivants. C'est à un résultat de ce type que K. von Frisch est parvenu avec les abeilles. Il a démontré de façon expérimentale que des abeilles exploratrices étaient capables de transmettre à d'autres abeilles, par la forme de leur danse et son inclinaison par rapport au soleil, la position d'un champ de fleurs qu'elles avaient repéré. Cette étude a donné lieu à de vastes enquêtes qui, des criquets aux dauphins, ont fourni la matière d'une nouvelle discipline à laquelle Sebeok (1972) a donné le nom de « zoosémiotique ». On peut même reconstituer le développement phylogénétique de certains modes de communication. Ainsi, chez les Empidinées (diptères), la femelle, très vorace, peut consommer le mâle, et le don de nourriture possède un effet apaisant permettant le rapport sexuel. En observant plusieurs espèces, on constate une évolution :

— la femelle capture elle-même la proie et peut consommer le mâle *(Tachy dromia)* ;
— le mâle apporte une proie à la femelle qui la dévore pendant le rapport sexuel *(Empimorha comata)* ;
— les mâles, chacun porteurs d'une proie, exécutent une danse devant les femelles qui s'emparent d'une proie chacune ;
— le mâle entoure sa proie de fils de soie qui l'immobilisent *(Hilaria)* ;
— les liens de soie deviennent un véritable ballon à l'intérieur duquel la proie est bien visible *(Empis bullifera)* ;
— la proie est plus petite ; préconsommée par le mâle, elle n'est plus comestible ; la femelle s'empare du ballon *(Empis aerobica)* ;
— la proie est réduite à des fragments *(Empimorpha genatis)* ;
— la proie a disparu, la femelle s'empare du ballon vide qu'elle garde pendant la copulation *(Hilara sartor)*.

Avec le dernier stade de ce processus, auquel les zoosémioticiens ont donné le nom général de *ritualisation*, nous sommes incontestablement en présence d'un comportement symbolique. Il ne fait aujourd'hui aucun doute que les animaux disposent de systèmes de communication symbolique. Ils utilisent tantôt des codes analogiques, tantôt des codes digitaux. Dans le premier cas, le signal est continu et possède un rapport iconique à ce qu'il signifie ; dans le second, il est discret et arbitraire. On peut envisager qu'un signal continu soit arbitraire, mais alors on augmente considérablement les risques d'erreur, ce qui semble favoriser le couple continuité/iconicité (Corrazé, 1980, p. 47-50). La question de fond devient celle du rapport de ces systèmes avec le langage humain.

Benveniste (1952) a soumis le système de communication des abeilles à une étude détaillée. Il commence par souligner que « le fait remarquable est d'abord qu'elles manifestent une aptitude à symboliser : il y a bien correspondance "conventionnelle" entre leur comportement et la donnée qu'il traduit ». Mais il ajoute que ce système diffère radicalement d'un véritable langage (en fait, du langage humain) par plusieurs traits essentiels, notamment par l'absence de dialogue entre abeille émettrice et abeilles réceptrices, par l'impossibilité pour une abeille de construire un message à partir d'un autre message (par exemple, celui d'une autre abeille), par le fait que le contenu des messages soit toujours du même type (transmission des coordonnées d'un champ de fleurs) et par la non-analysabilité du message en unités constituantes. Benveniste conclut que le système de communication des abeilles n'est pas un langage mais « un code de signaux ».

Certains chercheurs ont utilisé les 16 traits distinctifs de Hockett comme grille pour comparer divers systèmes de communication avec le langage humain. C'est notamment le cas de Corraze (1980) qui soumet, entre autres, à cette grille les systèmes de communication des criquets, des abeilles, d'un certain nombre d'oiseaux, des primates et des canidés. Dans ces comparaisons, l'auteur nous paraît un peu trop généreux pour les animaux testés sur certains traits comme l'interchangeabilité, le déplacement ou l'ouverture. De son étude il ressort que la réflexivité est le seul trait intégralement absent des systèmes de communication animale, suivi d'assez près de la capacité de simulation (qui existerait cependant chez les canidés et dans le langage appris aux chimpanzés). Faut-il en conclure qu'aucun autre animal que l'homme ne possède la capacité de manipuler un véritable langage ? D. Premack résout cette difficulté en remarquant que le chimpanzé possède les compétences nécessaires, mais ne semble pas les utiliser. S'il ne le fait pas, ce serait parce que les conditions de motivation ne se sont pas suffisamment imposées à lui pour l'amener à s'en servir. Nous reviendrons sur cet argument. En tout état de cause, une conclusion semble s'imposer : nous ne rencontrons pas, parmi les systèmes de communication animale, quelque chose qui soit exactement de la nature du langage humain.

Devant ces résultats de la zoosémiotique, certains chercheurs, notamment anglo-saxons, se sont tournés vers une autre voie que celle qui consiste à inventorier et décrire les systèmes de communication qui existent dans le règne animal. Ils ont eu l'idée d'explorer les capacités des grands singes anthropoïdes (surtout des chimpanzés, parfois des gorilles) à apprendre une forme de langage qui serait, pour l'essentiel, équivalente à une langue humaine. On a essayé de leur faire acquérir une langue à base visuelle, fondée soit sur la manipulation de figures de formes et de couleurs variées, supposées représenter les signifiants associés par apprentissage à divers signifiés, soit sur l'utilisation du langage des signes des sourds américains *(American Sign Language, ASL)*. Cela permettait également de surmonter la difficulté présentée par le fait que la conformation de l'appareil vocal de ces singes interdit à la plupart d'entre eux de reproduire la forme vocale d'une langue humaine. Les plus célèbres de ces expériences sont celles des Gardner avec Washoe, celles de Premack avec la guenon Sarah, celles de von Glasersfeld avec Lana (les trois sujets sont des chimpanzés femelle), celles de Terrace avec Nim (un chimpanzé mâle) et celles de Patterson avec Koko (une femelle gorille)[1].

La conclusion est la même que celle qu'apporte la zoosémiotique : les animaux possèdent une véritable aptitude à manipuler

1. À la fin des années 1960, commence aux États-Unis une série de programmes expérimentaux visant à faire acquérir à des primates supérieurs la capacité de manipuler des systèmes symboliques complexes permettant, notamment, la communication avec les humains. On signalera, parmi les principaux : i) WASHOE et A. Gardner (à partir de 1966 ; en 1970, les études sur Washoe ont été poursuivies à l'Université d'Oklahoma, où des programmes ont été développés sous la conduite de R. Fouts) ; ii) SARAH : A. et D. Premack (à partir de 1970) ; ii) LANA (LAN-guage A-nalogue) : D. M. Rumbaugh (Atlanta ; à partrir de 1972) ; iv) KOKO : F. Patterson (Stanford ; à partir de 1972) ; v) NIM : H. S. Terrace (New York ; à partir de 1973) ; vi) CHANTEK : L. Miles (Université du Tennessee ; à partir de 1977) ; vii) KANZI : E. S. Savage-Rumbaugh (Atlanta, à partir de 1981). Les résultats demeurent toujours très controversés.

des systèmes symboliques. Il importe d'observer que ces systèmes, enseignés par l'homme, présentent un caractère discret, arbitraire et doublement structuré. Il semble en outre difficilement contestable que les singes peuvent faire de ces systèmes symboliques un usage qui manifeste les propriétés de sémanticité, de déplacement et d'ouverture. Diverses critiques ont cependant contribué à jeter le doute sur la portée réelle qu'ont ces expériences et sur la validité de ce qu'elles peuvent nous apprendre sur les capacités « linguistiques » des singes anthropoïdes.

Un premier type de critique conteste radicalement la signification des performances obtenues par les singes en situation d'apprentissage sur la base de ce que l'on appelle en psychologie animale « l'objection du malin Hans ». Cette expression renvoie au cas, remontant au début du XXe siècle, d'un cheval nommé Hans qui semblait avoir des aptitudes intellectuelles fabuleuses lui permettant de comprendre des questions et d'y répondre correctement en frappant du sabot selon un code convenu. Le psychologue allemand Oskar Pfungst réussit, après une longue enquête, à montrer que le cheval réagissait en fait non pas au contenu des questions, mais à des gestes imperceptibles et involontaires de son interlocuteur. Dans la même perspective, on peut se demander si ce qui serait manifesté dans les performances des singes « parlants » ne devrait pas être mis au crédit de leur extraordinaire capacité d'observation, voire d'empathie, avec leur dresseur plutôt qu'au compte de leurs aptitudes cognitives. Ce type de critique a, bien entendu, été rejeté avec force par la plupart des chercheurs concernés, qui ont en général prévu de subtils protocoles expérimentaux pour s'assurer qu'ils ne tombaient pas sous les coups de l'objection du malin Hans. Il ne faut cependant pas trop hâtivement l'écarter au vu de certaines données expérimentales. C'est ainsi que H. Terrace, qui a tenté de comparer les progrès linguistiques de son jeune chimpanzé Nim avec celles d'un enfant et qui, dans un premier temps, a soutenu, comme ses collègues, que le singe était non seulement capable de manipuler des signes mais même de les combiner en associations significatives, en est venu à remettre en cause ses conclusions après avoir soigneusement visionné les bandes vidéo où étaient enregistrées les séances d'apprentissage : il s'aperçut en effet que beaucoup des « constructions » linguistiques de Nim, qu'il avait crues spontanées, étaient en fait des réactions à des gestes inconscients, même à peine ébauchés, de l'expérimentateur. En analysant les « dialogues » obtenus, on remarque également que dans bien des cas il est difficile de dire si l'attribution de sens est le fait de l'émetteur animal ou de l'observateur humain (on retrouvera cette question à propos du programme informatique Eliza ; voir chap. 8 : « Intelligence artificielle et TALN »).

Un second type d'objection a été le fait de certains linguistes et psycholinguistes qui ont cherché à montrer qu'en dépit de certaines ressemblances frappantes il existait des différences fondamentales entre l'acquisition du langage par l'enfant et les aptitudes manifestées par les singes ayant fait l'objet d'un enseignement. On a reproché à la gorille Koko d'être incapable de mentir. Cette objection ne paraît pas réellement fondée, la documentation disponible montrant que les singes sont capables de dissimulation. Sur un autre registre, le psycholinguiste américain Brown croit déceler dans le langage acquis par les singes des inaptitudes de nature essentiellement « syntaxique » comme l'incapacité à tirer parti de l'ordre des mots ou à produire des structures hiérarchisées. On peut toutefois opposer à ce jugement des observations contradictoires : sur des cas certes encore élémentaires, mais néanmoins significatifs dans leur principe, Sarah, Washoe et leurs congénères ont manifesté des aptitudes à associer aux mêmes items présentés dans des ordres localement différents des valeurs sémantiques différentes. Premack a montré que son « élève » était capable, après un apprentissage progressif, de comprendre correctement des séquences comme *Sarah mettre dedans pomme plat banane seau* (avec ellipse de la deuxième occurrence du verbe et de sa préposition régime), ce qui plaide en faveur de la reconnaissance de structures hiérarchisées relativement complcxes.

En fait, il semble très difficile, pour chacun des « traits distinctifs » individuels supposés caractériser le langage, de prouver clairement qu'il est radicalement inaccessible au singe (voire à d'autres animaux). La seule véritable objection que l'on doit opposer aux expériences linguistiques sur les singes n'est dès lors pas d'ordre « technique » et analytique. Elle ne peut procéder que d'une attitude théorique holiste consistant à soutenir que le langage humain est un tout irréductible à la somme des propriétés qui sont supposées le caractériser. Cette remarque ouvre d'ailleurs un troisième type d'interrogation qui demeure valable, même en rendant justice aux capacités intellectuelles des singes (voire d'autres animaux) et en concédant que certains mécanismes qu'ils parviennent à maîtriser entrent bel et bien en jeu dans le fonctionnement du langage humain. Cette interrogation peut se formuler de la façon suivante : si les singes ont effectivement des aptitudes leur permettant d'acquérir, sous l'effet de l'apprentissage, une certaine maîtrise du langage, comment se fait-il qu'ils n'aient pas spontanément développé son usage ? Comme on l'a vu, Premack répond à ce problème en invoquant l'absence de conditions de motivations. Il établit à ce propos une comparaison avec l'usage des outils : chez les singes, la même espèce tantôt utilise des outils et des techniques de chasse concertées, tantôt les ignore totalement, et ce en fonction de l'environnement naturel qui suscite ou non des motivations suffisantes à cette fin. Pour Premack, la comparaison ne va pas plus loin et ne sert qu'à montrer que, dans le cas du « langage » comme dans celui de l'usage des outils, les singes ont besoin d'une pression motivante du milieu extérieur. On pourrait imaginer que cette motivation naisse dans les familles de primates ayant bénéficié d'un apprentissage en milieu humain. Pourtant on n'a jamais observé de passage à un apprentissage intraspécifique : Washoe n'a jamais enseigné l'ASL à ses petits. Le déficit est sans doute plus complexe qu'un simple manque de motivation. Le chimpanzé possède un système phonatoire suffisamment développé pour émettre des sons linguistiques. Un bébé humain, même lorsque ses parents sont sourds, s'entraîne spontanément à la phonation ; pas un bébé chimpanzé.

Le parallélisme entre usage d'une forme de langage et usage d'une forme d'outillage est bien plus profond que Premack ne semble s'en douter. Il y a quelque trente ans, le préhistorien André Leroi-Gourhan a insisté sur les liaisons neurologiques qui unissent les deux types d'activité :

> (...) chez les primates, les organes faciaux et les organes manuels entretiennent les uns et les autres un égal degré d'action technique. Le singe travaille avec ses lèvres, ses dents, sa langue et ses mains, comme l'homme actuel parle avec ses lèvres, ses dents, sa langue et gesticule ou écrit avec ses mains. Mais à cela s'ajoute le fait que l'homme fabrique

> aussi avec les mêmes organes et qu'une sorte de balancement s'est produit entre les fonctions : avant l'écriture la main intervient surtout dans la fabrication, la face surtout dans le langage ; après l'écriture, l'équilibre se rétablit (1965, p. 162).

Selon toutes les données disponibles, « le langage des anthropiens antérieurs à l'*homo sapiens* semble (...) apparaître en liaison étroite avec la motricité technique, liaison si étroite qu'empruntant les mêmes voies cérébrales les deux principaux caractères anthropiens pourraient ne relever que d'un seul phénomène » (1965, p. 163). Ce qui sépare radicalement les anthropiens des anthropoïdes, c'est précisément que ces deux activités cessent chez les premiers d'être occasionnelles et tributaires des circonstances pour devenir constantes et constitutives de leur identité :

> (...) ce qui caractérise chez les grands singes le « langage » et la « technique », c'est leur apparition spontanée sous l'effet d'un stimulus extérieur et leur abandon non moins spontané ou leur défaut d'apparition si la situation matérielle qui les déclenche cesse ou ne se manifeste pas. La fabrication ou l'usage du chopper ou du biface relèvent d'un mécanisme très différent, puisque les opérations de fabrication préexistent à l'occasion d'usage et puisque l'outil persiste en vue d'actions ultérieures. La différence entre le signal et le mot n'est pas d'un autre caractère, la permanence du concept est de nature différente mais comparable à celle de l'outil.

On voit donc que les remarques de Premack, qui semblent rejoindre les conclusions de Leroi-Gourhan, s'en séparent en fait radicalement en ce que le zoopsychologue américain ne semble établir aucun lien entre deux ordres de faits là où le préhistorien français voit au contraire une corrélation intime qui ne saurait être le produit du hasard. Pour Leroi-Gourhan, évolution biologique, progrès technique et évolution de la fonction symbolique se conditionnent réciproquement. Dans cette optique, on ne doit pas se laisser impressionner par les programmes expérimentaux d'apprentissage des primates, ni par leur « environnement scientifique ». Ils nous ont, certes, appris pas mal de choses sur le comportement animal, mais leur projet était mal conçu dans sa partie linguistique. Il supposait que l'on puisse considérer le langage comme un objet d'apprentissage autonome et susceptible d'être appréhendé indépendamment de ses déterminations biologiques, sociales et historiques. Il y a là un problème philosophique de fond.

Comme nous le verrons dans le prochain chapitre, l'une des propriétés du langage humain est d'être caractérisée par une structure abstraite susceptible d'être transposée de multiples façons (notamment par l'écriture). Il ne s'ensuit pas que cette structure abstraite dispose d'une complète autonomie par rapport à ses conditions primitives d'émergence et à celles de ses emplois. On retrouve dans le projet des éthologues le même vice cognitiviste qui a compromis la réussite intellectuelle du programme chomskyen. Dans son premier état, la théorie générativiste réduisait le langage humain à une structure algébrique abstraite ; la faculté de langage était une simple faculté calculatoire[1]. Si le langage est un calcul, il n'est pas absurde de pouvoir l'implémenter dans un ordinateur ; et si l'on échoue lors d'une « implémentation » chez les primates, c'est qu'il manque à ces derniers quelque chose dans leur constitution biologique. Ce que suggèrent nos analyses, c'est que le nœud de la question n'est probablement pas là, quel que soit le déficit biologique des primates. Il n'y a sans doute pas une seule propriété qui puisse différencier de façon

1. Dès la naissance de la syllogistique, Aristote exprimait l'idée que le raisonnement logique dépendait de la *forme seule*. Il entendait par là que la valeur logique du raisonnement (le vrai ou le faux logique) ne devait pas dépendre des termes que l'on y rencontre (c'est-à-dire du fait que l'on parle de ceci ou de cela) mais uniquement de l'agencement des termes, c'est-à-dire de leur place dans le raisonnement. Il fallut plus de deux millénaires et de notables changements dans les conceptions de la nature de la pensée, celle du monde (mathématisation galiléenne de la physique), et finalement dans les techniques calculatoires (naissance de l'algèbre), pour que l'on parvienne à relier les procédures logiques qui concernent des expressions canoniques du langage et celles du calcul qui concernent initialement les nombres. L'intuition profonde de cette liaison est au cœur de la philosophie de Leibniz : pour lui, la nature probante du raisonnement logique lui vient de son aspect mécanique, analogue aux procédures bien connues de l'algèbre et de l'arithmétique. Il conçut le projet d'un système logique parfait *(calculus ratiocinator)* qui permettrait de résoudre tous les problèmes scientifiques et métaphysiques. Sa confiance dans un tel système s'exprime dans l'adage si souvent cité : « Dieu calcula et fit le monde. » Si Leibniz a accompli de larges progrès dans le sens d'un rapprochement de la représentation du raisonnement et des procédures de calcul, il faut attendre Boole, au milieu du XIXe siècle, pour voir se créer une véritable algèbre logique. Peu après naîtront les premières machines (calculatrices) logiques (Jevons). L'algèbre logique connaît des limitations assez strictes dans ses possibilités de représenter le raisonnement humain. Si certaines ont été surmontées assez vites (représentation des relations par De Morgan et Peirce), d'autres (en particulier, la quantification) ne seront véritablement résolues que par Frege et, surtout, par le système plus maniable que produiront, à partir des travaux du mathématicien allemand, Russell et Whitehead.

décisive le langage humain et les formes de communication animale. C'est par la combinaison de propriétés qui ne sont vraisemblablement pas particulières à l'homme que le langage humain est unique. Cette combinaison est le fruit d'une évolution qui n'est pas seulement biologique. Le comportement linguistique des humains n'est pas indépendant de l'ensemble de leur comportement et des relations complexes qu'ils ont entre eux et à leur environnement.

Le problème touche également la question de l'autonomie de la linguistique, telle qu'on la conçoit depuis le XIXe siècle, c'est-à-dire comme la discipline ultime qui aurait pour tâche de représenter la structure d'une langue en soi et pour soi. Si la linguistique est l'étude de cette structure abstraite, pourra-t-elle jamais parvenir à produire des résultats intéressants concernant la nature du langage humain ?

La question de l'origine des langues

La question de l'origine des langues a été l'objet, comme on l'a vu, de spéculations mythiques, mais également de discussions rationnelles. Chez les Grecs, qui ne semblent pas avoir disposé de mythes préexistants aux discussions philosophiques, la question opposait les tenants d'une origine naturelle à ceux d'une origine conventionnelle. Parain (1972, p. 241 et s.) a proposé de résumer les débats et les différentes thèses de la façon suivante :

1 / le langage est *phusei* :

a) les mots sont un produit direct des choses (Cratyle, Héraclite) ;
b) les mots représentent la nature des choses qu'ils désignent à la manière des images peintes (Platon) ;

2 / le langage est *nomo* :

a) chaque individu a le pouvoir de nommer arbitrairement chaque chose à sa guise (Hermogène) ;
b) les noms ont été donnés aux choses par le législateur ou sur son conseil (Aristote).

On voit immédiatement que le type de discussion engagée concerne moins la véritable origine du langage, au sens chronologique et biologique du terme, que sa nature. L'histoire abonde de modèles destinés à éclairer ce qu'est le langage humain à l'aide d'un scénario d'origine, dont les auteurs ne se préoccupent guère qu'il ait existé ou non. Nous en rencontrerons plusieurs au cours de cet ouvrage, notamment à propos du nom propre, où il ne sera pas indifférent de remarquer que Kripke aujourd'hui ne procède guère différemment de Platon autrefois. Ces modèles ont été particulièrement abondants au XVIIIe siècle (voir Auroux, 1979, p. 54-67), et la question fit même l'objet d'un prix proposé par l'Académie de Berlin (1769). La discussion était violente parce que, dans une époque de laïcisation, il s'agissait d'appréhender la nature même de l'homme et d'affronter le dogme biblique. Pour voir l'enjeu, il suffit de suivre la démarche de Herder, le lauréat de l'Académie de Berlin, qui fait reposer l'invention du langage sur la conscience humaine *(Besonnenheit)*. Il s'agit de refuser que la plus haute caractérisation de l'humanité soit née du besoin comme le soutient Condillac ou des passions comme le pensent Rousseau ou Vico. Les grands linguistes du XIXe siècle s'efforceront d'aborder la question avec les nouvelles méthodes de leur discipline et le nombre des traités sur la question connaîtra une inflation considérable. Tous ces ouvrages ont aujourd'hui un intérêt essentiellement historique, même si certains des thèmes développés (par exemple, le caractère instantané ou non de la naissance du langage) ont un impact épistémologique plus général. Le problème a été repris sur d'autres bases dont témoigne tout ce chapitre. Pour le philosophe, l'intérêt de la question réside essentiellement dans la persistance d'une thèse paradoxale élaborée par les linguistes du XIXe siècle et reprise de façon dogmatique par les structuralistes européens : la question de l'origine des langues ne serait pas un problème scientifique.

Cette thèse s'appuie sur le fait que, dans ses premiers statuts (1866, art. 2), la Société linguistique de Paris interdisait de prendre en considération cette question (comme celle de la langue universelle). Par la suite, on considéra qu'il s'agissait d'un grand progrès scientifique (un peu comme le refus de considérer les mémoires sur la quadrature du cercle ou le mouvement perpétuel). Les Lumières auraient débattu de ces questions, que la linguistique scientifique aurait rejetées. Cette vue est totalement erronée. Les historiens des sciences du langage ont montré[1] que le refus des discussions procédait davantage d'une motivation de caractère social (nous sommes dans une France où les catholiques sont puissants et où la querelle du darwinisme va prendre une ampleur considérable) que de réels arguments scientifiques (ils viendront essentiellement après)[2] ; l'article 2 a disparu des nouveaux statuts de 1876 ; la plupart des linguistes[3], comme on l'a noté, travailleront sur la question : c'est, en particulier, le cas de Renan, l'un des premiers présidents de la Société. Quantitativement, il n'y a pas d'époque, excepté peut-être la seconde moitié du XXe siècle, où la question de l'origine des langues ait été autant débattue que durant le XIXe siècle. En 1900, son secrétaire M. Bréal n'hésitera pas à écrire, dans le *Bulletin* même de la Société de linguistique :

> Depuis environ trente ans, on a cherché à jeter le discrédit sur les questions d'origine : on les a déclarées insolubles. Mais le jour où la linguistique laisserait rayer ces questions de son programme, elle me ferait l'effet d'une science découronnée (*loc. cit.*, p. 334).

1. Voir, notamment, S. Auroux, 1989, La question de l'origine des langues : ordre et raison du rejet institutionnel, *in* J. Gessinger et W. von Rahden (eds), *Theorien vom Ursprung der Sprache*, Berlin-New York, Walter de Gruyter, vol. 2, p. 122-150.

2. Les objections théoriques habituellement retenues contre une étude d'origine tiennent essentiellement à l'absence d'observations sur le phénomène (Saussure : « Jamais on n'a signalé sur le globe la naissance d'une langue nouvelle ») qui serait liée à son absence d'observabilité (note de Saussure en vue du *Cours* : « ORIGINE DU LANGAGE : Inanité de la question pour qui prend une juste idée de ce qu'est un système sémiologique et de ses conditions de vie »). Il faut se convaincre du caractère absolument non factuel de l'argumentation. Dire que l'on n'a jamais signalé la naissance d'une langue nouvelle, c'est soutenir que le français, par exemple, n'est pas une nouvelle langue dont la naissance est datable. Il y a là une conception *intrathéorique* qui correspond à l'idée que la détermination de ce qu'est une langue est un point de vue de l'observateur et ne correspond pas à une espèce naturelle (voir p. 340) : dans la réalité des langues, il n'y a pas de solution de continuité, le français n'est que du latin transformé. Dès lors, on est obligé de poser, comme le font les néogrammairiens, l'axiome non trivial selon lequel *toutes les langues existant à un moment donné ont le même âge*. Saussure reprend cet axiome : « Toutes les langues se parlant à la même époque sont de même âge en ce sens qu'elles remontent à un passé égal. Il n'est pas nécessaire de déterminer la longueur de ce passé. Si l'on veut c'est l'origine du langage, mais sans remonter aux périodes inaccessibles » (*CLG/E*, fasc. 4, p. 7).

3. On doit à Jespersen (1922) une tentative de classification des théories naturalistes : *how-wow theory* (onomatopées) ; *pooh-pooh theory* (interjections) ; *ding-dong theory* (résonance interne des impressions) ; *yo-he-do theory* (émission à la suite d'efforts).

Pourquoi, alors, cet interdit dont le thème fera l'objet de la deuxième antinomie linguistique[1] proposée par V. Henry (1896, p. 25-26) ? Seule l'épistémologie de la linguistique peut nous éclairer sur ce point. Cette discipline a pour objet l'apparentement par familles. Or celui-ci suppose qu'on écarte d'abord ce qu'il peut y avoir d'universellement commun entre les langues, comme quelque chose de contingent et d'accidentel. Lorsque l'on reconstruit les protolangues, il faut donc *postuler* l'arbitraire des racines et *écarter* les faits qui témoigneraient du contraire, parce qu'ils empêcheraient le programme de la linguistique historique et comparée de fonctionner. Soit l'allemand *Feind,* « ennemi ». Si l'on recherche l'origine onomatopéique du mot, on doit trouver dans toutes les langues quelque racine qui signifie à peu près la même chose et commence par *f,* ou alors on permet n'importe quel changement de la consonne et on peut dire n'importe quoi. Le dernier cas est évidemment sans intérêt. Dans le premier, on viole la loi de Grimm (voir chap. 9 : « La querelle des lois phonétiques ») qui postule que le *f* des langues germaniques (vieil-angl. *fiend* ; got. *fijant*) vient d'un *p* ayant existé à une époque antérieure (sanskrit *pîyant,* participe de *pîy,* « haïr »). Autrement dit, le rejet de l'origine est un acte épistémologique préalable qui rend possible le fonctionnement du programme comparatiste[2]. Il n'est ni un théorème scientifique comme l'impossibilité de la quadrature du cercle, ni un résultat fondé sur des faits. C'est ce qu'Henry avait bien vu : c'est à la linguistique[3] qu'il est impossible de traiter de l'origine des langues, pas à la science, qu'il s'agisse de la préhistoire, de l'anatomie ou de la psychologie.

1. La thèse indique que le bon sens conduit à poser que la question de l'origine est un problème important. L'antithèse s'exprime ainsi : « L'origine du langage est un problème, non seulement inabordable à la science du langage, mais dont tous les documents qu'elle étale ou accumulera dans l'avenir ne sauraient jamais lui faire entrevoir même la plus lointaine solution. » La synthèse proposera de reporter la recherche de l'origine sur des disciplines autres que la linguistique (voir plus loin).

2. Cf. Bopp, *Vergleichende Grammatik...*, trad. franç. par M. Bréal, 1876, p. 1 : « Il n'y a que le mystère des racines ou, en d'autres termes, la cause pour laquelle telle conception primitive est marquée par tel son et non par tel autre, que nous nous abstenons de pénétrer. »

3. Si celle-ci change de programme, elle n'est pas obligée d'adopter les mêmes postulats : Chomsky, qui se consacre à la recherche des universaux, considère que la question de l'origine des langues relève de la discipline.

La conception structurale de la langue, parce qu'elle ne peut définir les éléments qu'en relation les uns aux autres, possède des conditions similaires de fonctionnement quant à la question de l'origine. Lévi-Strauss les formule parfaitement :

> Quels qu'aient été le moment et les circonstances de son apparition dans l'échelle de la vie animale, le langage n'a pu naître que tout d'un coup. Les choses n'ont pas pu se mettre à signifier progressivement. À la suite d'une transformation dont l'étude ne relève pas des sciences sociales, mais de la biologie et de la psychologie, un passage s'est effectué, d'un stade où rien n'avait de sens à un autre où tout en possédait (*Introduction à l'œuvre de Marcel Mauss,* p. XLVII).

L'anthropologue apporte toutefois un élément nouveau au débat contemporain sur l'origine des langues. Il s'agit d'une thèse *épigénétique.* De la même façon que, pour Kant, le commencement de nos connaissances, qui est l'expérience, ne se confond pas avec leur origine, qui est la structure transcendantale de l'esprit, le commencement anthropologique du langage ne nous apprend rien sur son origine[1]. Comme l'esprit, le langage est toujours en lui-même sa propre raison[2]. On peut sans doute penser que le prix à payer pour maintenir nette la frontière entre la Nature et la Culture est trop élevé et que réduire le langage à une survenance, comme disent aujourd'hui les philosophes anglo-saxons, n'est peut-être pas la position la plus rationnelle qui soit.

1. On remarquera que c'est la thèse que soutenait explicitement l'idéalisme allemand : Fichte (1795) ou Schelling (1850).

2. A la fin des années 1960, on exprimait cette idée par le thème du « cercle de l'origine » (l'étude de l'origine du langage est une démarche circulaire, car le langage se présuppose toujours lui-même). Le lecteur pourra consulter : J. Derrida, 1967, La linguistique de Rousseau, *Revue internationale de philosophie,* n° 82, p. 443-462 ; M. Duchet et M. Launay, Synchronie et diachronie : L'*Essai sur l'origine des langues,* et le second discours, *ibid.,* p. 421-442.

2 – L'écriture

Qu'est-ce que l'écriture ?

Le langage humain est un phénomène profondément lié à l'évolution corporelle des hominidés. Quoi qu'il s'agisse d'une manifestation éminemment sociale, il est irréductiblement, en tant que tel, une manifestation du comportement individuel qui met en jeu le corps et la maîtrise d'un nombre important de contrôles psychomoteurs. Or le langage humain ne semble pourtant pas irréductiblement lié à la spécificité du canal audio-oral. Le phénomène le plus étonnant est, en effet, l'existence de *supports transposés*. On entend par « support transposé » tout remplacement du support audio-oral au profit d'un autre, tandis que demeure l'identité du langage. On connaît des supports transposés qui utilisent le corps humain (par exemple, la transposition d'un langage donné en un langage par gestes[1]), et qui, même, peuvent conserver matériellement un support audio-oral (transposition en langage sifflé). Le point essentiel est la possibilité de transpositions qui n'utilisent

1. Nous visons un langage complet comme celui des Indiens des Plaines en Amérique, qui finit par pouvoir transposer la langue sioux. Les gestes sont, plus généralement, utilisés comme un système paralinguistique d'aide à la communication orale, qui revêt plus ou moins d'importance selon les cultures. Condillac avait fait l'hypothèse qu'il existait un langage gestuel naturel et universel, susceptible d'expliquer l'origine du langage oral. La plupart des systèmes gestuels paralinguistiques connus sont largement conventionnels : un Français qui dit non en agitant la tête sur l'axe horizontal ne sera pas compris d'un Japonais pour qui la négation s'exprime aussi par un mouvement de la tête, mais sur l'axe vertical.

plus le corps humain, comme le langage tambouriné, les signaux de fumée ou ceux des sémaphores. Le monde moderne a connu la multiplication des supports transposés, dans le but de communiquer à distance : analogiques comme les variations d'intensité électrique utilisées dans les premiers téléphones et celles des ondes radio ou digitaux comme le morse (qui est en fait un codage de l'écriture) et, plus généralement aujourd'hui, les techniques de numérisation du son qui débordent largement le langage. Parmi ces supports transposés, le plus important est incontestablement le *support graphique*, non seulement parce qu'il utilise la bidimensionalité de l'espace planaire, mais encore parce qu'il est le premier support qui ait permis à la parole humaine de subsister en dehors de la présence de son émetteur.

L'invention de l'écriture[1], que l'on doit considérer comme la première révolution technolinguistique dans l'histoire de l'humanité, est relativement tardive par rapport à l'apparition du langage. Elle a lieu après ce que l'on nomme « la révolution néolithique » ; celle-ci vit naître la sédentarisation et quantité de techniques essentielles (l'agriculture, la domestication des animaux, la poterie et le tissages) qui permirent aux hommes de sortir d'une dépendance étroite par rapport à leur milieu naturel. En se bornant à l'essentiel, on peut se contenter des points de repère suivants :

Mésopotamie : Un système d'écriture cunéiforme en grande partie pictographique apparaît à Uruk vers la fin du IVe millénaire avant notre ère (Uruk IV). Il sert à noter des mots sumériens (langue sans apparentement connu) vers 3000 avant notre ère (Uruk III) ; de là, il intégrera progressivement des éléments phonétiques. Les Akkadiens (langue sémitique) empruntèrent d'abord la langue et l'écriture sumérienne, puis utilisèrent cette dernière (en la faisant évoluer) pour noter l'akkadien. En même temps que l'écriture sont apparus des cylindres gravés que l'on roulait sur des tablettes d'argile (impression).

Égypte : On fait remonter l'écriture de l'égyptien (langue sémitique qui deviendra le copte au début de notre ère), sous la double forme hiéroglyphique et hiératique (version stylisée de la précédente), au tournant des IVe et IIIe millénaires avant notre ère. Elle sera utilisée pour les inscriptions monumentales jusqu'au IVe siècle de notre ère.

1. Pour une vue globale sur les théories de l'écriture, le lecteur pourra consulter Desbordes, 1990, et Anis, Chiss et Puech, 1988.

Chine : L'écriture chinoise, qui note les mots (voir plus loin), remonte peut-être à la fin du IIIe millénaire avant notre ère. Elle est attestée dès le XIVe siècle avant notre ère (inscriptions oraculaires sur os et écailles de tortues).

Grèce : L'alphabet grec, dérivé de l'alphabet phénicien, apparaît aux environs du IXe siècle avant notre ère. Le monde grec a connu l'écriture bien avant (par exemple, le linéaire B mycénien, de nature consonantique, entre 1450 et 1200).

Monde arabe : L'écriture consonantique arabe a été mise au point à partir de l'extrême fin du VIIe siècle avant notre ère sur les bases d'un système graphique qui serait emprunté à l'écriture nabatéenne.

Inde : Les attestations des écritures modernes (*kharosthi,* de nature consonantique, et *brhami,* de nature syllabique, laquelle s'imposera et se trouve à l'origine des écritures utilisées aujourd'hui) sont tardives, puisque les premières inscriptions connues datent du règne de l'empereur Açoca (IIIe siècle avant notre ère), un propagandiste du bouddhisme. On fait cependant remonter la brahmi au VIIe siècle avant notre ère, c'est-à-dire à la fin de la période védique. L'apparition d'une forme d'écriture dans la vallée de l'Indus remonte toutefois à une période antérieure à l'invasion aryenne, au début du IIIe millénaire (documents de Mohenjo-Daro).

Ce que montre cette chronologie élémentaire, c'est d'abord la diversité des systèmes d'écriture. Il s'agit d'un point qui n'a commencé à faire l'objet d'une réflexion philosophique qu'au XVIIIe siècle, avec le travail de l'érudit anglais Warburton[1], essentiellement dirigé vers l'énigme que représentait à l'époque l'écriture hiéroglyphique égyptienne. Pour ce dernier, il y a essentiellement trois étapes dans le développement qui mène jusqu'à nous : le stade pictographique où l'écriture représente directement l'aspect extérieur des objets du monde ; le stade idéographique, où elle coderait les idées et pas les mots ; le stade phonétique, enfin, où ce sont les sons du langage eux-mêmes qui sont codés. Ces idées ont été largement popularisées, notamment, par Condillac, Rousseau et De Brosses.

Cette première classification pose deux problèmes. Le premier est celui du stade idéographique : il correspond à l'idée que les caractères chinois sont plus ou moins le modèle d'une écriture

1. Warburton (1699-1779) publie, entre 1738 et 1741, les trois volumes sur la *Divine légation de Moïse* (en anglais), dont une partie sera traduite en français sous le titre *Essai sur les Hiéroglyphes des Égyptiens* (1764) ; il s'agit de la première présentation génétique de l'histoire des différentes écritures.

Institut für Romanische Philologie Aachen

universelle, comme le sont les chiffres arabes (voir chap. 5 : « La relativité de l'ontologie et la question de la langue universelle »). Ainsi que Gelb l'a longuement argumenté, l'écriture chinoise n'est pas idéographique, elle est essentiellement *logographique* : elle ne représente pas des idées qui préexisteraient à toute langue, elle représente les mots de la langue chinoise[1]. Là où l'écriture phonétique[2] est plus ou moins fidèle à la structure sonore de la langue et parfaitement insensible à sa structure sémantique, l'écriture logographique l'est davantage à cette dernière[3]. C'est une propriété qui limite considérablement les possibilités d'utiliser les caractères chinois pour transcrire d'autres langues ; de fait, on ne les a jamais adoptés (pour le coréen ou le japonais, par exemple) sans de profondes transformations.

Le second problème concerne l'extension même du concept d'écriture. Contrairement à ce que suggère l'étymologie, la pictographie n'est pas une écriture, c'est simplement une peinture de choses. Il est difficile de se passer de la « pictographie » si l'on veut expliciter la nature et la naissance des systèmes d'écriture. Gelb, qui critique à juste titre la confusion qu'elle entraîne entre des systèmes d'images et la forme externe de certains systèmes d'écriture, l'a prise en compte, dans sa théorie de l'écriture, pour laquelle il a proposé en 1952 le nom de *grammatologie*. Si les systèmes d'images ne sont que des « avant-courriers » de l'écriture,

1. Nos écritures alphabétiques modernes utilisent parfois des logogrammes ou signes de mots : par exemple, $ pour « dollar », £ pour *pound* ou « livre ».

2. Cette dernière catégorie regroupe plusieurs possibilités. De manière générale, on peut dire qu'elle correspond à un codage de la réalisation phonique du langage, qui, lui-même, peut avoir lieu à plusieurs niveaux : les syllabes (écriture dévanagari du sanskrit), le ductus consonantique (écriture de l'arabe) ou les sons élémentaires (alphabets). Le nombre des caractères du codage dépend des systèmes choisis. Le codage phonétique est toujours plus économique que le codage logographique : de plusieurs milliers de caractères pour les logogrammes chinois, on passe à plusieurs dizaines pour les écritures syllabiques et à deux ou trois dizaines seulement pour les écritures alphabétiques. On notera que les systèmes existants peuvent combiner plusieurs possibilités, y compris celle qui consiste à mêler logographie et phonétisme (l'écriture égyptienne est logosyllabique).

3. Cela ne l'empêche nullement de représenter *aussi* des sons puisque pour lire un mot il faut le prononcer ! C'est cette propriété que les « linguistes » chinois ont utilisée pour construire leurs représentations phonétiques. Soit un caractère ; pour décrire les sons qui composent le mot dont il est le signe, on emploie des caractères qui sont les signes de mots homophones aux sons qui composent le premier mot (technique du *fanquie*).

les plus anciens systèmes d'écriture connus ont, en effet, une origine « pictographique » : les caractères sont des images plus ou moins stylisées des objets visibles dans le monde qui nous entoure. Les « écritures » méso-américaines (celle des Mayas, par exemple) présentent un stade où la pictographie est encore essentielle. Mais il n'y a véritablement écriture que là où ce sont les éléments du langage et non ceux du monde qui sont représentés. Ce qui a bloqué le déchiffrement des hiéroglyphes égyptiens jusqu'à Champollion, c'est la croyance qu'ils étaient une peinture de choses et le refus d'admettre qu'ils avaient une valeur phonétique[1]. D'une certaine façon, la définition d'Aristote atteint parfaitement la nature de l'écriture :

> Les sons émis par la voix sont les symboles des états de l'âme et les mots écrits les symboles des mots émis par la voix (*De l'Interprétation,* I, 16 *a* 3).

Cette définition possède de multiples défauts ; elle est notamment trop étroite, parce qu'en mettant l'accent sur le phonétisme elle laisse de côté le cas chinois. Mais elle présente l'idée essentielle qui revient à n'admettre pour écriture que ce qui est une représentation, un support transposé, d'un langage naturel. Nous réserverons au reste le nom de *graphisme.* Le graphisme a toujours préexisté à l'écriture *stricto sensu* et l'écriture elle-même n'est qu'une spécification du graphisme. Mais si, par exemple, la représentation stylisée (et donc codifiée) d'une scène de la vie quotidienne peut donner lieu à une paraphrase verbale et donc, d'une certaine façon, se « lire », elle n'est pas encore de l'écriture.

Les questions par lesquelles le phénomène de l'écriture appartient à la philosophie du langage sont multiples : à quels problèmes humains répond la création de l'écriture ? Quels sont les rapports entre la parole humaine (l'oral) et l'écrit ? Quelles nouvelles possibilités intellectuelles ouvre-t-elle à l'humanité ? Doit-on admettre que la naissance de l'écriture est le premier aboutissement des sciences du langage ? Quelle est la valeur de la définition d'Aristote ? Peut-on inverser ontologiquement le rapport chronologique entre l'oral et l'écrit qu'elle propose, pour faire de ce dernier la condition de possibilité même de tout langage (thèse derridienne de l'archi-écriture) ?

1. Sur ce sujet, voir M. David, *Le débat sur les écritures et l'hiéroglyphe aux XVIIe et XVIIIe siècles,* Paris, SEVPEN, 1965.

L'écriture et le pouvoir

Si le langage est présent dans toutes les sociétés humaines et se trouve en quelque sorte coextensif à leur existence, l'écriture ne l'est que dans certaines d'entre elles[1]. Comme le notait Rousseau : « L'art d'écrire ne tient point à celui de parler. Il tient à des besoins d'une autre nature qui naissent plus tôt ou plus tard selon des circonstances tout à fait indépendantes de la durée des peuples et qui pourraient n'avoir jamais eu lieu chez des Nations très anciennes » (*Essai sur l'origine des langues,* chap. V). Lévi-Strauss a identifié ces besoins et ces circonstances avec la naissance de nouvelles formes de pouvoir :

> Le seul phénomène qui semble toujours et partout lié à l'apparition de l'écriture, non pas seulement dans la Méditerranée orientale, mais dans la Chine protohistorique, et même dans ces régions de l'Amérique où des ébauches d'écriture étaient apparues avant la conquête, c'est la constitution de sociétés hiérarchisées qui se trouvent composées de maîtres et d'esclaves, de sociétés utilisant une partie de leur population pour travailler au profit de l'autre partie (G. Charbonnier, *Entretiens avec Lévi-Strauss,* Paris, UGE, 1961, p. 32).

Une célèbre anecdote, rapportée dans le chapitre XVIII de *Tristes Tropiques* (1955), révélerait les liens étroits du pouvoir et de l'écriture, parce que l'écriture n'y revêt aucune autre fonction que de manifester le pouvoir. L'épisode a lieu chez les Nambikwara qui n'ont pas de système d'écriture et très peu d'éléments graphiques dans leur culture. Un jour, l'ethnologue, qui vit et travaille parmi eux depuis quelque temps, leur a distribué crayons et papiers, c'est-à-dire les instruments qu'il utilise pour noter ses informations et qui se trouvent donc représenter aux yeux des indigènes les marques de son statut. Seul le chef va faire un usage social de ces nouveaux moyens. Il dispose d'un bloc-notes sur lequel il trace des lignes sinueuses quand il collabore avec l'ethnologue ; autrement dit, il fait comme lui. Lorsqu'il s'agit de

1. Nous laisserons de côté la question factuelle de savoir s'il y a monogénétisme ou polygénétisme des systèmes d'écriture. L'approche évolutionniste de Gelb laisse entrevoir la possibilité du monogénétisme à partir du système pictographique protosumérien.

répartir les cadeaux offerts par les Européens, il tire de sa hotte un papier où il fait semblant de chercher la liste des objets à attribuer à chacun. « Seul, sans doute, il avait compris la fonction de l'écriture », conclut Lévi-Strauss. À ceci près qu'il ne sait pas écrire et qu'il n'utilise qu'une image morte de l'écriture, dépourvue de tout intérêt spécifique !

Il est incontestable que l'écrit n'apparaît (et ne se maintient) que dans les sociétés fortement hiérarchisées, et entretient dès l'origine (et même surtout à l'origine) des relations très étroites avec les diverses instances de pouvoir que les sociétés humaines connaissent. Cependant Lévi-Strauss sème quelque confusion lorsqu'il soutient que « l'écriture elle-même ne nous paraît associée de façon permanente, dans ses origines, qu'à des sociétés qui sont fondées sur l'exploitation de l'homme par l'homme » (*Entretiens avec Lévi-Strauss, loc. cit.*, p. 33). Il reprend une tradition de dévalorisation de l'écriture qui a sa source moderne chez Rousseau et ne se comprend que si l'on admet un état originaire où règne la transparence de liens immédiats entre les hommes, qui reposeraient forcément sur le face-à-face de l'oral : « Toute langue avec laquelle on ne peut se faire entendre au peuple assemblé est une langue servile ; il est impossible qu'un peuple demeure libre et qu'il parle cette langue-là » (*Essai sur l'origine des langues,* chap. XX).

On peut représenter dans le tableau suivant une série de liens possibles entre instances de pouvoir et domaines de fonctionnement de l'écrit :

Pouvoir religieux	*Pouvoir symbolique*	*Pouvoir économique*
Divination[1]	Poèmes légendaires	Pièces comptables
Mythes cosmiques	Mythes identitaires	Archives
Astronomie	*Littérature*	*Droit*
Sciences	*Histoire*	*Géographie, économie*

([1]) Le graphisme apparaît dans les amulettes, les talismans, etc.

Le choix des instances retenues est globalement « génétique » : formes archétypales en haut du tableau, formes « modernes » en bas. On pourrait, bien sûr, imaginer une autre typologie du pouvoir avec d'autres filiations. Nous avons noté en italique les éléments qui nécessitent la forme écrite. On voit qu'ils apparaissent primitivement dans la sphère économique ; l'écriture est initialement liée au comptage et à la répartition des biens. Encore faut-il être prudent. Il a existé de vastes organisations socio-économiques qui n'ont pas disposé de systèmes d'écriture *stricto sensu* ; c'est le cas de la société aztèque qui semble avoir utilisé des systèmes de cordelettes avec des nœuds pour compter *(quipas)*. Le graphisme a une extension plus vaste : notation des saisons, des ethnies (chez les Amérindiens), voire symbolisation de certains proverbes (Indiens Ojibwa, Ewe du Togo ; cf. Gelb, p. 54). On voit bien sa liaison avec l'organisation sociale et l'institution de nouvelles formes de stabilité et de conservation. Or la naissance du graphisme semble moins économique que religieuse et esthétique (mains peintes sur les parois des cavernes et, plus généralement, toutes les formes de peintures pariétales ; marques graphiques sur les objets familiers, etc.). Ce n'est qu'ultérieurement qu'il acquiert d'autres fonctions, dans lesquelles il trouve ses limites. Autrement dit, l'écriture est une réponse spécifique à une série de problèmes techniques, nés bien avant elle et partiellement solutionnés par les techniques graphiques qui en fournissent les avant-courriers. Il serait superficiel de la lier simplement à l'oppression. Elle change qualitativement la nature des liens sociaux et, parce qu'elle rend possible l'écriture de la loi ainsi que la science (voir, plus loin, sur la raison graphique), elle fait naître de nouvelles formes de liberté humaine.

L'oral et l'écrit

L'existence de l'écriture transforme profondément le statut de la parole humaine, comme le remarquait déjà Platon dans le *Phèdre* (voir chap. 6 : « La question de l'intentionnalité »). C'est Rousseau, encore une fois, qui a ouvert la problématique moderne : on rend ses sentiments quand on parle et ses idées quand on écrit ; en écrivant, on est forcé de prendre tous les mots dans l'acception commune ; en disant tout comme on l'écrirait, on ne fait plus que lire en parlant. Par définition, aussi, l'écrit est insensible au silence[1], cette forme de communication humaine que crée la parole : « Que de choses sont dites sans ouvrir la bouche ! Que d'ardents sentiments se sont communiqués sans la froide entremise de la parole ! » (*Nouvelle Héloïse,* V, iii). Autrement dit :

> L'écriture qui semble devoir fixer la langue est précisément ce qui l'altère ; elle n'en change pas les mots mais le génie ; elle substitue l'exactitude à l'expression (*Essai sur l'origine des langues,* chap. V).

On peut globalement caractériser le passage de l'oral à l'écrit par la standardisation, c'est-à-dire *la mise en formes fixes.* Même si le concept d'unités linguistiques discrètes (par exemple, celui de « mot ») ne semble pas faire défaut à des langues purement orales, seule la langue écrite impose (quel que soit d'ailleurs le type de représentation adopté) un découpage systématique et rendu conscient de tout message en unités graphiques discrètes. Cette formalisation a pour conséquence un déclin inéluctable de la variabilité. Quel que soit le degré d'unification d'une communauté linguistique, l'oral reste indissolublement marqué de spécificités individuelles (sexe, âge, état de santé, état de tension du locuteur) et sociales (origine géographique, appartenance sociale du locuteur). Le message oral peut même porter les marques de la relation (sociale, symbolique) entre le locuteur et l'interlocuteur. Par contraste, l'écrit est beaucoup plus universalisant et, s'il porte des marques d'une origine sociale (fautes d'orthographe, par exemple), c'est dans ses « ratés » et non intrinsèquement. D'une façon générale, les sociétés humaines « graphématisées » admettent beaucoup plus facilement les variations orales (toutes les admettent en fait) que les variations écrites. La variation dialectale est courante (sinon systématique) dans les pratiques langa-

1. La maîtrise du silence a donné lieu à un art de rhétorique ; cf. abbé Dinouart, *L'art de se taire* (1771) : « Je suppose ici qu'il ne suffit pas, pour bien se taire, de fermer la bouche, et de ne point parler : il n'y aurait en cela nulle différence entre l'homme et les animaux ; ceux-ci sont naturellement muets ; mais il faut savoir gouverner sa langue, prendre les moments qui conviennent pour la retenir, ou pour lui donner une liberté modérée » (1987, p. 62). Le thème a été repris récemment dans la perspective de l'analyse de discours par E. Pulccinelli Orlandi, *As formas do silêncio,* Campinas, Editora da Unicamp, 1992. Dans ce cas, l'expérience de la dictature brésilienne conduit à analyser comment le silence peut signifier contre la censure.

gières orales de toutes les communautés humaines. Elle n'a pratiquement pas d'équivalent à l'écrit.

La mémoire des sociétés orales ne fonctionne pas de la même façon que celle des sociétés graphématisées. Plus précisément, elle est sujette à un phénomène aisément observable dans la vie quotidienne : lorsqu'on demande à quelqu'un de restituer le plus fidèlement possible une conversation quelconque, le sujet restitue presque toujours une glose fidèle au *contenu* du message, mais généralement peu à sa *forme*. Les sociétés orales sont des sociétés où la restitution des messages linguistiques est le plus souvent[1] de l'ordre de l' « à-peu-près » et où, par conséquent, la synonymie (X veut dire ou signifie la même chose que Y) est d'un usage généralisé. Avec l'écrit s'instaure au contraire le règne de la « fidélité à la lettre » et donc de la méfiance à l'égard de la synonymie, voire de la contestation même de son existence. Les contes des sociétés orales et les généalogies maori elles-mêmes sont constitués de thèmes fixes autour desquels chaque récitant improvise ses variations ; l'institution littéraire tient, au contraire, pour nécessaire qu'il y ait un texte établi une fois pour toutes.

L'écriture conduit à des transformations profondes des pratiques langagières. L'absence du locuteur, donc le non-partage d'une situation de référence, oblige à expliciter des paramètres de l'énonciation laissés implicites à l'oral. C'est ainsi que le fonctionnement des déictiques se trouve inversé. Dans l'échange face à face, ils réfèrent à partir de l'*ici-et-maintenant* du locuteur, de sa position corporelle dans l'espace-temps. Le locuteur doit être identifié pour que son message puisse être compris (« Reste ici »). Dans l'écrit, on n'a pas besoin d'identifier le locuteur, mais c'est le renvoi du déictique qui doit être identifié. Cela entraîne des contraintes spécifiques : si je suis devant une pancarte où se trouve inscrit le message « Posez le formulaire rempli ici », il faudra que la pancarte soit juste au-dessus d'une corbeille, voire qu'elle comporte une flèche indiquant la corbeille.

1. On connaît différentes techniques pour stabiliser un « texte » oral, mises en œuvre lors de la récitation des *Védas* ou du *Coran* ; elles s'ancrent dans la bonne prononciation (orthoépie). Mais elles n'apparaissent que dans des sociétés graphématisées.

L'écrit laisse sans réplique immédiate : le lecteur (allocutaire) ne peut interrompre le message et s'instaurer comme locuteur. Mais, inversement, le lecteur ayant tout le temps de revenir sur le message, d'en interrompre ou différer la réception, peut mieux en percevoir la stratégie, les articulations et les faiblesses, d'où une plus grande liberté face au message écrit que celle de l'auditeur face à l'oral. L'inscription de l'oral dans le temps et la « volatilité » du signal exercent des contraintes (notamment mémorielles) sur la complexité des messages. En outre, le déroulement strictement linéaire du temps impose sa structure au message oral. Par contraste, l'inscription spatiale de l'écrit et sa nature généralement « stable » lui permettent une bien plus grande complexité : les paragraphes fleuves d'un Proust ne sont pas concevables en dehors du support écrit. Alors que l'oral doit souvent être redondant, l'écrit permet une plus grande densité de l'information.

Les philosophes et les linguistes ont bien souvent problématisé l'essence du langage à partir de la parole, n'envisageant l'écrit que comme un redoublement de celle-ci (cf., *supra,* la définition d'Aristote), dont les propriétés sont totalement dépendantes de celles de la langue orale. Les dépendantistes ou logocentristes (voir *infra*) ont probablement été abusés par les efforts séculaires qu'il a fallu fournir pour donner un support écrit aux vernaculaires. Ils l'ont sans doute été tout autant par les tentatives de créer des systèmes d'écriture alphabétique qui soient des façons de décrire la parole elle-même, le plus exactement possible, comme l'alphabet phonétique international (API), les systèmes du *Visible Speech* de W. Bell et H. Swett (1906), les systèmes analphabétiques de Jespersen (1913) ou K. Pike (1943). Les autonomistes peuvent s'appuyer sur les phénomènes que nous venons de décrire, mais aussi sur le fait que l'écrit déborde toujours l'oral : dans tous les systèmes on trouve des « morphèmes visuels » ou symboles qui, lus à haute voix, sont ambigus ; d'autres qui sont imprononçables (par exemple, « ! » et tous les signes de ponctuation) ; des signes graphiques qui n'ont pas de signification fixe dans la langue (par exemple, le dessin d'une flèche qui peut aussi bien indiquer l'entrée que la sortie) ; ou encore des éléments qui, comme les notations mathématiques ou certains symboles chimiques, sont initialement bidimensionnels et pour lesquels l'oral n'est qu'une description secondaire plus ou moins approximative. Si l'écrit a pour effet de décontextualiser la parole, propriété essentielle, comme on le verra, à la naissance des sciences du langage, cela ne signifie pas que le signe écrit fonctionne en lui-même hors contexte. « 1664 » inscrit sur l'étiquette d'une bouteille de bière ne sera pas compris (lu) de la même façon que « 1947 » sur celle d'un château cheval blanc : il n'y a pas de millésime pour les bières (cf. Harris, 1994, p. 146). L'écriture possède ses contraintes et ses possibilités propres. Une linguistique de l'oral n'est certainement pas suffisante pour comprendre l'écriture et réciproquement.

Nous vivons dans une société graphématisée. Si on ne sait pas lire, il est difficile de prendre le métro ; il faudra apprendre chaque parcours, se repérer aux décors, aux couleurs et aux odeurs, comme on le fait dans la campagne ou la forêt, mais le métro n'est pas propice à cela. Nous ne nous repérons pas dans notre espace social en fonction des sentiers que nos pieds ont parcourus, des mousses qui poussent aux arbres, des rochers et des rivières que nos yeux ont vus, ni même aux étoiles, mais nous utilisons des plans et des cartes, nous lisons des noms de rue ou des panneaux signalétiques. La graphématisation est en croissance constante. Pour le comprendre, il suffit de suivre l'histoire de notre monnaie : depuis la marchandise qui servait d'étalon aux échanges, en passant par les pièces qui se reconnaissent à leur forme et leurs inscriptions, mais gardent encore une valeur intrinsèque mesurable à la nature de leur composition et à leur poids, en passant aussi par les billets de banque et les chèques, jusqu'aux cartes de crédit et à la monnaie électronique. La graphématisation est un processus par lequel les êtres humains ont progressivement utilisé des éléments du milieu externe pour signifier et communiquer. L'invention de l'écriture a consisté à intégrer le langage humain à l'univers des signes graphiques en ouvrant à ce dernier des possibilités quasiment illimitées : une société n'est pas véritablement graphématisée, si elle ne possède pas l'écriture. On comprend dans ces conditions qu'aux dépendantistes et aux autonomistes le linguiste britannique R. Harris, dans sa passionnante *Sémiologie de l'écriture* (1994), oppose une perspective intégrationniste. Il s'agit d'étudier globalement le phénomène de la communication humaine, en replaçant la parole dans son interaction avec le monde de l'écrit.

La raison graphique

Nous ne connaissons pas de civilisation orale qui ait développé des techniques calculatoires, même élémentaires comme nos opérations d'addition ou de soustraction. La plupart des langues seulement orales et sans contacts avec des civilisations graphématisées ne disposent que d'un système de numération très restreint (voir chap. 10 : « La qualité de la langue »). Le calcul n'est rendu possible que par le recours à des éléments externes (lat. *calculus,* « caillou »), voire des objets techniques comme les bouliers ou les abaques. De manière générale, l'écriture semble être la condition de son développement. Cela apparaît relativement facilement si l'on reconnaît simplement le rôle que joue la position dans notre système de numération ou la disposition graphique qui nous permet d'effectuer nos opérations. Il faut sans doute aller extrêmement loin dans cette reconnaissance. Un algorithme de calcul est une formule écrite ; il permet d'énumérer des résultats à l'infini en réitérant l'opération. Notre système de numération de position est lui-même un système algorithmique qui nous garantit la disposition d'une infinité de nombres, quand bien même nous ne pourrons jamais en construire concrètement une suite infinie. Sans algorithmes nous ne pourrions manier l'infini, ni obtenir ces résultats qui ont étonné les savants du dernier tiers du XVIIe siècle, par exemple qu'une somme d'une infinité de termes pouvait être finie. Les algorithmes et l'infini mathématique sont inconcevables sans l'écriture. Plus généralement, l'accès à l'écriture n'est pas une simple commodité, comme le serait un vulgaire redoublement du langage parlé. Dans le développement intellectuel de l'humanité, son apparition est une étape aussi importante que l'apparition du langage articulé. Il faut y voir, comme J. Goody (1977) l'a proposé, l'accès à une nouvelle forme de technologie intellectuelle et, par conséquent, à une nouvelle forme de rationalité ; les traducteurs français de son livre (1978) lui ont donné le nom de *raison graphique.* Cette conception a des conséquences extrêmement profondes qui n'ont pas encore été véritablement explorées par les philosophes.

La raison graphique se distingue par des possibilités qui sont interdites au langage simplement oral. Certaines viennent immédiatement à l'esprit et peuvent paraître triviales : fixation, objectivation et conservation. D'autres, qui dépendent des premières, le sont moins : formules et listes rigoureusement fixes et identiques, mais, surtout, tableaux à deux entrées. Le trait le plus marquant de la raison graphique est la bidimensionalité, l'utilisation de l'espace planaire. L'écriture n'est pas le seul *support transposé* de la parole humaine, mais elle est le seul qui soit de nature spatiale et dispose de la fixité. Sans l'écrit pas de géométrie, mais pas, non plus, de ces arbres formels qu'utilise la linguistique moderne.

La technique intellectuelle offerte par l'écriture permet donc de nouvelles performances cognitives, liées à la raison graphique. L'une d'entre elles est essentielle pour le développement des sciences, il s'agit de la formalisation. Elle n'est pas simplement contenue dans la bidimensionalité, mais semble profondément liée à la nature du langage et à la possibilité d'un procédé que nous pouvons nommer la *littéralisation*. Nous la retrouvons tardivement dans l'algèbre, mais elle est utilisée très tôt. Lorsque l'on ouvre au hasard le traité des *Premiers Analytiques* d'Aristote, on tombe sur des passages comme le suivant :

> Si A, en effet, n'appartient à nul B, et si B appartient à tout G, A n'appartiendra à nul G. On a ainsi la première figure ; mais par conversion de la négative, on obtiendra la seconde, puisque B n'appartient à nul A et appartient à tout G (*loc. cit.*, I, 45 ; 50 *b* 10-12).

Le lecteur comprend immédiatement que chacune des lettres A, B et G désigne un terme quelconque mais différent des deux autres et conçu comme l'un des trois termes d'un syllogisme. Il s'agit incontestablement d'une nouvelle technique de généralisation, différente de la construction de concepts généraux. Elle ouvre l'accès à une *pensée symbolique*. La supériorité de la logique aristotélicienne tient sans nul doute à son caractère formel et à la littéralisation qui le manifeste. Dans le cas du Stagirite, on pourrait probablement attacher cette dernière à l'imposition d'un nom arbitraire (« soit un terme A »), comme font les géomètres. Mais il nous semble que la symbolisation est quelque chose de plus profond que l'arbitraire d'un baptême. La littéralisation manifeste le fait que tout élément de la chaîne linguistique est substituable par un autre dans des circonstances données. Le symbolisme suppose donc deux choses : la substituabilité des signes, qui est une propriété intrinsèque au langage, et l'équivalence synoptique des formes, qui est une manifestation de la raison graphique.

Seule l'écriture rend possible d'atteindre le niveau du *formalisme* et on voit aisément pourquoi logique et grammaire peuvent y avoir accès indépendamment du développement des sciences de la nature qui, elles, devront passer par la quantification. On doit trouver dans ce fait des raisons profondes pour se méfier du spiritualisme à la Bergson. Ce dernier privilégie la dimension temporelle de la pensée et voit dans la spatialisation une dégradation. Cette dégradation commencerait avec le langage qui « traduit toujours en espace le mouvement et la durée » (*Matière et mémoire*, Paris, PUF, 1963, p. 327). Il est paradoxal et quasiment absurde de voir une dégradation dans ce qui constitue les conditions des plus hautes performances intellectuelles atteintes jusqu'ici par l'humanité. Avec la raison graphique et l'écriture, l'espace est devenu la dimension la plus authentique de la pensée humaine.

L'écriture et la naissance des sciences du langage[1]

Une tradition tenace, chez les historiens, les philosophes et même les linguistes, soutient que la connaissance linguistique serait l'origine de l'écriture. Comment, en effet, imaginer qu'une technologie si abstraite et si complexe, qui incorpore une connaissance si fine de la structure linguistique, ait pu se développer sans un savoir préalable et bien constitué ? Les sciences du langage dérogeraient ainsi à la loi commune de tous les savoirs scientifiques qui sont des produits de l'écriture. Or, d'un côté, l'ethnologie nous montre qu'il n'y a pas, dans les civilisations orales, de savoir linguistique semblable à nos grammaires, nos logiques et nos rhétoriques. De l'autre, l'histoire nous montre

1. Nous avons suivi dans la suite de ce chapitre de nombreux développements que le lecteur retrouvera avec plus de détails dans S. Auroux, *La révolution technologique de la grammatisation*, Liège, Mardaga, 1994.

incontestablement que, dans les civilisations où il y eut apparition d'un savoir linguistique, celui-ci est indubitablement né *après* que l'écriture eut été une technique bien dominée. Pour l'histoire des connaissances linguistiques le *seuil de l'écriture* paraît donc fondamental.

L'expression « connaissance linguistique » est profondément ambiguë. Connaître une langue, c'est savoir la parler. Si je sais parler français, d'une certaine façon je sais nécessairement ce qu'est un nom ou un adjectif. Cela ne signifie pas que je sache l'expliquer. On peut imaginer un état d'apprentissage de la langue où le sujet ne disposerait pas des mots « noms » et « adjectifs » ni d'un quelconque équivalent, mais saurait faire des phrases françaises comportant des noms et des adjectifs. « Connaissance » ou « savoir » linguistique possèdent donc deux sens très différents. Dans le premier sens, ce savoir est inconscient et il n'est pas représenté. En suivant une terminologie créée par le linguiste français A. Culioli, nous dirons que le sujet possède un savoir *épilinguistique*. Ce savoir permet également une certaine *conscience linguistique*, comme lorsque je suis capable de refuser une phrase sans être capable de dire pourquoi. Mais je puis aussi motiver mon refus, par exemple expliquer qu'en disant « la nombre » on détermine un substantif masculin par un article féminin, ce qui viole les règles d'accord du français. « "La nombre" », « article », etc., sont des termes linguistiques qui représentent des termes linguistiques : ce sont des termes *métalinguistiques*. Il n'y a de science du langage que lorsqu'il y a un savoir métalinguistique, lorsque l'on dispose d'un langage (métalangage) pour représenter un autre langage (langage objet)[1]. Les arts du langage naissent avant les sciences du langage : il y a des poètes, des conteurs et des orateurs dans les sociétés orales, sans qu'il y ait des arts poétiques ou des rhétoriques, de même qu'il y a des

1. L'une des propriétés des langues naturelles est de pouvoir intégrer leur propre métalangage : « substantif » est un mot du français qui s'applique à des mots du français (y compris lui-même). Cela est rendu possible non seulement par la création dans la langue de termes métalinguistiques spécifiques (la terminologie grammaticale), mais aussi parce que les termes peuvent se désigner eux-mêmes (*autonymie*, ce que les logiciens médiévaux nommaient *supposition matérielle*, voir chap. 4 : « Le problème de la référence » (1)). À l'écrit nous marquons ce nouvel emploi par les guillemets, le procédé pouvant être itéré (« la nombre » est le nom de « la nombre » qui est le nom de la nombre).

truchements, sans qu'ils aient appris les langues étrangères autrement que par immersion. La chose peut étonner, parce que nous sommes habitués à apprendre les langues étrangères à partir de traités de grammaire. Mais il ne faut jamais sous-estimer les savoir-faire purement techniques : l'art musical de certaines sociétés orales (les pygmées aka d'Afrique de l'Est, par exemple) est extrêmement sophistiqué et pourtant elles ne disposent pour se guider d'aucun savoir explicite et cohérent. Il faut se faire à cette idée : la versification existe avant les traités de métrique. La naissance des sciences du langage est le passage d'un savoir épilinguistique à un savoir métalinguistique.

Pour qu'il y ait sciences du langage, il faut que le langage soit placé en position d'objet. Il faut qu'il soit là, devant nous, manifestation de lui-même et non pas d'autre chose, contrairement à ce qui se passe dans son usage quotidien. Le processus d'apparition de l'écriture (nous voulons dire : d'une écriture) est un processus d'objectivation considérable et sans équivalent antérieur. Les textes ont désormais la possibilité d'être fixés non plus dans la mémoire collective susceptible de les changer au fur et à mesure que les générations les reprennent, mais tels qu'ils ont été à un moment donné du temps, inaltérables en eux-mêmes.

Ce n'est donc pas un hasard si l'on voit souvent débuter la réflexion linguistique *après* la constitution de l'écrit caractéristique de la civilisation en question (Homère, le Coran) et à son propos. Mais ce qui fait véritablement démarrer la réflexion linguistique, c'est l'*altérité,* envisagée essentiellement du point de vue de l'écrit. Ainsi les Égyptiens listent-ils des mots non autochtones et les scribes utilisent-ils différentes conventions pour noter l'usure phonétique des graphies anciennes. Au IIIe siècle avant notre ère, les listes de caractères chinois tiennent à la difficulté de lire les textes anciens ; les considérations phonétiques apparaissent lorsque, au Ier siècle de notre ère, le développement du bouddhisme amène à transcrire des textes sanskrits. Autrement dit, l'essor du savoir linguistique a l'une de ses sources dans le fait que l'écriture *fixant* le langage objective l'altérité, que celle-ci provienne soit de l'ancienneté, lorsqu'il faut lire un texte qui ne correspond plus à l'état de la langue, soit de la nouveauté, lorsqu'il s'agit de déchiffrer un texte que l'on ne connaît pas auparavant[1] ou de transcrire une autre langue. Ce sont, en quelque sorte, la philologie et la lexicologie qui apparaissent en premier, bien évidemment pas comme disciplines, mais comme modes d'appréhension du langage.

L'écriture produit également l'apparition de techniques autonomes et entièrement artificielles ainsi que celle de l'un des tout premiers *métiers du langage* dans l'histoire de l'humanité, celui de scribe, attesté aussi bien chez les Égyptiens que chez les Sumériens. Vraisemblablement, elle doit faire naître des techniques et des traditions pédagogiques puisque nous savons qu'il y eut des écoles. Bien entendu, c'est autour de ces métiers et de ces techniques, dans le milieu des professionnels de l'écriture, que naissent souvent les sciences du langage. Pourtant, s'il est évident que toute écriture suppose des normes, notamment stylistiques, elle ne semble pas produire automatiquement une réflexion sur la nature du langage, voire un savoir codifié sur les procédés langagiers, à partir de ses techniques propres. Prenons l'exemple d'une écriture de type phonétique. Elle possède donc des caractères syllabiques ou alphabétiques ; pour devenir scribe, il faut apprendre à les dessiner ou à les reconnaître. On pourrait donc s'attendre à voir apparaître très tôt des listes de caractères (comme nos abécédaires), correspondant aux techniques propres de l'écriture. Cela ne semble pourtant pas ce qui se passe à tout coup : le premier syllabaire babylonien dont nous ayons connaissance est démarqué de listes thématiques traditionnelles dont on a isolé certains graphèmes par extraction.

Chez les Babyloniens, les Égyptiens ou les Chinois, un processus analogue semble s'être réalisé. Ce qui apparaît en premier, ce sont des *listes thématiques* (par exemple, bovins, poissons, armes, professions, etc.). Leur utilité n'est pas très claire au départ ; elles peuvent avoir servi dans des pratiques comptables et elles ont probablement un rôle mnémotechnique, tourné moins vers le lan-

1. De manière générale, les premiers textes écrits sont des textes que l'on connaît déjà, l'écriture possède en quelque sorte la fonction d'aide-mémoire. L'apparition des premiers « arts grammaticaux » en Grèce (V^{e}-IVe siècles) semble liée avec le fait que l'on propose désormais aux élèves de déchiffrer des textes qu'ils ne connaissent pas. On notera que le terme grec pour « lire » est *anagignoskein,* dont le sens étymologique est effectivement l'acte de reconnaître un texte que l'on sait déjà par cœur.

gage que vers les objets du monde. Il nous semble qu'il faille nuancer la thèse de Goody selon laquelle le listage est une technologie spécifiquement écrite (1978, chap. 5). Comme nous rencontrons la pratique du listage de mots dans les sociétés orales, on peut avancer que les premières listes écrites sont probablement sinon la transcription exacte de listes orales plus anciennes, du moins leur adaptation et leur systématisation. L'écriture en transforme simplement l'étendue, le degré de régularité et la portée. Elle leur a donné en Mésopotamie le statut de méthodologie intellectuelle très générale. En tout état de cause, il n'y a aucune raison de penser qu'elles aient été constituées *à leur origine* pour l'apprentissage de l'écriture. Ce sont plutôt des inventaires et, pour les plus complexes, des sortes d'encyclopédies. Il y a toutes sortes d'usages sociaux et intellectuels possibles de ce genre de listes. Il est de fait qu'elles ont servi à l'apprentissage de l'écriture ; on devait les trouver dans toutes les écoles et l'apprenti scribe les copiait et les recopiait sans doute : c'est ce qui explique qu'elles soient parvenues jusqu'à nous. Plutôt que de copier des vers d'Homère, le petit Sumérien (et le petit Akkadien) copiait des listes. Cela n'a rien d'irrationnel si l'on suppose l'usage social généralisé de ces listes. Du point de vue de l'apprentissage de l'écriture, une telle situation possède même quantité d'avantages pratiques, ne serait-ce que ceux qui proviennent de la nécessaire libération des contextes. Que l'on considère maintenant la chronologie. Chez les Babyloniens et les Égyptiens, les paradigmes apparaissent *après* les listes, comme des commentaires qu'on leur ajoute. C'est encore plus clair chez les Chinois : l'*Eryia yin yi* de Sun Yan, le premier ouvrage de phonétique, est explicitement un commentaire de l'*Erya*, liste thématique de caractères. Sans trop forcer les choses, on peut dire que, lorsqu'elles donnent naissance à un véritable savoir linguistique, les listes lexicales jouent le rôle des *textes* d'Homère, du Coran ou des Védas. C'est à leur propos que se construit ce savoir. Autrement dit, les savoirs linguistiques, quand bien même ils naissent à l'occasion de l'apprentissage de l'écriture, n'ont pas leur source directement dans la rationalisation de la maîtrise de l'écriture, mais de façon plus complexe dans celle des textes *après* qu'ils ont été écrits.

Pour que naisse véritablement un savoir linguistique, encore faut-il que la mise du langage en position d'objet, qui est un effet automatique de l'écriture, s'accompagne sinon toujours d'une discussion utilisant des termes métalinguistiques, du moins d'une indication claire que l'on est en présence d'un traitement métalinguistique. On voit très bien comment cela se produit dans la tradition babylonienne en considérant le grand syllabaire Ea dans ses versions bilingues. La présentation est standardisée, par colonnes et par lignes, technique inaccessible à l'oral ; nous y reviendrons. On y trouve des passages comme celui-ci :

kur : LAGAB : laggabu : kabru
gur : LAGAB : lagabbu : KA.KA.SI.GA

Ce que l'on interprète de la façon suivante :

Le signe *lagabbu,* avec lecture sumérienne *kur* veut dire *kabru;* « épais » ; la valeur *gur* est un phonogramme sans équivalence sémantique.

Le terme KA.KA.SI.GA est donc un terme technique métalinguistique (qu'on peut traduire par « valeur phonétique »). Il s'agit d'un terme évidemment lié à la présence de l'écriture. On peut en trouver qui n'ont pas cette dépendance. La plupart sont, à l'origine, des termes non techniques (par exemple, le terme désignant le pluriel grammatical est originairement un terme courant de la langue désignant la pluralité), qui sont ultérieurement spécialisés.

Grammaire et raison graphique

Toutes les traditions n'ont pas connu les mêmes formes de développement ni le même rapport à l'oralité. Dans la civilisation indienne ancienne, l'écriture possède un statut intellectuel et social plutôt modeste. On l'utilise avant tout pour des activités de gestion (comptes et actes administratifs) ; mais les textes sacrés des Védas (dont la forme est probablement fixée au début du Ier millénaire avant notre ère) doivent être sus par cœur afin d'être récités lors des cérémonies rituelles. La langue védique n'a pas même de mot pour désigner l'écriture. Ce rôle privilégié de l'oral se retrouve par la suite. Dans l'*Asthadhyayi* de Panini, l'énoncé des règles revêt un caractère mnémotechnique. Elles étaient manifestement rédigées de façon à être apprises par cœur et récitées oralement. Nous pouvons pourtant y saisir la raison la plus profonde qui fait de l'écriture la condition de possibilité du savoir métalinguistique, alors que le statut de l'écrit dans les autres traditions nous apprend essentiellement que l'écriture des textes a été une cause efficiente de l'apparition d'un tel savoir.

Prenons le commencement d'un traité annexe de l'*Asthadhyayi* de Panini, la *Sivasustra,* dont le but est d'exposer un premier classement des différents sons de la langue sanskrite. On remarquera d'abord que ces sons, il faut les nommer : l'écriture fournit un système de notation. Ensuite, ils sont classés en fonction de certaines propriétés et ordonnés à l'intérieur de classes disjointes. Enfin, les classes sont nommées à l'aide de leur dernier élément. Dans la suite du traité ces classes elles-mêmes servent à composer des classes plus larges ou *pratyahara,* désignées par le premier élément de la première classe suivi du nom de la seconde. Ce sont ces noms qui servent à formuler les règles, comme celle-ci : *iko yanaci,* « à la place de *ik* <c'est-à-dire des sons de la classe ainsi nommée> mettre *yan* <*idem*> devant *ac* <*idem*> ». Arrêtons-nous sur la forme de ce type de règle. Elle suppose clairement que l'ordre de présentation des premières classes soit pertinent et pas seulement celui de leurs éléments. Nous pouvons nous représenter le mécanisme général à l'aide d'un tableau, où les colonnes correspondent à la position d'un élément dans la classe qui est constituée par une ligne. La constitution d'une classe *pratyahara* opère sur les diagonales de ce tableau. Par exemple, si nous voulons nommer une classe composée avec la première et la quatrième classe (disons que celle-ci possède cinq éléments), nous prendrons les éléments de coordonnées (*a,* 1) et (*d,* 5) ; si nous voulons nommer la classe de tous les éléments, nous utiliserons de nouveau l'élément (*a,* 1), auquel nous adjoindrons le dernier élément de la dernière classe.

Comme Goody l'a largement argumenté, nous ne rencontrons jamais dans les cultures orales l'utilisation d'un procédé analogue de regroupement en tableaux, de composition de tableaux et de rapprochement par ce biais de propriétés dispersées dans l'apparition normale des phénomènes linguistiques sous forme de discours linéaires. Il est vrai que Panini n'utilise pas de tableaux, pas plus que n'en utilisent les grammairiens grecs ou latins avant la période byzantine. Ils utilisent des suites linéaires[1]. Mais cela ne change rien à l'affaire. Un tableau peut très bien être traduit par une suite linéaire et rien ne s'oppose à ce que cette suite soit réalisée dans la linéarité *temporelle* de la parole : c'est ce qui se passe effectivement lorsque l'étudiant récite ses *sustras*. Mais dans la linéarité temporelle vous ne pourrez pas effectuer l'opération de construction d'une classe *pratyahara*. Ce n'est pas une question de capacité mémorielle ; c'est une question de *dimension*. Supposons que votre mémoire soit aussi bonne que celle des étudiants antiques du sanskrit. Vous avez mémorisé votre liste (et ses séparateurs) et dans la liste sont contenues toutes les positions nécessaires à l'opération. Mais, pour effectuer l'opération, il vous faut traiter *à la fois* la liste et ses parties, le numéro d'ordre des éléments dans les parties et celui des parties dans la liste. Vous avez besoin de plus d'une dimension. C'est cela que procure l'écriture. Les tableaux utilisent la bidimensionalité naturelle de l'espace planaire. Les suites linéaires *spatialisées* par l'écriture vous permettent de construire la bidimensionalité d'une autre façon : la liste est devant vos yeux : vous pouvez la parcourir, sauter des éléments, les compter, les numéroter, etc. Cela est rendu possible parce que vous n'êtes pas *dans* la linéarité de la liste, situé en l'un de ses points, comme vous l'êtes lorsque vous récitez. Autrement dit, vous utilisez encore une fois *deux* dimensions, l'une des deux dimensions naturelles de l'espace planaire (votre écriture peut être horizontale ou verticale) et la troisième dimension du volume. Il en va de même dans le fonctionnement d'un ordinateur : la tête de lecture est extérieure au disque qui enregistre les données et les étapes de leur traitement. On peut transposer linéairement un tableau, de même que l'on peut coder linéairement tout élément bidimensionnel, mais la bidimensionalité reste originaire.

Ce qui distingue la phonétique de Panini du savoir épilinguistique propre à tout locuteur, ce n'est donc pas tant que la première soit infiniment plus raffinée, c'est qu'elle échappe à la linéarité de la manifestation langagière ordinaire et qu'elle suppose des techniques intellectuelles permettant la vision simultanée

1. Cf. Denys, 16 [De l'article] : « Il y a trois nombres : singulier, duel, pluriel. Singulier : *ho, he, to* ; duel : *to, ta* ; pluriel : *hoi, hai, ta* » (J. Lallot, *La grammaire de Denys le Thrace*, Paris, CNRS Éditions, 1989, p. 59).

et en quelque sorte *spatialisée* des phénomènes qui ne sont pas naturellement donnés sous cette forme. En un mot, la grammaire relève de la *raison graphique*, qui possède pour caractéristiques essentielles l'objectivation et la bidimensionalité.

Toutes les traditions linguistiques n'ont pas initialement utilisé les mêmes techniques intellectuelles de construction, de présentation, de conservation et de transmission de leur savoir. Les Indiens (comme les Grecs) ont utilisé la liste ; les Akkadiens, le tableau (voir plus loin). La forme tabulaire s'est largement généralisée en Occident, comme nous le remarquons dans les grammaires que nous utilisons encore aujourd'hui. Elle permit aux Chinois d'exceptionnelles réussites dans leurs dictionnaires de rimes. L'utilisation d'une liste ou d'un tableau concerne un certain rapport à l'oralité. On ne peut pas réciter un tableau, sinon en le linéarisant ; on peut réciter une liste. Si nos analyses sont exactes, la différence ne concerne pas la technologie intellectuelle par laquelle l'une et l'autre sont construites : chacune suppose l'écriture. Elle concerne la pédagogie par laquelle le savoir linguistique est transmis. L'étudiant akkadien devait mémoriser *visuellement* ses tablettes d'argile ; pareillement le Chinois pour ses ouvrages de référence. L'étudiant indien peut mémoriser ce qu'un autre lui récite. Ce n'est pas la même mnémotechnique qui est en jeu.

La forme tabulaire est propice à mettre au jour les régularités qui n'apparaissent pas directement dans l'échange linguistique. Elle va même plus loin, puisque, une fois le cadre fixé, la régularité descriptive est imposée aux phénomènes. Il se peut alors que les phénomènes n'y correspondent pas. Dans certains de leurs dictionnaires de rimes, les Chinois utilisaient des tableaux dans lesquels ils notaient les cases vides. En soi, cela peut ne pas paraître très intéressant, d'autant qu'il ne semble pas que les éléments absents revêtent une quelconque signification dans le système. Pourtant, on doit réfléchir à ce concept d'*élément absent* dans une régularité de type tabulaire. On trouve chez Panini la postulation d'éléments abstraits qui ne sont pas réalisés lors de l'émission vocale et correspondant en partie à ce que la linguistique européenne du XIXe siècle nommera « élément zéro ». Ainsi l'imparfait *ahan* provient-il pour lui de l'effacement de la marque personnelle *-ti*, dans la forme *a-han-t*. Comment ne pas voir dans cette conception l'effet de la régularisation d'un paradigme, donc de la raison graphique ? On comprend, en effet, tout de suite de quoi il s'agit, sur une présentation tabulaire :

pasyati (il voit)	*apasyat* (il voyait)
hanti (il frappe)	*ahan* (il frappait)

Le grammairien sanskrit ira très loin dans cette direction, introduisant plusieurs espèces d'éléments zéro. Non seulement il faut que le langage oral soit représenté dans l'écriture pour qu'un savoir élaboré se construise à son sujet, mais ce savoir met au jour des régularités non manifestes dans l'immédiateté de la parole. Comme l'étymologie du mot l'indique, les hommes n'ont construit de grammaires et ne peuvent construire de grammaires que des langues écrites. Cette situation a pesé lourd dans l'histoire de nos conceptions du langage : jusqu'aux linguistes du XIXe siècle, par une sorte de *graphocentrisme* généralisé, on soutenait souvent que les langues purement orales n'avaient pas de « grammaire ». On voulait dire qu'elles n'avaient pas de lois et de règles. C'était confondre la représentation et la chose qu'elle représente. Les langues orales ont des règles et des lois, et donc une « grammaire » ; mais qu'on les « outille » en écrivant des grammaires change incontestablement les conditions de fonctionnement de la communication humaine.

De l'oral à l'écrit

Il ne faut pas imaginer que le savoir métalinguistique puisse naître sans transition du simple savoir épilinguistique. Entre les deux, il y a ce que nous avons appelé la *conscience linguistique* et les différents procédés qui permettent de la manifester. On peut le montrer en suivant les avant-courriers des *paradigmes grammaticaux,* formes écrites par excellence puisqu'ils s'identifient pour nous à des tableaux de déclinaisons ou de conjugaisons. Ces avant-courriers sont incontestablement des pratiques orales. Mais celles-ci doivent faire subir au langage une décontextualisation par rapport à la situation communicative ordinaire. Elle s'opère par le rituel ou le jeu.

Chez les Indiens, lors de certains rites, pour rendre l'évocation plus efficace, chaque *mantra,* vers tiré des Védas, doit contenir une forme casuelle différente du théonyme. Ainsi, dans le rite de rallumage du feu, l'évocation de *agni* finit-elle, dans les suites des mantras récitées, par restituer le paradigme complet : *agne* (vocatif), *agnim* (accusatif), *agnina* (instrumental), *agnih* (nominatif), etc. Nous connaissons l'emploi de ce type de procédé dans les civilisations orales. Les Mayas tzeltal disposent les prières en paires de vers, comportant une partie fixe et une partie variable :

ta ban chukul- *y-ok* / là où sont attachés- *ses pieds*
ta ban chukul- *s-k'ab* / là où sont attachés- *ses mains*

ban k'alal-*la* smahtantesattal / quand *il est venu* en te faisant un présent
ban k'alal-*ya* smahtantesattal / quand *il vient* en te faisant un présent

Nous connaissons des formes de jeu ou de devinettes verbales qui ont le même effet de faire ressortir tout un paradigme. Nous ne sommes pas tellement loin de ce genre de procédé dans cette variante de liste lexicale vieux-babylonienne, qu'on qualifie aujourd'hui de texte grammatical :

me-na : mati « quand »
me-na-am : matima « mais quand ? »
me-na-se : ana mati « jusqu'à quand ? »
me-na-se-am : ana matima « mais jusqu'à quand ? »

Nous sommes pourtant devant un texte qui ne peut être qu'écrit. On remarque tout de suite la présentation en colonnes avec la forme sumérienne et sa correspondante akkadienne. Surtout, ce qui change par rapport aux invocations védiques ou aux prières mayas, c'est l'*absence de contextualisation.* Nous rencontrons des paradigmes verbaux plus tardifs (ceux qui ont été préservés semblent dater des XVIIIe-XVIIe siècles avant notre ère), extrêmement réguliers comme celui-ci (il concerne *gen/du,* « aller ») :

gen-na : alik « va ! »
ga-gen : lullik « je veux aller ! »
he-du : lillik « qu'il aille ! »

i du : illak « il va »
i-du-un : allak « je vais »
i-du-un : tallak « tu vas »

Le paradigme complet, présenté en sections de trois lignes suivant un ordre fixe, compte 104 sections ! Comme ce genre de présentation constitue le matériel le plus ancien qui nous soit parvenu, on comprend pourquoi les historiens des sciences du langage se croient autorisés, aujourd'hui, à dater l'apparition du savoir proprement grammatical du début du IIe millénaire avant notre ère dans ce type de bilingue. Cela ne signifie pas qu'il n'y avait pas des formes antérieures de savoir, mais aucun savoir oral n'est susceptible d'atteindre ce degré de systématisation et de décontextualisation, qui nous donne l'exacte limite où assigner la naissance des « sciences du langage ». Encore une fois, il convient d'insister sur le fait que, comme toutes les sciences, celles-ci supposent l'existence de l'écriture.

L'écriture alphabétique ne note pas les sons physiques, elle reproduit uniquement des phonèmes. Ceux qui soutiennent que les sciences du langage ont produit l'écriture supposent qu'il fallait que l'on sache ce qu'est un phonème pour le représenter. Il en va tout au contraire : le concept de phonème est tardif dans l'histoire des sciences du langage (fin du XIXe siècle), et c'est, entre autres choses, parce que l'on disposait de l'écriture que l'on a pu le construire[1]. L'écriture est avant tout un savoir technique construit sur un savoir épilinguistique inconscient. Comme toutes les techniques les plus primitives, elle n'est pas l'application d'un savoir scientifique préalable et les sciences du langage, comme la plupart de nos sciences les plus anciennes, se sont construites sur un savoir-faire technique qui leur préexistait.

L'archi-écriture et la différance

La mise au jour progressive, dans la seconde moitié du XXe siècle, des relations complexes entre l'oral et l'écrit, a fourni

1. Certains théoriciens de l'écriture (R. Harris) vont jusqu'à suggérer que l'écriture est responsable de la structuration phonologique de la langue (pour une position plus nuancée, voir J. Morais, *L'art de lire*, Paris, Odile Jacob, 1994). La thèse que nous soutenons ici concerne uniquement le concept métalinguistique de phonème. L'écriture utilise le savoir épilinguistique, qui contient un savoir des phonèmes, au même titre qu'il contient un savoir des noms, des verbes et, plus généralement, des structures grammaticales, de façon inconsciente et non représentée. Bien entendu, il est également probable que l'usage de l'écriture change quelque peu la structure phonologique d'une langue donnée (cf. Harris, 1994, p. 365) et, par conséquent, le savoir épilinguistique que l'on en a.

la base des thèses philosophiques de J. Derrida, exposées notamment dans son ouvrage *De la grammatologie* (1967), selon le titre qu'il emprunte à Gelb. Le point essentiel est un refus de l'antériorité de l'oral :

> Nous voudrions plutôt suggérer que la prétendue dérivation de l'écriture, si réelle et si massive qu'elle soit, n'a été possible qu'à une condition : que le langage « originel », « naturel », etc., n'ait jamais existé, qu'il n'ait jamais été intact, intouché par l'écriture, qu'il ait toujours été lui-même une écriture. Archi-écriture dont nous voulons ici indiquer la nécessité et dessiner le nouveau concept ; et que nous ne continuons à appeler écriture que parce qu'elle communique essentiellement avec le concept vulgaire de l'écriture. Celui-ci n'a pu historiquement s'imposer que par la dissimulation de l'archi-écriture, par le désir d'une parole chassant son autre et son double et travaillant à réduire sa différence. (...).
>
> Cette archi-écriture, bien que le concept en soit appelé par les thèmes de l' « arbitraire du signe » et de la différence, ne peut pas, ne pourra jamais être reconnue comme *objet* d'une science. Elle est cela même qui ne peut se laisser réduire à la forme de la *présence*. Or celle-ci commande toute objectivation de l'objet et toute relation de savoir (1967, p. 82-83).

Malgré ses réserves, Derrida utilise deux sens du mot « écriture », l'un pour désigner ce que l'on entend habituellement par ce terme, l'autre pour désigner une instance mystérieuse (l'archi-écriture) qui en serait, notamment, la condition de possibilité. Cette démarche conduit à transférer sans contrôle des propriétés de la référence de l'un des emplois à celle de l'autre ; c'est ce que l'on appelle un paralogisme. D'un côté, il faut que l'entité mystérieuse soit une écriture, c'est-à-dire dispose des propriétés qui font qu'une écriture est une écriture, et, de l'autre, l'écriture en général acquiert la propriété de ne pas être une représentation du langage oral, ce qui était la définition même de l'entité mystérieuse puisqu'elle est absolument première[1]. Dans l'ouvrage du philosophe, on peut distinguer deux thèses :

> [1] L'écriture est inscrite dans la nature du langage, avant même sa réalisation vocale.

1. On pourrait émettre quelques réserves sur la structure logique de l'argumentation en faveur de l'existence de la grammatologie au sens de Derrida. On voit mal ce qui pourrait jamais être démontré par une structure argumentative du type : pour qu'il y ait A, il faut qu'il y ait eu A' qui est comme A, mais ne pourra jamais faire l'objet de science contrairement à A.

> [2] La métaphysique occidentale, en matière de langage, est entachée d'un préjugé *logocentrique*. Ce préjugé consiste à soutenir la primauté de la parole sur l'écriture et tient à la phonétisation de cette dernière. Il vaut pour la linguistique, d'où la nécessité d'une nouvelle discipline, la grammatologie.

La première thèse correspond à un souci de comprendre pourquoi le langage peut exister sous forme écrite. À notre sens, ce phénomène ne nécessite ni plus ni moins d'explication que l'existence des autres supports transposés. L'explication est identique dans tous les cas et elle se confond avec l'existence même de la possibilité de communiquer avec le langage. Cette possibilité tient au fait que le langage ne s'identifie pas à des substances ou à des événements physiques déterminés, mais, comme le précise Saussure, à des formes. Lorsque je dis : « J'ai faim », si cette occurrence, avec ses caractéristiques physiques propres, était le seul signe linguistique pour signifier ce que je veux dire, personne ne pourrait me comprendre ; il est vraisemblable que je ne pourrais signifier deux fois la même chose et qu'une femme ou un enfant, voire tout autre individu humain, ne pourrait pas non plus le faire. Il y a possibilité de transposition, c'est-à-dire de changement de substance, parce que la substance n'est pas essentielle au langage.

Que l'on puisse faire correspondre des formes graphiques à des formes sonores n'implique évidemment pas que le langage parlé soit de l'écriture. Admettre une telle conclusion reviendrait à conclure de l'identité des conséquents à l'identité des antécédents. C'est l'erreur que commet Derrida. Il part des thèses saussuriennes selon lesquelles les éléments linguistiques ne sont pas définis comme des substances, mais par un système de différences :

> (...) l'élément phonique, le terme, la plénitude qu'on appelle sensible, n'apparaîtraient pas comme tels sans la différence ou l'opposition qui leur donne *forme*. (...). Or ici l'apparaître et le fonctionnement de la différence supposent une synthèse originaire qu'aucune simplicité ne précède. Telle serait donc la trace originaire. Sans une rétention dans l'unité minimale de l'expérience temporelle[1], sans une trace retenant

1. On retrouve ici une hypothèse très forte que Derrida tient probablement de la phénoménologie. Le point de départ est le présent du champ de conscience (là où il y a expérience temporelle). Que dans le maintenant où elle se manifeste l'unité lin-

> l'autre comme autre dans le même, aucune différence ne ferait son œuvre et aucun sens n'apparaîtrait. Il ne s'agit donc pas ici d'une différence constituée mais, avant toute détermination de contenu, du mouvement *pur* qui produit la différence. *La trace (pure) est la différ**a**nce.* Elle ne dépend d'aucune plénitude sensible, audible ou visible, phonique ou graphique. Elle en est au contraire la condition. (...). Elle <cette différ**a**nce> permet l'articulation de la parole et de l'écriture – au sens courant – comme elle fonde l'opposition métaphysique entre le sensible et l'intelligible, puis entre signifiant et signifié, expression et contenu, etc. Si la langue n'était pas déjà, en ce sens, une écriture, aucune « notation » dérivée ne serait possible ; et le problème classique des rapports entre parole et écriture ne saurait surgir (*loc. cit.*, p. 91-92).

Le nœud de l'argumentation revient à ceci : si un signe linguistique se définit non par un contenu substantiel, mais par des différences, il faut : i) la coprésence de tous les signes et ii) que la présence des autres soit inscrite sous forme de *trace* dans chacun d'entre eux. Ces conséquences ne sont ni nécessaires ni même plausibles. L'origine de la conception saussurienne, c'est la notion de valeur (voir chap. 3 : « La théorie saussurienne de la valeur ») ; la valeur d'une pièce de monnaie dépend du système des échanges ; que mon franc change de valeur par rapport au mark n'implique évidemment pas que quelque chose de nouveau soit inscrit sur ses faces. Par ailleurs, l'une des thèses essentielles de la conception saussurienne est, comme on le verra, que l'introduction d'un nouveau terme change la valeur des autres éléments du système. Si la valeur dépendait d'une trace originaire, ce changement serait totalement impossible.

L'écriture – au seul sens empiriquement attestable du terme – est un phénomène assignable dans l'histoire de l'humanité. Elle n'est pas toute manifestation graphique, mais n'apparaît qu'à partir du moment où la représentation graphique se donne pour but de *représenter le langage*. C'est ce qu'avait bien vu Aristote dans sa célèbre définition, que nous citions au début de ce chapitre. Derrida (*loc. cit.*, p. 21 et s.) voit dans cette définition l'un des témoignages du logocentrisme occidental. Nous retrouvons la seconde

guistique doive être en relation avec d'autres unités non présentes devient un mystère si c'est dans ce présent que doit se déterminer l'essentiel du langage. On doit reconnaître à Derrida le mérite d'avoir vu ce problème, depuis *La voix et le phénomène* (Paris, PUF, 1967). Toute la théorie de l' « écriture » que nous discutons ici a pour but de résoudre le paradoxe. Mais celui-ci disparaît si l'on n'admet pas l'hypothèse initiale.

thèse du philosophe. Le concept de logocentrisme n'est pas spécialement bien constitué. Il est plus expédient de le fragmenter en deux définitions non équivalentes :

> [2′] Le logocentrisme consiste dans le fait de croire que l'écriture est une simple reproduction de la parole orale, au sens d'une image qui n'ajouterait rien aux possibilités cognitives.
> [2″] Le logocentrisme consiste dans le fait de croire que l'écriture est seconde par rapport à l'oral dont elle est une représentation.

La thèse contenue dans [29] est incontestablement erronée et le logocentrisme pris en ce sens est indubitablement une erreur. La célèbre définition d'Aristote trouve ses limites dans la conception selon laquelle le langage serait une simple traduction d'une pensée qui lui préexisterait et l'écriture une simple traduction du langage oral. Dans le langage oral, comme dans l'écriture, il y a incontestablement plus que ce que le Stagirite leur accorde. Nous pouvons donc suivre Derrida sur ce point – ou, mieux encore, Goody et les théoriciens modernes de l'écriture. Nous pouvons également admettre que le logocentrisme, quand bien même sa domination n'est pas absolue (cf., *supra*, nos remarques sur le graphocentrisme), a pesé d'un grand poids dans la métaphysique occidentale et qu'il est, en particulier, parfaitement cohérent avec le développement postcartésien des philosophies de la conscience. La thèse [2] est partielle, mais elle caractérise parfaitement des positions comme celles de Platon, de Rousseau et, plus généralement, les conséquences philosophiques du dépendantisme. Mais, pris au sens [2′], le logocentrisme n'est certainement pas une erreur : la critique de [2′] n'implique pas celle de [2′] et, par conséquent, la vérité de [1].

Le recours à l'archi-écriture permet à Derrida la critique de la définition saussurienne du langage humain par la *linéarité du signifiant,* c'est-à-dire le fait que la parole se déploie nécessairement dans la suite du temps. Comme nous l'avons vu, d'une part, l'écriture permet de dépasser la linéarité au profit de la bidimensionalité ; d'autre part, cette bidimensionalité est essentielle à la naissance des sciences du langage. Il importe pourtant de ne pas confondre l'existence d'un support transposé graphique du langage oral et l'accès à la raison graphique qui s'ouvre par là en faveur de la construction d'un savoir linguistique. L'utilisation de la raison graphique, particulièrement la bidimensionalité que permet l'écriture pour se représenter la structure du langage, est tout autre chose que la transposition. Le support transposé représente la parole au sens où il en est un *équivalent* (*modulo* quelques abstractions que nous avons signalées) ; tous les systèmes d'écriture quelque peu évolués restituent spatialement la linéarité de la chaîne parlée, ce qui est une commodité quasiment indispensable, puisque l'ordre des mots est souvent signifiant. Les technologies de la raison graphique représentent le langage au sens où elles le *décrivent* et en thématisent explicitement des propriétés. Cela est particulièrement sensible pour le seuil d'accès aux sciences du langage que constitue l'invention des paradigmes. Un paradigme ne représente pas la parole, il en décrit des conditions de fonctionnement, en utilisant les deux dimensions du tableau.

Nous avons coutume, depuis Saussure, de décrire ces conditions de fonctionnement en opposant deux dimensions du langage, l'axe syntagmatique (celui de l'enchaînement de la parole) et l'axe paradigmatique (celui des substitutions possibles des unités dans la chaîne), qui correspondent à deux types de rapports des unités linguistiques :

> Le rapport syntagmatique est *in praesentia* ; il repose sur deux ou plusieurs termes également présents dans une série effective. Au contraire, le rapport associatif unit des termes *in absentia* dans une série mnémonique virtuelle (*Cours de linguistique générale,* éd. critique par R. Engler *et al.,* 1967, p. 282).

Si nous parlons de deux dimensions, c'est qu'il est hors de question de se représenter ces conditions de fonctionnement dans la linéarité unidimensionnelle de la parole. Dans le cas contraire, la grammaire eût existé *avant* l'écriture. Nous pourrions être tentés de voir dans ces conditions de fonctionnement telles que représentées l'essence du langage et de la parole. En allant plus loin encore, nous pourrions conclure que, puisque cette représentation est nécessairement graphique, l'essence du langage l'est également. C'est à notre sens une variante triviale de la position de Derrida. L'erreur consiste à attribuer la structure de notre représentation à celle de la chose représentée ou à une partie de la chose représentée[1]. C'est

1. Lorsque nous représentons le mécanisme de production de la parole, nous représentons autre chose que le simple flux vocal, c'est-à-dire la parole vive. Or c'est uniquement cette parole que l'écriture a pour but de transposer.

une confusion que ne faisait pas Saussure lorsqu'il remarquait que les relations associatives « n'ont pas pour support l'étendue <c'est-à-dire la linéarité de la chaîne> ; leur siège est dans le cerveau ; elles font partie de ce trésor intérieur qui constitue la langue chez chaque individu » (*ibid.*, p. 281 ; Éd. Payot, p. 171). L'une des variantes du second cours notée par Riedlinger et que reprend l'édition critique de R. Engler approche la question à l'aide d'une autre métaphore : « Il existe le trésor intérieur qui équivaut au casier de la *mémoire* ; c'est là ce qu'on peut appeler le magasin. »

La linéarité a été utilisée par Saussure pour définir la parole humaine, ce qui est *phénoménalement* correct. Il ne s'ensuit pas que cette linéarité du *produit,* si elle impose nécessairement des contraintes sur le mécanisme de production, soit une condition empirique de l'existence de ce mécanisme. D'une certaine façon, puisque ce mécanisme occupe un volume, il faut bien qu'il y ait coexistence des éléments. La phonologie non linéaire contemporaine[1] montre que la production de certains sons, voire de certaines suites sonores, suppose le traitement simultané ou parallèle d'unités plus petites. À l'inverse, ce dépassement de la linéarité du produit n'implique pas que la structure phonologique soit « écrite » dans mon cerveau. Au sens propre du verbe « écrire », mes aptitudes ou mes souvenirs ne sont pas *écrits* dans mon cerveau : ils sont stockés (peut-être dans certains états de mes réseaux neuronaux).

Il faut se résoudre à admettre que les positions de Derrida, quelle que soit leur célébrité et quel qu'ait été leur impact intellectuel, sont totalement inconsistantes. Non seulement nous n'avons pas besoin de pseudo-concepts comme ceux de différ**a**nce ou d'archi-écriture, mais leur utilisation conduit à de graves errements. Corollairement, la « grammatologie » (lorsque le mot ne recouvre pas une considération historique du développement des systèmes d'écriture, comme chez Gelb) est une pseudo-science,

1. Une théorie phonologique est dite linéaire si les règles destinées à produire un élément donné sont strictement ordonnées. Elle n'est pas linéaire dans le cas contraire. La réalisation d'un ordre linéaire ne peut pas être conçue comme *simultanée.* On remarquera que l'hypothèse de la non-linéarité du mécanisme de production n'est pas sans antécédents historiques. La plupart des auteurs classiques de grammaires générales (par exemple, Beauzée) soutiennent, en effet, que la parole reproduit dans le temps une pensée qui est simultanée dans l'esprit.

dont il importe d'abandonner le projet au profit d'une approche historique et épistémologique des sciences du langage et des technologies correspondantes. Il n'existe pas de concept d'écriture bien construit qui permettrait de concevoir que l'essence du phénomène en question est antérieure à l'existence de la parole. L'émergence de la parole humaine est liée au développement corporel des anthropoïdes. Dans sa pure oralité, elle est liée à l'individu ; sa possibilité est enfermée dans ses capacités, quand bien même celles-ci doivent se développer dans un rapport d'échange symbolique avec ses semblables. Avec l'apparition du support transposé de l'écriture, nous assistons à un processus original d'*externalisation* qui, au reste, n'est pas sans conséquence sur les fonctions corporelles de l'individu lui-même, puisque, comme le note Leroi-Gourhan, « avant l'écriture la main intervient surtout dans la fabrication, la face surtout dans le langage ; après l'écriture l'équilibre se rétablit »[1]. C'est ce processus, dans lequel nous devons voir la source de la plupart des technologies intellectuelles humaines, que Derrida manque totalement.

De manière générale, l'erreur de fond que commet le philosophe est assez commune. C'est une certaine façon d'expliquer les causes par les effets, qui consiste à prendre un artefact technologique comme l'explication, voire comme la nature, d'un phénomène dont il est le résultat ou le produit. Nous pouvons nous représenter l'effet des forces naturelles à l'aide de mécanismes techniques comme les poulies et les leviers. Ce serait folie que d'imaginer le fond des choses constitué de poulies et de leviers. On peut se demander à juste titre si Chomsky et les cognitivistes ne commettent pas la même erreur que Derrida lorsqu'ils identifient le mécanisme de production de la parole humaine aux algorithmes qu'écrivent les grammairiens.

1. *Le geste et la parole. Technique et langage,* 1964, p. 162.

3 – La nature du signe linguistique

En quoi consiste la question du signe linguistique ?

Que nous prenions un mot ou une expression linguistique de dimension supérieure, comme la phrase, il est à peu près évident que nous sommes disposés à qualifier cet élément de *signe*. Ce qui est moins évident, c'est de dire ce que nous entendons par « signe ». On peut toujours se donner une définition minimale, du genre « un signe est quelque chose mis à la place d'autre chose et valant pour cette chose », puisque le propre d'un signe est de posséder une *signification*. Mais qu'est-ce que la signification, par exemple, d'une phrase : un état de l'esprit de celui qui la prononce, un état des choses, une valeur de vérité, l'ensemble des conditions qui permettent d'établir cette valeur ? Nous touchons là des questions d'ontologie auxquelles nous consacrerons les deux prochains chapitres. Quoiqu'elle ne soit nullement indépendante, il y a moyen d'aborder autrement la question du signe linguistique ; puisque ce dernier ne peut jamais être une entité simple, il suffit de s'attaquer directement à sa constitution.

Selon Aristote, « les sons émis par la voix sont les symboles des états de l'âme » (*De l'interpr.*, trad. Tricot, 16 *a*) ; comme les états de l'âme sont pour l'essentiel des représentations, ils mettent en jeu un rapport à la réalité externe. Nous avons donc une « triade sémiotique » : son, état de l'âme, forme des choses. Cette triade peut revêtir d'autres formes. Chez Augustin elle devient : *vox articulata, dicibile, res* (*De dialect.*, chap. V) ; et, dans la philosophie postcartésienne : son, idée, chose. Le statut du terme intermédiaire est fondamental pour l'ontologie (le dicible augustinien est proche du *lekton* stoïcien sur lequel nous reviendrons dans le prochain chapitre), mais ce qui importe davantage pour le statut du signe, c'est la façon dont les trois éléments peuvent être mis en relation. Leur nature influe sur les relations possibles, mais il est clair que ce sont les relations envisagées de la façon la plus générale qui définissent la nature du signe. La question du signe est donc celle des modes de mise en relation par lesquels des éléments physiques, les sons, valent pour autre chose que leur propre nature physique. Incidemment, se pose la question de la fonction de la triade sémiotique elle-même. Pourquoi trois termes ? Ne peut-on se passer du terme intermédiaire ? Les logiciens terministes médiévaux ont procédé ainsi, en établissant directement une théorie de la référence sans la connecter à une théorie de la signification. Si la théorie de la référence concerne davantage l'ontologie que la théorie du signe linguistique, celle-ci est directement mise en question lorsque l'on n'admet pas la possibilité d'existence du terme intermédiaire. Nous envisagerons les limites d'un tel modèle à partir de la théorie béhaviouriste qui traite le signe sur le modèle du réflexe conditionnel. À première vue, il paraît encore plus étonnant de se passer du troisième terme de la triade ; c'est pourtant une conception dyadique qu'ont largement utilisée les travaux linguistiques, en particulier depuis sa théorisation par Saussure, qui fait du signe linguistique un complexe à deux éléments, un *signifiant* et un *signifié*. Que signifie ce type de réduction pour la conception du langage ?

La notion de signe n'est pas limitée au langage. Les pratiques les plus archaïques de la divination ou de l'astrologie se présentent comme des *lectures de signes*, ceux dans lesquels se lie le destin des hommes. Sans recourir à une quelconque transcendance, la chasse (recherche des traces) ou la médecine (interprétation des symptômes) utilisent tout naturellement des signes. On aura remarqué, dans la définition d'Aristote citée plus haut, l'utilisation précise du mot *symbole (sumbolon)* pour qualifier le signe linguistique. En grec, le signe au sens, par exemple, du symptôme d'une maladie se dit *sêmeion*. Il s'agit d'un mot que Platon utilisait également pour le signe linguistique. Aristote distingue clairement les deux ; la théorie du signe linguistique est totalement indépendante de la théorie du *sêmeion*. Celle-ci est exposée dans les *Premiers Analytiques*[1] comme un mode de raisonnement :

> Le signe (...) veut être une proposition démonstrative, soit nécessaire, soit probable : la chose dont l'existence ou la production entraîne l'existence ou la production d'autre chose, soit antérieure, soit postérieure, c'est là un signe de la production ou de l'existence de l'autre chose (*loc. cit.*, II, 70 *a*, 7-9, trad. Tricot).

Lorsqu'il entre comme moyen terme dans le raisonnement syllogistique, celui-ci devient un *enthymème*[2] : Toute femme qui a du lait (B) a enfanté (A), Cette femme-ci (C) a du lait (B), Cette femme-ci (C) a enfanté (A). Dans ce syllogisme de la première figure, le signe (B) joue le rôle de moyen terme qui permet d'attribuer ce dont il est signe (A) au sujet de la conclusion (C). Cette conception inférentielle revêt une importance fondamentale pour la pratique médicale (symptomatologie). Elle sera constamment reprise et discutée, notamment dans des contextes théologiques. On comprend parfaitement la position aristotélicienne de séparation entre le *sumbolon* et le *sêmeion*. Le signe linguistique n'a pas pour fonction de nous faire inférer ce qu'il représente à partir de ce qu'il est, il doit directement s'effacer devant ce qu'il représente, lui être absolument adéquat. C'est pourquoi il n'est pas, comme le *sêmeion*, concerné par la qualité de l'inférence, mais par ce qui pourrait l'empêcher de remplir sa fonction : l'ambiguïté, l'homonymie ou la synonymie[3].

On peut être tenté de rapprocher les deux types de signes sous une seule catégorie. Il faut attendre le *De dialectica* (387) d'Augustin pour voir s'opérer un tel rapprochement. Encore sera-t-il peu suivi avant le XIIIe siècle. Nous retrouvons alors, dans le *De signis* (1267) de R. Bacon, une classification complète où le langage prend place sous la catégorie générale du signe (voir Rosier, 1994, chap. 3). Nous avons d'abord les signes naturels qui se distinguent par la rela-

1. Nous retrouvons une définition parallèle dans la *Rhétorique*, I, 1357 *a* 30-32.

2. « L'enthymème est un syllogisme qui part de prémisses vraisemblables ou de signes » (*ibid.*, 70 *a* 10).

3. Le lecteur notera qu'Aristote, qui donne la première définition canonique de ces deux derniers termes, en fait des propriétés des choses et non des mots : les choses sont homonymes lorsqu'elles ont communauté de nom et pas de notion (l'animal réel et l'animal peint), synonymes lorsqu'il y a communauté des deux (l'homme et le bœuf qui sont tous deux des animaux).

tion entre le signe et ce qu'il signifie. Celle-ci peut être nécessaire présente *(lion/courage)*, passée *(lait/enfantement)* ou future *(aurore/soleil)* ; ou probable présente *(rêves rouges / colère)*, passée *(terre mouillée / pluie)* ou future *(ciel rouge / pluie dans la journée)*. Elle peut être de conformité, c'est-à-dire de ressemblance ; c'est le cas des images qui incluent les concepts et les impressions de l'âme. Enfin, elle peut être causale *(traces de pas / animal ou fumée / feu)*. Nous avons ensuite les signes institués par l'esprit ; lorsqu'ils procèdent de la délibération, on a les signes linguistiques ou les enseignes *(cercle/vin)* ; lorsqu'ils ne procèdent pas de la délibération de la volonté, nous avons les cris, ceux de l'homme et ceux des bêtes. Après Roger Bacon, la théorie du signe deviendra une composante importante de l'analyse du langage, par exemple chez Jean Duns Scot ou Guillaume d'Ockham. On peut envisager de deux façons les effets de cette grande unification. D'abord, quant au statut du langage : il n'est pas un *hapax* dans le monde, mais s'inscrit dans un univers signifiant où il n'est qu'un cas particulier, ce qui suppose « une vision cosmo-théologique où Dieu est parole et où tout le reste est signe » (Biard, 1989, p. 10). La sémiologie médiévale relève initialement de ce que nous pourrions appeler (Biard, 1989) une conception *symbolique* du signe. Ensuite, quant à la théorie de la signification linguistique, elle devient nécessairement un objet de discussion explicite. Pour notre problème, le point essentiel est plus général : l'unification est-elle légitime ? A-t-on raison d'aborder le langage par le biais d'une sémiologie générale ? La question va au-delà de la possible dissolution des fondements théologico-métaphysiques de la sémiologie médiévale, puisqu'elle ressurgira avec Peirce et avec les différents projets sémiologiques ou sémiotiques contemporains. Le langage relève-t-il essentiellement d'une sémiologie générale ? Une science sémiologique est-elle possible ?

La digitalisation de l'esprit

Dans notre exposé de la triade sémiotique sous sa forme aristotélicienne, nous avons introduit l'expression « forme des choses ». Elle relève de la théorie de la perception développée par le Stagirite – et, plus généralement, de sa théorie de l'esprit (ce que nos contemporains anglophones nomment *mind*). Pour lui, les choses sont composées de matière et de forme ; la perception est l'acte commun du sentant et du senti : autrement dit, percevoir, c'est former dans son esprit une forme identique à celle des choses ou, encore, connaître, c'est avoir quelque chose des choses dans l'esprit. Dans ces conditions on n'a nul besoin d'une théorie sophistiquée de la représentation et *a fortiori* d'avoir recours à des concepts sémiotiques compliqués pour la formuler : la représentation intellectuelle est de même nature que l'image. Le néoplatonisme ne permet guère plus de raffinement : en admettant comme le platonisme l'existence séparée des idées, il ne pose pas la question de la représentation comme rapport de l'idée à la chose qu'elle représente, mais plutôt celle de l'idée à l'idée qui en dérive et, éventuellement, à la chose qui en dérive. Une telle situation limite considérablement la portée des considérations sémiologiques antiques et médiévales en ce qui concerne le langage. On a beau ranger le langage parmi l'ensemble des signes (et, comme Roger Bacon, y placer aussi la pensée), il y a une dissymétrie essentielle dans la structure du signe linguistique qui ne permet pas d'en saisir l'originalité profonde : d'un côté, le rapport du son à l'élément intelligible est purement arbitraire (elle relève de l'*impositio,* comme disent les médiévaux) ; de l'autre, celui de la pensée à la chose est naturel. Autrement dit, dans cette problématique, l'essence du langage est d'être un son arbitraire. C'est une propriété qui n'est pas très riche. Par ailleurs, le langage est lié à une pensée qui représente naturellement le monde ; c'est dans ce fait que réside la source de toutes les propriétés intéressantes par où le langage est l'objet de la philosophie antique et médiévale. Cela concerne avant tout la sémantique et l'ontologie. L'étude de ces matières va peu à peu transformer les concepts et diluer les similitudes qui organisent originairement la sémiologie médiévale et, en particulier, vont rapprocher la pensée d'un *langage mental au sens plein du terme,* c'est-à-dire d'un système de signes créé par les hommes[1]. Mais on rattachera globalement le changement à la révolution cartésienne des idées.

En admettant le dualisme de l'âme et du corps, Descartes pose que l'esprit et la matière ne sont pas de même nature onto-

1. Sur cette question, on lira avec profit la très remarquable étude de Biard, 1989.

logique. La représentation ne peut donc plus être de même nature que ce qu'elle représente. La perception cesse de pouvoir être considérée comme l'acte commun du sentant et du senti. Il n'y a rien de semblable entre le cercle et l'idée de cercle (« L'idée de cercle n'est pas ronde », dira Spinoza). Le concept aristotélicien et médiéval de l'*idée-forme* est abandonné au profit d'une nouvelle entité. L'*idée,* au sens moderne du terme, est conçue comme un élément de l'esprit, substance dont l'existence n'est pas situable dans l'étendue. Elle possède un certain nombre de propriétés opératoires : par exemple, elle dispose d'une compréhension, c'est-à-dire qu'on peut lui associer d'autres idées qui en sont la définition et lui sont substituables dans les contextes transparents, et elle dispose également d'une extension. Ces propriétés, mises progressivement en place à partir de la *Logique* (1662) de Port-Royal, permettent de construire une nouvelle logique aux fondements intensionnels dont la structure aura une grande importance pour la naissance de l'algèbre logique (voir Auroux, 1993).

La conception cartésienne de *l'esprit humain* constitue une rupture profonde avec la conception antique (le *nous* aristotélicien) et médiévale *(intellectus)* de l'entendement. Cette rupture a des conséquences fondamentales pour la philosophie du langage. L'une de ces conséquences sera la possibilité de concevoir la pensée (et le langage) comme un calcul arithmétique ou algébrique, ainsi que l'ont fait Hobbes, Leibniz ou Condillac. De façon moderne, on pourrait qualifier la révolution des idées en disant qu'avec elle l'esprit cesse de fonctionner de *manière analogique* ; la représentation devient purement *digitale,* nous dirions qu'elle ne peut correspondre qu'à un codage[1]. La conséquence

1. Nous choisissons cette image pour donner au lecteur une idée précise de l'enjeu ; mais il se trouve que, justement, les classiques ne disposaient pas de ce concept. Pour eux, les rapports de l'esprit aux choses restent une énigme qu'ils tentent de résoudre par des théories *ad hoc* très sophistiquées, qui nous sont aujourd'hui très largement étrangères : la glande pinéale de Descartes (intermédiaire entre l'âme et le corps), l'harmonie préétablie de Leibniz, la vision en Dieu et l'occasionnalisme de Malebranche, le parallélisme des deux attributs de la substance chez Spinoza. Les empiristes ne font guère mieux que les rationalistes : Locke verra dans le rapport entre nos sensations élémentaires et les qualités des choses le résultat de la volonté divine ; et, sur ce point, Condillac est souvent proche de l'occasionnalisme. Autant dire que nous n'avons pas d'explication.

rigoureuse de cette nouvelle situation serait de faire de la pensée elle-même un signe de même nature que le son linguistique, c'est-à-dire un signe arbitraire. Seul Locke assumera totalement les conclusions métaphysiques et épistémologiques (notamment pour la théorie du langage) de ce point de vue. Certains auteurs du XVIIIe siècle reculeront devant ces conséquences et, pour y échapper, chercheront dans le langage lui-même un fonctionnement analogique. Mais une chose reste acquise pour longtemps : la pensée-langage des hommes occupe tout l'ordre du symbolique. Quelle qu'ait été la richesse des considérations médiévales sur les signes, c'est à la révolution des idées que l'on rapportera la naissance de la sémiologie moderne (voir plus loin sur Locke), parce qu'enfin le signe linguistique cesse d'être une espèce parmi d'autres pour devenir le modèle de toute signifiance.

Les hésitations de Port-Royal

La digitalisation de l'esprit ne s'est pas imposée d'un coup. On le voit bien si l'on s'intéresse à la théorie du signe que l'on trouve dans le fameux chapitre IV de la première partie de la *Logique* de Port-Royal, chapitre introduit dans la 5e édition (1683). Nous y trouvons l'une des dernières formulations classiques de la conception « ancienne » ou *inférentielle* du signe.

Si l'on considère un objet en lui-même, l'idée que l'on en a est une idée de chose (comme l'idée de la Terre ou celle du Soleil) ; mais si on le considère comme en représentant un autre, l'idée que l'on en a est une idée de *signe*. « Le signe renferme deux idées : l'une de la chose qui représente ; l'autre de la chose représentée ; et sa nature consiste à exciter la seconde par la première. »[1] Ces idées peuvent être réparties en trois divisions principales qui définissent autant d'espèces de signes comme dans le tableau I ci-après.

1. Cette définition sera reprise dans l'article « Signe » de l'*Encyclopédie*, où elle est suivie de la classification de Condillac que l'on donne *infra*.

Tableau I – *Division des signes dans la logique de Port-Royal*

I-1	Certains *(tekhmeria)* : respiration/vie ;
2	Probables *(semeia)* : pâleur/grossesse ;
II-3	Joints aux choses : air du visage / mouvement de l'âme ; symptôme/maladie ; arche/Noé ; colombe/Saint-Esprit ;
4	Séparés des choses : sacrifices de l'ancienne loi / Jésus-Christ ;
III-5	Naturels : image dans le miroir / chose ;
6	D'institution & d'établissement :
6′	Avec rapport à la chose : mots/pensée ;
6″	Sans aucun rapport à la chose : caractères/mots.

Cette typologie est particulièrement intéressante parce que les penseurs ultérieurs vont généralement abandonner la problématique[1] qui consiste à reprendre dans ce genre d'exposé tout ce que la tradition médiévale entend par « signe ». Seule la dernière division sera retenue comme objet d'étude et de discussion.

La première division de Port-Royal et la seconde – pour des raisons théologiques[2] – correspondent à une réflexion sur la *conséquence sémiologique*. Nous définirons comme suit cette dernière notion, dont Arnauld et Nicole signalent l'antiquité en donnant les équivalents grecs, mais qui n'a nullement besoin d'être formulée dans les termes syllogistiques que nous avons rencontrés chez Aristote :

[1] soient A et B deux entités qui ont entre elles la relation de signe S, c'est-à-dire S(A, B) ; soient $P_i(\ )$..., $P_n(\ )$, des propriétés affirmables de ces mêmes entités ; nous appelons conséquence sémiologique un raisonnement qui aurait la forme suivante :

hyp. 1 S(A, B) ;
hyp. 2 P_i (A) ;
concl. P_j (B).

1. Bien entendu, elle continuera d'inspirer des travaux, par exemple ceux du P. A. Costadau qui, à son ouvrage de 1717 (*Traité historique et critique des principaux signes dont nous nous servons pour manifester nos pensées,* 4 vol., Lyon), rajouta quatre volumes consacrés aux signes diaboliques (1720), puis encore quatre volumes consacrés aux signes divins (1724).

2. Celles-ci ne sont pas absentes de la troisième. Ainsi, l'interprétation de la formule de l'Eucharistie est concernée par le fait qu'en certaines occasions ces espèces de signes peuvent être affirmées de la chose signifiée ; voir plus loin.

Nous utilisons quotidiennement la conséquence sémiologique. Si je suis devant la trace (A) d'un pas (B) dans le sable, l'enfoncement de la trace me permet d'inférer que le pas est pesant. On peut lui donner une forme abrégée, en reliant directement l'entité A (le signe) à un contenu propositionnel p_j :

[1′] S(A, p_j), or je constate A, donc p_j.

C'est dans ce contexte qu'il faut comprendre la référence à la modalité. Dire qu'un signe de quelque chose est probable, c'est simplement dire que, si la chose qui est le signe existe, alors l'affirmation de l'existence de ce dont elle est signe a la valeur du probable. La modalité provient donc de la nature du signe et, par conséquent, d'une relation entre les deux termes de la conséquence sémiologique (par exemple, un *lien de causalité*). Les Messieurs notent qu'il faut être prudent, que l'inférence ne saurait être universalisable et que c'est « par la nature particulière du signe qu'il faut en juger ».

On retrouve la doctrine sémiologique d'Augustin dans l'opposition entre les deux premières divisions et la dernière. Le Père de l'Église distinguait entre les « signes naturels », qui ne dépendent d'aucune intention de l'âme (par exemple, la fumée comme signe du feu), et les signes que l'âme s'est donnés *(data)*. On pourrait représenter cette opposition par [2, 2′], où C est un sujet humain :

[2] A est signe de B ;

[2′] A est signe de B pour C.

Il est tout à fait clair que les Messieurs de Port-Royal considéreraient [2′] comme la forme correcte et générale de la définition du signe. Leur idéalisme les entraîne, en effet, à envisager les contenus de la représentation en tant seulement qu'ils sont une représentation *pour un esprit* (voire *dans* un esprit). Mais ce n'est pas le lieu de la signification qui est en jeu dans [2′], c'est son origine et, par conséquent, sa nature. Il faut interpréter [2′] au sens fort où C est l'origine de la signification (ce que les médiévaux appelaient *impositio*). Cette problématique n'est envisagée qu'avec les signes d'institution.

Seul le point 6 de la dernière division concerne le langage et la capacité représentative de l'être humain en tant que telle. Mais c'est un problème théologique qui gouverne cette considération. De manière générale, on peut donner au signe le nom de la chose signifiée. Ainsi, on dit d'une carte de l'Italie que c'est l'Italie. Cette façon de parler, par figure, est à l'origine des paraboles et des discussions herméneutiques. Elle pose rapidement des problèmes théologiques dans le cas des signes d'institution. Pour un théologien catholique, l'expression *« Ceci <c'est-à-dire le pain> est mon corps »* ne doit pas être prise au sens figuré.

On remarquera que les deux auteurs de la *Logique* n'invoquent nulle part la possibilité que la pensée puisse être considérée comme un signe. Leur doctrine rend cette considération impossible. Un signe doit comporter deux idées, l'une de la chose qui représente (A) et l'autre de la chose représentée. Soit une chose *x* et A l'idée de *x* ; l'idée de A, c'est A : comme le notait Descartes dans sa *Réponse aux Secondes Objections,* l'idée est la forme de nos pensées par laquelle nous avons immédiatement conscience de ces mêmes pensées. Il n'y a donc qu'une seule idée – et, par conséquent, pas d'idée de signe. La doctrine sémiologique de Port-Royal conduit à une conception non représentationnaliste de la pensée.

L'invention de la sémiotique

Plus que Descartes lui-même ou Port-Royal, c'est sans doute Locke qui, le premier, a tiré les conséquences de la digitalisation de l'esprit : pour lui, la pensée, elle-même, est arbitraire comme le langage naturel. Le philosophe anglais consacre la dernière partie de *An Essay concerning Human Understanding* (1690) à donner une classification des sciences ; pour lui, tout ce qui concerne la logique et le langage se classe sous le terme général de *sémiotique* ou théorie des signes.

Pour aborder la problématique lockienne du langage dans son originalité, un passage du livre III nous semble particulièrement pertinent. Il est situé dans le troisième paragraphe du troisième chapitre[1], où Locke s'efforce de justifier la généralité. L'argument

1. Dans les références, nous utilisons les conventions suivantes : lettre majuscule pour le livre, chiffre romain pour le chapitre, chiffre arabe pour le paragraphe.

en question consiste à dire que des noms propres à chaque chose seraient inutiles : ils ne permettraient pas la communication entre les individus humains. Autrement dit, la généralité – qui sépare l'homme de la bête (cf. B.XI.11) – est la condition de l'intersubjectivité. On comprendrait alors facilement qu'elle soit la condition du langage. Or il se trouve – plus profondément – que c'est le fonctionnement sémiotique de l'entendement humain qui est à la base de la généralité. Locke, en effet, affirme essentiellement deux choses à propos de la généralité :

1 / L'abstraction est une des trois activités de l'esprit qui s'effectue *sur* les idées simples, les deux autres étant la production des idées complexes par combinaison et celle des idées complexes de relation (B.XII.1).
2 / La généralité est œuvre de l'esprit (C.III.11). Tous les existants sont des particuliers, y compris les idées ou les mots généraux, dont la généralité ne consiste que dans la possibilité que l'esprit leur confère de représenter ou signifier plusieurs particuliers. Cette signification n'est qu'une relation, qui leur est ajoutée.

Ce dernier point (il correspond à une addition de l'édition de 1700) est d'une interprétation délicate. Nous pouvons, dans un premier temps, définir le type le plus indéterminé de généralité, la *généralité de désignation* ou *D-généralité*. Un individu I est D-général pour une classe J_i de *n* individus $J_1, \ldots, J_n$, s'il peut servir à *désigner* l'un quelconque d'entre eux, c'est-à-dire lui être *substitué* dans différents usages. Il peut être considéré comme un nom commun aux J_i (il est partagé par tous) ou encore comme une *adresse*. L'important est cette association de 1 à *n*. Elle peut avoir plusieurs sources. D'abord elle peut être *I-arbitraire* : le terme général I est indifférent, comme lorsque je choisis une lettre pour représenter le parcours de valeur d'une fonction d'une variable réelle. Elle peut être *J-arbitraire* : les J_i ont été rassemblés de façon contingente, c'est-à-dire qu'ils pourraient être associés autrement qu'ils ne sont. Les désignateurs généraux qui ne sont pas I-arbitraires correspondent à la motivation du *signe* ; ceux qui ne sont pas J-arbitraires, à celle de la *signification*. L'arbitraire total de la signification – un assemblage dû au hasard – conduirait à l'absurde (quelque chose comme un nom commun pour le raton laveur, l'omelette et la *call-girl*). Une façon générale de motiver la signification est l'équivalence. Les individus J_i constituent, alors, une classe d'équivalence pour une relation R (ce pourrait être la relation « ressemble à ») ; rien d'ailleurs ne m'empêche de prendre l'un quelconque d'entre eux pour I (lequel ne sera par conséquent pas I-arbitraire).

L'une des façons les plus classiques de penser la généralité est la *généralité de participation* ou *P-généralité*. Elle correspond *grosso modo* à l'arbre de Porphyre et a été largement réinterprétée par les auteurs de la *Logique* de Port-Royal[1] (voir Auroux, 1993). Locke leur emprunte la conception hiérarchique qui suppose la variation inverse de la compréhension et de l'extension (C.III.9), deux concepts sur lesquels nous reviendrons dans le chapitre 4. Cela correspond à l'interprétation de la proposition prédicative en termes d'inclusion : le prédicat est plus général que le sujet. D'où il résulte que l'idée signifiée par le sujet fait partie de l'extension de celle signifiée par le prédicat, laquelle fait partie de la compréhension de la première. On dira donc qu'un terme L est P-général pour une classe de termes M_i, s'il est une *partie commune* à chacun d'entre eux. Il est évident que tout terme P-général est un terme D-général à signification motivée : la relation « ... possède X comme partie commune avec... » est en effet une relation d'équivalence. Si Locke envisage la P-généralité, il n'y réduit certainement pas sa théorie. D'abord, il n'accepte pas l'analycité de toutes les propositions (voir chap. 5) qui en serait la conséquence (cf. D.VIII.8). Mais, surtout, sa conception des idées simples est incompatible avec elle. Pour la P-généralité, en effet, le simple est le général et le particulier est le composé. Locke admet pourtant que certaines idées simples sont plus générales que d'autres et peuvent en être affirmées, même si dans le cas des idées simples l'échelle de généralité ne peut avoir que peu de degrés (C.IV.16). Il distingue en outre les idées simples particulières (concrètes) et les idées simples générales (abstraites). En B.XI.9, c'est une idée simple (la blancheur) qui sert d'exemple dans la description du processus d'abstraction ; en C.IV.2, il est parlé des idées abstraites que les noms des idées simples signifient immédiatement ;

1. Cette conception de la généralité est centrale pour l'explication des phénomènes grammaticaux, en particulier pour l'analyse de la détermination par addition d'idées. On peut se demander si une théorie linguistique est possible sans supposer la P-généralité (Auroux, 1979, p. 117). Seul Horn Tooke a développé une théorie grammaticale complètement nominaliste, en suppléant à l'absence d'idée générale par les procédés linguistiques de l'étymologie et de l'ellipse.

en C.IV.42, il est remarqué que seules les idées des substances possèdent des noms propres désignant des choses singulières, parce que, dans le cas des idées simples notamment, « il arrive rarement que les hommes aient l'occasion de mentionner tel ou tel particulier lorsqu'il est absent ». Comment peut-on abstraire des idées simples ?

La façon dont Locke en B.XI.9 présente le processus d'abstraction est assez éclairante :

> (...) la même couleur qui est observée aujourd'hui dans la craie ou la neige, l'esprit le recevait hier du lait ; il considère cette apparence seule et en fait le représentant de toutes celles de cette espèce ; et lui ayant donné le nom de *blancheur,* il signifie par ce son la même qualité où qu'elle puisse être imaginée ou rencontrée ; c'est ainsi que les universaux sont faits, qu'il s'agisse des idées ou des termes.

Appelons C*, S*, M* respectivement la craie et la neige que mon esprit a perçues hier et le lait qu'il a perçu aujourd'hui. On peut décomposer, par exemple C*, comme suit :

[3] $C^* = C_1 + (t_i\,(x_i, y_i, z_i)) + \ldots$
$C_1 = B_1 + \ldots$

Il y aura de même dans S* et M* des éléments B_i et B_j. Tous ces éléments sont des *particuliers,* ils sont « différents » les uns des autres. Abstraire consiste d'abord à séparer un élément de son contexte *(« separate from all other existences and the circumstances of real existence, as time, place, or any concomitant ideas »),* par exemple à prendre B_1 ou B_i ou B_j. Il s'agit d'une activité de l'esprit puisque la blancheur n'apparaît jamais seule. B_1 abstrait est toujours la *même* sensation de blancheur, cette idée simple de qualité sensible qui se trouvait dans la craie que j'ai vue hier. Mais je ne puis pas dire qu'elle est celle-ci plutôt que n'importe quelle autre, puisque j'ai ôté tout ce qui permettait de la reconnaître. Elle est ainsi devenue représentative de toutes les autres de la même sorte. Par conséquent, B_1 est D-général pour Bi, B_j, etc., au même titre que l'un quelconque d'entre eux pourrait tout aussi bien l'être (et le sera certainement chez un autre homme). Il y a là une solution extrêmement profonde au problème de la généralité.

La P-généralité tend à faire concevoir que les universaux de la représentation sont aussi des « universaux ontologiques » : si une idée est la partie commune de plusieurs représentations, nous avons tendance à penser que cette même idée est présente dans chacune des représentations ou, pour parler comme le Russell de la seconde philosophie (*Analysis of Mind*, 1921), à admettre que les qualités sensibles sont *répétables*. Locke échappe à l'absurdité des universaux ontologiques imposés par la participation : toute idée en tant qu'elle est pensée demeure un événement singulier, parce que *nos idées sont des signes* et que la généralité concerne la signification. Il y a un autre problème auquel il échappe, c'est celui de la *ressemblance*. On pourrait, en effet, vouloir construire des classes d'équivalence sur la *notion* de ressemblance, comme on l'a suggéré plus haut, et comme Leibniz le fait remarquer en commentant C.I.3. Russell a montré, dans le dernier chapitre de *An Inquiry into Meaning and Truth* (1940), qu'on était alors irrémédiablement conduit à faire de cette relation un universel ontologique (voir chap. 6 : « La question du nominalisme »). On a soutenu (à juste titre) que la ressemblance n'était pas une réponse globale chez Locke ; à tout le moins ne l'est-elle pas dans le cas de la généralisation des idées simples. Dans l'exemple qu'on vient d'analyser, Locke ne soutient pas que la *blancheur-de-la-craie* ressemble à la *blancheur-du-lait*, etc., de sorte que je puisse construire la classe « blancheur ». De façon ambiguë, si l(on se réfère au refus des universaux ontologiques, il parle de *« the same colour »*. Sur quelle base les qualités sensibles qui sont des événements différents peuvent-elles être dites *mêmes* ?

Prenons une machine à sous, par exemple un de ces appareils tel que si l'on met une certaine pièce de monnaie dans la fente on obtient un paquet de caramels, une autre des chocolats, etc. Chacun des éléments que connecte la machine est un particulier réel. On peut dire deux choses. D'abord que la pièce de monnaie de 2 € que je viens de poser est la cause de l'apparition de tel paquet de caramels. Mais aussi que, si la machine connecte un à un pièces de monnaie et paquets de caramels, elle est incapable de les distinguer entre elles. N'importe quelle pièce de monnaie qui fait le même effet est la *même*. Nulle relation cognitive n'est à la base de cette similitude, mais un processus de sélection physique (la taille de la fente, la sensibilité du levier à un certain poids, etc.). La *non-distinction* par un procédé physique est la *mêmeté* originaire, une sorte de généralité matérielle qui, dans la nature, est celle des atomes et molécules de même composition. Bien entendu, cette *mêmeté* ne correspond pas à l'*identité* physique, et elle varie selon le procédé en question. Il nous semble que c'est un mécanisme de cette espèce qu'il faut postuler au fondement de la théorie lockienne de l'esprit. Une connexion constante unit les idées simples et les qualités sensibles, les premières « doivent être le produit des choses agissant sur l'esprit de façon naturelle et produisant en lui les perceptions que la sagesse et la volonté de notre créateur ont agencées et adaptées à cette fin » (D.IV.4 ; cf. aussi B.I.25). Il faut comprendre que cette connexion constante unit n'importe quelle sensation d'une certaine espèce et n'importe quelle qualité sensible d'une certaine espèce, l'espèce dont il s'agit étant définie par la nature même de la connexion.

Le *natural way* dont parle Locke, s'il est nécessairement inné, ne doit pas être conçu comme une sorte de condition transcendantale. Il n'implique pas, en effet, que, face aux « mêmes » qualités sensibles, les hommes doivent avoir les « mêmes » idées simples. En B.XXXII.15 – dans le but de montrer que la fausseté ne concerne pas les idées simples –, Locke va jusqu'à supposer qu'il pourrait se faire que « le même objet pourrait produire dans plusieurs esprits humains différentes idées dans le même temps ». Une violette pourrait produire dans l'esprit d'un homme une idée identique à celle que produit un souci (il s'agit de la fleur) dans l'esprit d'un autre homme. Nul n'en saurait jamais rien. D'un côté, en effet, personne ne peut se mettre à la place d'autrui. De l'autre, cet homme pourrait employer les mots « bleu » et « jaune » aussi régulièrement que quiconque, *comme si* les idées correspondantes dans son esprit étaient les mêmes que celles des autres hommes. Nous reviendrons sur les implications profondes de cette situation pour le statut du langage. Pour l'instant, il nous suffit d'avoir montré comment naissait le type le plus élémentaire de généralité, celle qui permet, par exemple, de parler de la *même* couleur. On remarquera qu'elle suppose déjà un réseau complexe de signes. N'importe quelle idée b_i est le signe de n'importe quelle qualité sensible q_i, tous les b_i et les q_i étant respectivement substituables entre elles sous les conditions que l'on vient de décrire. De là, l'esprit peut envisager l'une quelconque des b_i séparée de son contexte et en faire ainsi une idée simple abstraite, signe de toutes les autres et de toutes les q_i. À chaque fois cependant que l'esprit pensera généralement à une qualité sensible, ce sera toujours une b_i, en quelque sorte *matériellement singulière,* qui adviendra en lui[1].

Qu'est-ce alors que la particularité *pour la représentation* (pour le réel, c'est incontestablement la matière) ? Ce ne peut être le contenu représentatif (il est le même par exemple dans une idée simple abstraite et dans une idée simple concrète). C'est la représentation en tant qu'elle est une expérience particulière du sujet (*to be acquainted with,* cf. C.III.3), un vécu de conscience, qu'on peut définir (cf. C.III.6) par *the circumstances of time and place,* qui ne forment en aucun cas un contenu représentatif, et *any other ideas,* qui n'en forment pas nécessairement. C'est pourquoi un langage privé, qui ne contiendrait que les noms des choses dont je suis seul à avoir l'idée dans mon esprit, « ne pourrait être signifiant et intelligible pour quelqu'un d'autre qui ne serait pas familier *(acquainted)* avec toutes les choses très particulières qui ont troublé mon attention » (C.III.3). La généralité est chose intrinsèque au langage. Sans les signes, il n'y aurait pas de communication, non pas que, trivialement, il faille des signes pour communiquer au-dehors ce qui se passe en notre for intérieur, mais plus subtilement parce que notre intériorité en tant que telle est incommunicable sans la généralité, et que la généralité est instauration par l'esprit d'une relation entre un élément – un signe – et d'autres éléments – une signification.

Condillac et la sémiotique

Pour se convaincre de l'importance de la révolution apportée par l'abandon de la conception symbolique du signe, il suffit d'évoquer la classification proposée par Condillac dans l'*Essai sur l'origine des connaissances humaines* (1746, I, II, IV ; Le Roy, t. I, p. 19). Le tableau II possède une tout autre structure que celui que nous proposions pour résumer la doctrine de Port-Royal :

1. Selon l'usage même de Locke, on peut faire abstraction de cette complication et parler simplement de l'idée générale de qualité sensible, comme lorsqu'on s'intéresse à un mot on parle du *type*, non du mot matériel écrit sur la page (le *token*), même si l'on est suffisamment empiriste pour savoir que les *types* ne sont pas des existants, mais des façons de parler ou de penser.

Tableau II – *Classification des signes chez Condillac*

I / *Signes accidentels :* objets que quelques circonstances particulières ont lié avec quelques-unes de nos idées ;
II / *Signes naturels :* cris que la nature a établis pour les sentiments de crainte, de douleur, etc.
III / *Signes d'institution :* ceux que nous avons nous-mêmes choisis et qui n'ont qu'un rapport arbitraire avec nos idées.

Le prédicat *accidentel* prend la place des prédicats alternatifs *certain/probable* de la première division de Port-Royal. Le changement est essentiel, car d'un côté il s'agit de modalités *épistémiques* (concernant la connaissance permise par le signe, c'est-à-dire la conséquence sémiologique), de l'autre d'une modalité *ontologique* (concernant le statut du signe en tant que signe)[1]. Que A soit par *accident* le signe de B n'implique certainement pas que la conclusion d'une quelconque conséquence sémiologique qu'on en voudrait tirer *ne soit que probable* : si un chien est lié accidentellement à une conduite de fuite chez un sujet quelconque, il est *certain* - que s'il voit un chien il fuira. La conséquence sémiologique n'intéresse pas Condillac. Les entités constituant l'univers ne s'entre-signifient pas ; nul souffle divin ne donne une signification aux simples êtres comme sont la colombe ou le pain. Le monde est totalement démythifié et laïcisé.

Comme chez Locke, la rupture avec Port-Royal (et par-delà avec la tradition sémiotique tout entière) est évidente. La réflexion sur le signe ne concerne pas chez Condillac une *sémiologie générale,* elle est une *sémiotique* au sens de Locke, une théorie de la pensée et de son expression, c'est-à-dire une théorie du langage. La cause de l'intérêt du philosophe pour les signes tient à la forme même de son empirisme : l'activité de penser ne peut avoir lieu dans l'esprit humain que si ce dernier dispose d'un support matériel sensible. Plus généralement, ce qui l'intéresse dans les signes, c'est la liaison de l'activité intellectuelle de l'homme à un élément matériel quelconque – autrement dit, la question de la *signification.*

1. Costadau (*loc. cit.*, t. I, chap. 2, p. 35-37) reste prisonnier des modalités épistémiques (« Parmi les signes (...) quelques-uns sont nécessaires et certains, et quelques autres sont contingents et incertains »).

Lorsqu'il y a un chien ou une rose devant moi, il n'y a pas de problème : la pensée est ma sensation et celle-ci provient du contact avec le monde réel. Mais lorsque l'objet de ma pensée est le chien-en-général ou le nombre 2, il n'y a naturellement rien dans le réel qui puisse susciter ma sensation. À défaut de la perception des objets matériels, seule celle des mots peut me permettre de penser véritablement à quelque chose. Condillac n'instaure pas la pensée humaine en système de signes comme Locke dont il se réclame. Il va plus loin dans la voie du *nominalisme*. J'ai besoin du langage pour penser, non seulement parce que sans lui je ne parviendrais pas à maîtriser et analyser la diversité phénoménale (j'ai besoin des signes pour construire les idées abstraites et générales), mais tout simplement parce que certains « objets » de pensée ne correspondent pas à des idées, c'est-à-dire à des sensations. Sans le signe « racine carrée de 2 » je ne pourrais tout simplement pas penser à ce nombre irrationnel, ni par conséquent effectuer les calculs dans lesquels je le rencontre. Condillac franchit incontestablement un pas décisif dans la digitalisation de l'esprit. Leibniz avait déjà réfléchi sur l'algèbre et la représentation symbolique qu'il qualifiait de « pensée aveugle ». Qu'est-ce qu'une « pensée aveugle » ? C'est, peut-on dire, *une pensée sans représentation* ; je pense à quelque chose, mais dans mon esprit il n'y a que la représentation de certains signes, pas la représentation de ce que les signes signifient : en quelque sorte, il n'y a que les signes et les règles de leur manipulation. Certes Condillac accorde généralement une certaine consistance à la pensée (elle provient de la sensation) et admet que la plupart de nos pensées sont des représentations (la plupart du temps, il traite la généralité en termes de P-généralité). Mais sa thèse ultime consiste à poser qu'il y a de la pensée aveugle, c'est-à-dire *de la pensée qui n'est que langage*. Il s'agit d'une thèse extrêmement forte dont les difficultés sont considérables. La première et la plus dirimante peut s'exprimer ainsi : comment, sans représentation, peut-il être question de vérité ?

Il y a signe accidentel lorsqu'un objet du monde éveille en moi une sensation que j'ai déjà eue. Je ne suis pas maître de ma pensée : la représentation qui s'effectue en moi provient des circonstances de ma vie. Il y a signe naturel lorsqu'un événement interne (une douleur, par exemple) me conduit à une manifestation externe (un cri, par exemple) qu'un semblable interprétera correctement. Ni dans l'un ni dans l'autre cas je ne manipule des signes à mon gré. Je ne communique pas et je ne suis pas libre de vouloir me représenter ce que je me représente (il faut toujours des circonstances externes). Tout change lorsque je puis manipuler les signes *à mon gré*, par habitude ; c'est ce que Condillac nomme des signes arbitraires. Je puis, à partir de ce moment seulement, également décider de créer des signes. Le problème précédent devient alors celui de comprendre comment l'arbitraire des signes ne contredit pas la possibilité pour la pensée qui s'exprime en eux d'être une représentation vraie du monde. Ce problème conduira Condillac à revoir sa conception de l'arbitraire.

Le conventionnalisme lockien

Un penseur nominaliste comme Hobbes n'hésitait pas à considérer le langage et, par conséquent, la pensée comme arbitraires. Mais, encore une fois, c'est Locke qui, le premier, a affronté le problème de l'arbitraire dans toute sa complexité. Pour le philosophe anglais, il y a essentiellement deux types de signes : les idées et les mots. La qualification de signe attribuée à l'idée n'est pas une particularité du livre III ; on la trouve, par exemple, en D.V.2 *(there are two sorts of signs commonly made use of, viz* ideas *and words).* Il faut la prendre au sérieux et la considérer comme antérieure même au projet d'étudier les signes que sont les mots. Philosophiquement la thèse est d'importance, car il n'y a aucune ambiguïté dans tout l'*Essay* : la caractéristique stable et essentielle du signe, c'est d'être *arbitraire.* Le prédicat « arbitraire » se laisse lui-même gloser en deux sous-propriétés non équivalentes :

— *est arbitraire-1* le signe qui ne ressemble pas à sa signification ;
— *est arbitraire-2* le signe dont la signification est librement instituée par l'homme.

Les idées simples sont *arbitraires-1,* toutes les autres sont arbitraires-2. Cela n'implique nullement, au reste, qu'elles soient arbitraires-1 : l'homme est bien dans la nécessité de conformer ses idées de substances aux choses externes, considérées comme des archétypes naturels (C.III.6), c'est-à-dire de respecter d'une certaine façon les co-occurrences des qualités sensibles qu'il rencontre régulièrement. Les idées des modes mixtes (par exemple, l'idée de crime) sont évidemment totalement arbitraires, elles n'ont pas de modèle dans la nature. Excepté le cas des idées simples, le sujet n'est pas un individu passif devant le monde des idées. Si le rationalisme kantien développe le thème de la *spontanéité* de l'entendement, l'empirisme lockien développe celui de la *liberté de l'individu* dans la construction du monde des idées : l'homme possède toujours la même liberté que celle d'Adam en ce qui concerne la constitution des idées complexes[1]. La révolution linguistique accomplie dans l'*Essay* consiste à avoir envisagé la construction de l'entendement sur le *modèle des signes d'institution,* c'est-à-dire sur le *modèle du langage naturel.* Ce rôle de modèle est explicite dans les comparaisons que fait l'auteur, comparaisons qui montrent bien que l'arbitraire des idées est pensé à partir de celui des mots :

> Beaucoup des idées de sensation qui sont dans l'esprit n'ont pas plus de similitude avec quoi que ce soit existant hors de nous que les noms qui en sont les signes n'ont de similitude avec nos idées, lesquels noms sont pourtant aptes à les exciter lorsque nous les entendons (B.VIII.7).

Les enchaînements cognitifs sont des enchaînements de signes, selon un principe de transitivité qui fait que quelque chose qui est le signe de quelque chose, c'est-à-dire qui peut valoir pour cette chose, peut également valoir pour ce pour quoi vaut cette seconde chose. Ainsi, le mot peut valoir pour l'idée, mais aussi pour la qualité sensible, le mot pour l'idée dans mon esprit et cette idée pour celle dans l'esprit de mon interlocuteur (cf. C.II.2). Le système complexe des signes n'est pas pour autant homogène : ce n'est pas le même rapport de signe qui existe entre deux idées dont l'une est contenue dans l'autre (P-généralité), et entre une idée simple abstraite et une idée simple concrète. Nous pouvons saisir les différences, à partir des

1. « What liberty *Adam* had at first to make any complex *ideas* of mixed modes by no other pattern but by his own thoughts, the same have all men ever since had » (C.VI.51).

définitions de l'arbitraire que nous avons utilisées pour décrire la théorie lockienne. Sauf erreur, on obtient alors le tableau suivant :

Tableau III – *L'arbitraire de la pensée et du langage chez Locke*

Liaison	*I-arb.*	*J-arb.*	*Arb.-1*	*Arb.-2*
Idée simple / Qualité sensible	+	–	+	–
Idée abstraite / Idée concrète	–	–	–	+
Idée générale / Idée subordonnée	–	–	+	+
Idée de substance / Substance	–	+	–	+
Idée de mode simple / Mode simple	–	–	+	+
Idée de mode mixte / Mode mixte	–	+	+	+
Mot/Idée	+	+	+	+

Dans ce tableau, on remarquera immédiatement la dernière colonne et la dernière ligne : l'une renvoie au fait que toutes nos idées, sauf les idées simples de qualités sensibles, sont le produit de l'activité volontaire de l'individu ; l'autre, que le langage est radicalement *arbitraire*. Pour Locke, le langage naturel n'est pas véritablement nécessaire à l'activité de la pensée (il diffère en cela de Condillac) : mes idées sont des signes qui constituent en quelque sorte un *langage interne*. Outre le fait de marquer (ou noter) mes conceptions, que nous laisserons de côté ici, le rôle du langage est de communiquer nos pensées : son véritable usage « est le plus aisé et le plus court chemin pour communiquer nos idées » (C.VI.33). Mes pensées sont cachées à autrui et dépendent de moi. Le langage aussi dépend de moi :

> Autant chaque homme possède la liberté inviolable de faire qu'un mot vaille pour l'idée qui lui plaît, autant aucun n'a le pouvoir de faire qu'un autre ait la même idée dans son esprit que celle qu'il a lui-même, lorsque le second utilise le même mot que le premier (C.II.8).
>
> Chacun possède encore la même liberté qu'avait Adam d'attribuer un nom quelconque à n'importe quelle idée (C.VI.51).

On peut qualifier de *libéralisme linguistique* cette thèse qui consiste à asserter qu'à la base de tout acte de langage il y a la liberté inviolable de chaque individu. La créativité linguistique est toujours un acte contingent de la volonté individuelle qui donne naissance au langage. Aucun tyran, pas même Auguste au faîte de sa puissance[1], ne peut imposer un langage à aucun homme. De là, évidemment, une *imperfection* de nature du langage, par rapport à son but, qui est de communiquer avec autrui : la liberté individuelle en laquelle il prend naissance peut faire qu'on emploie le langage sans réussir à remplir sa fonction. L'abus des mots n'est pas chez Locke un *topos* scolaire, il est un problème inhérent à ses conceptions linguistiques. Comment pouvons-nous jamais être assurés de nous comprendre et d'être compris ? Comment faire que le langage ne soit pas « la possession privée de l'individu, mais la mesure commune du commerce et de la communication » (C.XI.111) ?

Évidemment la solution simple, qui découle de l'hypothèse selon laquelle le langage est une traduction de la pensée, consiste à poser que les mêmes mots doivent avoir dans l'esprit de chacun des idées semblables pour signification. Cela nous mène à postuler un axiome linguistique fondateur sous la forme [4]. Soit q une qualité sensible ; I_a l'idée simple correspondante dans l'esprit de A ; I_b l'idée simple correspondante dans l'esprit de B ; M un mot ; f la relation générale de signe (elle peut se lire « est substituable à ») ou fonction sémiotique ($a = f(b) =_{\text{déf.}} a$ est le signe de b). On peut alors postuler :

[4] Si $((I_a = f(q))$ et $(M = f(I_a))$ alors (si $(M = f(I_b))$ alors $(I_b = f(q)))$.

Toutefois cet axiome est falsifié par le cas, possible quoique improbable, soulevé en B.XXXII.15, d'hommes attachant des idées simples différentes aux mêmes qualités sensibles. Il faut alors lui substituer la formulation suivante :

[5] Si $((I_a = f(q))$ et $(M = f(I_a))$ alors (si $(I_b = f(q))$ alors $(M = f(I_b)))$.

On remarque aisément que le cas du souci et de la violette évoqué plus haut est une instance valide de cet axiome :

[5′] Si $((\text{violette}_a = f(\text{souci}))$ et $(M = f(\text{violette}_a))$
alors (si $(\text{souci}_b = f(\text{souci}))$ alors $(M = f(\text{souci}_b)))$.

D'une certaine façon, la liaison du mot à la qualité sensible prime sur celle du mot à l'idée. On comprend pourquoi Locke ne

1. Cf. C.II.8. Locke fait allusion à une anecdote rapportée par Suétone (*De Illustr. Grammatic.*, cap. 22) ; voir chap. 10 : « Le droit des individus à disposer de leur langue ».

peut pas être idéaliste. Pour que la communication soit possible, il faut postuler l'existence d'un monde externe et i) une liaison constante entre les qualités sensibles et les idées de chaque homme, ii) une liaison constante entre les mots et les qualités sensibles. Cela explique aussi pourquoi, parmi les règles destinées à surmonter les imperfections naturelles du langage, on trouve celle de conformer les noms des substances aux choses telles qu'elles sont (C.XI.10).

L'axiome linguistique énonce à quelle condition le langage peut être un moyen de communication entre les hommes, il ne dit pas comment parvenir à la remplir, puisque les mots demeurent radicalement arbitraires. Pour concevoir véritablement le langage, il faut passer de l'arbitraire linguistique au *conventionnalisme.* La convention, c'est une activité du sujet qui donne son accord, son consentement. Il y a une parenté profonde entre la philosophie linguistique de Locke et sa philosophie politique. De même que nul ne peut être soumis au pouvoir politique d'un autre, s'il n'y a lui-même consenti (*Deuxième Traité sur le gouvernement civil,* chap. VIII, § 95), nul mot ne peut avoir de sens qu'il n'y consente (C.II.2). Locke utilise fréquemment le vocabulaire consensualiste (cf. C.III.3 : *by use or consent*). Il s'agit, le plus souvent, d'une convention tacite (C.II.8 : *common use, by a tacit consent*), comme dans le cas de la monnaie décrit au chapitre V du *Second Traité* (§ 50 : « En donnant une valeur à l'or ou à l'argent et en convenant tacitement d'utiliser la monnaie »). Consentir tacitement à l'usage linguistique, c'est tout simplement accepter que certains sons puissent valoir pour nos idées et ce que nous supposons être celles des autres se rapportent aux mêmes objets. Nous ne saurons qu'indirectement, dans l'usage même, si ce consentement tacite est fondé, mais dès qu'il est acquis nous sommes engagés dans la circulation des mots et dans toutes les surprises ou disputes qui tiennent à leur arbitraire, c'est-à-dire non seulement aux imperfections qui en découlent naturellement, mais aussi aux abus dont les hommes se rendent coupables. C'est pourquoi il faut régler la convention et la rendre explicite en formulant des règles : tel est le but du dernier chapitre du livre III. Nous reviendrons sur cette question dans notre chapitre 10.

L'arbitraire du langage

Si Port-Royal ne consacrait qu'une quinzaine de lignes en fin de chapitre au langage, sa division des signes contenait pourtant un germe d'importantes notions, marquées par les deux distinctions notées respectivement 5 et 6, 6′ et 6″ dans notre tableau I. Ces distinctions concernent ce qu'il est convenu d'appeler l'*arbitraire linguistique*, et opèrent une analyse assez fine. Si 6 est une définition de l'arbitraire du signe par rapport à 5, 6″ l'est également par rapport à 6′, selon des conceptions que l'on pourrait expliciter comme suit, en reprenant le rapport de signe S(A, B) :

[5] *Arbitraire de relation :* le rapport S(A, B) n'est identique à aucun autre rapport possible (ressemblance, causalité, etc.) entre A et B.

[6] *Arbitraire d'origine* (conventionnalisme) : le rapport S(A, B) n'a lieu que *si et seulement si* un certain *processus* (qui peut être une décision volontaire ou non) a lieu dans l'esprit d'un homme et/ou au sein d'un groupe humain.

Ces définitions ne font que généraliser l'opposition entre l'arbitraire-1 et l'arbitraire-2 que nous avons utilisée dans le cas de Locke. Il ressort du tableau I que, pour Port-Royal, le langage est « arbitraire » au sens [6] ; pour [5] c'est moins clair[1], mais au moins une partie du langage est arbitraire en ce sens. Le mot « arbitraire » n'est pas utilisé une seule fois dans le chapitre de Port-Royal, symptôme évident de ce que la question n'intéresse pas les Messieurs, entendons qu'elle ne pose pas de *problème*. Le langage est arbitraire, caractéristique essentielle qui le distingue et le situe dans le système des signes qui remplit l'univers ; on en reste là. Le fait que la pensée ne puisse être considérée comme un signe suffit à expliquer cette limite.

Il en va autrement au XVIIIe siècle : l'arbitraire du langage devient une question inaugurale, un *lieu* obligé de discussion, et par conséquent la réflexion sémiotique acquiert une importance de premier plan. À l'époque des Lumières, nous rencontrons une variété impressionnante de composition des éléments constituant

1. Dans le texte 6′, et 6″ sont présentés dans une alternative « soit (...) soit (...) », à laquelle l'exemple du langage est enchaîné par « Ainsi (...) ».

le signe : (son, idée du son, idée de l'objet, objet) (objet, sentiment, cri) (objet, figure, idée) (lettre, idée de la lettre, idée du son, son, idée de l'objet, objet), etc.[1]. On aurait tort toutefois de prendre ces descriptions pour des théories différentes du signe linguistique. Il y a chez tous les auteurs une matrice fondamentale, la structure ternaire (son, idée, objet), qui fonctionne, par exemple, dans les grammaires. Les autres descriptions sont des *interprétations* de cette structure ternaire. La pensée sémiotique des Lumières tourne autour de la constitution du processus de signification : l'arbitraire du signe se conçoit dans son origine. À l'aide d'une *genèse* dont les éléments comme les étapes sont l'objet de choix tant théoriques qu'idéologiques, les auteurs accomplissent la tâche de rendre raison de la structure ternaire fondamentale. C'est dans cette discussion, où genèse et histoire ont pour fonction d'expliciter une structure logique, que se noue le débat anthropologique et que la question de l'arbitraire devient fondamentale. Elle déborde largement la théorie de la connaissance (problème de la vérité, de la régularité, de la possibilité d'assertions universelles sur le langage, etc.). Nous nous bornerons à l'aspect anthropologique et plus spécialement au rapport nature/culture, en prenant pour exemple deux théories fondamentalement opposées : Condillac et Court de Gébelin (*Monde primitif*, 9 vol., 1773-1782).

Le tableau I montre clairement que pour Port-Royal la négation de l'arbitraire d'origine n'entraîne pas la négation de l'arbitraire de relation : 6″ est une division de 6, qui s'oppose à 5. Dans la première philosophie de Condillac (nous prenons la *Grammaire*, publiée en 1775 dans le *Cours d'études*, comme ligne de démarcation), une position semblable quant aux rapports entre les deux formes d'arbitraire s'explicite dans le fait qu'un signe *naturel* peut devenir un signe *arbitraire* (manipulable au gré du sujet), sans que sa réalité matérielle ne soit changée en aucune façon (c'est son emploi, désormais volontaire, qui change). Le signe arbitraire et d'institution (l'institution commence avec l'arbitraire) devient la frontière qui sépare l'homme de la nature. Il marque la naissance de la culture du sceau de la contingence et de l'histoire. Il n'est pas excessif de dire que, pour Condillac (c'est

1. S. Auroux, *La sémiotique des encyclopédistes*, 1979, chap. I.

tout aussi vrai pour Rousseau), la réflexion sur l'origine du signe linguistique et sur son arbitraire arrache l'homme à la stabilité éternelle de la nature. La nature est un point de départ (langage naturel et langage d'action), elle peut être une norme (il y a un ordre naturel qu'il serait souhaitable de suivre ou d'avoir suivi), elle n'est pas une *nécessité* (c'est pourquoi il y a des langues mal faites).

Le rapport entre l'arbitraire d'origine et l'arbitraire de relation est cependant loin d'être clair. Dans le tableau II, on remarque que les deux sont pris pour équivalents. Dans sa seconde philosophie, Condillac soutiendra qu'en quelque période que ce soit le langage n'est pas fondamentalement arbitraire au sens de la relation. Cela n'impliquera pas le refus de l'aspect *conventionnel* du langage, c'est-à-dire son arbitraire d'origine, qui reste la doctrine de l'abbé :

> Les langues ne sont pas un ramas d'expressions prises au hasard, ou dont on ne se sert que parce qu'on est convenu de s'en servir. Si l'usage de chaque mot *suppose une convention* (nous soulignons), la convention suppose une raison qui fait adopter chaque mot, et l'analogie, qui donne la loi, et sans laquelle il serait impossible de s'entendre, ne permet pas un choix absolument arbitraire[1].

Le refus condillacien de l'arbitraire linguistique est motivé par des raisons qui ne sont pas très éloignées de celles qui permettaient à Leibniz de critiquer les thèses de Hobbes :

> (...) il y a entre eux <les caractères> un ordre qui correspond aux choses, sinon dans les mots en particulier (quoique cela fût encore préférable), au moins dans leur union et dans leur flexion ; (...) cet ordre, quoiqu'il varie d'une langue à l'autre, conserve néanmoins une sorte d'analogie dans toutes. (...) bien que les caractères soient arbitraires, il y a pourtant dans leur emploi et dans leur connexion quelque chose qui ne l'est pas ; je veux dire une certaine proportion entre les caractères et les choses, un rapport qu'ont entre eux les divers caractères qui expriment les mêmes choses (*Dialogus de connexione inter res et verba et veritatis realitate,* août 1677).

De nos jours, le rapport logique entre l'arbitraire d'origine et l'arbitraire de relation, qui prévaut dans le sens commun, est plutôt une relation d'implication : *(si (A-Origine) alors (A-Relation)).* Cela permet d'utiliser la contraposée *(si non- (A-Relation) alors non-*

1. *Langue des calculs,* éd. critique par S. Auroux et A.-M. Chouillet, 1981, p. 1-2.

(A-Origine)) pour argumenter contre le conventionnalisme (il y a d'autres arguments concernant la nature de la convention). Pour que l'argument anticonventionaliste fonctionne, il faut supposer qu'il y a des entités qui seront *nécessairement* signes de certaines pensées, car s'il n'en va pas ainsi, et qu'on reste dans une hypothèse de *contingence,* il y a un choix possible, et la convention n'est pas exclue par le rejet de l'arbitraire de ressemblance.

La structure implicationnelle entre les deux types d'arbitraire a été mise en place au XVIIIe siècle par le président Ch. de Brosses (*Traité de la formation mécanique des langues, ou principes physiques de l'étymologie,* Paris, 1765), et plus encore (il y a chez le président des oscillations) par A. Court de Gébelin (*Monde primitif,* 9 vol. parus, 1773-1782) qui est, à bien des égards, son disciple. Pour ces deux auteurs, le langage, dans son état premier, n'est pas arbitraire dans son origine, car il n'est pas arbitraire dans sa relation aux choses : il y a une langue organique nécessaire et primitive dont toutes les autres sont dérivées, selon les lois que l'étymologie met au jour. Cette langue n'est que l'expression symbolique des choses, telle qu'elle se réalise automatiquement par le biais de la constitution du corps humain, comme lorsque mes organes vocaux reproduisent les sons qui frappent mon oreille. Dans le prospectus de son ouvrage, Gébelin le sous-titrait *Recherches sur les Antiquités du monde,* et prévoyait une division en deux parties : « L'une relative aux mots, l'autre relative aux choses : celle-là qui forme les avenues et les colonnades ; celle-ci qui est comme le sanctuaire du Temple de la première antiquité. » Le monde de Gébelin est une totalité close, quoique évolutive ; en son unité se trouvent rassemblés les mots et les choses. Sa philosophie de l'esprit rejette toute solution de continuité entre la nature et la culture ; le monde de l'esprit est une suite nécessaire et naturelle du monde naturel, il est le même monde devenu selon des lois immuables[1].

1. Gébelin est l'un des premiers « linguistes », et peut-être le premier, à envisager des *lois phonétiques,* « lois fondamentales et universelles (...) qui embrassent (...) les langues de tous les temps et de tous les lieux » (*Monde primitif,* I, 14-15). Ainsi, « l'histoire des peuples devient une affaire de calcul ; par conséquent aussi sûre qu'elle était incertaine, et aussi lumineuse qu'elle était obscure » (*ibid.,* I, 82) ; voir chap. 9 : « La querelle des lois phonétiques ».

Avec de Brosses et Gébelin, nous voyons la pensée, par le biais du langage, redevenir analogique pour échapper à l'arbitraire. Nous comprenons ainsi la profondeur de la question que le cartésianisme avait ouverte à la sémiotique : jusqu'où la pensée peut-elle cesser d'être analogique pour devenir digitale, c'est-à-dire arbitraire ?

Conventionnalisme et mentalisme

La stratégie analogiste que nous venons d'analyser ne concerne pas véritablement le fonctionnement quotidien du langage naturel : ni de Brosses ni Gébelin ne nieraient qu'il soit arbitraire et repose sur des conventions. Leur but est d'expliquer la possibilité de cette convention qui se fera sur la base d'un système originel de signes naturels. L'analogie des signes et des choses permet alors de faire l'économie d'une conception mentaliste du signe et du langage, c'est-à-dire d'une conception qui devrait présupposer, à la naissance des signes, des entités comme la pensée ou l'intention de signifier. À l'inverse, le mentalisme permet de se passer de l'analogie et suffit à traiter la convention.

Comme le note Grice (1957)[1], signifier quelque chose en utilisant S, c'est avoir l'intention de communiquer cette chose à quelqu'un, ce qui ne peut se faire que si, en utilisant S, on produit un certain effet (E) sur son auditeur. Si j'utilise un couteau (= S) pour tuer (E), mon acte en tant que tel ne communique rien et S n'est pas un signe. Notre description n'est toutefois pas suffisante, il faut qu'il y ait une certaine liaison entre mon intention et le fait que mon auditeur produise E. On peut l'exprimer par les conditions suivantes :

[6] (i) A a l'intention de produire sur B l'effet E ;
(ii) A a l'intention que B reconnaisse (i) ;
(iii) A a l'intention que E résulte du fait que B reconnaisse (i).

La définition [6] permet de caractériser la *signification intentionnelle,* c'est-à-dire d'expliquer le concept de signification à partir de

1. H. P. Grice, « Meaning » in *Philosophical Review,* 1957, vol. 66 ; « Logique et conversation », in *Communications,* n° 30, Paris, Le Seuil, 1979.

l'activité mentale qu'est l'intention de signifier. Cela peut sembler vouloir expliquer l'obscur par le plus obscur ! Contentons-nous de remarquer que [6] n'est pas suffisant pour définir des situations de communication relativement simples. Je puis utiliser le signe S pour amener mon auditeur à faire quelque chose, ce que je sais qu'il fera s'il croit que je communique avec une certaine intention (par exemple lui faire plaisir), mais mon but en l'amenant à faire E est justement de le conduire à sa perte, et j'ai donc une intention différente. On pourrait tenter de contourner ce type de difficulté par une clause supplémentaire :

[6] (iv) A et B savent mutuellement que A a les intentions (i), (ii), (iii).

Le cas litigieux est éliminé de la définition. La difficulté vient alors de la façon dont on peut interpréter ce que c'est que « savoir mutuellement ». Cela suppose que A sache tout ce que sait B et réciproquement. Autrement dit, si A sait C, il faut que B sache que A sait C, que A sache que B sait que A sait C, que B sache que A sait que B sait que A sait C, et ainsi de suite à l'infini. Admettons que l'on soit disposé à passer outre ce point paradoxal ; il n'est pas sûr que l'on soit pour autant parvenu à définir la signification linguistique. Si je prends pour S une expression quelconque d'une langue étrangère, pour saluer avec un sourire quelqu'un qui ignore cette langue, je communiquerai sans doute mon salut, mais je ne pourrai faire que la phrase signifie autre chose que ce qu'elle signifie littéralement si cela n'a rien à voir avec le fait de saluer, puisque si quelqu'un qui connaît la langue passe par là, c'est bien (entre autres choses) la signification littérale qu'il comprendra ! Autrement dit, la signification intentionnelle n'est pas suffisante pour atteindre la signification linguistique, ce qui revient à dire qu'il n'est pas du tout évident que l'on puisse, comme le suggérait Grice, donner une seule définition de ce en quoi consiste communiquer qui vaille autant pour le langage que pour tout autre moyen. Searle, qui a été le premier à remettre en question sur cette base l'analyse de Grice, proposait de modifier la définition [6] en tenant compte du fait que A utilise S avec sa *signification littérale*. Mais, du coup, on renonce à expliquer en quoi consiste le signe linguistique puisqu'on le présuppose.

Dire qu'un signe linguistique possède une signification littérale revient à dire qu'il y a en lui quelque chose de fixe, d'indépendant des circonstances de son utilisation. Ce n'est, bien entendu, pas une raison pour renoncer à l'idée d'une nature conventionnelle de la signification. On doit à Lewis (1969)[1] le modèle le plus complet, inspiré par la théorie des jeux, qui développe l'idée d'une convention linguistique. Son grand mérite est d'avoir décelé le lien entre l'utilisation du langage et les problèmes de coordination, renouant par là avec la tradition de Hume qui voyait le prototype de la convention tacite dans l'action de rameurs qui agissent spontanément en cadence pour faire avancer leur barque. Si la conversation téléphonique est coupée et que je rappelle immédiatement mon interlocuteur et qu'il le fasse en même temps, nous ne parviendrons pas à nous joindre. Généralement, nous attendons que rappelle celui qui avait passé le premier coup de téléphone. Un comportement conventionnel de ce type est donc avant tout un comportement régulier auquel chacun se conforme parce qu'il s'attend à ce que tous s'y conforment, et à condition que tous s'y conforment. Cela suppose un savoir mutuel (voir plus haut). À première vue, rien ne s'oppose à ce que nous puissions envisager le comportement linguistique comme une convention de ce type. Dans cette hypothèse, parler présuppose : i) que l'on dispose d'une représentation de ce qui se passe dans la tête de son interlocuteur (autrement dit, il faut posséder une « théorie de l'esprit » !) ; ii) que l'on puisse construire des intentions et des croyances relativement sophistiquées. Il est probable que le langage tel que nous l'employons requiert quelque chose comme (i), et il est arrivé à certains éthologues (D. Premack) de soutenir que ce qui manquait aux grands primates pour parler, c'est une... théorie de l'esprit ! Mais dans quelle mesure (i) comme (ii) ne demandent-ils pas de posséder déjà une faculté symbolique (de type linguistique[2]) relativement développée ? Il y a plus grave. La définition de la convention repose sur la régularité. Or la faculté de langage suppose la capacité d'employer ou de comprendre des signes que l'on n'a jamais employés ou entendus. Ce fait – qui fournit l'argument favori des générativistes quant à la nature du langage – élimine la régula-

1. D. Lewis (1969), « General Semantics », *Synthèse* 22, 1970.

2. Nous reviendrons sur cette question au chapitre 6 « Langage et développement cognitif ».

rité. La convention à la Lewis explique peut-être quelque chose du langage humain, mais certainement pas tout.

S'ils échouent à fournir une théorie complète du langage humain, les modèles mentalistes de calcul d'intentions semblent particulièrement convenir lorsqu'il s'agit de décrire les activités linguistiques que l'on classe sous le nom de « performativité ». Des formules comme *Ego te baptismo, Je te promets de venir, Je te maudis* ont pour particularité qu'elles se réfèrent à un acte qui ne peut être accompli qu'en les prononçant. La réussite (ou l'échec) d'un tel acte de langage dépend clairement des intentions du locuteur, des circonstances dans lesquelles il les prononce et... des conventions en vigueur[1].

La conception béhaviouriste du signe

L'un des défauts principaux du mentalisme provient, d'une part, de son excessive proximité avec le langage lui-même[2], d'autre part, du fait qu'il faut accepter des entités cachées (l'intention, l'idée, les différentes facultés mentales, etc.) qui ne sont jamais directement manifestées, ni dans le monde empirique, ni même, vraiment, à la conscience du sujet. Le second point touche directement la psychologie d'une façon que l'Américain Watson pensait résoudre en étudiant le comportement externe, seule donnée empirique observable. Il se base sur les réflexes conditionnels découverts par Pavlov : si l'on présente à un animal un *stimulus* externe S_i (par exemple, de la nourriture), il produira nécessairement une réponse R_i (il salivera), et si l'on associe le stimulus primitif à un autre trait occasionnel de l'environnement S_i (un son de cloche), celui-ci, au bout d'un certain temps, pourra devenir, seul, un stimulus produisant la réponse. Dans son livre-

1. Le lecteur se reportera à Rosier, 1994, pour une vue complète de la théorie des actes de langage chez les médiévaux ; il trouvera également dans Dominicy, 1984, une description pragmatique de la théorie de la signification de Port-Royal ; Vanderveken, 1988, présente une théorie moderne dans le cadre d'une sémantique générale proche de Searle.

2. On pourrait contester que l'on gagne vraiment, sur le plan de la rationalité, à soutenir que le mot « chien » signifie l'idée ou la représentation que j'ai d'un chien !

programme de 1925, Watson[1] prétendra que l'étude de l'esprit *(mind)* se borne à l'étude des manifestations matérielles de l'activité mentale, c'est-à-dire à l'étude du système nerveux et à celle du comportement. La pensée n'est pas ce que signifie le langage : elle est un langage subvocal. Le linguiste américain L. Bloomfield utilisera immédiatement cette position « mécaniste ». Dans ses « Postulates » de 1926, où il expose les principes fondamentaux de la linguistique, il définit les significations *(meanings)* des phrases comme leurs *corresponding stimulus-reaction features.*

Si le recours à la théorie du comportement reste chez Bloomfield essentiellement un mot d'ordre antimentaliste, B. F. Skinner (*Verbal Behavior,* 1957) construit une version sophistiquée du béhaviourisme linguistique, reposant sur de multiples expériences. Il est immédiatement contesté par l'école générativiste qui commence à se former à la même époque. Dans un célèbre compte rendu de l'ouvrage, N. Chomsky[2] refuse la théorie de l'apprentissage sous-jacente : un enfant n'est jamais soumis à la totalité des stimuli qui expliqueraient son comportement verbal. L'essentiel n'est pas le conditionnement, mais la créativité, la capacité de produire des éléments nouveaux, jamais rencontrés.

L'hypothèse béhaviouriste du conditionnement revient à associer une expression linguistique à une réponse non linguistique à un stimulus externe. Ainsi, la séquence sonore */pomme/* réfère aux pommes parce que : i) il existe une réponse non verbale dont la probabilité est accrue par la présentation de pommes ; ii) l'énonciation de */pomme/* a tendance à accroître la probabilité d'apparition de cette réponse ; iii) la présentation de pommes a tendance à accroître la probabilité de l'énonciation */pommes/*. On admet généralement que le comportement linguistique ne correspond pas à ces deux dernières conditions. Il ne s'agit pas d'une simple falsification expérimentale, mais de la nature même du comportement verbal : sa propriété essentielle est l'*indépendance sémantique,* c'est-à-dire la possibilité que l'on a d'utiliser les mots hors de la présence des choses.

1. J. B. Watson, *Psychologies of 1925* (textes réunis par C. Murchison).
2. 1959, trad. franç. : Un compte rendu du « Comportement verbal » de B. F. Skinner, *Langages,* n° 16, 1969, p. 16-49.

O. Mowrer (*Learning Theory and the Symbolic Process,* 1960) s'est efforcé de raffiner la théorie béhaviouriste de façon à la rapprocher des propriétés les plus essentielles reconnues au signe. Il introduit un modèle à plusieurs états où les réactions primitives se transfèrent selon une chaîne plus ou moins longue : (S_i ...) $S_n \rightarrow R_i$. On n'a plus besoin d'avoir été en présence de voleurs pour savoir ce que signifie « voleur ». Le transfert explique également la prédication : la compréhension de la phrase « Tom est un voleur » consiste dans le transfert à « Tom » de la réaction à « voleur » préalablement établie à la place de la réaction à « Tom » préalablement établie. Ce modèle a reçu de vives critiques[1]. L'introduction de chaînes revient quasiment toujours à l'introduction d'hypothèses *ad hoc* incontrôlables, ce qui est contraire au principe d'observabilité par lequel le béhaviourisme repousse le mentalisme. On peut admettre que la médiation s'effectue par des réponses fractionnelles ; mais alors, comment maintenir l'unicité de la réponse finale sans revenir au modèle à un seul état ? Comment se fait-il qu'avec des chaînes différentes (elles dépendent de la contingence de la vie de chacun d'entre nous) nous aboutissions aux mêmes significations ? Enfin, dans une phrase comme « Tom est un parfait voleur », comment saura-t-on que c'est à « Tom » et non à « parfait » qu'il faut transférer la réaction à « voleur » ? La relation syntaxique semble échapper au conditionnement[2].

Quine avait, dès 1960, proposé une théorie de la stimulus-signification qui cherchait à introduire au niveau des stimuli un minimum de structuration (*Word and Object,* p. 32-33). Pour lui, la stimulus-signification d'une expression comprend les éléments *s* qui, présentés au locuteur lorsqu'on lui demande s'ils correspondent à une expression M, entraînent son assentiment *a,* et les éléments *s'*, qui entraînent son dissentiment *d.* Vuillemin[3] a fourni

1. Cf. J. A. Fodor, La signification peut-elle être une Rm- ?, *Langages,* n° 16, 1969, p. 50-60.

2. De manière générale, on rattache l'insuffisance du béhaviourisme, comme théorie du comportement humain, à sa vision passive du sujet ; Piaget lui oppose une vision du développement intellectuel qui repose sur l'acquisition de schémas opératoires.

3. J. Vuillemin, Le concept de signification empirique *(stimulus-meaning)* chez Quine, *Revue internationale de philosophie,* n° 117-118, 1976, p. 350-375.

une critique décisive de cette conception. L'argument consiste à insister sur la liaison entre assentiment et dissentiment, c'est-à-dire sur le fonctionnement de la négation. Les classes *s* et *s'* forment un couple d'antonymes. Or les couples d'antonymes sont variables de langue à langue. Par conséquent, les stimuli naturels ne peuvent en rendre compte et il faut présupposer la structure conceptuelle de la langue pour comprendre dans chaque cas le fonctionnement de la négation.

Le conditionnement ne résout pas la question de la signification linguistique. Il met particulièrement en lumière le fait que le langage est une réalité matérielle qui, par l'intermédiaire de l'activité dans le monde d'un corps-sujet, doit avoir rapport avec le reste du monde. Mais il manque le fait essentiel que le langage constitue un ordre autonome de relations symboliques.

La théorie saussurienne de la valeur

Devant la difficulté de déterminer ce que l'on entend exactement par « signification », il est arrivé à Quine de soutenir que quand on traite de sémantique on ne sait pas de quoi on parle. Cela n'est pas tout à fait exact lorsqu'on regarde le travail des lexicographes et des grammairiens et, plus généralement, des linguistes. Depuis la digitalisation de l'esprit, ceux-ci utilisent toujours un modèle triadique qu'on l'on peut résumer de la façon suivante : 1 / son → 2 / idée → 3 / objet.

Ce modèle est un lieu commun et n'a rien d'original. Le point fondamental est la mise entre parenthèses de la relation (2 → 3) par les linguistes[1]. Ce qui les intéresse avant tout, c'est la signification linguistique, donc le rapport (1 → 2). On peut encore aller plus loin : le terme (2), l'idée, n'est pour eux qu'un élément auxiliaire servant à penser le statut et l'unité de la signification de façon plus ou moins probléma-

1. Le lecteur notera que cette mise entre parenthèses est grandement facilitée par la loi de Port-Royal qui permet de traiter de la référence des idées sans recourir à des éléments externes. Nous y reviendrons au chapitre 6 : « Conscience et intentionnalité : la thèse de Husserl ».

tique[1]. L'essentiel est de parvenir à mettre en rapport des éléments linguistiques. Ce point est devenu particulièrement clair avec la constitution du dictionnaire monolingue moderne : lorsque les membres de l'Académie française publient leur dictionnaire (1694), ils ont exclu de la liste de leurs entrées tous les termes techniques, tous ceux dont la connaissance et l'usage dépendent essentiellement de la connaissance des objets du monde[2], pour ne retenir que les mots généraux et courants dont le statut est irréductible à leur référence. Le linguiste travaille avant tout sur les relations spécifiques des termes linguistiques : la *définition,* qui met en relation un terme et une séquence canonique ; l'*antonymie,* qui relie deux éléments contraires ; la *synonymie* ou la *figuration.* Ce dernier point consiste à expliquer comment, dans une séquence comme « Cent voiles ont pris la mer », « voiles » ne réfère pas à ce qu'il signifie littéralement, mais à ce que signifie « bateaux »[3]. Le problème théorique essentiel est de concevoir la structuration de ces relations dans son rapport avec la structure du signe linguistique. L'établissement de cette structuration est contrôlé par des séries d'exemples : le but du grammairien ou du linguiste est d'expliquer comment se constituent des phénomènes qui se manifestent dans notre utilisation quotidienne du langage.

Parmi les relations étudiées, l'une d'entre elles a une importance particulière. Il s'agit de la synonymie dont l'étude a constitué l'un des grands apports du XVIIIe siècle, tant aux techniques linguistiques qu'à la théorie des langues naturelles. En 1717, l'abbé Girard publie un dictionnaire de synonymes qui recouvre le même type d'entrées que le dictionnaire de l'Académie. Il part de l'axiome selon lequel dans une même langue il n'y a pas de synonyme parfait : tous les synonymes se distinguent par des nuances qui les opposent. Son dictionnaire (qui sera constamment repris et dont on adoptera la méthodologie à d'autres lan-

1. Il n'est, par exemple, pas du tout évident pour l'ontologie que l'idée comme élément de l'esprit de celui qui parle soit identique à l'idée comme entité correspondant à la signification linguistique.

2. Ces termes sont recueillis dans un dictionnaire technique que Thomas Corneille fait paraître la même année.

3. Le premier grand traité moderne sur la question des *tropes* ou *figures de mots* (par exemple, *métaphore* et *métonymie*) est le *Traité des tropes* (1730) de C. Dumarsais.

gues) a pour but de manifester ces oppositions en utilisant les mots synonymes dans des contextes différents où ils ne sont pas interchangeables[1], afin d'intégrer l'opposition à leur définition. Le principe d'inexistence de la synonymie parfaite n'est pas seulement une règle normative que doit respecter le locuteur ; il peut s'interpréter historiquement. Lorsqu'une langue emprunte une forme à une autre langue et que celle-ci est synonyme d'une forme de la langue en question, quelle que soit, au départ, la proximité sémantique des deux formes, elles tendent à se distinguer par des nuances[2]. Dans un article de 1899[3], le linguiste français R. de La Grasserie nomme *doublets* les mots équivalents d'origines différentes et note que « les synonymes nés de ces doublets ont été ensuite employés à exprimer les nuances des idées » (p. 398) :

> C'est ainsi que les animaux de boucherie ont un nom saxon s'ils sont sur pied, s'ils existent dans leur individualité ; qu'au contraire ils revêtent un nom anglo-normand s'ils sont considérés dans leur généralité et dans un sens partitif, comme viande de boucherie ; on peut citer *ox* et *beef*, pour le bœuf ; *lamb* et *mutton*, pour le mouton ; *calf* et *veal*, pour le veau. Ce sont les exemples les plus frappants mais le système est beaucoup plus étendu (*loc. cit.*, p. 411-412).

La grande innovation de Saussure consiste à radicaliser cette position[4] en la généralisant au système des signes qui constituent une langue. Le linguiste, comme ses prédécesseurs, utilise pour s'exprimer des termes psychologiques. Le signe linguistique relie un *concept* et une *image acoustique*, selon le schéma (*a*) qui paraîtra incontestablement bien naïf. Mais le concept intrinsèque au signe linguistique n'existe pas en soi, pas plus que n'existe l'image acoustique. Avant l'établissement du signe, on est, en quelque

1. Par exemple : « On a le *génie* de la poësie et de la peinture. On a le *talent* de parler et d'écrire. »

2. Cf. Guizot, *Nouveau Dictionnaire universel des synonymes de la langue française*, Paris, 1809, préface, p. XX-XXI.

3. Des mouvements alternants des idées révélés par les mots, *Revue philosophique*, n° 48, p. 391-416 et 495-504.

4. On sait que dans le *Cours* (p. 160, *CLG/E*, p. 261), pour illustrer la notion de valeur, Saussure s'appuie sur la synonymie et cite en exemple les termes anglais *mutton* et *sheep*. Voir S. Auroux, D'Alembert synonymiste, *Dix-huitième siècle*, n° 16, 1984, p. 93-103, et Deux hypothèses sur l'origine de la conception saussurienne de la valeur linguistique, *Travaux de linguistique et de littérature*, XIII-1, 1985, p. 188-191.

sorte, dans la situation schématisée par (*b*). Ce qui caractérise le signe linguistique, ce n'est pas seulement la liaison d'un *signifiant* et d'un *signifié* (Sa/Sé) dans le schéma (*c*), c'est le fait que le signe linguistique n'existe jamais seul, mais dans un système qu'il constitue avec d'autres signes, selon le schéma (*d*) où les flèches horizontales marquent la délimitation réciproque des éléments du système.

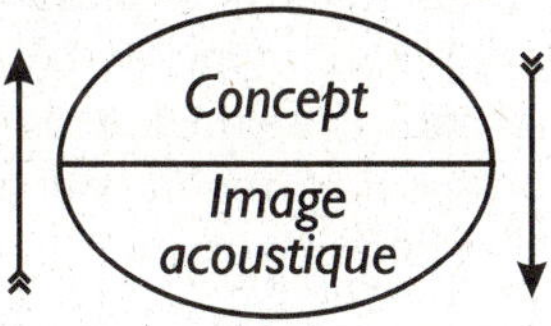

(*a*)

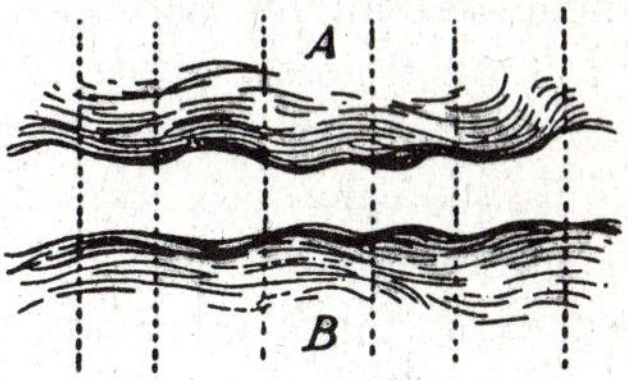

(*b*)

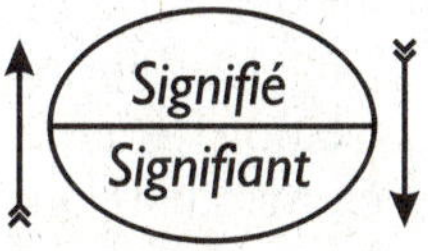

(*c*)

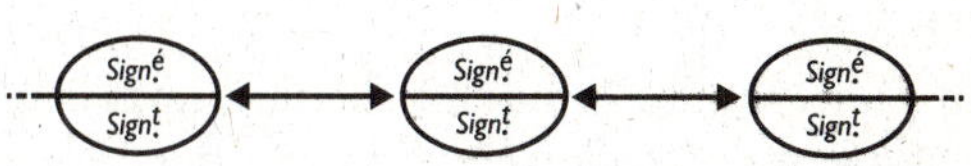

(*d*)

Il ne faut certainement pas s'arrêter à la naïveté des représentations graphiques. L'essentiel de l'innovation saussurienne tient dans une idée profonde : un signe linguistique est défini par les relations qu'il entretient avec les autres signes, ce que le Genevois appelle sa *valeur*. Une valeur ne saurait demeurer identique quand d'autres signes sont intégrés au système et deux éléments ne peuvent être identiques s'ils appartiennent à des systèmes différents. La seule réalité du signe, son *identité objective,* c'est sa valeur. Les valeurs[1] sont toujours constituées : i) par une *chose dissemblable* susceptible d'être *échangée* contre celle dont la valeur est à détermi-

1. Les exemples principaux des disciplines qui ont affaire à des valeurs sont pour Saussure la linguistique et l'économie politique. Ce qui les caractérise, c'est d'avoir affaire à un système d'équivalence entre des choses d'ordres différents : un signifié et un signifiant, un travail et un salaire (p. 115 ; *CLG/E,* p. 177).

ner ; ii) par des *choses similaires* qu'on peut *comparer* avec celle dont la valeur est en cause. Dans le vocabulaire saussurien, le point (ii) correspond plus précisément à la valeur, tandis que le linguiste réserve généralement le nom de « signification » à ce qui concerne le point (i). Ainsi, « la valeur d'un pluriel français ne recouvre pas celle d'un pluriel sanscrit, bien que la signification soit le plus souvent identique » (p. 161 ; *CLG/E,* p. 262), parce qu'en sanscrit le marquage du nombre comporte un duel, là où le français se contente de l'opposition entre le singulier et le pluriel.

Les phénomènes mis en lumière par les synonymistes n'ont plus rien de mystérieux : il découle de la nature même du signe linguistique que deux mots ne puissent posséder la même valeur. On notera que cette conception exclut d'emblée l'existence d'un langage privé (sur cette notion, voir chap. 7 : « L'absence de langage privé et la lutte contre le langage ») : « Le fait social peut seul créer un système linguistique. La collectivité est nécessaire pour établir des valeurs dont l'unique raison d'être est dans l'usage et le consentement général ; l'individu à lui seul est incapable d'en fixer aucune » (p. 157 ; *CLG/E,* p. 255). L'arbitraire du signe linguistique lui vient non pas d'une relation externe, comme serait celle de la liaison des signes aux choses dans une simple nomenclature, mais de son appartenance à un système qui fixe sa valeur. Avec le concept de valeur, on atteint ce qui fait l'autonomie des systèmes symboliques.

La dyade, la triade et au-delà

L'approche sémiologique de Saussure est celle d'un linguiste professionnel et elle est conforme à une pratique constante depuis les grammairiens médiévaux et la théorie des *modi significandi*[1]. Le

1. Même lorsqu'elle était conçue comme une propédeutique à la lecture des textes sacrés, la grammaire est restée, dans le bas Moyen Âge, une matière scolaire élémentaire. La situation change avec la *grammaire spéculative,* discipline universitaire qui s'efforce d'étudier les conditions universelles de la bonne formation *(congruentia)* des énoncés. Les mots possèdent des *modes de signifier* (*modi significandi,* ce que plus tard, avec la grammaire générale, on appellera la signification formelle, expression que l'on trouve chez Duns Scot) qui reprennent les modes de l'intellection, eux-mêmes

but du linguiste est d'expliquer comment les éléments appartiennent à une langue et donnent lieu à certains phénomènes (par exemple, la synonymie) ; celui du grammairien, plus précisément, doit aller jusqu'à expliquer comment ils se combinent en phrases acceptables. Comme on accepte généralement que ces éléments doivent être les mots, il faut que la structure des mots explique leurs constructions dans la phrase. C'est pourquoi, chez les grammairiens et les linguistes, la signification du mot est toujours une entité théorique complexe. Par exemple, au XVIIIe siècle, on considère qu'elle est composée d'une *signification formelle* qui correspond à la catégorisation grammaticale (et donc aux possibilités de combinaison : un verbe ne peut généralement[1] pas être sujet) et d'une *signification objective* (voir schéma *e*) qui est son contenu notionnel. Dans les deux, on rencontre une *idée principale* et au moins une *idée accessoire*. L'idée accessoire est ce qui permet d'expliquer des propriétés combinatoires secondaires ; par exemple, c'est grâce aux idées accessoires de la signification objective que l'on peut expliquer les tropes ou les oppositions synonymiques. La représentation de la signification linguistique varie en fonction de la puissance et de l'abstraction des théories ; aujourd'hui, nous utilisons des matrices de traits assez complexes qui permettent directement l'implémentation dans un système de calcul. Le schéma (*f*)[2], par exemple, représente le signe lexical « soigner » dans un modèle de représentation qu'on nomme « grammaire syntagmatique guidée par les têtes »[3] : le lecteur

calqués sur les modes de l'être. Les modes de signifier des différents mots doivent être compatibles entre eux pour former un énoncé correct. On étudie de façon abstraite et générale des questions compliquées comme la *transitivité*.

Voir Jean Duns Scot (1265-1308), questions sur la *logica vetus*, sur les *réfutations sophistiques* ; Boèce de Datie (fl. 1277-1283), *Modi significandi sive Questiones super Priscianum Maiorem*.

1. Pensons au mode infinitif : « Interdire est interdit », « Souffler n'est pas jouer », etc.

2. Nous l'empruntons à Abeillé, 1993, p. 176.

3. En anglais, *Head-driven Phrase Structure Grammar*. Ce modèle a été conçu au début des années 1980 par Carl Pollard et Ivan Sag, et exposé en 1994 de façon complète dans un ouvrage qui porte ce titre. Ce nom énigmatique s'explique parce que, dans le modèle, on représente les syntagmes (et les phrases) par des arbres, dominés par un élément (la tête) à partir duquel on va unifier les valeurs des différents prédicats dans les éléments qui se trouvent dominés, afin de calculer la valeur (et la bonne formation) de l'ensemble.

reconnaîtra immédiatement que le trait « souscat » correspond à deux variables qui doivent être des syntagmes nominaux (SN), dont on retrouve la valeur dans les termes « agent » et « thème » du contenu (trait « cont »). On peut donner quantité de formes différentes à ce type de représentation[1] : les structuralistes ont cherché à y voir une combinaison d'éléments plus primitifs (les sèmes) ; les sémanticiens générativistes, au début des années 1970, ont utilisé des arbres dont les nœuds indiquaient les possibilités de combinaison, etc. Mais, toujours, le but du linguiste est de rendre compte des relations qu'ont les signes linguistiques entre eux, en tant qu'ils donnent lieu aux énoncés des langues naturelles.

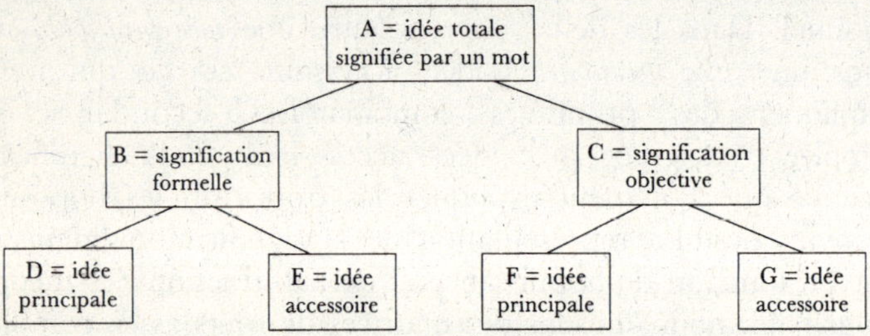

(*e*)

$$\begin{bmatrix} \text{Phon} = \backslash\text{soigner}\backslash \\ \text{Synsem} = \begin{bmatrix} \text{Cat} = \begin{bmatrix} \text{Tête} = [\text{Part} = \text{V}, \text{Mode} = \text{inf}] \\ \text{Sous-cat} = \langle \text{SN}[1], \text{SN}[2] \rangle \end{bmatrix} \\ \text{Cont} = [\text{Relation} = \text{‘soigner’}, \text{Agent} = 1, \text{Thème} = 2] \end{bmatrix} \end{bmatrix}$$

trans

(*f*)

1. Le lecteur ne doit pas trop s'effrayer : exprimé dans les termes de la bonne vieille grammaire scolaire (*f*) signifie simplement que le signifiant */soigner/* (on devrait compléter la matrice de façon à avoir une représentation phonologique complète) a pour signifié un verbe transitif à l'infinitif, exprimant une relation entre un sujet et un complément qui doivent être des syntagmes nominaux ! Mais une machine ne peut pas comprendre la grammaire scolaire.

Ce but se distingue, par exemple, de celui de l'herméneute qui étudie le droit ou les Écritures saintes, et qui postule que le *sens* dans un texte n'est pas déductible de la composition des *significations* des termes qui le composent[1]. Il se distingue également de celui du logicien qui, traitant des énoncés en tant qu'ils sont porteurs de valeur de vérité, s'intéresse aux rapports possibles avec les « choses » et peut envisager d'étudier directement les relations d'un système de signes avec différents modèles constitués d'objets. Il se distingue, enfin, des finalités du pragmaticien qui doit tenir compte de l'intention du locuteur et des réactions de l'auditeur.

C. K. Ogden et I. A. Richards, dans leur grande synthèse sur la théorie de la signification (*The Meaning of Meaning : A Study of the Influence of Language upon Thought and of the Science of Symbolism,* 1923), ont reproché à Saussure « ce respect scrupuleux envers des usages "acceptés" des mots, qui ne sont que des fictions » (*loc. cit.*, p. 6). Leurs critiques visent en particulier la conception binaire du signe : son désavantage tiendrait à ce que, par définition, elle inclut le procès d'interprétation dans le signe (*loc. cit.*, p. 5). La sémiologie linguistique n'utilise pas un modèle dyadique par ignorance, mais par refus d'un modèle triadique[2]. L'opposition d'un modèle triadique à un modèle dyadique n'est elle-même qu'une conséquence plutôt qu'un principe. La différence est beaucoup plus profonde. D'un côté, on englobe l'usage *hic et nunc* ; ce que peut signifier le signe n'est pas totalement assignable en dehors de son contexte d'utilisation, qu'il s'agisse des objets externes, des processus psychiques ou de l'acte de référenciation. De l'autre, on

1. Cf. S. F. M. Morus, *Discrimine sensus ac significationis in interpretando* (1787), et surtout toute l'école herméneutique allemande issue de Schleiermacher ; voir Gadamer, 1976.

2. Il est, à notre connaissance, arrivé une fois à Saussure d'évoquer un modèle triadique ; c'est, dans une note inédite, pour définir l'*onymique* (cas des noms qui, comme /*arbre*/, /*pierre*/, etc., font penser que la langue est une nomenclature). Ce modèle est présenté comme une exception à la théorie générale du signe : le linguiste évoque, en effet, « <le cas> particulier de l'onymique dans l'ensemble de la sémiologie, (...) où il y a un troisième élément incontestable dans l'association psychologique du sème, la conscience qu'il s'applique à un être extérieur assez défini en lui-même pour échapper à la loi générale du signe » (R. Engler, *Lexique de la terminologie saussurienne,* Utrecht/Anvers, Spectrum, 1968, p. 37). On remarquera que l'exclusion de l'onymique correspond, toutes choses égales, à l'exclusion des termes techniques du premier dictionnaire de l'Académie.

fait abstraction de l'usage et on présuppose un ordre de réalité réglé et abstrait, ce qu'on appelle la langue (voir chap. 9 : « Le problème de la langue »). Il y a là deux paradigmes irréductibles qui ne déterminent pas de la même façon ce qui peut être su rationnellement des systèmes symboliques. Le modèle dyadique n'implique certainement pas que toute étude doive s'y restreindre ; il permet, seulement, d'isoler ce qui dans un système de signes est le propre de l'organisation symbolique du système. Cela ne suffit sans doute même pas à utiliser le système ; pour ce faire, nous avons toujours besoin que soit donné son rapport aux choses du monde[1].

Le modèle de signe le plus utilisé reste le modèle triadique popularisé par Ogden et Richards. Qu'il soit apparenté aux formes les plus anciennes de réflexion ne suffit pas comme argument en sa faveur. On pourrait concevoir qu'il correspond au modèle le plus général intégrant tous les éléments nécessaires à chacune des disciplines ayant affaire au langage. Mais le modèle triadique lui-même semble insuffisant. Le philosophe américain C. S. Peirce proposait un modèle où l'on retrouve bien trois composants, mais qui s'ajoutent à l'élément qui est le signe lui-même :

> Un signe a, en tant que tel, trois références : premièrement, il est un signe *pour* quelque pensée que ce soit qui l'interprète ; deuxièmement, il est un signe *de* quelque objet auquel, dans cette pensée, il est équivalent ; troisièmement, il est un signe *en* quelque aspect ou qualité, qui établit une connexion entre lui et son objet (*Collected Papers,* 5. 283)[2].

L'un des principaux introducteurs modernes de l'idée d'une science des signes ou sémiologie, C. Morris, bien qu'il s'inspire de

1. Imaginons un individu isolé qui ne dispose que d'une radio diffusant continuellement des émissions dans une langue qui lui est totalement inconnue. Alors, quel que soit le temps qu'il passe à écouter la radio, il ne comprendra jamais la langue inconnue. Sa position est la même que celle où nous sommes devant des écritures inconnues : en l'absence d'une connaissance de la langue qui est codée ou de traductions dans une langue et une écriture que nous connaissons, nous ne déchiffrerons jamais l'écriture.

2. Peirce a coutume de nommer ces trois éléments : l'*interprétant,* l'*objet* et le *fondement (ground).* L'interprétant est le signe que le *representamen* utilisé par A crée dans l'esprit de B ; il possède donc lui aussi un interprétant et ainsi de suite. Un signe est un *representamen* avec un interprétant mental ; on pourrait envisager des *representamena* qui ne soient pas des signes, mais la pensée est le principal, si ce n'est pas le seul mode de représentation.

Peirce, rajoute encore deux éléments, le locuteur (cf. [2'], *supra*) et le contexte :

> La sémiosis (...) est conçue comme une relation à cinq termes – *v, w, x, y, z* – dans laquelle *v* produit en *w* la disposition à réagir d'une certaine façon, *x*, à un certain type d'objet *y* (qui n'est pas en ce moment un stimulus), sous certaines conditions *z*. Les *v* dans les exemples de cette relation sont des *signes*, les *w* des *interprètes*, les *x* des *interprétants*, les *y* des *significations* et les *z* des *contextes* dans lesquels les signes opèrent (*Signification and Significance*, Cambridge, The MIT Press, 1964, p. 2).

Tout se passe, en quelque sorte, comme si chacune des approches que nous avons rencontrées générait son propre modèle de signe. Il est concevable d'envisager qu'un mot puisse fonctionner comme un stimulus au sens du béhaviourisme ou qu'il entre dans le modèle de Morris. Mais nous ne déduirons pas le modèle saussurien du signe linguistique et, encore, moins les matrices modernes, à partir d'une conception plus générale, fût-elle aussi sophistiquée que celle de Peirce ou Morris. Puisque nous considérons bien qu'un mot est un signe, quel est le statut de ce que nous pouvons savoir de ce que c'est qu'un signe ?

En quel sens la sémiotique/sémiologie pourrait-elle être une science ?

Nous avons déjà rencontré, chez Locke, l'idée d'une discipline scientifique qui aurait pour objet les signes : la sémiotique. Il s'agissait en fait de construire la théorie de la pensée humaine. C'est cette conception que défendra au tournant du XVIIIe et du XIXe siècle l'école des Idéologues, que constituent les disciples critiques de Condillac, Destutt de Tracy, notamment. L'idéologie est la *théorie des théories* regroupant théorie de la pensée (psychologie), grammaire et logique. On trouve une conception plus limitée de la discipline dans le *Neues Organon* (1764) de Lambert, dont la troisième partie s'intitule *Semiotik oder Lehre der Bezeichnung der Gedanken und Dinge*. Dans cette « théorie de la désignation des pensées et des choses », il s'agit de « réduire la théorie de la chose à une théorie du signe », c'est-à-dire de remplacer « l'obscure conscience du concept par la sensation et la représentation claire du signe » (*loc. cit.*, § 24). Il n'est question finalement que de réfléchir à la possibilité de construire un calcul symbolique : Lambert, comme tous ceux qui, de Hobbes à Carnap, se sont efforcés de construire des systèmes logiques, part d'une réflexion sur les signes et sur la signification[1]. Cela aboutit en général à la constitution de langages plus ou moins artificiels, comme le sont également les nomenclatures scientifiques (voir Dagognet, 1969).

À bien des égards, c'est un projet métaphysique semblable à celui de Locke que Peirce proposera au XIXe siècle. Le modèle ternaire du signe *(representamen)* permet d'envisager une partition de la sémiotique en trois disciplines : la *grammaire pure (grammatica speculativa)* qui concerne l'*interprétant,* c'est-à-dire envisage ce qui doit « être vrai de tout *representamen* utilisé par une intelligence scientifique afin qu'il puisse incorporer une pensée quelconque » ; la seconde est la *logique* qui étudie ce qui est quasi nécessairement vrai des signes utilisés par une intelligence scientifique pour qu'ils valent pour quelque *objet* ; la troisième est la *pure rhétorique* qui « établit les lois par lesquelles dans toute intelligence scientifique un signe donne naissance à un autre et, spécialement, une pensée donne naissance à une autre »[2]. On retrouvera, toutes choses égales, une répartition semblable chez Morris, pour qui la sémiotique est divisée en *syntaxe, sémantique* et *pragmatique.* Il y a chez Peirce une ambition considérable. Sa vision sémiotique n'est pas celle d'une rhapsodie taxinomique comme celle de R. Bacon, elle est comme chez Locke celle d'une discipline englobante. Plus encore, elle doit être une discipline formelle *(the quasi-necessary or formal doctrine of signs).* Il faut entendre par là que la taxinomie des signes (voir tableau IV) doit fournir ultérieurement la possibilité de déduire les lois de la grammaire pure, de la logique et de la rhétorique pure. On notera qu'un signe donné peut relever (et relève

1. Une telle réflexion est également à la base de tous les réformismes qui considèrent que le langage naturel ne remplit pas véritablement ces fonctions. Voir l'important mouvement créé par la *significs* de Lady V. Welby (1837-1912), *Significs and Language. The Articulate Form of our Expressive and Interpretative Resources.* Par ses multiples correspondances (Peirce, Russell, etc.), Lady Welby parvient à diffuser l'idée d'une discipline, la *significs,* qui aurait pour objet l'étude et l'amélioration des moyens de communication humains. Ses idées influenceront l'école intuitionniste hollandaise en mathématique et en logique. Odgen et Richards seront ses disciples.

2. Nous suivons l'exposé que l'on trouve au chapitre 7 des *Philosophical Writings of Peirce,* selected and edited with an Introduction by Justus Buchler, London, Routledge & Kegan Paul Ltd, 1940. Le lecteur consultera Peirce, 1978, et Peirce, 1987.

généralement) de plusieurs des caractères du tableau IV ; cela permet de constituer une classification raffinée. Un cri spontané est ainsi un « sinsigne rhématique indexical » ; un pronom démonstratif est un « légisigne indexical rhématique » ; une proposition ordinaire est un symbole « disant » (dicisigne), un signe « connecté avec son objet par une association d'idées générales et agissant comme un symbole rhématique, à ceci près que son interprétant représente le symbole disant comme étant, relativement à ce qu'il signifie, réellement affecté par son objet, de telle sorte que l'existence ou la loi qu'il appelle à l'esprit doive être actuellement connectée avec l'objet indiqué ».

Tableau IV – *Les types de signes selon Peirce*

---

1 / Le signe considéré en lui-même : 1*a* - *qualisigne* : une qualité qui est un signe ; 1*b* - *sinsigne* : une réalité actuelle qui est un signe ; 1*c* - *légisigne* : une loi qui est un signe[1].

2 / Le signe considéré par rapport à son objet : 2*a* - *icône* : dénote son objet par son caractère propre, que l'objet existe actuellement ou non ; 2*b* - *index* : dénote son objet par le fait qu'il est réellement affecté par lui ; 2*c* - *symbole* : dénote son objet par une loi, habituellement une association d'idées générales ; le symbole est non seulement, comme le légisigne, un type (voir n. 1, p. 128), mais son objet aussi est de nature générale.

3 / Le signe considéré par rapport à son interprétant : 3*a* - *rhème* : est compris comme représentant telle ou telle espèce d'objet possible ; 3*b* - *dicisigne* : est compris comme représentant une existence actuelle (c'est la catégorie de la proposition) ; 3*c* - *argument* : est compris comme représentant une loi.

On retrouve une visée englobante chez Saussure. Le linguiste soutient que l'on peut concevoir « *une science qui étudie la vie des signes au sein de la vie sociale* ; elle formerait une partie de la psychologie sociale ; nous la nommerons *sémiologie* (...). Elle nous apprendrait en quoi consistent les signes, quelles lois les régissent » (p. 33 ; *CLG/E,* p. 47-48). Cette sémiologie n'a toutefois pas l'ambition de celle de Peirce, elle se limite à « l'ensemble des sys-

1. Chaque légisigne signifie par une réplique ou instance de son application, donc par un sinsigne. Le sinsigne est une occurrence *(token)* de son légisigne, lequel est son *type.*

tèmes de signes fondés sur l'arbitraire du signe » (p. 100 ; *CLG/E*, p. 153). Plus encore, « la linguistique peut devenir le patron général de toute sémiologie, bien que la langue ne soit qu'un système particulier » (p. 101 ; *CLG/E*, p. 154). Autrement dit : premièrement, la sémiologie n'existe pas et l'on ne peut savoir exactement ce qu'elle contiendra ; deuxièmement, on peut en construire la partie principale (la linguistique) sans avoir l'idée de l'ensemble ; troisièmement, le modèle de la discipline reste la linguistique, c'est-à-dire que, quel que soit le système de signes que l'on pourra étudier (les rites de politesse, les signaux maritimes, etc.), on le fera à partir de la définition de la valeur. Il faut en conclure que la sémiologie saussurienne a nécessairement pour objets les systèmes de signes apparentés au langage humain, en raison, justement, de cet apparentement.

Si l'on réfléchit à ce que peut être une science, la sémiologie a certainement une forme étrange. Sa (ses) définition(s) programmatique(s) peu(ven)t-elle(s) être autre chose qu'une illusion positiviste, celle qui consiste à chercher un sol ferme et absolu qui clôture définitivement les débats philosophiques ? Depuis cinquante ans, pourtant, existe bien quelque chose comme une discipline qui possède ses chaires universitaires, ses revues, ses congrès et ses manuels. On peut même dire qu'il y a essentiellement deux types de sémiologie. L'une, plus proche de Peirce (et de Morris), que l'on désigne parfois sous le nom de *sémiotique*. Elle s'intéresse à la diversité des signes, à leur classification, englobe les recherches en zoosémiotique (voir chap. 1 : « La question du langage animal ») et traite la question philosophique de la nature des signes relativement à leur rôle dans la pensée (cf. Eco, 1988[2]). On lui doit, notamment, une bonne partie de la restitution de l'histoire philosophique des théories du signe. L'autre, plus généralement nommée *sémiologie*, est plus proche de Saussure[1]. Elle s'est développée à la fin des années 1960 en même temps que le structuralisme linguistique (voir chap. 9 : « Le problème de la langue »), sous l'influence de Barthes et, surtout, de Greimas. L'idée d'élargir la conception de l'échange signifiant au-delà de ce qui est proprement linguistique a été particulièrement féconde

1. On trouve chez les saussuriens des tentatives générales de classification des types de signes ; cf. L. J. Prieto, *Messages et signaux*, Paris, PUF, 1972.

en anthropologie et dans l'étude des mythes (cf. Lévi-Strauss). Greimas et ses élèves (l'école de Paris) se sont particulièrement signalés en abordant la littérature (voire l'art en général) à partir d'un point de vue sémiologique. Ce point de vue consiste à envisager une œuvre d'art, par exemple un roman, comme une structure expressive ; il s'agit d'une alternative à l'herméneutique traditionnelle (voir plus haut). La sémiotique/sémiologie existe donc ; et on peut dire qu'elle a obtenu des résultats considérables. Est-ce que cela signifie qu'elle est une discipline théorique, une science, au sens que nous pouvons discerner chez Peirce ou chez Saussure ?

Au sens fort de ce que l'on entend par « science », nous désignons une théorie nomologique déductive, c'est-à-dire qui établit des lois d'où nous pouvons déduire des conséquences[1]. On peut citer l'exemple de la théorie newtonienne des forces centrales. À partir de l'hypothèse qu'un corps céleste est mû par une force dirigée vers un centre et compte tenu des lois de la physique, on peut déduire la trajectoire des corps célestes et des régularités d'observation comme les lois de Kepler. La sémiotique est-elle une discipline de cette nature ? Peirce et Saussure semblent le penser.

Nous ne sommes pas obligés d'envisager la sémiotique dans ces termes extrêmes. Il y a des circonstances où l'examen attentif des systèmes de signes est une nécessité pratique évidente. L'automobiliste qui circule sur les routes françaises et s'égare par la faute de panneaux de signalisation mal conçus ne peut que souhaiter que les fonctionnaires de l'Équipement disposent d'une meilleure formation sémiologique ! Présenter efficacement des informations complexes sur un diagramme ou sur une carte géographique est un art qui mérite mûre réflexion et dépend d'une solide expertise. Cette orientation n'est pas nouvelle. C'est grâce à une réflexion sur la nature et les fonctions des signes (voir Dascal, 1978) que Leibniz a construit les algorithmes du calcul

1. Ce n'est pas la seule définition possible : elle ne conviendrait probablement pas à une grande partie de la biologie. Autrement dit, l'argumentation qui suit ne vise pas à refuser que la sémiotique, dans son aspect empirique évoqué dans le prochain paragraphe, soit une science importante.

différentiel que nous utilisons aujourd'hui, assurément plus commodes que ceux de Newton. On reconnaîtra qu'il est, même chez Leibniz, autant question de savoir-faire que de théorie, et que, dans le fond, la sémiologie est plus taxinomique et empirique que déductive.

Ce qui est en question, ce n'est ni l'existence ni l'utilité d'une sémiotique qui serait une étude empirique des systèmes de signes ou une réflexion sur leur fonctionnement, c'est l'existence d'une discipline absolument générale qui pourrait fournir leurs lois initiales à toutes les disciplines qui ont affaire à des signes en quelque façon que ce soit. Sa nécessité ne paraît pas évidente. La(les) notion(s) de signe utilisée(s) dans une discipline fortement théorisée comme la linguistique (par exemple *(f), supra*) ne semble(nt) pas dépendre d'une définition préalable de ce que c'est qu'être un signe, même si elle(s) répond(ent) toujours, au moins implicitement, à la question de savoir ce que c'est qu'être un signe linguistique. La linguistique postsaussurienne, plutôt poststructuraliste, ne se préoccupe guère de se situer dans le cadre d'une sémiotique. Ce n'est pas un argument totalement probant pour considérer que la sémiotique n'existera jamais comme discipline nomologique et déductive : les lois de Kepler, découvertes par l'observation, se sont révélées plus tard être déductibles de la théorie newtonienne des forces centrales. Mais il y a un argument plus dirimant. Soit l'expression nominale *les planètes* ; il s'agit incontestablement d'un signe qui signifie quelque chose. Je puis adopter la sémiologie implicite de Russell et considérer qu'elle dénote la classe distributive des neuf planètes, c'est-à-dire l'ensemble des individus qui ont la propriété d'être des planètes. Dans ce cas, [7i] doit s'interpréter comme constitué de cinq propositions indépendantes comme [7ii]. Je puis également adopter la sémiologie de Lesniewski[1] et considérer que *les planètes* dénotent la classe collective ou méréorologique correspondant aux planètes et à leurs parties. Dans ce cas, [7i] s'interprétera plutôt comme [7iii] !

1. Le philosophe polonais S. Lesniewski (1886-1939) publie en 1916 ses *Fondements de la théorie générale des ensembles* qui contient la première approche de la *méréologie* (litt., théorie des parties). Le but de la discipline est de résoudre les paradoxes de la théorie des ensembles sans recourir au formalisme logique de Russell.

[7] (i) Je pense aux neuf planètes, à la glace de Vénus, aux pôles de la Terre, aux calottes de Mars et aux anneaux de Saturne.

(ii) Je pense aux neuf planètes et Je pense à la glace de Vénus et Je pense aux pôles de la Terre et Je pense aux calottes de Mars et Je pense aux anneaux de Saturne (= je pense aux neuf planètes et je pense *aussi*...).

(iii) Je pense aux neuf planètes, <*ce qui comprend que je pense*> à la glace de Vénus, aux pôles de la Terre, aux calottes de Mars et aux anneaux de Saturne (= je pense aux neufs planètes et je pense *notamment*...).

Le langage naturel supporte les deux interprétations. Elles ne nous disent pas la même chose, ni sur la nature du signe linguistique en question, ni sur les réalités constituant le monde. Ogden et Richards n'ont pas hésité à affirmer que la signification *(meaning)* « ne peut être traitée sans une théorie satisfaisante du signe » (*loc. cit.*, éd. 1966, p. 48). Ils avaient sans doute raison. Mais il faut préciser qu'il n'y a peut-être pas une seule théorie satisfaisante et qu'on peut en construire plusieurs. Ce que nous montre l'exemple [7], c'est que la plupart d'entre elles supposent un choix d'ontologie. L'existence de la sémiologie, comme discipline, complète, définitive et assurée exigerait donc que l'on disposât sinon d'une ontologie dernière, du moins de toutes les ontologies possibles. Dans son ambition peircéenne, la question du signe reste un horizon philosophique plus qu'une simple question de savoir positif : la sémiologie n'est pas plus (ni moins) une science que la philosophie transcendantale de Husserl n'en est une. Elle est, au reste, une autre façon d'aborder les mêmes problèmes de la connaissance et de la vérité.

4 – Langage et ontologie

I. L'ÊTRE ET LES MOTS

En quoi le langage a-t-il un rapport essentiel à l'ontologie ?

On appelle *ontologie* la théorie de l'être[1]. Par là, on vise essentiellement les réponses à deux types de questions. Le premier type peut se résumer par : *Qu'est-ce que c'est qu'être, en quoi ça consiste ?* Le second, par *Qu'est-ce qui est ?* On peut penser que la seconde question[2] est la plus importante, puisqu'il s'agit de dire ce que nous considérons comme des entités réelles, des choses existantes, constituant ce que Russell nomme *l'aménagement dernier du monde.* Or elles ne sont nullement indépendantes. Prenons une définition célèbre proposée par Quine : *être, c'est être la valeur d'une variable liée*[3]. Pour comprendre cette définition, il faut se reporter à la représentation canonique d'un énoncé propositionnel, c'est-à-dire d'une phrase douée d'une valeur de vérité comme [1], qui peut correspondre (entre autres choses) à « Tous les corps sont

1. Cf. Aristote : « Il y a une science qui étudie l'être en tant qu'être et ses attributs essentiels » (*Métaphysique,* G, 1, 1003 *a* 21) ; le terme *ontologie* est apparu au XVIIe siècle (J. Clauberg, 1646, *Metaphysica,* chap. I).

2. La distinction nette entre ces deux types de questions est due à Heidegger (*Être et temps,* 1927) : pour lui, l'ontologie traite de l'être de l'étant *(das Sein des Seienden),* et ce qui concerne l'étant *(das Seiende),* les objets concrets, relève de l'*ontique.* Nous conserverons dans ce qui suit le sens habituel et général du terme *ontologie.*

3. Voir, par exemple, l'article « Logic and the reification of Universals », dans *From a Logical Point of View* (Harvard University Press, 1953) : « En général, les entités d'une espèce donnée sont assumées par une théorie si et seulement si certaines d'entre elles doivent être comptées parmi les valeurs des variables pour que les énoncés assertés dans la théorie soient vrais » (*loc. cit.,* p. 103).

pesants », ainsi que le lecteur le comprendra aisément en passant par la formule [19] :

[1] $(x)\ (c(x) \subset p(x))$

[1′] Pour tout *x*, si *x* est un *c*, alors *x* est un *p*.

Ce que veut dire Quine, c'est que dans [1] les signes « (», «) », « ⊂ », « *c* », « *p* » ne signifient pas quelque chose dans le monde ; seul le signifiera le terme que je devrai mettre à la place de *x*[1], par exemple « mon pied » ou « la tour Eiffel ». Le critère quinien, appliqué à une théorie, nous dit quelle forme ont ses *assomptions ontologiques* ; par là il définit une ontologie générale et permet de passer, si l'on dispose d'une théorie, à une ontologie particulière[2], strictement liée à cette conception générale. Cette liaison correspond d'abord au fait que le critère exclut certains types d'ontologie particulière : ainsi, « bois », « beurre », etc., qui correspondent à des termes de masse, ne font pas partie de ce qu'une théorie peut assumer comme réel. Elle correspond ensuite à des contraintes formelles imposées à certaines formes d'ontologie : pour que « blanc » ou « noir » ou toute autre propriété fasse l'objet d'assomptions ontologiques dans une théorie, il faut que celle-ci accepte de les traiter comme des valeurs possibles de variables liées – autrement dit, que l'on quantifie sur les prédicats. Le critère de Quine correspond à la forme générale d'une ontologie qui, si l'on refuse de quantifier sur les prédicats, n'accepte que les individus ; il ne va pas jusqu'à préciser quels sont les individus qui constituent le monde.

Toute recherche ontologique n'est pas nécessairement liée au langage. On peut définir ce que l'on entend par « être » sans

1. L'importance du fait que la variable soit liée (sous un quantificateur) tient à ce que lorsque j'ai une variable non liée (par exemple « *c*(*x*) ») je n'ai pas une proposition dotée, une fois pour toutes, de valeur de vérité ; il s'agit plutôt d'un schéma ouvert où la variable indique seulement la place où je puis mettre un signe d'un certain type et selon ce que désigne ce signe j'obtiendrai des phrases tantôt vraies, tantôt fausses.

2. On peut considérer qu'une ontologie particulière est un ensemble d'affirmations ontologiques. Ces affirmations sont des énoncés du langage-objet qui se prononcent sur le réel ; le critère appartient au métalangage. En 1968, dans son article « Existence et quantification », Quine distingue clairement entre l'ontologie d'une théorie (les objets communs à tous les univers qui la satisfont) et les *assomptions ontologiques*. Deux théories peuvent avoir la même ontologie en ce sens, mais une « charge » ontologique différente. Cela permet de comprendre qu'une existentielle négative (« Dieu n'existe pas ») *n'assume pas* l'existence de l'objet qu'elle nie.

recourir à un appareillage linguistique. C'est ce que fait, par exemple, le philosophe empiriste G. Berkeley (1685-1753) lorsqu'il donne son critère ontologique sous la forme « être, c'est être perçu » *(esse est percipi)*. On serait donc tenté de dire que c'est un pur effet de la contingence de l'histoire si, dans la tradition occidentale, la question de l'ontologie s'est trouvée prioritairement liée au langage. Cela tiendrait aux conceptions linguistiques des sophistes. Pour Gorgias et ses collègues, le discours résulte des impressions que font en nous les choses extérieures, c'est-à-dire les sensibles. Avec une telle conception, on se heurte vite à de sérieux paradoxes. Comme le proclamait Anthisthène (*ca* 445-*ca* 365), un élève de Gorgias qui s'attacha ensuite à Socrate, je ne puis pas définir ce qu'est une chose, mais seulement faire connaître certaines des propriétés qu'elle possède. Il y a pire encore puisque je ne puis pas dire de quelque chose ce qu'elle n'est pas, ni même dire qu'elle n'est pas ; non seulement je suis enfermé dans le vieux dilemme de Parménide (l'être est et le non-être n'est pas), mais je ne puis même pas formuler la seconde branche de l'alternative. Ce sont ces problèmes qui donnèrent naissance aux théories platoniciennes[1] et, plus généralement, à la « philosophie linguistique » antique. La liaison à l'ontologie est renforcée par le développement de la doctrine de la vérité comme conformité de ce qui est énoncé avec ce qui est. Le langage parle de l'être. Cela paraît immédiatement dans les énoncés prédicatifs, où la copule *esti* (« est ») figure explicitement. Le schéma prédicatif peut être généralisé à l'ensemble du langage. Aux sophistes qui s'appuyaient sur les énoncés comportant un verbe transitif *(Socrate se promène)* pour soutenir que le langage ne parle pas toujours de l'être, Aristote a rétorqué en proposant une paraphrase canonique décomposant tout verbe par la formule [est + participe présent] *(Socrate est se promenant)*[2], ce qui suppose,

1. Voir, par exemple, le *Sophiste* et la question du non-être.

2. Voir, par exemple, *Métaphysique,* D, 1017 *a* 28 : « Il n'y a aucune différence entre *l'homme est bien portant* et *l'homme se porte bien,* ni entre *l'homme est se promenant* ou *coupant* et *l'homme se promène* ou *coupe.* » Reprise par les grammairiens, cette paraphrase donna naissance à la théorie du *verbe substantif* (la copule), par opposition aux *verbes adjectifs,* qui sont composés d'une copule et d'un adjectif (le participe présent). Elle pose de nombreux problèmes linguistiques (transitivité, expression des temps et des aspects) et sera abandonnée au XIXe siècle.

dans le cas des verbes transitifs, l'intégration du complément au prédicat. L'ontologie était sauve, mais la logique qui s'appuiera sur cette prédication généralisée en demeurera incapable, jusqu'au XIXe siècle, d'étudier les relations[1] et, par conséquent, les mathématiques !

Il serait cependant superficiel de ramener les rapports du langage à l'ontologie au cas grec et à une question de contingence culturelle. On peut se passer du langage pour accéder à l'ontologie[2], mais l'étude du langage mène naturellement à l'ontologie. Lorsque je dis que la neige est blanche, pourquoi est-ce que j'emploie le mot « neige » pour désigner cette neige qui tombe et que j'aperçois de ma fenêtre et cette autre-là sur laquelle je skiais hier ? Et la blancheur, qu'est-ce que c'est ? C'est pour répondre à ce type de question que Platon a conçu la théorie des idées et Aristote celle des formes inhérentes aux choses. Il n'y a pas de langage sans généralité, même si l'on n'est pas obligé d'admettre que la signification est la seule source de la généralité, selon la solution profonde de Locke que nous avons exposée dans le précédent chapitre. La question se pose toujours de savoir quels types d'êtres signifient les entités linguistiques. C'est par là que le langage donne naissance aux questions ontologiques. Elles ne sont pas spécifiquement grecques : les logiciens indiens se sont posé la question de savoir si le mot désignait des

1. Si je donne l'analyse *Pierre est (aimant Marie)* ou *2 est (égalant 1 + 1)*, la partie entre parenthèses – le prédicat – doit être considérée comme un bloc opaque et l'on ne peut pas raisonner à partir des éléments qu'elle contient. La logique prédicative de la tradition se limite, en quelque sorte, à l'étude des classifications.

2. À partir de Kant, l'idéalisme allemand ne s'intéresse pas au langage, mais à la pensée. Kant a justifié son attitude au § 18 de la « Déduction transcendantale des catégories » qu'il a rédigée pour la seconde édition de la *Critique de la raison pure* (1787) : le langage possède un rapport arbitraire avec la pensée et, par conséquent, on ne peut pas s'appuyer sur lui pour déduire les conditions nécessaires par lesquelles il est possible que la pensée ait un objet. Cette attitude a été condamnée par Herder ou Hamann, qui ont tenté de restituer la place des langues historiques dans le développement de l'humanité, comme l'ont fait quantité de philosophes allemands positivistes peu connus du XIXe siècle, ou encore, sans renoncer à l'idéalisme, W. von Humboldt et ses disciples. Mais on peut s'interroger sur la consistance de cette « mise entre parenthèses » kantienne de la question linguistique : lorsqu'il analyse la pensée, le philosophe lui accorde la structure propositionnelle de la tradition logique ; par conséquent, son attitude est partiellement équivalente à la supposition d'une langue universelle. Certains idéalistes allemands (Bernardhi, par exemple) s'efforceront de déduire les catégories linguistiques des catégories de la pensée.

individus, des espèces ou des genres ; leurs collègues chinois ont fait de même. Les questions ontologiques peuvent faire retour sur la nature même des entités linguistiques : Aristote avait répondu au problème de la généralité en distinguant les genres et les espèces, Boèce posera le problème de leur statut ontologique qui donnera naissance à la problématique médiévale des universaux et à l'idée nominaliste que les universaux peuvent n'être que des entités linguistiques.

Nous laisserons, pour l'instant, de côté la question du statut ontologique des entités linguistiques ; nous reviendrons sur le nominalisme à propos des rapports du langage et de la pensée (voir chap. 6 : « La question du nominalisme ») et nous aborderons plus généralement le problème de l'ontologie de la linguistique dans notre chapitre 9. Notre but est de montrer l'intrication de l'ontologie, prise au sens général de conception de la structure du réel, avec l'analyse linguistique. Pour atteindre ce but, nous nous concentrerons sur quelques grandes questions théoriques, qui, bien entendu, ne sont pas exhaustives, mais peuvent être étudiées d'un point de vue suffisamment général. Dans ce chapitre nous aborderons la doctrine des catégories et la question de l'expression de l'être ; la variabilité de l'ontologie, que nous traiterons à l'aide de deux exemples, la théorie stoïcienne de l'exprimable *(lekton)* et la méréologie ; les théories de la référence et la question du nom propre. Nous réservons au prochain chapitre tout ce qui concerne plus proprement la relativité linguistique : la distinction entre la structure linguistique et celle du réel (problème de l'analycité) ; l'hypothèse de Sapir-Whorf ; l'indétermination de la traduction et l'incrustabilité de la référence ; enfin, le problème que pose la relativité de l'ontologie à l'idée d'une langue universelle.

Les catégories d'Aristote et la conception prédicative de la proposition

Prenons la conception traditionnelle de la proposition, telle qu'elle s'est développée depuis Platon et qu'elle a été clairement établie par Aristote. Nous avons donc la forme canonique *S(ujet) est P(rédicat)*. Faisons l'hypothèse que chacun des deux éléments de cette forme correspond à des réalités. S'il s'agit des mêmes réalités, nous sommes réduits à des jugements d'identité. S'il s'agit de réalités différentes, chacune existe à part, indépendamment de l'autre ; comment les lier ? Platon résolvait ce problème à l'aide d'une ontologie très lourde et contre-intuitive : les réalités en question sont des *idées (eidos),* entités totalement différentes des entités du monde sensible qui n'en sont que la copie. La liaison des idées correspond à la *participation* des unes aux autres ; la participation est quelque chose de peu clair et la solution a paru assez fantastique à quantité de philosophes. La solution d'Aristote (l'équivocité de l'être) s'exprime dans la théorie des catégories, qui sera abondamment commentée, durant tout le Moyen Âge et jusqu'à l'époque moderne.

Le point fondamental pour Aristote, c'est que ce qui est *(l'étant, to on)* se dit de façon multiple *(pollakôs legetai)* : par accident, comme vrai (et le non-étant comme faux), et selon les schémas de la prédication *(ta skemata tes categorias),* c'est-à-dire les catégories[1]. Ces dernières sont exposées dans le traité des *Catégories* (chap. 4) et correspondent à la liste suivante :

> Chacune des expressions n'entrant pas dans une combinaison signifie : la *substance* ; ou *combien* [quantité] ; ou *quel* [qualité] ; ou *relativement à quoi* [relation] ; ou *où* [lieu] ; ou *quand* [temps] ; ou *être en posture* [position] ; ou *être en état* [possession] ; ou *faire* [action] ; ou *subir* [passion]. « Substance », par exemple, en général, « homme, cheval » ; « combien », par exemple « de deux coudées, de trois coudées » ; « quel », par exemple, « blanc, instruit » ; « relativement à quoi », par exemple, « double, demi, plus grand » ; « où », par exemple, « au Lycée, au marché » ; « quand », par exemple, « hier, l'an passé » ; « être en posture », par exemple, « il est couché, il est assis » ; « être en état », par exemple, « il est chaussé, il est armé » ; « faire », par exemple, « il coupe, il brûle » ; « subir », par exemple, « il est coupé, il est brûlé ».

Nous avons repris la traduction littérale proposée par le linguiste Benveniste, dans un célèbre article (« Catégories de pensée et catégories de langue » [1958], 1966, p. 65-66), en ajoutant entre crochets les noms traditionnels des catégories que l'on trouvera, par exemple, dans la traduction que donne Tricot de ce passage. Cette traduction littérale permet, en effet, de mettre en

1. Nous suivons *Métaphysique,* E, 2, 1026 *a* 33.

lumière un point sur lequel le linguiste a apporté une contribution essentielle ; il s'agit du rapport des catégories à la structure de la langue grecque[1]. La relation est assez simple à faire pour les six premières :

1 / *ousia,* la substance ou l'essence, indique la classe des substantifs ;
2 / *poson,* la quantité, et 3 / *poion,* la qualité, indiquent deux types d'adjectifs ;
4 / *pros ti,* la relation, indique soit des éléments qui sont en eux-mêmes porteurs de relation (« double »), soit la particularité des adjectifs grecs de posséder une forme comparative ;
5 / *pou,* le lieu, et 6 / *pote,* le temps, impliquent respectivement la classe des dénominations spatiales et temporelles.

Ces six catégories réfèrent toutes à des formes nominales et trouvent donc leur unité dans les spécificités de la morphologie grecque. Les quatre suivantes également, mais elles tiennent au système verbal. C'est assez clair pour 9 / *poeien,* « l'action », et 10 / *paskein,* « la passion », puisque les exemples montrent bien l'opposition entre les deux voix du verbe grec, l'actif et le passif. Les deux autres, 7 / *kesthai,* « la position », et 8 / *ekhein,* « la possession », sont moins claires, et c'est à leur propos que Benveniste a fait la contribution la plus décisive. On peut se demander l'intérêt d'une catégorie comme la posture ; elle n'a pas pour nous la même généralité que l'opposition de l'action et de la passion. Or les exemples (*anakeitai,* « il est couché », et *kathêtai,* « il est assis ») correspondent aux formes verbales d'une voix, qui, dans la morphologie grecque, s'intercale entre l'actif et le passif (celui-ci en est dérivé) – le moyen. Quant à la possession, ou l'avoir, les exemples sont également éclairants : *upodédetai,* « il est chaussé, il a ses chaussures aux pieds », et *ôplistai,* « il est armé, il a ses armes sur lui », sont des formes de parfait moyen. Le parfait grec n'indique pas seulement une valeur temporelle mais, selon les cas, une manière d'être du sujet, ce qui correspond à la valeur

1. C'est un point que suggérait déjà A. Trendenlenburg (1802-1872) dans sa *Geschichte der Kategorienlehre* (*Histoire de la doctrine des catégories,* 1846). Il faut noter qu'au milieu du XIXe siècle l'idée de lier les catégories et le langage ne paraissait pas iconoclaste. Dans l'Appendice du *Monde comme volonté et comme représentation* (1850), consacré à la critique de Kant, Schopenhauer (trad. franç., Paris, PUF, 1966, p. 599-603) entreprend de construire une table des catégories à partir des différentes classes de mots.

de *ekhein,* qui, en emploi absolu, n'indique pas la possession matérielle[1], mais le fait d' « être dans un certain état ».

La première thèse de Benveniste consiste à soutenir que l'analyse catégorielle est inspirée de la structure spécifique de la langue grecque. Factuellement, l'assertion est incontestable et les arguments sont probants. Il ne s'ensuit pas que, contrairement à ce qu'implique la seconde thèse (voir *infra*), le but d'Aristote soit de décrire la langue grecque, ni même que son analyse s'effectue dans le seul cadre de ce que serait une telle description (cf. Vuillemin, 1967, p. 77-78). D'un côté, en effet, tout ce qui existe dans la langue n'est pas utilisé (par exemple, le nom propre, l'article) ; il y a sélection en fonction de certains buts. De l'autre, ce qui guide explicitement Aristote, ce n'est pas la grammaire (d'autres phénomènes, l'accord, le cas, y sont fondamentaux), ce sont des critères logiques et ontologiques. Prenons la catégorie de la substance ; on aurait tort de l'identifier à la fonction linguistique « substantif » : par définition, elle ne concerne pas les noms de qualité. L'un des critères de la substantialité tient aux conditions logiques de la prédication : est substance ce qui i) n'est pas dit d'un sujet (*Philosophe est Socrate* est absurde) ; ii) n'est pas dans un sujet. (ii) est plus fondamental que (i) : les substances secondes (par exemple, « homme ») sont bien dites d'un sujet (et, en ce sens, sont moins substances que les substances premières, les réalités concrètes), mais elles ne sont pas dans un sujet comme la partie dans le tout. La distinction entre (i) et (ii) possède également une portée ontologique : « Parmi les êtres les uns sont affirmés d'un sujet, tout en n'étant dans aucun sujet (...). D'autres sont dans un sujet, mais ne sont affirmés d'aucun sujet (...) » (*Cat.* 2). La définition de la substance, enfin, est articulée sur une conception physique du monde : « Tout ce qui est cause immanente de l'existence des êtres dont la nature consiste en ce qu'il ne sont pas affirmés d'un sujet, par exemple l'âme pour l'animal » (*Métaphysique,* D, 1017 *a* 14-16).

La seconde thèse de Benveniste consiste à soutenir que, les catégories aristotéliciennes étant les catégories de la langue grecque, les catégories de pensée sont en fait des catégories de langue et, par conséquent, elles sont limitées au grec. Certains

1. L'*avoir* que la théologie chrétienne latine opposera à l'*être*.

philosophes ont réagi violemment contre cette thèse ; elle entraîne, en effet, deux choses que beaucoup ne souhaitent pas : le *relativisme* linguistique, interprété comme un *déterminisme* linguistique, et, *ipso facto,* la relativisation des fondements de la métaphysique occidentale. Il y a beaucoup de confusion dans ce genre de discussion. Nous reviendrons sur le relativisme dans le prochain chapitre et nous traiterons le déterminisme dans notre chapitre 10. Mais la critique repose également sur de bien mauvais arguments qu'il convient d'évacuer dès maintenant. On les trouve rassemblés dans un célèbre article de Derrida (1971), intitulé « Le supplément de copule ». Ces arguments prennent appui sur certaines démarches de Benveniste, dont le moins que l'on puisse dire est qu'elles manquaient de précautions philosophiques.

La première démarche consiste à vouloir montrer que « la structure linguistique du grec prédisposait la notion d' "être" à une vocation philosophique » (*loc. cit.*, p. 73). Le linguiste procède *a contrario* en étudiant dans la langue ewe (Togo) la répartition de la valeur que revêt le verbe *être* en grec et dans la plupart des langues indo-européennes, sur au moins cinq éléments lexicaux :

— *nyé,* marque l'identité entre deux termes (Benveniste écrit : « entre le sujet et le prédicat »), mais c'est un verbe transitif et le second terme est à l'accusatif ;
— *le,* intransitif, indique l'existence (*mawu le,* « Dieu existe ») et sert à qualifier le fait que la référence de l'autre terme est pensée en rapport à un lieu, un temps, une qualité, etc. (*e-le nyuie,* « il est bien » ; *e-le a fi,* « il est ici ») ; ce verbe n'existe qu'à l'aoriste, aux autres temps il est remplacé par le verbe transitif *no* (« demeurer, rester ») ;
— *wo,* qui signifie « faire accomplir, produire un effet », combiné avec un terme de matière, permet une prédication (*ke,* « sable » ; *wo ke,* « être sablonneux ») ;
— *du* sert à la prédication lorsqu'il s'agit d'un terme de fonction, de dignité (*du fu,* « être roi ») ;
— *di* s'emploie avec certains termes de qualité physique (*di ku,* « être maigre »).

La conclusion qu'en tire l'auteur, c'est que, si l'on avait construit une métaphysique sur la base de cette langue, elle eût été organisée différemment. C'est sans doute vrai, mais cela n'implique en rien le déterminisme linguistique de l'ontologie, puisque sur la base du grec on peut également construire d'autres ontologies (voir, dans la section suivante, le cas des stoïciens).

La seconde démarche provient d'un autre article, plus ancien, consacré aux phrases nominales (1950), ces phrases constituées par deux éléments nominaux sans qu'il y ait besoin de la présence d'une copule. Nous avons de telles phrases en français, par exemple [2i] :

[2] i) *Mauvaise, ton idée* (= *ton idée est mauvaise*) ;
ii) *Une idée mauvaise.*

Il y a quantité de langues où la phrase nominale n'est pas optionnelle et rare, mais représente la structure obligatoire d'un certain type d'assertion. Benveniste a posé le problème en des termes extrêmement maladroits : « Comment se fait-il (...) que le verbe d'existence ait, entre tous les verbes, ce privilège d'être présent dans un énoncé où il ne figure pas ? » (1966, p. 152). Cette formulation fait le miel de Derrida : « Dans toutes les langues une certaine fonction vient suppléer l' "absence" lexicale du verbe "être" » (*loc. cit.*, p. 35). Et le philosophe de renchérir :

> L'absence de « être », l'absence de ce singulier lexème, est l'absence elle-même. La valeur sémantique d'*absence* en générale n'est-elle pas dépendante de la valeur lexicale-sémantique de « être » ? *(ibid.)*.

La solution n'est pas totalement inédite. Al Farabi, dans son commentaire au *Peri Hermeneias,* étend l'idée aristotélicienne de la présence d'une copule dans tous les verbes (voir n. 1, p. 136) aux phrases nominales de l'arabe, qui comporteraient la copule *en puissance*. Mais le problème d'al Farabi est d'acclimater Aristote à l'arabe, langue non indo-européenne ; dans cette opération, il est légitime de partir du grec et de trouver un biais. Ce n'est pas du tout la même chose lorsqu'on se pose la question de savoir si le verbe *être* est présent dans les langues qui n'en ont pas (!). En elle-même cette dernière question est absurde et l'on doit s'étonner de ce qu'un linguiste moderne ait encore pu songer à la poser[1]. L'approche linguistique consiste d'abord à considérer les fonctions linguistiques telles qu'elles sont réalisées dans les différentes langues, pas à projeter la structure d'une langue ou d'un groupe de langues sur celles des autres. Reprenons le cas de la

1. On comprend bien comment Benveniste en est venu là : son problème provient de sa définition du verbe (« élément indispensable à la constitution d'un énoncé assertif fini », *ibid.*, p. 154), héritée de la grammaire générale.

phrase nominale et de nos exemples [2]. Lorsque j'utilise [2i], l'expression *ton idée* n'est nullement ambiguë, mon interlocuteur et moi-même savons de quoi il s'agit ; lorsque je lui rapporte l'adjectif *mauvaise,* mon but est de la qualifier, d'apporter une information supplémentaire sur ce que j'en pense. Dans le cas de [2ii], j'utilise l'adjectif pour identifier ce dont je parle ; je puis ultérieurement rajouter une information comme dans [2ii′] :

[2] ii′) *Une idée mauvaise est vouée à l'échec.*

On a donc deux opérations bien distinctes qu'on peut nommer *spécification* et *qualification* (ou *prédication*). En français, la présence de la copule distingue clairement les deux opérations et les deux fonctions possibles du même élément nominal, l'adjectif comme épithète et attribut[1]. Dans d'autres langues, on peut très bien avoir une distinction marquée par l'ordre des mots comme en turc dans [3i] ou par deux particules comme en tagalog[2] dans [3ii], l'une d'entre elles jouant le rôle de nos déterminants (un article, par exemple) et l'autre celui de notre copule :

[3] i) *qirmizi ev* (la maison rouge) / *ev qirmizi* (la maison est rouge) ;
ii) *ag ba'ta g mabai't* (le bon enfant) / *ag ba'ta ay mabai't* (l'enfant est bon).

Il y a des rapports étroits entre la spécification et la prédication. Dans les langues qui n'ont que peu d'adjectifs[3], ce sont les formes de la troisième personne des verbes qui sont utilisées à leur place. Dans une langue comme le français, une phrase à copule peut être utilisée pour spécifier un substantif (proposition relative) comme dans [2iii]. Les logiciens de Port-Royal ont postulé que l'épithète était toujours équivalent à une relative, ce qui pose le problème de savoir si la relative est une forme prédicative ou, comme on disait à l'époque, si elle exprime un juge-

1. On notera que, dans la tradition linguistique française, la distinction entre l'adjectif et le substantif ne date que du XVIIIe siècle (conformément à la tradition gréco-latine, tous deux faisaient auparavant partie de la même classe des noms) ; les deux fonctions de l'adjectif se populariseront dans la grammaire scolaire du XIXe siècle.

2. Langue des Philippines.

3. C'est le cas de nombreuses langues amérindiennes, où l'on ne trouve qu'une dizaine d'adjectifs concernant les couleurs, les oppositions petit/grand, bon/mauvais, etc.

ment[1] indépendant. Ce n'est pas toujours le cas : dans [2iii'], il ne s'agit que de qualifier (on n'a pas besoin d'autre information sur ce dont on parle), tandis que, si l'on remplace l'adjectif de [2ii'] par la relative correspondante, l'on aura une spécification. Port-Royal distingue deux types de relatives, respectivement les explicatives (elles correspondent à un jugement) et les déterminatives ; cette théorie est à l'origine de la doctrine de l'analycité (voir p. 171).

[4] iii) Une idée qui est mauvaise ;
iii') Son idée qui est mauvaise.

Il existe des langues à phrases nominales et même des langues où la majorité des *items* lexicaux peuvent servir de second terme dans une relation prédicative[2]. Lorsque nous avons une langue à phrases nominales, voire une langue « omniprédicative », sommes-nous obligés d'admettre qu'il s'agit de phrases tronquées ? L'hypothèse de Benveniste ne paraît qu'une hypothèse *ad hoc* pour sauver une assertion en matière de théorie linguistique que l'on peut formuler ainsi : « Dans aucune langue la structure *Substantif + Substantif* n'est une phrase. » Mais pourquoi le locuteur nahuatl restituerait-il un « est » qui aurait la même valeur que le nôtre ? Pourquoi penserait-il la même chose que nous[3] ? Il est

1. Lorsque Aristote traite de la représentation susceptible de vérité, il envisage le discours déclaratif *(logos apophantikos)* et ses relations tant avec la réalité (cf. la théorie des catégories) qu'avec les affections de l'âme. Après l'instauration cartésienne de la subjectivité, ce rapport de la représentation au langage est inversé. On part d'une pensée dont le sujet effectue un acte spécifique, le jugement. La proposition (qu'il faut dès lors entendre comme une entité purement linguistique) n'est que l'expression du jugement. La théorie du jugement, qui est à l'origine de la philosophie transcendantale, est la forme classique (mentaliste) de la théorie de la proposition. La copule linguistique est conçue comme représentant l'acte de l'esprit, c'est-à-dire l'assertion, sous sa forme positive ou négative. Le lecteur notera l'introduction d'une ambiguïté, sur le sens du terme « proposition » : dans la philosophie ancienne, il désigne une seule entité diversement réalisée (proposition mentale *vs* proposition verbale) ; dans la philosophie classique française et dans notre terminologie grammaticale, il s'agit de la phrase ou de la partie de phrase qui représente un jugement ; dans la philosophie moderne de tradition anglo-saxonne, il s'agit de la contrepartie signifiante de la phrase.

2. C'est le cas du nahuatl classique (la langue des Aztèques). On parle, dans ce cas, d'omni-prédicativité. Voir M. Launey, *Une grammaire omniprédicative. Essai sur la morphosyntaxe du nahuatl classique,* Paris, CNRS Éditions, 1994.

3. Le lecteur aura remarqué la contradiction théorique entre l'article de Benveniste sur les phrases nominales et celui sur les catégories ; Derrida utilise le premier contre le second.

bien fragile de sauver l'universalité de la métaphysique occidentale par un « supplément de copule ».

Quoiqu'elle ne soit pas déterminée par elle (voir section suivante), la métaphysique d'Aristote reste fortement liée à la structure des langues indo-européennes ; cela tient à la valeur du terme qui correspond à « être » dans ces langues. Le verbe *être* des langues indo-européennes, en effet, cumule des fonctions syntaxiques de cohésion et d'assertion dans la phrase copulative simple, avec une valeur lexicale existentielle. C'est probablement ce cumul qui est à l'origine autant des conceptions linguistiques des sophistes que de leur discussion par Platon et Aristote : en parlant de la copule, on croit avoir affaire à l'être et à l'existant. Du coup, on a le plus grand mal à distinguer les différentes fonctions. Or leur confusion est dommageable. De ce que j'affirme de quelque chose qu'il est quelque chose, s'ensuit-il que je le considère parmi les choses qui sont et qui constituent l'ameublement dernier du monde ? Si l'on répond oui, il est difficile d'éviter les principes de l'ontologie d'Aristote : les catégories ne sont pas seulement des moyens plus ou moins commodes de classer les prédicables, elles classent des êtres. Passe encore pour les substances premières, les individus concrets du monde ; mais qu'en est-il des qualités ou des « positions » ? De quels êtres s'agit-il ? Là où Platon répondait par la théorie des idées, Aristote répond par des *formes* qui subsistent dans les réalités concrètes : autrement dit, il y a bien quelque chose comme les idées, simplement elles ne sont pas séparées de la matière. La doctrine ontologique de l'équivocité implique que dire l'être ce n'est pas seulement dire ce qui est, c'est dire qu'il est tel ou tel type d'être. Chaque élément de l'une quelconque des dix catégories est un type d'être.

La confusion des trois fonctions de la copule indo-européenne n'est pas une nécessité ; elle a des conséquences dommageables pour l'analyse linguistique et logique des énoncés (voir n. 2, p. 136), mais également pour l'ontologie. Dans ce dernier cas, le problème vient de la permanence supposée de la valeur existentielle de la copule dans toutes ses occurrences. La première partie de l'équation de [4] peut être complétée comme dans [4'] mais, quel que soit son contexte, elle possède la valeur explicitée par la deuxième partie. L'existence est un prédicat parmi les autres[1]. Or, on doit soutenir, comme l'a fait Kant, que le concept d'une chose ne change pas de contenu selon que cette chose existe ou pas, ce qui revient à dire que l'existence (le fait d'être) n'est pas un prédicat comme les autres. Nier l'existence de quelque chose, ce n'est pas nier que la représentation de cette chose contienne la représentation de telle ou telle propriété. Si l'on veut tenir compte de ce fonctionnement, il faut bien distinguer deux fonctions dans la copule de notre langage quotidien et analyser les phrases de [5] comme le fait la logique moderne en présentant les paraphrases de [6] :

[4] l'homme est = l'homme est existant ;

[4′] l'homme est un animal ;

[5] i) Tout homme est un animal ;
ii) Quelque homme est français ;

[6] i) (x) (homme $(x) \subset$ animal (x)) ;
ii) (il existe x) (homme $(x) \subset$ français (x)).

La confusion entre la fonction purement cohésive et la fonction assertive de la copule n'est pas moins erronée, puisque les deux peuvent ne pas se recouvrir. Lorsque l'on sépare l'assertion de l'autre fonction de la copule comme dans [7ii] et [7iii], la valeur de vérité de chacune de ces deux expressions dépend rigoureusement de celle de [7i]. Il n'en va pas de même pour [7iv] et [7iv′] : que Copernic ait soutenu que la Terre tourne pourrait être vrai, même si la Terre ne tourne pas. Il en résulte que même si [7i] est un composant des deux dernières expressions, comme composant elle n'est pas assertée. Les fonctions de cohésion et d'assertion sont disjointes.

[7] i) La Terre tourne (= est tournante) ;
ii) Il est vrai que la Terre tourne ;
iii) Il est faux que la Terre tourne ;
iv) Copernic a soutenu (= a été soutenant) que la Terre tourne ;
iv′) Copernic n'a pas soutenu que la Terre tourne.

La nécessité de disjoindre les deux fonctions pose des problèmes théoriques intéressants. Techniquement, ils ont conduit les logiciens, à partir de Frege, à introduire systématiquement un

1. Ce n'est pas ce que soutient Aristote *stricto sensu*, puisque pour lui tout prédicable correspond à un type d'être.

signe d'assertion[1]. Mais la question ontologique concerne le fait de savoir ce que peut bien signifier une expression propositionnelle non assertée. La question n'a été abordée directement qu'avec Abélard qui a introduit la notion de *dictum propositionis*[2], de contenu propositionnel. Il faut pouvoir saisir et désigner le contenu propositionnel en lui-même. Abélard utilise la proposition infinitive : l'expression « Socrate lire » exprime le contenu propositionnel de « Socrate lit », il en est le « quasi-nom ». On n'a pas résolu, pour autant, les problèmes ontologiques : quel type d'être signifie le *dictum propositionis* ? On ne peut pas dire qu'il signifie les choses dont parle la proposition, sinon on ne pourrait le distinguer de l'expression de la proposition (assertée). Il semble qu'Abélard hésite entre une réalité purement linguistique (identification à l'*oratio infinitiva*) ou un statut de quasi-*res* (quasi-chose), proche du *lekton* stoïcien.

L'exprimable et la variabilité de l'ontologie

En construisant sa logique, Aristote a sélectionné un certain type d'énoncé parmi les énoncés courants de la langue grecque, pour en faire le modèle de toute énonciation. On ne dira jamais assez l'importance de ce choix. D'autres types d'énoncé sont tout aussi importants : par exemple, les phrases centrées sur l'expression d'une action qualifiée par les facteurs de sa réalisation *(Pierre donne un gâteau à Marie)*. C'est sur des modèles de ce type que le grammairien indien Panini a proposé la théorie des *karaka* pour le sanskrit[3]. Ceux-ci sont au nombre de six[4] :

— *apadana* (ablation) : « ce qui est fixe, quand il y a écart » ;
— *sampradana* (dation) : « ce qu'on [l'agent] entend relier avec l'objet » ;
— *karana* (instrument) : « ce qui est par excellence le moyen de réaliser [l'action] » ;

1. Généralement noté par — | placé avant l'expression.

2. Voir, pour plus de précision, A. de Libera, Abélard et le dictisme, *Cahiers de la Revue de théologie et de philosophie*, n° 6, Genève-Lausanne, 1981, p. 59-99.

3. Nous ne pouvons guère faire jouer la relativité linguistique pour expliquer ce choix : sk. *asti* correspond d'assez près au gr. *esti*, c'est-à-dire à notre copule *est*.

4. Nous suivons l'exposé de G.-J. Pinault dans S. Auroux (dir.), *Histoire des idées linguistiques*, t. I, 1989, p. 392-394.

— *adhikarana* (location) : « le support » ;
— *karman* (objet) : « ce que l'agent souhaite obtenir par-dessus tout » ;
— *kartr* (agent) : « ce qui est autonome [par rapport aux autres *karaka*] ».

Pour comprendre ce qui est en question avec la théorie des *karaka,* il faut les considérer comme la représentation des rôles sémantiques dans la description d'une activité ou plutôt du modèle prototypique de toute activité[1]. Il ne s'agit pas de morphologie linguistique : à chaque *karaka* correspond fondamentalement un affixe nominal ou un affixe verbal, mais leur liste ne s'identifie pas aux désinences nominales de la déclinaison. On peut comparer cette analyse à celle que donne aujourd'hui l'approche actantielle des énoncés ; dans notre dernier exemple en français nous avons ainsi trois actants : Pierre = *agent* ; gateau = *objet* ; Marie = *bénéficiaire.* Les *karaka* servent à formuler des règles grammaticales et non des règles logiques. Ils reflètent bien une ontologie et un mode de vie ; mais, s'ils caractérisent des types d'êtres (l'agent, par exemple) et les classent, ce n'est pas en tant qu'ils sont des êtres, mais dans la mesure seulement où ils sont envisagés comme les éléments d'un processus d'une certaine nature.

La conception aristotélicienne de la proposition a dominé l'histoire occidentale ; même la conception fonctionnelle que nous analyserons dans notre section sur la référence doit en être considérée autant comme une extension que comme une remise en cause radicale. Si elle laisse ouvertes plusieurs possibilités, dont certaines seront explorées au Moyen Âge, elle engendre nécessairement un type particulier d'ontologie. Nous aurions tort de nous limiter à ce type ; sans recourir à des langues possédant des structures linguistiques fort différentes de celles des langues indo-européennes (nous y reviendrons à propos de la relativité linguistique), il est possible d'adopter d'autres analyses linguistiques et des ontologies radicalement différentes. Pour illustrer cette possibilité nous prendrons deux cas : celui des stoïciens et celui de la méréologie. Tous deux ont proposé des alternatives à des théories puissantes qui ont largement dominé le développement des conceptions linguistiques : l'aristotélisme, pour les premiers ; la conception russellienne de la structure propositionnelle, pour la seconde.

1. Les commentateurs soutiennent parfois que l'activité prototypique en question est celle du sacrificateur dans une cérémonie religieuse.

On a vu comment la structure prédicative adoptée par Platon et Aristote engendrait de sérieuses difficultés ontologiques. Ces difficultés deviennent insurmontables si l'on prend pour point de départ une ontologie matérialiste – ou, plutôt, « corporaliste », comme les stoïciens. Soit la proposition : *l'arbre est vert* ; si le sujet et le prédicat désignent des corps, par nature impénétrables, la copule ne peut même pas signifier l'identité. La seule solution consiste à se débarrasser de la copule et à concevoir autrement la structure de la proposition. Imaginons que l'on remplace[1] notre proposition initiale par la forme *l'arbre verdoie* ; celle-ci ne fait qu'exprimer un certain aspect d'un corps en tant qu'il accomplit ou subit une action. L'attribut exprimé par le verbe ne signifie pas un objet, ni une relation entre deux objets, mais un fait ou un événement. La proposition ne signifie pas la participation de deux idées, ni l'inclusion d'un concept dans un autre ou l'inhérence d'un sujet à un prédicat. Elle signifie un fait ou un événement et sa signification restera du même type en l'absence de tout sujet d'inhérence, comme lorsqu'on dit *il fait jour*. Reste à comprendre le statut ontologique de ce fait ; cela nous conduit à la délicate théorie du *lekton* ou exprimable.

On peut présenter la théorie stoïcienne du *lekton* à l'aide d'un scénario que rapporte Sextus Empiricus (*Contre les mathématiciens*, VIII, ii). Un Grec et un Barbare (c'est-à-dire quelqu'un qui ne comprend pas le grec) entendent un même mot, c'est-à-dire un son S ; ils ont tous deux la représentation R de l'objet O signifié par le mot *(to sêmainomenon)* ; pourtant le premier comprend, mais pas le second. Or S, R et O sont exactement la même chose pour les deux ; il faut pourtant que quelque chose diffère. Selon Sextus, les stoïciens considèrent que O, tout en restant le même, possède pour le Grec un attribut qu'il ne possède pas pour le Barbare, celui d'être exprimé par le mot S. Dans l'ontologie stoïcienne, S, R et O sont des corps ; l'exprimable, le *lekton,* lui ne peut en être un, c'est un incorporel, un *asomaton,* comme sont le vide, le lieu et le temps. Pour les stoïciens, comme nous l'avons déjà vu, tout est corps ; la réalité se concentre dans l'individu. Seuls les corps sont causes ou subissent l'action des causes : l'incorporel ne peut agir ni pâtir, ce n'est pas un être.

1. Ce remplacement est exactement la démarche paraphrastique inverse de celle qui a conduit Aristote à formuler les fondements de la théorie du verbe substantif.

Le fait d'être signifiée est un exprimable et un prédicat de la chose ; le fait d'être exprimé est un exprimable et un prédicat de l'exprimable. Tous les éléments de la logique (attributs, jugements, liaisons de jugements) sont des exprimables. Il y a deux types d'exprimables : les exprimables incomplets (qui correspondent à des verbes sans sujet, *écrit, parle*) et des exprimables complets, dont les plus simples (les propositions, *axiomata*) sont composés d'un verbe accompagné d'un sujet, toujours singulier[1]. Les verbes sont soit personnels *(sumbamata),* indiquant l'action d'un sujet *(Socrate se promène),* soit impersonnels *(parasumbamata).* Leur analyse permet de distinguer différents types de prédicats : i) prédicats directs : un verbe + un complément qui subit l'action ; ii) prédicats passifs : verbes passifs[2], dont font partie les réfléchis ; iii) ceux qui ne sont ni l'un ni l'autre. Les exprimables ou prédicats incomplets sont les attributs des choses et font partie des représentations rationnelles. Comme le note Bréhier, que nous avons largement suivi dans notre exposé, l'exprimable n'est pas toute espèce de représentation rationnelle (la plupart d'entre elles sont corporelles) mais celle du fait et de l'événement. On ne peut pas dire que le fait rajoute quoi que ce soit à la réalité : puisqu'il est un incorporel, il n'est pas quelque chose. Avec la théorie de l'exprimable, non seulement les stoïciens donnent une analyse originale du langage, mais encore ils permettent d'en penser l'autonomie ontologique. Ce n'est pas le moindre paradoxe que cette autonomie ne corresponde pas à « de l'être » ; il faut remarquer cependant qu'elle correspond à la thèse profonde et totalement objectiviste selon laquelle le fait d'être signifié n'ajoute rien à l'être.

On peut présenter des conceptions ontologiques variées en restant dans le modèle traditionnel de la proposition prédicative. Nous avons déjà fait une allusion à l'ontologie[3] méréologique de Lesniewski à la fin du précédent chapitre. Soit la proposition

1. Ce sont les stoïciens qui ont séparé nom propre, nom commun et adjectif dans la catégorie générale du nom *(onoma).*

2. Le grec (comme le latin) possède dans son système de conjugaison des inflexions passives ; voir, *supra,* sur la catégorie aristotélicienne de la passion.

3. Chez Lesniewski, le terme désigne la théorie du nom, dans le cadre d'une grammaire catégorielle (voir n. 1, p. 130) ; cette théorie est conçue par son auteur comme totalement neutre vis-à-vis de l'existence des objets désignés par les noms, donc pour l'ontologie au sens où nous utilisons ce terme.

Médor est un chien. Dans l'interprétation russellienne habituelle, cela signifie que Médor, l'individu dénoté par le nom propre « Médor », appartient à la classe des chiens, ou encore, qu'il satisfait la propriété... « être un chien ». Si nous nous posons la question de savoir quel type de réalité sont les entités que désignent « classe » ou « propriété », nous rencontrons de sérieuses difficultés ontologiques ; en particulier, nous ne savons pas les situer dans l'espace-temps. Par ailleurs, la classe composée des éléments {deux yeux, un nez, une bouche, deux oreilles, un front} n'est pas vraiment définie : on ne sait à quelle propriété elle correspond ; bien sûr, l'ensemble de ces éléments correspond à un visage, mais aucun d'entre eux ne satisfait la propriété « ... être un visage ». C'est pour résoudre ces difficultés que Lesniewski a construit la méréologie, qui est une alternative à la théorie classique des ensembles. Elle remplace la théorie des *classes distributives,* par une théorie des *classes collectives.* On obtient une théorie des touts, avec pour terme primitif « ... être partie de... », relation transitive, mais essentiellement non symétrique. Les classes collectives contiennent les éléments du tout et leurs parties ; les classes distributives, qui sont des extensions de concepts, ne contiennent que leurs éléments et, éventuellement, ceux qui sont inclus en eux, mais pas ceux qui leur appartiennent. Comme classe distributive, *planètes* contient les 9 planètes et rien d'autre ; comme classe collective ou méréologique, elle contient également les calottes de Mars. L'une des conséquences du point de vue adopté est que l'on ne fait pas de différence entre *Jean est malade* et *Jean est un malade,* c'est-à-dire entre adjectif et substantif.

Les deux exemples que l'on vient d'analyser suffisent à montrer deux choses : la variabilité de l'ontologie et sa liaison à certaines formes d'analyse linguistique. Ils donnent également une indication fondamentale dont nous devrons nous souvenir lorsque nous aborderons la question du relativisme linguistique : la construction d'une ontologie semble moins liée à la particularité d'une langue qu'à de grands choix métaphysiques et à leur cohérence avec l'analyse linguistique elle-même. Si, donc, la structure d'une langue donnée limite les choix ontologiques, c'est dans la mesure seulement où elle peut limiter les possibilités d'analyse linguistique.

Le problème de la référence (1) : supposition et extension

Lorsque nous disposons d'une phrase construite selon la formule canonique *S est P*, deux questions se posent quant à la signification du terme qui est utilisé comme sujet. La première est de savoir quel élément du réel est *désigné* par le signe du sujet, quelle est sa *référence*. La question est relativement simple, lorsque ce signe est un nom propre, comme *Socrate* : le signe *« Socrate »* vaut pour l'individu nommé Socrate. Elle l'est beaucoup moins, lorsqu'il s'agit d'un signe complexe comme *Tout homme*. On peut considérer que, quelle que soit l'expression, elle ne peut que renvoyer à des individus du monde réel ; mais alors on rencontre la seconde question : comment ce renvoi peut-il s'effectuer, en particulier lorsqu'il ne s'agit pas d'un nom propre ?

Ce sont les logiciens terministes médiévaux qui ont affronté les premiers de façon claire ce type dc questions[1]. Dans la *logica modernorum,* on rencontre trois concepts essentiels :

— *significatio* (signification) : c'est la « présentation de la forme de quelque chose à l'entendement » (G. de Sherwood) ; autrement dit, c'est un concept lié au mot *(vox)* par l'imposition *(impositio)* originaire ;

1. C'est de la logique que viennent probablement les plus importantes contributions médiévales à l'histoire des sciences. Les discussions techniques approfondies concernant ces matières doivent leur impulsion aux philosophes arabes. À partir du milieu du XIIe siècle, plusieurs ouvrages arabes deviennent disponibles en latin : une grande partie des commentaires d'al Farabi sur la logique d'Aristote et son abrégé de logique qu'utilisera Albert le Grand ; l'exposé d'al Ghazali *(Liber Algazelis de summa theoricae philosophiae)* qui fait également connaître les positions d'Avicenne. La traduction latine des principaux commentaires d'Averroès débute une trentaine d'années seulement après la mort du philosophe. À la même époque, on commence à travailler les principales œuvres de Platon et d'Aristote à partir du texte grec. Guillaume de Moerbecke (1215-1286) participe, avec Thomas d'Aquin, à un programme de traduction d'Aristote, utilisant d'importants commentateurs comme Ammonios d'Alexandrie (Ammonius). À partir des années 1240, sont rédigés de nombreux commentaires, le plus souvent anonymes, sur la *logica nova* (surtout les *Réfutations sophistiques*). On assiste à l'élaboration de *compendia* de logique ; à côté de la *logica vetus* (l'*Isagogê,* les *Catégories* et le *De Interpretatione*) et de la *logica nova,* ceux-ci font une place à la *logica modernorum* qui présente une théorie de la référence des termes en contexte propositionnel. Les *logiciens terministes* figurent certainement parmi les plus inventifs de tous les logiciens de la tradition occidentale.

— *appellatio* (appellation) : « L'appellation est l'acception *(acceptio)* d'un terme pour une chose qui existe » (Pierre d'Espagne)[1] ;
— *suppositio* (supposition) : « La signification est la propriété d'un son vocal, la supposition celle d'un terme qui est déjà composé d'un son vocal et d'une signification » (Pierre d'Espagne)[2].

C'est le concept de supposition qui a fait l'objet de la plus grande élaboration théorique de la part des logiciens. Ils distinguent la supposition matérielle, lorsque le mot est employé de façon sui-référentielle *(« Homme » a cinq lettres)*, de la supposition formelle. Celle-ci peut être discrète, dans le cas du nom propre *(Socrate est un homme)*, ou commune. Dans ce dernier cas, elle peut être naturelle (c'est la supposition du mot hors contexte) ou accidentelle. Dans ce cas, elle peut être simple, lorsque le mot vaut pour la forme de la chose *(Homme est une espèce)* ou personnelle, lorsqu'il vaut pour plusieurs individus. Elle est alors déterminée, lorsque le terme suppose pour un individu, sans plus de précision concernant quel il est (*Un homme rit,* c'est-à-dire au moins un), ou confuse, lorsqu'il suppose pour plusieurs. La supposition confuse peut être de deux types : soit simplement confuse *(suppositio confusa tantum)*, soit confuse et distributive. Dans les deux cas, c'est la quantification universelle *(Tout homme est un animal)* qui est visée. Un terme en supposition simplement confuse s'analyse comme disjoint (de tout homme on peut dire qu'il est cet animal ou celui-là, etc., pris un à un) ; en supposition distributive, il s'analyse comme conjoint (de chacun des hommes pris un à un, on peut dire qu'il est un animal). La signification confuse et distributive peut enfin être « mobile » ou « immobile ». La première correspond à la supposition de l'universelle ; la seconde, au fait que le terme ne peut être remplacé par un singulier *(Tous les Apôtres sont douze)*. La théorie de la supposition permet entre autres choses de traiter ce que nous appelons aujourd'hui la quantification ; elle donne lieu à de nombreuses règles d'inférence. On comprendra qu'une théorie aussi complexe ait donné lieu à de multiples discussions techniques et à de profondes divergences philosophiques. Un nominaliste n'acceptera pas la supposition simple, qu'il sera tenté de remplacer par la supposition maté-

1. *Tractatus* X, éd. L. M. de Rijk, Assen, Van Gorcum, 1972, p. 197.
2. *Tractatus* VI, éd. L. M. de Rijk, Assen, Van Gorcum, 1972, p. 80.

rielle ; un réaliste le fera sans problème. Nous nous intéresserons simplement au problème posé au commencement de cette section – en l'occurrence, celui des relations possibles entre les trois termes.

Les philosophes et logiciens médiévaux ont théorisé la relation entre l'appellation et la supposition : pour certains (Pierre d'Espagne, notamment[1]), la première n'est que la supposition personnelle restreinte (*restrictio,* par le temps verbal notamment) aux choses existantes et présentes *(suppositio personalis restricta pro praesentis et existentibus)* ; pour d'autres (Guillaume de Sherwood[2], Roger Bacon[3]), elle est une propriété invariable et non contextuelle, les termes sont originairement imposés à des existants, lorsqu'ils valent pour des choses passées ou futures, c'est par « ampliation » *(ampliatio)* contextuelle. Bien entendu, les deux types de solution n'ont pas les mêmes conséquences philosophiques. Quoi qu'il en soit, nous obtenons une relation pour ainsi dire « calculable » entre l'appellation et la supposition ; il n'en va pas de même avec la signification. La signification est une propriété des termes hors de leur contexte propositionnel ; ce n'est pas le cas de la supposition (à l'exception de la supposition naturelle que tous les auteurs n'admettent pas). La signification est donc antérieure à la supposition ; comme les auteurs l'admettent généralement, elle doit jouer un rôle dans la constitution de la supposition, mais aucun n'a pu préciser lequel. Cette situation est l'un des blocages essentiels de la sémantique médiévale ; il tient à la théorie de la perception et à l'ontologie. La signification est un concept de l'esprit, qui est lui-même une forme des choses et donc possède, en tant que tel, un rapport parfaitement clair avec la réalité. Les particuliers (les références individuelles des termes) sont des composés de matière et de forme. Il n'y a pas d'homogénéité possible entre les concepts et les individus. Il a fallu attendre la digitalisation cartésienne de l'esprit et l'abandon des formes substantielles (voir le

1. Pierre d'Espagne (mort en 1277), *Summulae logicales* (écrit en Espagne *ca* 1230). Manuel extrêmement influent, dont il reste de très nombreux commentaires. Au XIXe siècle, C. S. Peirce s'y référera.

2. Guillaume de Sherwood (1230-1271), *Syncategoremata, Introductiones in Logicam.*

3. Roger Bacon (1214-1292), *Summa de sophismatibus et distinctionibus, Summa grammatica, Summulae dialectices* (*ca* 1240), *Opus Majus* (l'*OP* III, *De cognitione linguarum,* contient le *De signis,* composé en 1268) ; *Compendium Studii Theologicae* (1292).

chapitre précédent) pour que l'on puisse relier couramment la signification et la supposition, comme le fera la loi de Port-Royal, sur la variation inverse de la compréhension des idées (= la signification des termes) et de leur extension (= la supposition des termes). Nous reviendrons dans le chapitre 6 sur ces notions importantes qui mettent en jeu l'intentionnalité. Pour l'instant, un simple exposé de cette loi, sous la forme que lui donne, au XVIIIe siècle, le grammairien Beauzée, suffira à illustrer notre propos :

[8] Moins il entre d'idées partielles dans celle de la nature générale énoncée par le nom appellatif plus il y a d'individus auxquels elle peut convenir ; et plus au contraire il y entre d'idées partielles, moins il y a d'individus auxquels la totalité puisse convenir[1].

La théorie de Beauzée est particulièrement intéressante, car elle met en jeu une notion qui a probablement une origine médiévale, la *latitude* ; celle-ci correspond à une technique qu'utilisaient les calculateurs d'Oxford pour donner une expression quantitative (intensité) de la qualité. Nous suivrons l'article *étendue* rédigé pour l'*Encyclopédie méthodique* (1784) et qui constitue l'exposé le plus compact de sa doctrine. Le premier point important est le caractère *quantitatif* de la théorie, qui correspond à une véritable mathématisation de la théorie de la référence. La compréhension d'une idée est la *quantité d'idées partielles* contenues dans cette idée. L'étendue correspond à une quantité d'une autre nature et, par conséquent, qui n'a d'autre homogénéité avec elle que d'être une quantité : c'est une *quantité d'individus* (« quantité des individus auxquels on applique actuellement l'idée de la nature énoncée par les noms »). Une quantité est susceptible de degrés. D'où une première constatation : « La signification du même nom appellatif peut (...) recevoir différents degrés d'étendue, selon la différence des moyens qui la déterminent. » Nous

1. L'idée que l'on puisse construire une hiérarchie des termes est déjà présente dans l'*Isagogê* de Porphyre ; les commentateurs ont pris l'habitude de la représenter sous forme d'un arbre (arbre de Porphyre) qui part du genre suprême et descend jusqu'aux espèces spécialissimes. Mais cette hiérarchie est une hiérarchie des formes (ou des sujets), elle ne met pas en relation les concepts et leur extension. Pour une discussion technique de l'émergence de la loi de Port-Royal, on se reportera à Auroux, 1993, auquel nous empruntons les deux figures qui suivent.

reprenons les exemples donnés par Beauzée pour le mot *homme* dans la *figure 1* ; le degré d'étendue, en passant de O à A, varie de zéro à une quantité maximale qui est une propriété de l'idée elle-même.

agir en	homme	O	« Cela signifie agir, conformémément à la nature humaine, il n'est absolument question d'aucun individu ; l'abstraction est générale, et le nom *homme* est ici sans étendue. »
un, cet, mon	homme		« Le nom appellatif *homme* est appliqué à un seul individu. »
trois	hommes		« Le nom appellatif *homme* est appliqué à trois individus. »
plusieurs	hommes		« Le nom appellatif *homme* est appliqué à un nombre vague individus. »
les caprices des	hommes		« Le nom appellatif *homme* est appliqué à la totalité des individus auxquels peut convenir l'idée générale de ce nom. »
		A	

Fig. 1 – Variation des degrés d'étendue du mot *homme*

Reste à déterminer le degré d'étendue que l'idée atteint au point A. C'est ici qu'intervient la latitude : « Les noms appellatifs n'étant pas applicables à des quantités égales d'individus, on peut dire qu'ils n'ont pas la même *latitude d'étendue* ; et l'on voit bien que j'appelle ainsi la quantité plus ou moins grande des individus auxquels peut convenir chaque nom appellatif. » La latitude d'étendue correspond donc à ce que les médiévaux nommaient supposition naturelle. Nous pouvons nous représenter cela par la moitié inférieure de la *figure 2*. Prenons une dimension AC, la latitude d'étendue, et AO la dimension orthogonale représentant l'extension de l'étendue. Les deux se mesurent en quantités d'individus. Toute idée est située sur le côté CO du triangle rectangle AOC. L'extension de l'étendue ne peut excéder sa latitude (AOC est isocèle), ce qui est une propriété infranchissable des idées. Si j'ai une idée sur CO, tout ajout lui fait changer de latitude et, donc, d'extension. Beauzée s'exprime clairement sur la corrélation entre ces différents changements :

[9] i) Si l'on compare des noms qui expriment des idées subordonnées les unes aux autres comme *animal & homme, figure & triangle,* la compréhension de ces noms et la latitude de leur *étendue* sont *si je puis le dire ainsi* <nos italiques>, en raison inverse l'une de l'autre (...).

ii) Tout changement fait à la compréhension d'un nom appellatif suppose et entraîne un changement contraire dans la latitude de l'*Étendue* ; (...) par exemple, l'idée d'*homme* est applicable à plus d'individus que celle d'*homme savant,* par la raison que celle-ci comprend plus d'idées partielles que la première.

[9i] et [9ii] représentent la formulation correcte de ce que nous concevons comme la « loi de Port-Royal ». Beauzée la considère comme différente de la conception classique [8]. Cette différence est d'abord représentée par la quantification, et donc la possibilité de poser un rapport mathématique de proportion *(une raison inverse)*[1]. Ensuite, ce rapport de raison inverse a lieu non entre la compréhension et l'extension au sens de Port-Royal (il ne s'agirait pas d'une raison), ni même entre la compréhension et le degré d'étendue (ce qui serait erroné dans le cas des déterminants, qui, comme *Tout* ou *Quelque,* changent le second sans changer la première), mais entre celle-ci et la latitude d'étendue. Enfin, cette raison inverse implique que tout changement dans l'une des dimensions se traduise par un changement corrélatif dans l'autre. Cela nous conduit à considérer la compréhension comme le côté BO opposé au côté AC du carré de la *figure 2.* Nous ne faisons pas tomber la ligne de la compréhension sur le point O, mais sur le degré d'extension 1, à cause de la théorie des noms propres (voir section suivante).

Ce que suggère notre figure, autant que la terminologie, c'est qu'il eût été tout aussi possible, ne serait-ce que pour des raisons de symétrie, de traiter la compréhension comme l'étendue, et de distinguer entre la latitude de la compréhension (BO) et l'extension de cette intensité – à savoir, CB. Il n'est donc pas indifférent de concevoir pourquoi Beauzée ne le fait pas. Notons d'abord que la principale motivation de notre auteur semble être la varia-

1. On peut considérer que cette proportion mathématique est l'apport essentiel de Beauzée ; c'est sans doute pour cela que l'encyclopédiste éprouve le besoin de justifier sa terminologie (nos italiques dans [9i]), ce qu'il ne ferait sans doute pas si elle était déjà figée.

tion indépendante que les déterminants rendent possible sur OA. C'est ce qui exclut que l'on puisse poser une raison inverse entre OA et CB. Si Beauzée n'introduit pas la latitude de la compréhension, c'est parce qu'il n'a pas besoin de CB, et s'il n'en a pas besoin, c'est sans doute parce que, à l'inverse de ce qui se passe pour OA, il ne conçoit pas qu'il s'agisse d'une dimension susceptible d'une variation indépendante.

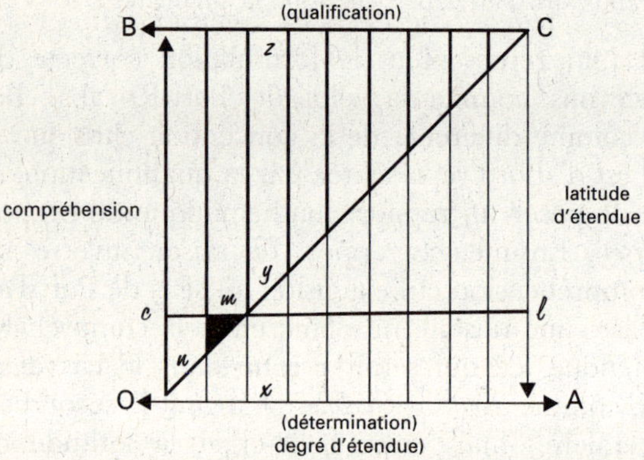

Fig. 2 – Le carré extension/compréhension

On peut exprimer ce résultat de la façon suivante. Concevons la position *y* d'une idée sur la diagonale CO et soient *x, z, c* et *l* ses coordonnées respectivement sur OA, CB, BO et AC. *c, y,* et *l* sont alignées sur une horizontale, et elles doivent le rester. Normalement *x, y, z* sont alignées sur une verticale ; l'ajout d'un déterminant rompt cet alignement pour la partie basse (*x* prend toutes les valeurs entre O et A, cf. *fig. 1*). À l'inverse, si CB n'est pas une dimension indépendante, c'est qu'il n'en est pas de même pour la partie haute – autrement dit, *y* et *z* sont toujours sur la même verticale. Tout ajout d'un qualificatif contenant *n* idées partielles meut donc *y* en direction de O d'une valeur correspondant à la racine carrée de la somme des carrés des coordonnées $(x + n)$ et $(z + n)$. On peut s'étonner qu'il en soit ainsi. Supposons que *z* soit *femme* et qu'une qualification, par exemple *blonde,* lui soit ajoutée qui ne change pas sa latitude d'étendue et, donc, la valeur 1 (nous sommes dans un univers où toutes les femmes sont blondes). Nous serions dans le cas d'une variation indépendante sur CB. Or c'est inacceptable. *Femme* et *femme blonde* sont en effet deux idées qui pourraient s'appeler *a* et *b* (notons que $b = a + c$), dont la quantité d'idées partielles – et, donc, la « latitude de compréhension » – serait respectivement *n* et $(n + i)$. Puisque la latitude d'étendue est *l* dans les deux cas, elles ne pourraient être situées toutes deux sur la diagonale CO, et par conséquent la loi de Port-Royal serait violée. La seule solution consiste à soutenir que *a* et *b* sont la même idée et ont donc la même compréhension, dont la quantité d'idées partielles est *n*. Par conséquent, il faut que *c* soit déjà contenu dans *a* et que $a + c = a$ (ce qui est une loi d'absorption sur les idées). Pour respecter la « loi de Port-Royal », il faut : i) que l'ajout à la compréhension d'une idée qui ne change pas sa compréhension ne change pas son extension et, par conséquent, ii) que toute idée qui ajoutée à une idée ne change pas son extension soit contenue dans cette idée. Il est donc impossible de distinguer la latitude de compréhension et l'extension de cette latitude : elles ont toujours la même valeur. Notre analyse mène à deux remarques quant aux théories qui, comme celles de Beauzée, acceptent la loi de Port-Royal. D'abord, elles ne peuvent admettre qu'une idée puisse être composée d'un ensemble quelconque d'autres idées – autrement dit, elles ne peuvent faire l'économie d'une ontologie des essences (ce qui explique peut-être que Beauzée, au lieu de dire simplement que le nom appellatif signifie une idée générale, affirme qu'il signifie « l'idée d'une nature commune »). Ensuite, elles doivent nécessairement aboutir à distinguer les jugements (propositions) analytiques et les jugements synthétiques ; nous y reviendrons.

Le problème de la référence (2) : dénotation et description

La solution proposée par Beauzée supposerait une isomorphie parfaite entre la structure de nos idées et celle des classes, ce qui n'est malheureusement pas le cas, comme nous le verrons dans le chapitre 6 (*Intension, intention et extension*). Pour comprendre cette faiblesse, il faut disposer d'une théorie moderne de la référence, telle qu'elle a été initiée par Frege dans son célèbre article sur le sens et la référence (*Über Sinn und Bedeutung*, 1892). Le mathématicien allemand part de la considération de l'égalité sous la forme [10i] ou [10ii] :

[10] i) $a = a$; ii) $a = b$.

Alors que [10i] ne nous apprend rien (c'est une pure tautologie, toujours vraie), la vérité de quelque chose comme [10ii] n'est pas donnée d'avance. Identifier l'étoile du soir à l'étoile du matin, et savoir que toutes deux sont la même planète nommée Vénus, est un incontestable progrès dans nos connaissances astronomiques. On ne peut pas admettre que l'identité exprime une simple relation entre signes ; outre que [10ii] serait totalement arbitraire, elle ne nous apprendrait rien. La solution consiste à admettre que les signes linguistiques possèdent une *référence* (l'objet qu'elle désigne) et un *sens* (la façon dont cet objet nous est donné). Soit un triangle ABC et *aa′*, *cc′*, *bb′* les droites joignant les trois sommets au milieu des côtés opposés ; un théorème géométrique élémentaire nous fait savoir qu'elles ont le même point d'intersection ; par conséquent, les expressions « l'intersection de *aa′* et *cc′* » et « l'intersection de *aa′* et *bb′* » désignent le même point, mais pas le même mode de construction. Elles ont la même référence, mais pas le même sens. La solution est élégante et elle correspond bien autant à notre intuition du fonctionnement des langues naturelles qu'à la distinction séculaire entre les deux types d'éléments « signifiés » par le mot. Elle se heurte toutefois à de considérables difficultés techniques et philosophiques. Notons tout d'abord que notre intuition s'appuie sur le nom des objets du monde ; c'est ce que Frege nomme un *nom propre* :

> Un nom propre (mot, signe, combinaison de signes, expression) exprime son sens, dénote ou désigne sa dénotation. Avec le signe, on exprime le sens du nom propre et on en désigne la dénotation (trad. C. Imbert, p. 107).

A priori on voit mal ce que pourrait être la dénotation de *racine carrée de 2* ou de (...) *est blanc*. Dans le premier cas, notre intuition linguistique nous conduit à admettre que l'expression fonctionne bien comme *étoile du matin* ; si nous sommes en présence d'un nom propre, il possède une dénotation (référence) et par conséquent celle-ci est un objet. La théorie de la dénotation nous conduit à admettre que Vénus et la racine carrée de 2 appartiennent au même type d'univers ontologique : nous sommes sur la voie du platonisme. La question est sans doute plus compliquée pour (...) *est blanc*. Nous touchons là un point technique sur lequel Frege a apporté une avancée considérable dès son *Idéographie* (1879) ; il s'agit de la révision décisive du schéma propositionnel de la tradition *(S est P)* et de l'interprétation de la proposition en termes de fonction. (...) *est blanc* est une fonction propositionnelle qui prend une valeur de vérité lorsqu'on la complète par un argument approprié (par exemple, *Le chien*). Nous pouvons admettre des fonctions à plusieurs arguments (par exemple, à deux arguments comme : I : il n'y a aucune limite intrinsèque. En tout état de cause, puisque je puis lui donner un nom, toute fonction est un objet : c'est ce que Frege nomme un concept. Notre ontologie s'enrichit encore. Lorsqu'on la complète par un argument *(Le chien est blanc)*, la fonction propositionnelle devient une phrase susceptible de valeur de vérité. Frege admet que cette phrase possède un sens et une dénotation : le premier est une pensée[1], la seconde est sa valeur de vérité. Du coup, notre ontologie devient encore plus prospère : elle contient des pensées[2], mais aussi le Vrai et le Faux[3].

L'un des principes essentiels posés par Frege est celui de la compositionnalité du sens et celle de la référence : le sens d'une expression est fonction de celui de ses composants et il en va de même pour les références. En ce qui concerne les références, il

1. La pensée ne peut pas être la dénotation de la phrase. On peut, en effet, substituer les dénotations identiques *salva veritate*. Or des deux phrases *l'étoile du matin est un corps illuminé par le Soleil* et *l'étoile du soir est un corps illuminé par le Soleil,* on peut tenir l'une pour vraie et l'autre pour fausse, selon que l'on ignore ou pas l'identité de dénotation des deux arguments ; par la substitution la pensée a subi une altération et la substitution ne préserve pas la vérité.

2. Il ne faut pas donner à celles-ci le sens psychologique des représentations internes : elles ne sont ni des choses du monde extérieur, ni des représentations internes, différentes en chaque homme. « La pensée que nous énonçons dans le théorème de Pythagore est bien indépendante du temps, éternelle, inaltérable » (art. « La pensée », 1919, trad. C. Imbert, p. 193). « (...) l'homme qui pense ne produit pas les pensées, il doit les prendre comme elles sont. Elles peuvent être vraies sans être pensées effectivement et, même alors, elles ne sont pas totalement irréelles, si du moins elles peuvent être saisies et leur action libérée par qui les pense » (*ibid.*, p. 195).

3. Frege admet également parmi les objets les extensions des concepts ; d'une certaine façon cela revient à admettre que les classes sont des objets au même titre que leurs éléments et différents d'eux.

n'y a guère de problème et la compositionnalité ou *principe d'extensionnalité* permet la construction de la logique moderne. Il n'en va pas de même pour le sens. Non seulement Frege n'a pas posé une relation explicite entre le sens et la référence, comme le faisait la loi de Port-Royal, mais il n'a même jamais explicité comment le sens des expressions pouvait se composer dans une expression plus complexe.

Le seul lien qui unisse sens et dénotation, c'est l'utilisation indirecte des expressions. Lorsque je rapporte une phrase énoncée par quelqu'un *(Il a dit que le chien est blanc)*, la phrase rapportée n'a pas sa dénotation habituelle, c'est-à-dire une valeur de vérité ; sinon, en vertu de la compositionnalité des dénotations, il faudrait soutenir que la vérité de la phrase complète dépend de celle de la phrase rapportée, ce qui n'est manifestement pas le cas. Frege échappe à ce problème en admettant que la phrase rapportée ne possède pas sa dénotation habituelle, mais une dénotation indirecte qui coïncide avec son sens habituel. Ce type de solution est généralisé à tous les contextes qui ne peuvent manifestement pas posséder des références qui feraient partie de la composition de la référence de l'ensemble où elles occurrent[1], comme les subordonnées, les impératifs, les prières, etc. Une expression qui possède une dénotation indirecte doit posséder également un sens indirect, sinon on verrait se confondre le sens et la dénotation. Le mathématicien ne dit jamais comment construire le sens indirect. Puisqu'une expression indirecte dénote son sens habituel, en vertu du principe de substitution des identiques, on doit pouvoir lui substituer une expression de même dénotation, c'est-à-dire de même sens. Seulement jamais ne nous est dit à quelles conditions deux expressions possèdent le même sens et nous ne pouvons pas remonter de la dénotation au sens, puisqu'une même dénotation peut être atteinte par un nombre indéfini de sens différents. Ce n'est pas seulement la luxuriance de son ontologie qu'il faut reprocher à la théorie de Frege, mais également son absence totale de critère pour l'identification du sens. Elle conduit également à des paradoxes dans l'emploi des pronoms (Linsky, 1974,

1. Le raisonnement de Frege est toujours guidé par la compositionnalité des références et la substitution des expressions de même référence *salva veritate* ; autrement dit, il est toujours guidé par les principes d'une logique extensionnelle.

p. 51). Dans la phrase *Scott était l'auteur de* Waverley *bien que Georges IV ne sût pas qu'il était l'auteur de* Waverley, les expressions de la subordonnée devraient avoir une dénotation indirecte qui serait leur sens habituel ; comment serait-il possible que *il* soit coréférent avec *Scott* qui figure dans la principale et possède de ce fait pour référence sa dénotation directe, l'individu nommé Scott ?

La théorie de la dénotation ne va pas non plus sans difficultés, la principale concerne les noms dépourvus de référence, comme *Licorne, Ulysse* ou *Superman.* Selon Frege, lorsqu'une telle expression entre dans une phrase, celle-ci est elle-même dépourvue de référence. Il faudrait en conclure que la phrase *Superman n'existe pas* n'est ni vraie ni fausse, alors qu'elle est manifestement vraie. Ce type de problème n'intéresse pas le mathématicien allemand ; il va devenir essentiel avec la critique de B. Russell. Ce dernier s'intéresse aux expressions de la forme générale « le tel et tel » (« le présent roi de France », « l'auteur de *Waverley* », etc.) qu'il nomme *expressions dénotantes* en 1905 *(On Denoting)* et *descriptions définies*[1], dans le chapitre III de l'Introduction des *Principia Mathematica* (1910), comme dans le chapitre XVI de l'*Introduction à la philosophie mathématique* (1919). Par extension, les noms d'entités fictives (*Ulysse, Pégase, Une licorne,* etc.) seront assimilés à des descriptions définies. Russell refuse la distinction entre le sens et la référence ; il n'y a pour lui qu'une catégorie, le sens ou la signification *(meaning)*. La signification d'un nom propre est le porteur de ce nom. Dès lors, ou les expressions dénotantes doivent avoir un sens et l'on tombe dans l'aporie de devoir considérer comme dépourvues de vérité les existentielles négatives lorsqu'elles n'en ont pas, ou l'on admet qu'elles n'ont, en elles-mêmes, jamais de sens. C'est la seconde branche de l'alternative que choisit Russell : « Les expressions dénotantes n'ont jamais aucun sens en elles-mêmes, mais chaque proposition dans l'expression verbale dans laquelle elles figurent possède un sens » (*On Denoting,* trad. franç., 1989, p. 205). La signification d'une description définie ne peut

1. Symétriquement, nous avons des expressions de la forme générale « un tel et tel » (« un Français de Paris », « un fils de Paul », etc.), qui sont des descriptions indéfinies ; leur traitement ne diffère de celui des descriptions définies qu'en ce qu'elles n'impliquent pas l'unicité.

s'obtenir que dans un contexte et à l'aide d'une paraphrase qui le prenne en compte. Ainsi, [11i] pourra s'interpréter de la façon suivante : i) au moins une personne écrivit *Waverley* ; ii) au plus une personne écrivit *Waverley ;* iii) qui que ce fût qui écrivit *Waverley* était Écossais. (i) et (ii) peuvent se condenser de la façon suivante : « Il y a un terme *c* tel que *x* écrivit *Waverley* est vraie quand *x* est égal à *c* et fausse quand *x* diffère de *c.* » Dès lors, [11i] peut se paraphraser comme en [12i], qui correspond au schéma général de [12ii].

[11] i) L'auteur de *Waverley* est Écossais ;
ii) Le présent roi de France est chauve.

[12] i) Il y a un terme *c* tel que 1° « *x* écrivit *Waverley* » est toujours équivalent à « *x* est *c* » ; 2° « *c* est Écossais » ;
ii) Il y a un terme *c* tel que 1° F(*x*) est toujours équivalent à « *x* est *c* » ; 2° P(*c*) est vrai.

Nous obtenons une équivalence canonique pour toute description définie. Ainsi, « le présent roi de France » équivaut à « il existe *c* ((*x* est roi de France) est équivalent à (*x* = *c*)) ». Par conséquent, [11ii] pourra être fausse de deux façons : soit si *c* n'existe pas (il n'y a pas actuellement de roi de France) ; soit si *c* existe, mais n'est pas chauve.

La théorie russellienne des descriptions a été considérée pendant une cinquantaine d'années comme l'une des pièces maîtresses de la philosophie moderne[1]. Elle a pour conséquence de détruire le parallélisme entre la structure grammaticale de la phrase et sa structure logique : alors qu'une expression comme « le tel » est un sujet grammatical de la phrase du langage ordinaire, il disparaît totalement de son interprétation logique, puisque la description est éliminée. Russell raisonnait en termes d'équivalence logique. Par conséquent, [11ii] implique :

[13] il existe une personne et une seule qui est roi de France.

Il en suit que, si [13] est faux, [11ii] l'est aussi. On peut contester cette conséquence : à l'audition de [11ii] et si l'on me demande ce que je pense de sa valeur de vérité, je puis répondre

1. On notera que l'une de ses conséquences pour la philosophie de la connaissance est de distinguer entre les éléments dont nous avons une connaissance directe *(knowledge by acquaintance)*, et ceux que nous apprenons à l'aide de leur contexte, par inférence.

que la question ne se pose même pas, puisque la France est actuellement une république. C'est la position adoptée par Strawson dans son célèbre article « On referring » (1950). La relation entre [11ii] et [13] n'est pas une relation d'implication, mais une relation de *présupposition* que l'on peut définir comme suit :

[14] on dit que *p* présuppose *p'*, si et seulement si une condition nécessaire pour que *p* possède une valeur de vérité est que *p'* soit vraie.

L'innovation apportée par Strawson va au-delà d'une simple critique de la théorie des descriptions. Elle infléchit considérablement le mouvement intellectuel amorcé avec l'*Idéographie* de Frege et qui consiste à assigner au langage, pour qu'il fonctionne correctement, un rapport déterminé avec l'ensemble des objets dont on parle, rapport extérieur à l'activité linguistique elle-même. Un langage n'est plus un ensemble de signes attribués une fois pour toutes à des significations, il doit comprendre l'activité qui effectue, dans certaines circonstances, ces attributions : « Donner la signification d'une expression (...), c'est donner des *directives générales* sur son emploi dans la confection d'assertions vraies ou fausses. » La référenciation linguistique tient moins à un système préétabli de noms propres qu'à un certain nombre de dispositifs internes à la constitution des langues (par exemple, pronoms personnels, déictiques), faisant partie de ce que Benveniste nomme l'appareil formel de l'énonciation.

La question du nom propre

Le problème de la référence nous renvoie inéluctablement à la notion de nom propre (NP). Celle-ci était ignorée de la logique aristotélicienne ; apparue avec les stoïciens, elle fait l'objet chez les médiévaux d'une conception particulière avec la supposition discrète. Le NP ne se comporte pas comme le nom commun. Si, comme le remarque Anselme de Cantorbéry dans son *De grammatico,* « grammairien n'appelle pas la grammaire, mais l'homme, et il ne signifie pas l'homme mais la grammaire », avec le NP *appelatio* et *significatio* coïncident. Dans le système de Beauzée, et dans toute la logique classique, le NP se définit comme le point où l'extension est minimale et la compréhension maximale :

[15] la latitude d'étendue des noms propres (...) est la plus restreinte qui soit possible (...) par conséquent la compréhension de ces noms est au contraire la plus complexe et la plus grande (...) il n'est pas possible d'y ajouter une idée partielle[1].

Or une telle théorie est difficilement tenable : puisqu'il y a un nombre potentiellement infini d'individus susceptibles de recevoir un nom, il faudrait que la compréhension de ces noms soit infinie ; l'assertion de l'existence d'une individualité reviendrait ainsi à l'assertion qu'il existe un individu unique qui satisfait une infinité de prédicats. On peut donc lui préférer la conception de J. Stuart Mill, qui, dans son *Système de logique* (1843), soutient que les NP ont une dénotation, mais pas de connotation, entendons qu'ils n'ont pas de sens ou encore qu'ils ont un individu pour extension, mais pas de compréhension. C'est une question qui a fait couler beaucoup d'encre dans la tradition anglo-saxonne contemporaine. On y retrouve les deux positions de Beauzée et de Mill. Les uns tiennent que les NP sont équivalents à des descriptions ou, plus faiblement, à des faisceaux de descriptions. On pourrait donc, en utilisant des descriptions, éliminer les NP d'une langue quelconque. C'est ce que fait Quine pour appauvrir son ontologie, quoique, en utilisant, lorsqu'il n'a pas de description claire à sa portée, des techniques totalement artificielles (*Fido* peut ainsi être glosé « le *x* qui satisfait la propriété de fidoïté »). Les autres (M. Devitt, K. Donellan, S. Kripke[2], notamment) soutiennent qu'il n'en est rien : les NP sont des *désignateurs rigides*, dont ils ont une conception dite « causaliste ». En présence d'un acte de dénomination (« baptême initial », selon Kripke), les personnes qui en ont une perception directe peuvent exercer la capacité nouvellement acquise de nommer tel ou tel objet et la transmettre.

Or l'opposition entre « descriptivistes » et « causalistes » n'est pas nouvelle. C'est elle que met en scène Platon dans le *Cratyle*,

1. Sinon, ou i) le NP n'est pas considéré comme un NP (*le riche Luculle*, c'est-à-dire celui parmi les Luculle qui est riche) ou ii) l'ajout ne porte pas sur le NP (*le savant Newton*, c'est-à-dire *le savant [philosophe] Newton*).

2. *Naming and Necessity*, 1972 ; 1980[2] ; trad. franç., *La logique des noms propres*, Paris, Minuit, 1982.

toutes choses égales[1], bien entendu. La thèse selon laquelle les noms propres ont une signification et peuvent être remplacés par des descriptions définies est la forme moderne de l'hypothèse cratylienne selon laquelle les noms doivent avoir leur source dans la nature des choses et peuvent être glosés par des propositions éponymes susceptibles d'être vraies ou fausses. Quant à celle que défend Kripke, selon laquelle les noms propres sont des désignateurs rigides, sans signification, dont les emplois sont liés par des chaînes causales au premier emploi de chacun d'eux, elle revient à l'hypothèse conventionnaliste d'Hermogène :

> À mon avis, le nom qu'on assigne à un objet est le nom juste ; le change-t-on ensuite en un autre, en abandonnant celui-là, le second n'est pas moins juste que le premier ; c'est ainsi que nous changeons les noms de nos serviteurs, sans que le nom substitué soit moins exact que le précédent. Car la nature n'assigne aucun nom propre à aucun objet : c'est affaire d'usage et de coutume chez ceux qui ont pris l'habitude de donner les noms (*Cratyle*, 384 *d*).

Une opposition aussi constante ne peut qu'avoir un fondement philosophique profond. L'un des mérites de Kripke est de le mettre au jour. Supposons que nous adoptions la thèse descriptiviste et que nous remplacions le nom *Aristote* par *le précepteur d'Alexandre*. Dès lors, il devient nécessaire que l'individu que nous désignons comme *le précepteur d'Alexandre* soit le précepteur d'Alexandre, car s'il n'était pas le précepteur d'Alexandre nous ne pourrions pas utiliser la description pour le désigner. Or nous admettons par ailleurs qu'il est parfaitement contingent qu'Aristote ait été le précepteur d'Alexandre. Plus encore, nous sommes tout disposés à admettre qu'Aristote aurait pu mourir avant de rencontrer Alexandre, sans cesser d'être Aristote. Nous sommes devant deux attitudes profondément différentes. Pour les descriptivistes, si Aristote n'avait pas été le précepteur d'Alexandre, il ne serait pas Aristote ; pour les causalistes, Aristote est Aristote, qu'on l'imagine ou non précepteur d'Alexandre. Lorsqu'il parle de mondes possibles, le descriptiviste admet que les NP peuvent désigner des individus différents dans les différents mondes, puisqu'il ne dispose que de propriétés constantes qui, dans chacun des mondes, peuvent être satisfaites par des individus différents ; le causaliste,

1. Le problème de Platon, c'est de déterminer à quelles conditions il y a congruence entre la nomination et la vérité.

lui, admet que les NP désignent *rigidement* le même individu dans tous les mondes possibles, individu auquel peuvent échoir des propriétés différentes. Métaphysiquement, on peut dire que le descriptivisme revient à accorder qu'il existe des essences éternelles.

Il n'y a guère de solution à attendre de l'analyse des langues naturelles : dans notre usage quotidien, nous référons aux individus autant par des descriptions identifiantes que par des noms propres. La question n'a que marginalement intéressé les linguistes[1] et les NP ne figurent généralement pas dans les dictionnaires de langue. Pourtant les NP ont une syntaxe (par exemple, dans leurs relations avec le système des déterminants) et une sémantique (par exemple, dans leurs relations avec la qualification) particulières. Manifestement les noms propres de nos langues ont un sens (cf. Kleiber, 1981, p. 357-363) et pas seulement une dénotation, sinon on ne pourrait pas les employer de façon prédicative (« Cesse de jouer ton Napoléon ! »). Un autre argument consisterait à souligner que, si les NP n'avaient pas de sens, on ne voit pas pourquoi certaines personnes intenteraient des actions pour changer leur état civil[2]. L'intérêt de ce dernier argument est qu'il nous place sur un terrain, la société, qui est le véritable lieu de fonctionnement des NP.

Comme Lévi-Strauss l'a remarqué (*La pensée sauvage*, 1962), toute société dispose d'un système anthropologico-linguistique pour attribuer des noms à ses membres. Ce système peut même servir de base à des formes de communication surajoutées, comme chez les Kasina de Haute-Volta, où l'attribution des noms aux individus et aux chiens est parfois l'occasion de véritables petits dialogues[3]. Nommer, donner un nom, c'est toujours

1. On se reportera à Kleiber, 1981, qui est la seule étude d'envergure sur la question ; on remarquera que son point de départ est bien souvent constitué par les discussions des logiciens et des philosophes.

2. Il y a toutefois des circonstances où nous recherchons des noms propres qui fonctionnent comme le suggèrent les causalistes, par un acte de baptême arbitraire. Cela arrive, par exemple, lorsque nous attribuons des numéros d'anonymat à des copies de concours ou aux membres d'une population sur laquelle nous effectuons des tests médicaux. Mais c'est pour cacher les références.

3. Par exemple, un homme s'est installé dans le village et y est considéré comme un intrus ; il a un enfant ; pour aider le père, le chef de quartier, conformément à ses prérogatives, donne à l'enfant un nom signifiant « je n'ai pas demandé de place » ; un mécontent lui réplique en baptisant un chien par une expression qui signifie « où auront lieu ses rites funéraires ? ». L'échange peut continuer selon ce principe. Cet exemple provient des travaux d'E. Bonvini (chercheur au CNRS).

situer un individu dans un système préalable. Cette préexistence se voit bien dans les sociétés où les noms sont limités : « Chez les Yurok de Californie, un enfant peut demeurer sans nom pendant six ou sept ans, jusqu'à ce qu'un nom de parent devienne vacant par le décès du porteur » (Lévi-Stauss, *loc. cit.*, p. 227). Le système peut être étendu aux choses du monde (cf. notre toponymie) ou ne pas l'être. L'attitude de nos Yurok témoigne de deux choses : i) leur système de nomination est relativement limité par rapport au réel ; ii) lorsqu'il y a un problème, ils s'efforcent d'adapter leur vision de la réalité à leur système de nomination. Le premier point correspond à une pratique classificatoire tout à fait courante ; depuis les Grecs les géomètres ont coutume d'y échapper par une convention absolument fondatrice : « Soit A le centre d'un cercle G. » Mais la convention ne peut avoir lieu qu'au sein du langage quotidien, elle ne saurait expliquer ce dernier. Nous avons aussi inventé des systèmes de nomination potentiellement non finis (les numéros de nos cartes d'identité, par exemple), qui sont disponibles dès que l'est l'arithmétique[1]. Le second point cor-

1. Ce point dépasse largement l'assurance pratique que, contrairement aux Yurok, nous serons capables de donner un numéro d'identification à tous les individus quel que soit leur nombre. Il concerne la doctrine de la vérité. Lorsque nous avons une phrase telle que « tous les *x* ont la propriété F », nous pouvons donner une interprétation purement référentielle de la variable, elle prend ses valeurs sur un domaine d'objets. Nous pouvons aussi lui donner une interprétation substitutive : elle est la place que peut prendre un nom d'objet, disponible dans notre langue. À première vue interprétation référentielle et interprétation substitutive paraissent ne pas coïncider, puisque dans le second cas la vérité de la phrase semble dépendre de la quantité des noms à notre disposition. Or cette limitation disparaît dès que nous disposons de l'arithmétique élémentaire : le théorème de Lowenheim-Skolem nous garantit, en effet, que toute théorie valide dans un univers non vide quelconque est vraie pour l'univers des entiers positifs. On peut considérer que le premier grand théorème de la sémantique logique est le théorème démontré par Skolem en 1915 : Si une formule du calcul des prédicats est vraie pour une interprétation dans un univers non vide, alors elle est vraie dans l'univers des entiers positifs. Löwenheim, en 1920, en donna une généralisation particulièrement intéressante, qui revient à soutenir qu'une théorie qui est vraie dans un univers non dénombrable (les nombres réels) est également vraie dans l'univers dénombrable des entiers positifs.

Quine en a donné une interprétation profonde : la structure logique d'une théorie (son schéma sous forme de système formel) est insuffisante pour distinguer les objets de cette théorie et les entiers positifs.

Pour une défense de l'interprétation substitutive (ontologiquement plus pauvre), voir, notamment, la *Logique élémentaire* de Quine (1965).

respond à une attitude métaphysiquement profonde ; une telle attitude a été théorisée, en Chine, par le confucianisme. Contrairement à la conception cratylienne de l'étymologie, on ne vise par la *vérité* des noms, c'est-à-dire leur adéquation au réel, mais les noms corrects correspondent à une « rectification des noms » *(zhenming)*, au fait que chacun doit se conformer à son nom. La où le nomothète platonicien doit avoir les yeux fixés sur le monde des Idées (les essences éternelles) pour imposer des noms corrects, le Prince confucéen doit faire coïncider les rôles et les fonctions de chacun avec le système des noms. *Zhenming* a désigné sous les Han le système de contrôle et d'organisation des fonctionnaires. Face au *zhenming* le taoïsme n'a d'autre recours que le « sans-nom » *(wuming)* et l'école du mystère *(Xanxue)* de rejeter toute dénomination[1], ce qui finit par signifier que le fond du réel est innommable, comme l'enseignera Wang Bi (226-249). « Contentons-nous de convenir que ce n'est pas des noms qu'il faut partir, mais qu'il faut apprendre et rechercher les choses en partant d'elles-mêmes bien plutôt que des noms », propose au contraire Socrate dans le *Cratyle* (439 *b*). La querelle du descriptivisme et du causalisme nous renseigne davantage sur la nature de notre métaphysique que sur la nature des noms propres tels qu'ils existent dans nos langues et dans nos sociétés[2].

1. L'école du mystère abritait parmi ses membres des opposants au système social qui refusaient d'être « nommés », c'est-à-dire refusaient tout service actif dans la bureaucratie impériale.

2. Nous ne voulons absolument pas dire par là que Kripke, par exemple, n'a pas éclairci notre catégorie du nom propre, mais plutôt qu'il serait totalement superficiel d'y voir une théorie de ce qu'est un NP dans une langue naturelle. Nous reviendrons sur cette importante question des limitations intrinsèques de la philosophie analytique du langage dans notre chapitre 9.

5 – Langage et ontologie

II. LA RELATIVITÉ LINGUISTIQUE

La question de l'analycité

Les médiévaux, lorsqu'ils étudiaient la restriction de l'appellation *(homme blanc)*, avaient remarqué que certains adjectifs en position épithète ne restreignent pas *(animal mortel, corbeau noir)*[1], de même que certaines relatives. Dans ce dernier cas, l'absence de restriction n'est pas constante pour des termes donnés, mais se découvre en utilisant des paraphrases (*Hommo qui currit disputat* paraphrasé en *Hommo currit et ille disputat,* conjonction de propositions qui doivent être vraies toutes deux). Ces conceptions donneront naissance dans la *Logique* de Port-Royal à la théorie des deux types de relatives, les *relatives déterminatives,* qui restreignent l'extension de leur antécédent, et les *relatives explicatives,* qui ne font que développer sa compréhension[2]. Ce sont ces conceptions et ces analyses qui sont à la source de la doctrine de l'*analycité.* Les grammairiens travailleront à élaborer des critères, dont le plus clair est dû aux observations de Port-Royal et de Beauzée, mais ne fait qu'adapter le type de paraphrase utilisé par les médiévaux pour découvrir les *impedimenta* de la *restrictio* :

[1] *Critère de Port-Royal/Beauzée pour l'analycité*[3]. La phrase « A est B » est analytique, *ssi* :
i) On a une phrase vraie « A qui est B est C » ;
ii) La phrase « A et B » est vraie ;
iii) La phrase « A est C » est vraie.

1. On peut y ajouter la qualification d'un possessif inaliénable *(ses cheveux blonds)*.

2. Pour plus de détails, voir S. Auroux et I. Rosier, Les sources historiques de la conception des deux types de relatives, *Langages,* n° 88, 1987, p. 9-29.

3. C'est nous qui, pour les besoins de notre exposé, tournons ce critère en critère d'analycité. Port-Royal et Beauzée ne visent qu'un critère pour décider si la relative de [1i] est explicative.

Il revient à Locke d'avoir utilisé les conceptions des grammairiens dans la théorie de la connaissance. Au chapitre VIII du livre IV de l'*Essai sur l'entendement humain,* il définit la classe des propositions frivoles *(trifling propositions)* : lorsque le même est affirmé du même (cf. [2i]), lorsqu'une partie d'une idée complexe est affirmée du nom du tout ou lorsqu'une partie de la définition est affirmée du mot défini (cf. [2ii]).

[2] i) La substance est la substance ;
ii) Tout or est fusible.

Or : « Toute proposition où les mots de la plus grande étendue qu'on appelle *genres* sont affirmés de ceux qui sont subordonnés ou qui ont moins d'étendue, qu'on nomme *espèces* ou *individus,* est purement verbale » (D.IX.13). Cela conduit à l'une des plus importantes distinctions épistémologiques qu'ait proposée la philosophie classique :

> Il y a donc deux sortes de propositions dont nous pouvons connaître la vérité avec une entière certitude : il y a d'abord ces propositions frivoles qui ont de la certitude, mais une certitude purement verbale, et qui n'apporte aucune instruction pour l'esprit. En second lieu, nous pouvons connaître la vérité, et, par ce moyen, être certains des propositions qui affirment d'une chose quelque chose, qui est une conséquence nécessaire de l'idée complexe de la première, mais qui n'y est pas affirmée ; par exemple, que *l'angle extérieur de tout triangle est plus grand que l'un des angles intérieurs opposés.* Car, comme ce rapport de l'angle extérieur à l'un des angles intérieurs opposés ne fait point partie de l'idée complexe qui est signifiée par le mot *triangle,* c'est là une vérité réelle qui emporte une connaissance réelle et instructive (D.VIII.8).

Locke distingue donc entre les propositions analytiques et les propositions synthétiques ; les propositions analytiques ne nous apprennent rien par rapport à la constitution de nos idées ou à la définition de notre vocabulaire ; les propositions synthétiques supposent une extension de nos connaissances au-delà de nos idées de départ, ce qui peut se faire soit par l'expérience externe (notre connaissance des substances constituant le monde), soit par la démonstration ; les propositions mathématiques sont synthétiques et elles sont toujours vraies parce que nous ne les jugeons pas d'après le monde externe, mais que nous envisageons le monde à partir d'elles. Cette distinction a été l'objet de nombreuses discussions et réélaborations, notamment du fait du rôle qu'elle a joué dans la théorie kantienne de la science et son interprétation des mathématiques comme *connaissances synthétiques a priori*. Lorsque les logiciens modernes sont revenus sur la question, par exemple Frege dans *Les fondements de l'arithmétique* (1884), c'était généralement pour préserver le statut des mathématiques conçues comme des connaissances analytiques, nécessaires et *a priori*[1]. Dans cette histoire complexe, Carnap a joué un rôle fondamental (voir Proust, 1986), autant par son étude sur la syntaxe logique du langage (1934) que par son *Meaning and Necessity* (1947). Sans entrer dans les détails, on peut dire que la doctrine carnapienne de l'analycité peut se résumer de la façon suivante : (i) les propositions analytiques sont nécessaires ; (ii) les propositions analytiques sont telles en vertu de notre langage. Elle a pour conséquence que les connaissances humaines sont ou *a priori* et analytiques (cas des disciplines formelles comme la logique ou les mathématiques), ou *a posteriori* et empiriques. L'empirisme de Carnap pouvait ainsi préserver l'idée d'une syntaxe logique universelle, une connaissance *a priori* et nécessaire, à côté d'une connaissance empirique éminemment faillible. C'est cette dualité que Quine a attaquée dans son célèbre article de 1953, « Les deux dogmes de l'empirisme », en refusant la distinction entre l'analytique et le synthétique[2].

La conception de l'analycité critiquée par Quine ne semble pas, dans ses exemples, différer fondamentalement de la conception traditionnelle[3]. Sont analytiques les propositions qui sont des

1. Contrairement à la doctrine kantienne, « analytique » et *a priori* sont la plupart du temps identifiés aujourd'hui. Ce glissement tient à l'identification de l'analytique au « logiquement vrai », c'est-à-dire à ce qui découle des seules lois de la logique. La doctrine de l'analycité des mathématiques revient alors à la thèse logiciste, selon laquelle elles sont déductibles des seules lois logiques. Comme la logique est assimilée à un langage formel, « analytique » devient équivalent à « vrai selon les seules lois du langage (logique) ». Par extension, « analytique » devient « vrai selon les seules lois d'un langage », voire d'une langue naturelle.

2. L'autre dogme est celui du réductionnisme, c'est-à-dire de la croyance selon laquelle chaque phrase possédant un sens est équivalente à une expression logiquement construite à partir de termes qui réfèrent à l'expérience immédiate. C'est la thèse de Carnap dans son célèbre ouvrage *Die logische Aufbau der Welt* (*La construction logique du monde,* 1928).

3. On peut essayer de trouver un autre sens au concept d'analytique ; ce sera, par exemple : S est analytique, *ssi* dans tous les mondes possibles, pour tout x appartenant à l'un de ces mondes, on a : si M1(x), alors M2(x). L'analycité de S dont on

tautologies comme [3i] ou, par extension, des propositions comme [3ii] et [3iii].

[3] i) Aucun homme non marié n'est marié ;
ii) Aucun célibataire n'est marié ;
iii) Un célibataire est un homme non marié.

Quine soutient que nous n'avons aucun critère possible de l'analycité dans le second sens. Il a deux types d'arguments. Le premier consiste à mettre en lumière la circularité de la définition proposée. On en donnera un exemple simple qui nous paraît résumer l'esprit du raisonnement. [3ii] ou [3iii] reviennent à [3i] qui ne fait pas problème, à condition d'admettre la synonymie *homme non marié = célibataire.* La synonymie suppose une définition, mais celle-ci n'est autre que [3iii] ; autrement dit, la synonymie en question n'est rien d'autre que la supposition de l'analycité de [3iii]. Le deuxième type d'argument vise plus directement l'orientation formaliste de Carnap. Ce dernier définit l'analycité à l'intérieur d'un langage formel L_0. Il y a dans ce cas deux types de phrases analytiques. D'abord celles qui sont directement dérivées des règles du langage ; dans ce cas on n'a pas défini ce que l'on entendait en général par « analytique », mais simplement éclairci ce que l'on entend par « analytique dans L_0 ». Il y a ensuite celles dont l'analycité provient des « règles sémantiques » ; Quine soutient que c'est alors la notion de règle sémantique qui demeure inexpliquée (on ne dispose que de leurs listes) ; on pourrait ajouter que comme les règles ont la forme [3iii], on revient au cas précédent. Le texte a fait couler beaucoup d'encre, entraîné des polémiques souvent confuses et n'a pas vraiment convaincu. Il faut dire que, l'on est en droit de rester perplexe sur la portée exacte de l'argumentation. Comme le suggère S. Laugier (1992, p. 154), on a l'impression que Quine vise et atteint quelque chose d'essentiel qui porte sur l'ensemble de sa conception de la science et de la philosophie. S'il en est ainsi, on peut dire qu'en 1951 il ne parvient pas exactement à formuler de quoi il s'agit.

souhaite parler n'est pas un fait linguistique, pas plus que sa vérité ou sa nécessité. Pour tenir que notre nouvelle définition remplit cette condition, il faut admettre qu'on peut remplacer S ou ses éléments par n'importe quelle expression de n'importe quelle langue qui leur serait synonyme. Mais, pour cette synonymie, Quine soutient que nous n'avons pas de critère.

Il faut d'abord être clair, la critique de Quine ne détruit absolument pas la notion même d'analycité telle que Locke l'a construite : le lecteur aura remarqué, notamment, que la valeur du critère [1] de Port-Royal/Beauzée reste intacte. Soit S la phrase [3iii] ; le critère de Port-Royal/Beauzée suffit au linguiste pour parler de l'analycité de S. Lorsqu'il le fait, il parle véritablement de « S » dans sa réalité de phrase d'une certaine langue. Nous voulons dire que, s'il parle de « célibataire », il ne parle pas de l'anglais *bachelor*. Son discours justificatif sera probablement quelque chose comme [4i], ou, plus faiblement encore, comme [4ii]. Même si une assertion semblable à [4] peut être construite à propos de *bachelor*, il s'agit d'un autre ordre de faits.

[4] i) « S » est analytique, parce qu'en français le mot M_1 (« célibataire ») possède dans sa signification la signification du mot M_2 (« non marié ») ;
ii) Dans la langue L certains locuteurs (peut-être pas tous) utilisent la phrase S (« M_1 est M_2 ») comme si M_2 faisait partie de la définition de M_1.

Quine aurait-il tort ? S'il n'a pas tort, pourquoi la circularité dénoncée dans la conception carnapienne de l'analycité ne fonctionne-t-elle pas contre la conception traditionnelle, c'est-à-dire lockienne ? Or il y a à cela une raison profonde. De [4], il ne s'ensuit pas que le contenu signifié par célibataire soit nécessaire. « Célibataire » est M_1, « non-marié » M_2. M_1 contient aussi M_3, « homme ». Si M_1 était nécessaire, il faudrait aussi que la conjonction de M_2 et de M_3 le soit, ce qui est manifestement absurde, parce qu'il n'est évidemment pas nécessaire qu'un homme ne soit pas marié. Cependant, M_1 et M_2 étant ce qu'ils sont, il est exclu que la phrase « M_1 est M_2 » soit autre chose qu'une proposition analytique. Son analycité n'est qu'un fait de langue[1]. Rien

1. Certains auteurs ont confusément entrevu que c'était là que se situait le nœud du problème. J.-J. Katz et P.-M. Postal, dans un article récent (Realism *vs* conceptualism in linguistics, *Linguistics and Philosophy*, 14, 1991, p. 515-554), s'efforcent de soutenir que l'arbitraire des langues n'ôte rien à la nécessité du contenu qu'elles expriment. Contestation vigoureuse dans S. Soames, The necessity argument, *Linguistics and Philosophy*, 14, 1991, p. 575-580. Pour une critique de Katz dans la ligne de ce que l'on vient de développer, voir S. Auroux, Katz, le platonisme et l'analycité, R. Baum *et al.* (hrsg.), *Lingua et traditio. Geschichte der Sprachwissenschaft und der neueren Philologien. Festschrift für Hans-Helmut Christmann zum 65. Geburtstag am 28. August 1994*, Tübingen, Gunther Narr, 1994, p. 701-706.

n'interdit qu'une langue classe la baleine, le phoque et le saumon dans la même catégorie, par exemple « ibou ». Dans cette langue « la baleine est un ibou » sera une proposition analytique. Il existe certainement des locuteurs qui utilisent une variété de français dans laquelle « La baleine est un poisson » est une phrase analytique, ce que ne sauraient accepter nos classifications biologiques. La conception dénoncée par Quine souffre de circularité parce qu'elle prétend être absolue et indépendante des faits. Carnap ne dit pas : « J'appelle analytique cette phrase-là dans cette langue-là, pour telle et telle raison », mais il s'efforce de définir l'analycité sans recourir à aucun fait. Ce que montre Quine, c'est qu'il ne tient pas son pari : d'un côté, il y a l'acte de définition caché ; de l'autre, il y a la liste des « règles sémantiques ». Les deux déterminations carnapiennes de l'analycité (« analytique = nécessairement vrai » et « analytique = dépendant du seul langage ») sont incompatibles. Locke ne supposait rien d'autre : s'il a introduit la notion de « proposition frivole », c'est justement parce qu'il considérait que la vérité scientifique concerne l'existence et pas les simples propositions verbales[1]. Ce que montre finalement Quine, c'est que la seule conception de l'analycité qui vaille est celle de Locke.

La découverte qu'il n'y a pas de critère absolu pour partager, parmi les phrases d'une langue quelconque, entre celles qui sont analytiques et celles qui sont synthétiques est absolument dévastatrice. Si ce critère n'existe pas, alors il faut renoncer à l'idée qu'il y ait, d'un côté, les vérités nécessaires, et, de l'autre, les vérités empiriques ; qu'il y ait, d'un côté, une langue ou une syntaxe logique absolues qui définissent l'analytiquement vrai et, de l'autre, des vérités empiriques. Dès la première ligne de son article, le philosophe américain soutenait qu'un effet de l'abandon du dogme de l'analycité est « un effacement de la frontière supposée entre la métaphysique spéculative et la science naturelle ». La position que nous avons adoptée dans notre introduction, dans notre chapitre 9 et dans notre Conclusion, selon

1. C'est pourquoi la critique leibnizienne, dans les *Nouveaux Essais sur l'entendement humain,* n'atteint pas vraiment son but. Elle consiste à montrer que « les significations des termes, jointes aux axiomes identiques, sont les principes de toute démonstration ». On peut l'admettre ; cela n'empêche pas que la frivolité de certaines propositions analytiques aille jusqu'à la totale vacuité (« Les licornes sont des animaux à une corne ») et que, par conséquent, « analytique » et « vrai » ne coïncident pas.

laquelle il n'y a pas de solution de continuité entre la philosophie et la connaissance positive, notamment entre la philosophie de la linguistique et la linguistique, est une conséquence directe de la découverte de Quine.

La thèse de Sapir-Whorf

Une autre conséquence de la thèse de Quine est qu'il est impossible de trancher de façon nette entre ce qui dans une langue revient à sa constitution sémantique particulière et ce qui revient à la connaissance du monde que possèdent ses locuteurs. Elle a des conséquences importantes pour le problème de la *relativité linguistique,* une question mise au jour par les philosophes du XVIIIe siècle comme étude de la relation réciproque du langage sur les opinions et des opinions sur le langage, selon le titre du concours lancé par l'Académie de Berlin en 1759. Comme le notait Rousseau : « Les langues, en changeant de signes, modifient aussi les idées qu'ils représentent. Les têtes se forment sur les langages, les pensées prennent la teinte des idiomes » (*Émile,* liv. II, La Pléiade, t. IV, p. 346-347). C'est à ce problème que s'était attaqué G. de Humboldt dans un texte fort long, *La différence de construction du langage dans l'humanité et l'influence qu'elle exerce sur le développement spirituel de l'espèce humaine,* qui, rédigé entre 1827 et 1829, ne sera publié qu'en 1836. Le thème a largement préoccupé le romantisme allemand, ne serait-ce que dans la discussion, comme chez Schleiermacher (1813), de l'art de traduire (voir Berman, 1984)[1]. Nous laisserons de côté une première interprétation triviale de la relativité linguistique qui consiste à remarquer qu'une langue donnée reflète la civilisation dans laquelle elle est

1. On le retrouve chez Heidegger, cf. *D'un entretien de la parole,* dans *Acheminement vers la parole* : « D... Il y a quelque temps, j'ai nommé (bien malhabilement) la langue : "la maison de l'être". Si l'homme, par la parole de sa langue, habite dans la requête que l'être lui adresse, alors nous autres Européens nous habitons, il faut le présumer, une tout autre maison que l'homme d'Extrême-Orient. J... Si l'on pose que les langues, ici et là-bas, ne sont pas simplement diverses, mais, depuis leur fond, se déploient autrement. D... Ainsi, un entretien de maison à maison demeure presque impossible » (trad. franç., 1981, p. 90).

parlée. C'est la réciproque qui constitue le problème de fond pour la philosophie : une langue limite-t-elle les possibilités de nos représentations ? Peut-on admettre la proposition 5.6 du *Tractatus* de Wittgenstein : « Les limites de mon langage sont les limites de mon propre monde » ? Si on l'admet, la question se pose de la possibilité d'accéder dans une langue donnée à ce qui est représenté dans une autre langue.

Il est important que le philosophe prenne la mesure de la variabilité linguistique en matière de représentation. En gbaya kara 'bodoe, langue parlée à l'ouest de la République centrafricaine[1], la forme *nú,* employée en composition avec un mot signifiant « homme », correspond au français « bouche ». On est alors tenté de donner les équivalences suivantes :

— *nú* + homme = bouche ;
— *nú* + couteau = bouche du couteau = fil du couteau ;
— *nú* + aiguille = bouche de l'aiguille = pointe de l'aiguille ;
— *nú* + panier = bouche du panier = ouverture du panier ;
— *nú* + pagne = bouche du pagne = lisière du pagne.

Une telle reconstruction est cependant totalement ethnocentriste. Si on l'abandonne et qu'on suppose que *nú* signifie « partie active », il coule de source que cette partie, celle qui sert, pour le couteau c'est son tranchant, pour l'aiguille sa pointe, etc. La bouche de l'homme est alors désignée comme « la partie active de l'homme », celle qui permet l'activité de parole. De fait, employée seule, *nú* signifie « la langue » (au sens linguistique), qui est conçue dans cette culture comme *l'activité par excellence,* celle qui est le propre des humains. Il y a des cas qui semblent encore plus compliqués. Dans la même langue, on trouve un verbe que nous noterons X et qui, construit avec différentes formes à l'accusatif, donne lieu aux correspondances suivantes :

— fête/*acc.* + X = la fête est réussie ;
— arbre/*acc.* + X = l'arbre fait des feuilles ;
— boule de manioc / *acc.* + X = la boule de manioc est ratée.

Le verbe X exprime dans tous les cas un développement, une expansion qui se trouve être positive dans le cas de la fête et de l'arbre, tandis qu'elle est négative dans le cas du mélange

1. Les exemples qui suivent nous ont été fournis par P. Roulon, chercheur au CNRS.

eau-farine qui, au lieu de s'amalgamer en une masse compacte (la boule), produit une pâte crémeuse non modelable et considérée comme impropre à la consommation. La signification de X est donc « être en expansion, se répandre »[1]. Il est incontestable que les différentes langues possèdent des systèmes de classification du réel extrêmement diversifiés, traduisant par conséquent des formes de connaissances figées dans le langage tout à fait différentes. Ce sont ces formes figées que Cardonna (1985) nomme *etnoscienza* (ethnoscience). Mais la relativité linguistique touche également la syntaxe. Dans les langues indo-européennes, par exemple, nous identifions le sujet du verbe d'état (monovalent) avec celui des autres verbes (lorsqu'il y a des cas, nous les mettons tous deux au nominatif), tandis que nous le distinguons de l'objet du verbe bivalent (lorsque le verbe est transitif, nous le mettons à l'accusatif). En basque, il n'y a pas d'accusatif; le sujet du verbe d'état et l'objet du verbe transitif sont au même cas absolutif, tandis que le sujet du verbe transitif est marqué par une forme spéciale d'agentivité, l'ergatif.

La relativité linguistique est un fait bien connu des traducteurs. Ce qui fait problème, c'est son interprétation. Les manuels américains citent souvent ces quelques lignes de Sapir :

> Le fait est que la « réalité » est, dans une grande mesure, inconsciemment construite à partir des habitudes langagières du groupe. Deux langues ne sont jamais suffisamment semblables pour être considérées comme représentant la même réalité sociale. Les mondes où vivent des

1. On doit se poser la question : comment l'Européen parvient-il à accéder à cette signification ? Notre informatrice, P. Roulon, nous a raconté qu'elle n'y était parvenue qu'à la suite de son expérience, lorsqu'elle s'efforçait de confectionner des boules de manioc avec les femmes du village. On pourrait considérer ce processus d'acquisition comme sans intérêt scientifique, purement anecdotique. On imaginerait alors des procédures « scientifiques », parfaitement mécaniques, permettant de regrouper les différents emplois de la même forme et de déterminer leur élément commun. On peut soutenir, à l'inverse, que la compétence linguistique nécessite, pour être acquise, l'engagement d'un individu humain dans une certaine forme de vie collective. Ce que l'on appelle la *linguistique de terrain,* cette expérience individuelle d'acquisition en situation, est alors une étape indispensable de notre connaissance linguistique. On peut même aller jusqu'à admettre que la compétence linguistique authentique ne correspond qu'à ce qui est « implémenté » dans un individu humain et soumis aux aléas de son histoire. Voir la dernière section de notre chapitre 8, pour une discussion de cette question en relation avec le problème de la mécanisation du langage.

sociétés différentes sont des mondes distincts, pas simplement le même monde avec d'autres étiquettes (*The Selected Writing of Edward Sapir,* ed. D. G. Mandelbaum, Berkeley, University of California Press, 1951, p. 162).

Cette formulation est devenue célèbre sous le nom d'*hypothèse de Sapir-Whorf* ; Whorf a, en effet, radicalisé ce que suggérait son maître Sapir :

Chaque langue est un vaste système de structures différent des autres, dans lequel il existe un ordonnancement culturel des formes et des catégories qui non seulement permet à l'individu de communiquer, mais également analyse le réel, remarque ou néglige des types de relations et de phénomènes, canalise son raisonnement et jalonne peu à peu le champ de sa conscience (trad. franç., 1968, p. 193).

Si les commentateurs s'accordent pour voir dans ces deux citations la formulation de l'hypothèse de Sapir-Whorf, ils divergent sur l'interprétation à lui donner. Certains d'entre eux y voient l'expression du *déterminisme linguistique* sous une forme tantôt forte ([5i]), tantôt faible ([5ii]) :

[5] i) Une langue L_i détermine les représentations des sujets qui la parlent : *a)* les individus construiront toujours leurs représentations selon une certaine forme correspondant à la structure de la langue ; *b)* certaines représentations sont inaccessibles aux individus, parce qu'elles ne peuvent être construites dans la langue.

ii) Les individus qui parlent une langue L_i ont tendance, dans leurs croyances et leurs rapports au monde, à se laisser guider par la forme des représentations induites par la structure de leur langue.

Les études en vue de justifier le déterminisme par des tests empiriques n'ont jamais donné de résultats probants : si l'on présente à un individu des cartes de couleur différentes, il aura tendance à confondre les couleurs que sa langue ne distingue pas, mais il ne le fera pas toujours et le résultat varie considérablement en fonction des individus. Une remarque extrêmement profonde de Jakobson permet de comprendre pourquoi la version faible est une trivialité qui ne justifie en aucun cas la version forte du déterminisme : « Les langues diffèrent essentiellement par ce qu'elles *doivent* exprimer, et non par ce qu'elles *peuvent* exprimer » (1963, p. 84). Ce qui appartient proprement à la sémantique d'une langue, c'est ce que je ne peux pas ne pas dire lorsque je la parle. Si je parle français, je ne peux pas faire que « lune » soit du masculin ou que l' « assassinat de Paul » n'inclue pas « la mort de Paul ». Évidemment, dans une langue où « lune » est du féminin, on imagine mal que la mythologie personnifie la planète nocturne par un guerrier barbu ! De la même façon, on conçoit mal qu'Aristote, s'il avait été monolingue basque, eût fourni la même théorie de la proposition prédicative. Mais il ne s'ensuit pas que cela est impossible. Nous reviendrons dans notre chapitre 10 sur les confusions que suppose le déterminisme linguistique. Pour l'ontologie, la question essentielle est de savoir si la relativité linguistique, qui est un fait avéré, entraîne : i) l'absence de contenus universaux exprimés par les langues ; ii) l'intraduisibilité de langue à langue ; iii) la relativité de la vérité à l'expression des connaissances dans une langue donnée. Souvent on donne le nom de « relativisme linguistique » à l'une de ces trois thèses ou à leur conjonction ; le problème est donc de savoir si la relativité linguistique entraîne le relativisme linguistique.

La solution mentaliste à la relativité linguistique

La meilleure façon de comprendre la portée de l'hypothèse de Sapir-Whorf est probablement de considérer l'analyse d'un cas concret. Nous suivrons quelques pages de Whorf sur une langue amérindienne, le hopi. Le linguiste américain remarque que le hopi n'a pas de mots, de formes grammaticales, de constructions ou d'expressions qui se rapportent directement à ce que nous appelons « temps » et qui, pour nous, se traduit par un mouvement continu s'écoulant d'un futur vers un passé, en passant par un présent. Il possède deux catégories : le subjectif ou non manifesté qui se rapporte au processus de manifestation et l'objectif ou manifesté qui se rapporte au résultat du processus de manifestation. Le subjectif recouvre le domaine de la spiritualité, de l'intellection et de l'émotion, de l'expectative, du désir et de l'intention. Généralement on peut le rendre par notre futur. Mais on rend aussi par une forme expective appartenant au subjectif et au causal, donc servant à exprimer le futur (ce qu'on souhaite, qu'on projette, etc.), l'instant de l'inchoation, ce qui est en train de parvenir à la manifestation *(Je me mets à manger).* Cette frontière proche de l'objectif découpe et englobe donc une partie de notre présent, alors qu'en hopi la plus grande partie du présent se rapporte à l'objectif et ne se distingue pas de notre passé. On notera, toutefois, qu'il existe un suffixe marquant l'inchoatif, appartenant à l'objectif et au résultat : il désigne l'instant à partir duquel commence l'objectivité et implique l'achèvement du processus de causation en même temps qu'il indique le début du processus de manifestation. Dans ces conditions, la traduction d'un verbe à l'inchoatif ne se distinguera pas de celle d'un verbe à l'expectif *(Je me mets à manger).* Il existe également un suffixe que l'on peut rapprocher de notre passif : il indique que la causation affecte le sujet pour produire un certain résultat *(La nourriture est dévorée).* Si l'on rajoute le suffixe de l'inchoatif à un verbe affecté de ce suffixe (donc, si l'on a : verbe + suffixe « passif » + suffixe inchoatif), on ne pourra que signifier la cessation du processus causal marqué par le suffixe « passif » *(s'arrêter de manger).* Whorf soutient que « le même suffixe <celui de l'inchoatif> peut signifier le commencement ou la terminaison d'une action ».

La thèse de Whorf comporte donc trois niveaux. Il y a d'abord celui des catégories : les Hopi ne possèdent pas la catégorie du temps. Il y a ensuite le niveau de la traduction, de la correspondance entre le hopi et le français. Whorf ne nie pas l'existence d'une possibilité de traduction. C'est une simple question de bon sens. On a beau dire que les Hopi ignorent la catégorie du temps, il serait étonnant qu'ils ne puissent signifier de quelque façon la différence entre le fait que leur enfant va bientôt naître ou qu'il vient de naître ! Il y a, enfin, le niveau des unités découpées dans l'énoncé (la signification du suffixe de l'inchoatif). Nous pensons que l'analyse de Whorf est, sur ce point, extrêmement confuse. D'abord, il n'y a aucune raison de penser que d'une phrase à l'autre le suffixe ait changé de signification : l'analyse proposée montre plutôt que le suffixe garde la même signification, mais que dans un autre contexte (l'ajout du suffixe « passif ») la signification globale de la phrase change. Ensuite, il apparaît contradictoire de soutenir, d'un côté, que le hopi ne possède pas la catégorie de temps et que, de l'autre, l'un de ses éléments puisse signifier commencement ou terminaison. Tout ce que nous pouvons dire, c'est que le même élément, dans deux contextes différents, sert à signifier ce que *nous rendons en français* tantôt comme le commencement, tantôt comme la terminaison d'une action.

Lorsque nous parlons d'un « niveau catégoriel », nous renvoyons au fait que Whorf postule une organisation homogène à la structure de la langue et constituant l'essence de la pensée :

> Le « sens commun » ignore que l'émission verbale elle-même relève d'une structure culturelle complexe, de même qu'il ne sait rien des contextes culturels en général. La signification ou le contenu sémantique ne procède pas des mots ou des morphèmes, mais des rapports structurés entre les uns ou les autres. (...). Mots et morphèmes sont des réactions motrices, alors que ne le sont pas les éléments de liaison existant ENTRE EUX – éléments qui constituent les catégories et les modèles d'où procède la signification linguistique. Ils correspondent aux connexions et aux processus neuraux d'un type NON MOTEUR, silencieux, invisible et individuellement inobservable (trad. franç., 1968, p. 22-23).

Il est difficile de situer exactement ce dont Whorf veut parler, sinon en évoquant le terme obscur de « pensée », qu'il s'efforce justement d'expliquer. On peut rapprocher son concept de l'*innere Sprachform* de Humboldt, qui du reste ne défend pas exactement la position du relativisme[1] : il y a une organisation globale, une forme interne de la langue, qui n'est assignable dans aucun de ses éléments, mais les détermine tous. En somme, Whorf s'efforce d'exprimer positivement ce que l'âge des Lumières entendait sous le nom d'*esprit* ou de *génie d'une langue*. Il en fait, comme Humboldt de la forme, la source active de la parole. À ce niveau d'abstraction, on ne peut guère discuter de la relativité linguistique autrement que comme d'une thèse globale. Pour se confronter à des phénomènes empiriques et évaluer leur théorisation, il faut passer au second niveau, celui de la traduction.

Traduire, c'est poser une équivalence : sur quoi porte cette équivalence ? On pourrait être tenté de dire qu'elle porte sur la référence, pour employer le terme de Frege. En hopi et en français, on pourrait viser la même référence, en la considérant par exemple comme un « état de chose », mais avec des sens diffé-

1. « Car le langage combine de façon si étonnante la spécialisation individuelle et la convergence universelle qu'il est aussi juste de parler d'une seule langue propre à l'espèce humaine que d'une langue particulière propre à chaque individu » (trad. franç., 1974, p. 188).

rents. Mais si les sens sont différents, peut-on véritablement parler de traduction ? Il faut remarquer que nous disposons de fort peu d'éléments théoriques pour répondre à ce type de question. La relativité suppose que nous soyons capables d'assigner aussi bien des différences que des identités. Si nous prenons la théorie de Saussure, la notion de valeur nous aide à considérer les différences : nous dirons, par exemple, que le suffixe inchoatif du hopi n'a pas de correspondant de même valeur en français. Mais, pour les identités, Saussure se contente de parler de la « même » *signification*. Le problème, c'est qu'on ne sait pas en quoi consiste une signification. Nous ignorons également comment on peut passer de valeurs différentes à des significations identiques.

La théorie la plus puissante qui ait été produite pour résoudre ce type de problème repose sur la notion de figuration ; elle a été élaborée au XVIIIe siècle. Reprenons ce que nous avons appelé l'hypothèse du langage-traduction. Un mot a^* signifie une idée a ; ce que nous notons $a^* = f(a)$, tel que $a = f_{-1}(^*a)$. Lorsque l'on a une expression figurée qui change la signification d'un mot (trope), on ajoute en quelque sorte une autre procédure F, telle que $F(f_{-1}(^*a)) = b$. La procédure F peut reposer sur la comparaison (métaphore) ou la contiguïté (métonymie) des idées, c'est-à-dire des significations originelles, ou sur d'autres procédures. Pour voir comment cela permet de traiter la relativité, prenons un cas simple d'hypallage, figure qui consiste à changer les constructions (Dumarsais, 1730, II.18). Dans les tournures latines de [6i] et [6ii], comparées aux traductions françaises, on peut penser qu'il y a eu une inversion entre les cas attribués aux mots, datif et accusatif, d'un côté, nominatif et ablatif, de l'autre :

[6] i) *Dare*$_1$ *classibus*$_2$ [dat.] *austros*$_3$ [accus.] (Virgile, « mettre à la voile », litt. « donner$_1$ les vents$_3$ à la flotte$_2$ ») ;
ii) *Gladium*$_1$ [nom.] *vagina*$_2$ [abl.] *vacuum*$_3$ [nom.] (Cicéron, « l'épée nue », litt. « l'épée$_1$ vide$_3$ du fourreau$_2$ »).

D'après la théorie de la figuration, l'une des possibilités d'interprétation consiste à soutenir que dans [6i] on a F(f_{-1} *(classibus)*) = aux vents$_{\text{dat.}}$ et F(f_{-1} *(austros)*) = la flotte$_{\text{accus.}}$; ou, si l'on veut éviter ce que cette interprétation a de par trop étrange, on se contentera de quelque chose comme $F(f_{-1}(X_{\text{dat.}})) = X_{\text{accus.}}$. La formule [6i] ne pose pas de trop graves problèmes par rapport à la théorie habituelle de la figuration, parce que le latin utilise normalement une expression non figurée qui signifie la même chose (*dare classes* [accus.] *austris* [dat.]). Il n'en va pas de même pour [6ii], parce que l'expression latine « *vagina* [nom.] *gladio* [abl.] *vacua* [nom.] » ne signifie pas « l'épée nue » mais littéralement « le fourreau vide d'épée », c'est-à-dire, tout simplement, « le fourreau vide ». Si nous disons que [6ii] est une expression figurée, nous sommes certainement en train d'interpréter le latin à partir du français. Aujourd'hui, en utilisant la terminologie saussurienne, nous dirions plutôt que [6ii] n'est pas en latin une expression figurée, mais que l'adjectif latin *vacuus, -a, -um* et l'adjectif français *vide* n'ont pas la même valeur[1]. Les philosophes et grammairiens des Lumières ont été parfaitement conscients de ce problème et plusieurs d'entre eux tentaient de le neutraliser en soutenant qu'il ne faut juger des figures qu'intralinguistiquement. Il n'en demeure pas moins que, pour servir à résoudre le problème de la relativité, la figuration doit fonctionner de façon translinguistique. Supposons que nous ayons des langues L_i, L_j, etc. ; la traduction de n'importe quelle expression de l'une d'entre elles dans une autre, soit $T(e_i, e_j)$, ne consiste en rien d'autre que : soit une correspondance directe parce que $f_{-1}(e_i) = f_{-1}(e_j) = e$, autrement dit il y a simple changement de nomenclature ; soit l'application d'un processus de figuration Fi $f_{-1}(e_i)$ (ou l'inverse F_j appliquée sur la signification de e_j) qui permette de retrouver une équivalence. Cette solution peut paraître satisfaisante, car elle rend compte, à la fois, qu'il y ait de l'identique (la signification) et du différent (les figures) entre les langues. Les Lumières, si elles en ont compris l'importance, n'ont généralement pas admis que le différent puisse s'imposer radicalement ; autrement dit, elles n'admettaient pas le relativisme linguistique. Il est arrivé à Maupertuis de soutenir qu' « on trouve des Langues, surtout chez les peuples fort éloignés, qui semblent avoir été formées sur des plans d'idées si différents des nôtres qu'on ne peut presque pas traduire dans nos Langues ce qui a été

1. Nous retrouvons cependant le problème signalé plus haut de comprendre pourquoi ils ont la « même signification », dans le contexte où nous effectuons notre traduction.

une fois exprimé dans celles-là »[1] ; on lui a répondu en recourant aux expressions figurées, en soutenant même qu'elles pouvaient être originaires[2]. De fait, la théorie de la figuration translinguistique ne se contente pas d'affirmer qu'il y a des processus F_i, F_j, etc., qui nous garantissent, quoi qu'il arrive, que nous parviendrons à passer d'une expression linguistique appartenant à une langue donnée à une expression d'une autre langue. Elle ne fonctionne qu'à l'aide d'une thèse supplémentaire très forte : comme les fonctions *f* qui attribuent des significations primaires aux éléments linguistiques, les procédures F prennent leurs valeurs dans l'ensemble {P} des Idées ou Significations. C'est l'existence de {P} qui bloque toute interprétation de la relativité comme relativisme. Il ne faut pas trop s'attacher au fait que {P} appartienne au domaine de la pensée et pas à celui du langage : si on laisse de côté la fonction de communication pour ne retenir que celle de représentation, alors {P} est absolument l'analogue d'une langue universelle. Le traitement de la relativité par la figuration revient donc à la défense d'une thèse que l'on pourrait qualifier de *thèse de la langue universelle implicite*. Les langues se correspondent entre elles parce que leurs expressions se projettent toutes sur les mêmes éléments d'un langage (d'une pensée) universel(le) qui est l'étalon de toute comparaison entre elles. Il est arrivé à Beauzée de formuler clairement ce point de vue :

> La parole (...) doit être l'image sensible de la pensée (...) ; (...) il n'y a que l'analyse de la pensée qui puisse être l'objet naturel et immédiat de l'image sensible que la parole doit produire dans toutes les *langues*, et il n'y a que l'ordre analytique qui puisse régler l'ordre et la proportion de cette image successive et fugitive. (...) sans ce prototype original et invariable, il ne pourrait y avoir aucune communication entre les hommes des différents

1. *Réflexions philosophiques sur l'origine des langues et la signification des mots* (1748), Éd. Varia Linguistica, 1970, p. 27.

2. « La difficulté de traduire n'est pas si grande que l'imagine Maupertuis, et elle ne vient pas d'un plan d'idées *différent*, mais des métaphores qui à la longue s'adoucissent dans les langues policées. (...) une langue imparfaite dira : *Ta conduite est pleine de sauts de chèvre*, et nous dirions *pleine de caprices* » (Turgot, *Remarques critiques sur les réflexions philosophiques de M. de Maupertuis* (1750), Éd. Varia Linguistica, 1970, p. 26). En langage contemporain, on peut traduire la thèse de la figuration originaire de la façon suivante : dans les langues imparfaites, on vise (on signifie) une signification (une référence) à l'aide d'une certaine construction mentale (un sens) ; dans les langues plus policées, on vise cette signification à l'aide d'une autre construction mentale qui est mieux formée.

âges du monde, entre les différents peuples des diverses régions de la terre, pas même entre deux individus quelconques, parce qu'ils n'auraient pas un terme immuable de comparaison pour y rapporter leurs procédés respectifs (Beauzée, art. « Langue », *Encyclopédie,* t. IX, p. 257).

La thèse de la langue universelle implicite (TLUI) paraît être exactement l'inverse de la thèse soutenue de nos jours (par exemple par Katz) sous le nom de *principe d'effabilité universelle* (PEU) et dont on peut donner deux versions : i) version large : toute pensée ou tout contenu peut être exprimé dans toute langue naturelle ; ii) version restreinte : toute proposition peut être exprimée par au moins une phrase de toute langue naturelle[1]. PEU revient à dire que toute langue naturelle est une langue universelle implicite ou, comme le soutenait Hjelmslev, qu'une langue naturelle est une langue dans laquelle toute autre langue est traduisible[2]. Cette thèse repose sur une confusion dans ce que l'on entend par « langue », nous y reviendrons dans notre chapitre 10 (« La qualité de la langue »). En tout état de cause, PEU suppose la vérité de TLUI, non seulement parce que chaque langue naturelle devient une LUI, mais aussi parce que, d'une façon ou d'une autre, on envisage qu'il existe un ensemble comme {P}. Or nous avons de solides arguments pour penser que TLUI n'est pas suffisante, qu'elle n'est pas nécessaire et qu'elle est falsifiée empiriquement par l'irréversibilité des chaînes de traduction (argument ICT).

L'insuffisance de TLUI pour expliquer la relativité linguistique est immédiate à la lecture d'une remarque de Dumarsais : « Quand Térence a dit *lacrymas mitte* et *missam iram faciet* (retiens tes larmes, ta colère), *mittere* avait toujours dans son esprit la signification d'envoyer » (*Traité des tropes,* 1730, I, 5). Comment soutenir que *mittere* signifie à la fois « retenir » et « envoyer » ? Si, comme Dumarsais l'affirme, pour Térence la signification demeure toujours « envoyer », n'est-il pas abusif de soutenir que ce qu'il pense c'est « retenir » ? Autrement dit, TLUI ne garantit

1. Nous suivons les formulations de M. Dominicy dans l'art. « Effabilité » de l'*Encyclopédie philosophique universelle,* t. II : *Les Notions,* Paris, PUF, 1990. Voir, par exemple, la contribution de Katz dans F. Guenthner et M. Guenthner-Reutter (eds), *Meaning and Translation,* Londres, Duckworth, 1978.

2. De ce point de vue, TLUI est plus faible : quelle que soit la langue, elle exprime un élément de {P}, cela n'implique pas que tout élément de {P} soit exprimable dans toute langue.

pas que nous pensions la même chose lorsque nous nous exprimons dans des langues différentes en utilisant des expressions qui sont la meilleure traduction possible l'une de l'autre.

Nous illustrerons l'absence de nécessité en utilisant de nouveau un exemple proposé par Dumarsais. Pour crier *au feu !* ([allez] au feu), les Latins criaient *aquas !* ([apportez] les eaux). Autrement dit, la traduction correcte s'exprime dans l'équation [7i] ; en [7ii], nous représentons le processus de figuration, soit à partir du latin, soit à partir du français ; *b* est l'élément commun (la signification, lorsque nous soutenons que *aquas !* veut dire la même chose que *au feu !*), appartenant à {P}.

[7] i) Lat. *aquas !* = fr. *au feu !*
ii) $F(f_{-1}(aquas$ [accus.]$)) = b = F(f_{-1}(feu))$.

Le fond du problème, c'est que nous sommes incapables de dire quelle est la nature de *b*. Il serait absurde de soutenir que dans leur contexte respectif *aquas* signifie *feu* et *feu* signifie *aquas*. On pourrait très bien imaginer que le cri « au feu ! » tombe en désuétude et soit remplacé, par exemple, par « aux pompes ! » ou « neige carbonique ! ». Jamais cela ne nous forcera à admettre que « feu » signifie « pompe » ou « neige carbonique » ou « eau ». Pourtant, il n'y a pas de meilleure traduction possible du latin *aquas !* que celle exprimée en [7ii]. La supposition de *b*, donc de TLUI, est inutile et pose plus de problèmes qu'elle n'en résout. Ce que nous envisageons dans l'équation de traduction, c'est que, dans les circonstances où il y a un incendie (ou présomption d'incendie ou tentative pour faire croire qu'il y a un incendie !), le Romain antique criait *aquas !* et le Parisien d'aujourd'hui criera *au feu !* et que cela servira dans les deux cas pour appeler les moyens spécifiques d'aide. Il y a analogie de circonstances et de comportement ; cette analogie suffit à justifier la traduction, il n'est pas nécessaire de postuler derrière les mots l'identité de quelque chose qui serait une signification, dont de surcroît nous ne sommes pas capables de dire en quoi elle consiste.

L'argument ICT est très simple et il a été la croix des tentatives de traduction automatique (voir chap. 8 : « La traduction automatique »). Pour obtenir une chaîne de traduction, il suffit de supposer que e_i de L_i soit traduit par e_j de L_j, ..., e_{n-1} de L_{n-1} par e_n de L_n. La réversibilité de la chaîne suppose que, si on demande de traduire e_n de L_n en L_i, on obtienne e_i. Il arrive très souvent que cela ne soit pas le cas. C'est pourquoi nous préférons, quand cela est possible, traduire un ouvrage d'après l'original et non d'après l'une de ses traductions. Si cela n'est pas le cas, c'est qu'il n'y a pas un élément appartenant à {P} comme le *b* de [7ii] et qui serait la signification de n'importe laquelle de nos expressions ; par conséquent, il n'y a pas de LUI[1].

Dans l'article « Idiotisme » de l'*Encyclopédie,* Beauzée présente une théorie particulièrement intéressante qui présuppose {P}, et donc une version de TLUI, sans recourir à la figuration. Le grammairien remarque qu'en allemand l'épithète fonctionne comme en latin ou en français *(diese gelehrten Männer / hi docti viri, ces savants hommes),* tandis que l'attribut, contrairement au cas des deux autres langues, ne s'accorde pas avec son sujet *(diese Männer sind gelehrt)*. L'invariabilité classe l'attribut allemand parmi les adverbes *(ces hommes sont savamment),* c'est-à-dire parmi les mots qui expriment une manière d'être. Autrement dit, l'attribut est exprimé sans détermination référentielle[2]. Dans les autres langues, l'accord indique que l'attribut est exprimé avec la même détermination référentielle que le sujet. Or il s'agit bien, dans les trois phrases, de la même opération de jugement. Mais, pour le grammairien, cette opération n'est pas représentée, en allemand et dans les autres langues, *au même moment* de son déroulement[3] :

> Le *germanisme* saisit l'instant qui précède immédiatement l'acte de juger, où l'esprit considère encore l'attribut d'une manière vague et sans appli-

1. Pour soutenir que cet argument n'est pas probant, on pourrait objecter : i) que l'absence de chaîne réversible de traduction est une pure apparence contingente et provient de ce que nous avons fait des erreurs au cours d'une ou plusieurs traductions ; ii) que l'argument ICT montre seulement que nous n'avons pas atteint {P} et, comme il est purement empirique, ne prouve nullement l'impossibilité de {P}. Ces objections tombent si l'on montre que traduire suppose toujours des choix, la contingence de ces actes successifs conduisant justement à l'irréversibilité. Voir S. Auroux, L'hypothèse de l'histoire et la sous-détermination grammaticale, *Langages,* n° 114, 1994, p. 25-40.

2. La stratégie de la figuration conduirait à soutenir que l'adverbe allemand est pris pour un adjectif.

3. Cette idée d'utiliser le « temps » pendant lequel la pensée se construit sera ultérieurement exploitée, probablement de façon indépendante, par G. Guillaume, qui lui donne le nom de *chronogenèse.* Ainsi, dans *Temps et verbe* (1929), le linguiste considère-t-il l'aspect *(temps in posse),* le mode *(temps in fieri)* et le temps *(temps in esse)* des verbes comme correspondant aux différents moments de la construction de l'image verbale, aux différentes visées que l'on peut avoir durant cette chronogenèse. L'image verbale peut ainsi être réalisée à chacun de ces moments.

cation au sujet ; la phrase commune présente le sujet tel qu'il paraît à l'esprit après le jugement, et lorsqu'il n'y a plus d'abstraction (*Enc. méth.*, t. 2, p. 281).

Nous pouvons envisager les conséquences de cette conception de la façon suivante. La pensée p_i d'un sujet S_i est représentée par une suite linguistique l_i ; si un sujet S_j comprend l_i, alors il forme une pensée p_j, telle que p_i est identique à p_j. S'il existe une langue quelconque dans laquelle l'expression linguistique l_k est traduisible par l_i, alors cette expression, pour tout locuteur, représente une pensée identique à p_i. La synonymie entre l_i et l_k n'implique pas qu'il existe un isomorphisme entre leurs éléments et, par conséquent, non plus qu'il existe un isomorphisme entre aucune expression linguistique et la pensée qu'elle représente. Pour un auteur comme Beauzée, aucun langage n'est identique au processus mental de la pensée. Ce processus mental, qui est une unité fonctionnelle (Beauzée dit qu'il est « indivisible »), possède cependant des « moments » que nous pouvons nommer des « parties naturelles ».

Il est important de s'arrêter sur cette idée de « parties naturelles ». Le processus de la pensée peut être représenté par un continuum (une droite, par exemple). Dans ces conditions, l'ensemble de ses éléments (les points de la droite) est infini et il y a une infinité de façons d'en choisir des parties. C'est précisément cette image de la continuité qui est utilisée par les tenants du relativisme pour nier l'existence d'universaux (cf. la façon dont Saussure représente la pensée avant son découpage par le langage dans le schéma *b* reproduit chap. 3 : « La théorie saussurienne de la valeur »). L'exemple le plus connu, que l'on trouve dans tous les manuels, est celui des couleurs. On suppose la continuité du spectre des couleurs qui se trouve différemment découpé selon qu'une langue possède deux, quatre ou *n* termes pour exprimer les différentes couleurs. Comme il y a une infinité de découpages possibles, les différents découpages ne seront généralement pas isomorphes entre eux. Nous sommes en plein relativisme. La situation change si nous supposons qu'il y a des « parties naturelles » en nombre fini. Beauzée ne soutient pas que l'allemand et le français représentent la pensée selon des points de vue arbitraires, choisis parmi une infinité de moments possibles, mais soit *avant,* soit *après* le jugement. Ces deux différents points de vue peuvent être exprimés par un adverbe ou par une épithète ; il n'y en a pas d'autres possibles. Il y a donc un rapport stable des langues à la pensée unique, laquelle peut fonctionner comme une LUI : s'il n'y a pas isomorphisme, il y a homomorphisme. Parvenir à distinguer des parties stables dans un continuum est une façon d'échapper à l'arbitraire du découpage[1].

La stratégie de Beauzée n'amende pas de façon décisive la thèse figurative. Comme elle, sa base est la TLUI. Par conséquent, elle aura les mêmes limites. On comprendra peut-être mieux en quoi *gelehrt* se différencie de *savants* et peut-être admettra-t-on que leur identité est plus sensible s'il s'agit des représentations de la *même* pensée à des moments différents de sa construction. Mais en quoi consiste cette pensée demeurera obscur ; pourquoi est-elle la même, puisque ce n'est pas la même chose que de penser *gelehrt* et de penser *savants* ? Le temps de construction de la pensée, l'existence d'un avant et d'un après le jugement, n'est probablement pas autre chose qu'une hypothèse *ad hoc* pour expliquer que, d'un côté, on puisse traduire et que, de l'autre, on doive admettre que ce n'est pas tout à fait la même chose qui est exprimée. Il faut en conclure que le mentalisme, qui introduit des hypothèses ontologiques très fortes[2], ne parvient pas à traiter de façon satisfaisante la question de la relativité linguistique.

L'indétermination de la traduction et l'inscrutabilité de la référence

Si le mentalisme est insuffisant pour traiter la relativité linguistique, c'est parce qu'il ne parvient pas à nous garantir qu'il y ait

1. On retrouve aujourd'hui cette façon de « repêcher » les universaux. En 1969, B. Berlin et P. Kay (*Basic Color Terms*, University of California Press), pour contrer le relativisme, se sont efforcés de montrer que les noms de couleur correspondaient à des contraintes implicationnelles universelles sur la base de onze couleurs (par exemple, si un système n'a que deux termes, ce sera nécessairement « blanc » et « noir »).

2. Il s'agit des entités mentales dont nous avons du mal à nous représenter ce qu'elles sont, en quoi elles consistent ; nous y reviendrons dans le prochain chapitre. Les versions du mentalisme étudiées dans ce chapitre refusent le relativisme linguistique. Généralement, le mentalisme est un refuge contre le relativisme, mais on peut très bien envisager d'accepter l'existence d'entités mentales sans admettre qu'elles soient universelles. C'est – nous semble-t-il – la position de Whorf.

quelque chose de stable et d'universel qui explique les équivalences de traduction. Il vient immédiatement à l'esprit que l'on pourrait chercher la solution du côté du réel lui-même. Après tout il n'y a qu'un monde, et lorsque nous parlons des entités qui le constituent, quelle que soit la langue utilisée nous parlons bien de la même chose. L'identité de la réalité pourrait ainsi être pensée comme la propriété stable et accessible à tous, transcendant la différence des langues. Au reste, même les mentalistes, lorsqu'ils sont empiristes, prennent cette identité pour point de départ (« Tous les peuples ont les mêmes sens et sur les sens se forment les idées », Turgot, *loc. cit.*, p. 26). Cela ne nous garantirait peut-être pas que nous pensions la même chose (voir, *supra*, notre remarque sur le fait que l'identité de référence laisse complètement ouverte le problème du sens). Mais, au moins, il y aurait un sens dans lequel il serait aisé de soutenir que nous parlons bien de la même chose[1] lorsque nous traduisons d'une langue à l'autre. C'est ce type d'hypothèse que les travaux de Quine ont remis vigoureusement en question, en développant le thème de l'*indétermination de la traduction*.

Pour parvenir à considérer le rapport des expressions linguistiques au monde, il faut que nous puissions les considérer isolément. Cela n'est pas du tout évident. Dans la section précédente, nous avons vu comment il était délicat d'accorder au suffixe inchoatif du hopi une signification indépendante de la totalité du contexte. Dans le même ordre d'idées, la théorie saussurienne de la valeur implique qu'un élément linguistique déterminé n'ait de valeur que dans l'ensemble du système auquel il appartient. Ce type de position correspond à la thèse du *holisme sémantique*. Quine est un partisan du holisme, en particulier en matière d'épistémologie[2]. Le holisme est cohérent avec la thèse sur l'analycité, car il

1. Notons que c'est à condition d'avoir une conception totalement objectiviste de ce que nous entendons par « monde » ; Sapir, dans le passage cité *supra,* utilise un sens du mot « monde » qui l'identifie à l'univers des significations : lorsque nous appartenons à des univers culturels différents, nous ne nous mouvons pas exactement dans le même « monde ».

2. Selon lui, lorsque l'on confronte une théorie à l'expérience et que le résultat est négatif, on ne peut savoir exactement laquelle des affirmations de la théorie se trouve contredite. On donne habituellement à cette assertion le nom de *thèse de Duhem-Quine,* en souvenir du physicien et historien des sciences français, P. Duhem, qui l'avait soutenue dans son ouvrage *La théorie physique* (1905).

implique le rejet de la distinction entre l'analytique et le synthétique ; cependant l'implication inverse n'est pas vraie. En tout état de cause, pour aborder notre problème, nous avons besoin d'au moins un type de situation linguistique susceptible de nous libérer du holisme. Quine y parvient en distinguant parmi les types de phrases possibles, celles qu'il nomme *phrases occasionnelles* : des expressions comme « Ceci est un lapin » n'appellent que l'acquiescement ou l'approbation d'un locuteur ; elles ont un sens, prises isolément. Dans ces conditions, la théorie de la signification-stimulus que nous avons exposée dans notre chapitre 3 (« La théorie saussurienne de la valeur ») pourrait définir la synonymie entre des expressions de langues différentes sur une base totalement réaliste et comportementale. La seconde grande découverte de Quine est qu'il n'en est rien.

Dans *Word and Object* (1960), le philosophe américain part d'une situation de *traduction radicale* : un linguiste se trouve devant une langue inconnue qu'il doit apprendre par la méthode directe, en observant ce que disent les indigènes dans des circonstances rencontrées ou imaginées ; il ne possède pas de dictionnaire préalable et n'a d'autre preuve que le comportement. Supposons que notre linguiste ait repéré une certaine concomitance entre le passage de lapins et l'émission par les indigènes de l'expression *gavagai* ; le linguiste peut faire l'hypothèse que *gavagai* signifie « lapin ». Pour tester son hypothèse, il présente à un informateur l'expression *gavagai* comme une question, lorsqu'ils sont tous deux en présence d'un lapin et en lui montrant l'animal du doigt. Si l'indigène acquiesce, peut-il conclure qu'il a trouvé la bonne traduction ? Quine répond que non parce que l'indigène donnerait exactement la même réponse si *gavagai* signifiait « partie non détachée de lapin » ou « segment temporel de lapin ». La traduction est indéterminée : plusieurs hypothèses sont compatibles avec les données comportementales. Nous n'avons pas de véritable critère de synonymie pour égaler *gavagai* et « lapin ». Nous n'avons pas non plus de moyens expérimentaux pour distinguer, dans l'apprentissage indigène de la façon d'appliquer une expression, ce qui proviendrait exclusivement de l'apprentissage linguistique et ce qui aurait sa source dans des éléments extralinguistiques. L'exemple de Quine est totalement artificiel et imaginaire, mais nous savons qu'il est parfaitement plausible. Dans la plus ancienne liste de mots groenlandais que nous possédons (1587), on trouve le mot *panygmah* que l'on comprend aujourd'hui comme signifiant « celle de ma fille », traduit par « aiguille » ; on imagine le traducteur radical indiquant l'aiguille du doigt et l'indigène croyant qu'il voulait savoir à qui elle appartenait. Jespersen, à qui nous avons emprunté cet exemple, cite encore une ancienne liste de la langue polabe où *scumbe, subuda* et *janidiglia* sont traduits respectivement par « hier », « aujourd'hui » et « demain », alors que le premier signifie « jour de fête », le second « samedi » et le troisième « c'est dimanche » (1922, trad. franç., p. 113) : l'informateur a dû être interrogé un samedi !

L'indétermination de la traduction va plus loin qu'un simple flottement sur les concepts. « Lapin », « partie non détachée de lapin » ou « segment temporel de lapin » ne sont pas seulement des expressions linguistiques possédant des significations différentes, ils sont vrais de choses différentes. Par conséquent, c'est la référence elle-même qui est *inscrutable*. L'acte de montrer du doigt que l'on ferait pour enseigner le terme général concret « vert » (« C'est vert ») ne diffère pas du geste que l'on ferait pour enseigner le terme singulier abstrait « vert » (« ça, c'est le vert ») ; cependant, il n'ont certainement pas la même référence : le premier est vrai de plusieurs objets ; le second, d'un seul. La simple observation empirique ne suffit pas à trancher entre les deux interprétations. Quoique la notion de référence semble plus claire que celle de « sens » ou de « signification », elle échoue pareillement sur la question de la relativité.

Bien entendu, un linguiste ne resterait pas dans l'indétermination. Il va plus loin en faisant ce que Quine nomme des *hypothèses d'analyse,* c'est-à-dire en construisant pas à pas un manuel de traduction[1]. En français, nous levons l'ambiguïté de l'ostension par des éléments contextuels (*un* lapin, *des* lapins, *une partie de* lapin, etc.). Le linguiste va procéder en identifiant peu à peu des éléments de la langue indigène à nos procédures d'individuation (le pluriel, l'article, par exemple). Il a certainement raison et il n'y a guère moyen de faire autrement ; à la longue, les

1. Ce dernier correspond à ce que nous nommons des « outils linguistiques » ; voir chap. 8 : « La chambre chinoise et les outils linguistiques ».

linguistes finissent toujours par construire de bons manuels de traduction, c'est-à-dire de bons outils linguistiques.

On pourrait donc penser que les hypothèses d'analyse finissent par lever l'indétermination de la traduction. Il en va certainement ainsi dans la pratique, mais Quine nie que cela change rien quant au principe de fond. Lorsque j'interprète la langue indigène, je ne fais que prendre des décisions à partir de ma langue : la langue-source est toujours la langue du traducteur. Autrement dit, en traduisant on ne peut que projeter une structure sur une autre. On peut avoir de plus ou moins bonnes projections, mais ce que le philosophe soutient, c'est qu'il n'y a jamais de critère non linguistique pour trancher. Un tel critère signifierait que l'on serait capable de décider empiriquement et absolument entre plusieurs hypothèses d'analyse incompatibles. Or nous ne disposons pas de principe de démarcation permettant de distinguer ce qui viendrait de notre langage ou de nos hypothèses analytiques et ce qui viendrait de la réalité elle-même. Il peut toujours se faire que deux hypothèses logiquement incompatibles entre elles soient toutes deux parfaitement compatibles avec le comportement observable[1]. Cette position de principe peut s'étayer sur des exemples, dont certains sont développés dans *Relativité de l'ontologie*.

Selon Quine, il existe, en japonais, des particules, les « classificateurs », qui sont susceptibles d'une double analyse. On peut les considérer comme des éléments que l'on attache à des adjectifs numéraux pour former des complexes applicables à des objets comptables ; mais on peut aussi les analyser comme déterminant les substantifs. Considérons que l'adjectif numéral correspond à « cinq », le substantif à « bœuf » et le classificateur à quelque chose comme « animal ». La première analyse donne « cinq-

1. Cette argumentation est à rapprocher de celle qu'a inventée N. Goodman dans *Fact, Fiction and Forecast* (1954) pour analyser le problème de l'induction. Soient la propriété habituelle « (...) être vert » et la propriété « (...) est *vleu,* si (...) est examiné avant le temps *t* est vert et (...) est bleu si examiné après le temps *t* ». Alors au temps *t* nous avons une égale évidence empirique pour soutenir qu'une émeraude est verte ou qu'elle est *vleue,* quoique ces propriétés soient mutuellement incompatibles. Ce problème n'est guère différent de celui de la signification des termes linguistiques, car, comme le note Hacking : « Utiliser un nom pour une espèce, c'est (entre autres choses) vouloir réaliser des généralisations et former des anticipations concernant les individus de cette espèce » (1993, p. 9).

animal bœuf » et la seconde « cinq bœuf-animal ». Dans le premier cas, le classificateur s'associe au numéral pour former un numéral « décliné » dans le genre animal ; l'ensemble détermine le substantif individuatif qui désigne le bœuf en tant que tête de bétail. Dans le second cas, le substantif japonais que nous traduisons par « bœuf » n'est pas comme le terme français un substantif individuatif désignant une tête de bétail, mais plutôt un terme de masse comme « bovidé » ou « bétail bovin » ; c'est associé au classificateur qu'il signifiera quelque chose comme « tête de bétail bovin ». Les deux hypothèses analytiques aboutissent à des interprétations très différentes du mot japonais identifié à « bœuf » ; pourtant la traduction d'ensemble restera la même (« cinq bœufs ») : la différence de traitement du classificateur est « compensée » par la différence de traitement du substantif.

Quine donne d'autres arguments[1] en faveur de sa thèse de l'indétermination de la traduction. Certains, qui visent sa version ontologique (l'inscrutabilité de la référence), reposent sur une très belle interprétation du théorème de Löwenheim-Skolem : toutes les ontologies admissibles pour un univers non vide sont réductibles à des univers dénombrables et ceux-ci à des ontologies composées de nombres naturels par conséquent, on ne pourra pas distinguer entre un univers non dénombrable et une partie dénombrable de cet univers. L'indétermination ne s'arrête pas *at home* : même la communication intralinguistique est affectée par l'indétermination. Lorsque je pose la question : « Est-ce que "lapin" renvoie bien à des lapins ? », quelqu'un peut répliquer : « Renvoyer aux lapins dans quel sens de "lapins" ? » et instaurer ainsi une régression à l'infini. « Chercher une référence plus absolument ressemblerait à vouloir une position absolue ou une vitesse absolue au lieu de la position et de la vitesse par rapport à un cadre de référence donné » (*Relativité de l'ontologie*, trad. franç., p. 62). Il n'y a pas de sens à dire ce que sont les objets d'une théorie, on peut tout juste dire comment interpréter ou réinterpréter cette théorie dans une autre (*ibid.*, p. 63) : il n'y a pas de sens à vouloir dire ce que sont les objets d'une théorie, absolument parlant. D'où, pour l'ontologie, un *principe de relativité* : réfé-

1. Certains commentateurs en ont ajouté d'autres. Gochet, 1978, p. 88, signale un argument que lui a suggéré Føllesdal et qui correspond à notre argument ICT.

rence est non-sens en dehors d'un système de coordonnées. Il nous faut toujours un langage d'arrière-plan.

La thèse de Quine est probablement l'un des points les plus discutés de la philosophie moderne, parce que son enjeu est considérable[1]. C'est pourquoi il importe d'en préciser la portée exacte. À notre sens, le problème de Quine n'est certainement pas de nier les possibilités de traduction, ce qui, au reste, serait une position triviale et erronée. Il n'est pas non plus d'attirer l'attention sur de nouveaux faits ou sur leur idéalisation. Les problèmes posés par l'ajustement de la référence en situation d'apprentissage sont bien connus. Aristote remarquait déjà que « les enfants appellent d'abord tous les hommes pères, et mères toutes les femmes ; c'est seulement ensuite qu'ils les distinguent les uns des autres » (*Physique,* I.1, 184 *b* 12). Le lecteur trouvera dans l'ouvrage de Jespersen cité plus haut une série d'exemples empiriques clairement analysés. Le lecteur se souvient aussi de la discussion de Locke sur le souci et la violette (voir p. 97 et 105). L'apport de Quine se situe ailleurs. Pour le cerner, il est important de faire attention à un argument de *Relativité de l'ontologie.* Le philosophe discute de la façon dont un « vrai » linguiste s'y prendrait pour résoudre le cas de *gavagai* ; selon lui, il serait guidé par la règle implicite qu' « un objet qui dure, qui jouit d'une homogénéité relative, et qui se déplace comme un tout en s'enlevant sur un fond, est vraisemblablement la référence d'une expression courte ». Quine ajoute :

> S'il prenait conscience de cette règle, le linguiste ne manquerait pas de l'élever au rang d'universel linguistique ou de trait commun à toutes les langues, tout en soulignant sa crédibilité psychologique. Or il se tromperait, car cette règle émane de ce qu'il l'a imposée en vue de trancher ce qui objectivement est indéterminé. Il a pris une décision fort sensée, et je n'en saurais pas d'autre à recommander : je ne m'intéresse qu'à dégager un point de philosophie (*loc. cit.*, p. 47).

1. Le nœud de l'argumentation semble généralement assez mal compris. Fodor (1994, chap. 3 : « Rabbit Redux (or "Reference Scrutinized") ») argumente contre la thèse de l'indétermination en proposant de considérer les conséquences admises par l'indigène de ses assertions référentielles. On ne peut que préconiser pareille stratégie pour construire des hypothèses analytiques de traduction. Toutefois, cette stratégie repose sur l'universalité de la syntaxe logique. Il s'agit de l'un des points à établir, pour pouvoir lever l'argumentation de l'indétermination. Fodor commet donc une vulgaire pétition de principe.

Peu importe le contenu quelque peu fantaisiste de la règle. Retenons simplement qu'il s'agit d'une règle R, formulée dans une langue L_i, langue dans laquelle travaille notre linguiste. On peut imaginer que Quine ne s'opposerait pas à l'idée que le linguiste puisse constater que cette règle est applicable dans tous les cas de traduction qu'il connaît, voire que la communauté des linguistes puisse l'adopter dans tous les cas pour toutes les langues connues et même qu'elle est valable pour toutes les langues possibles[1]. Dans ces conditions, on pourrait trouver une façon de formuler R, bien entendu dans la langue L_i, sous la forme d'une proposition universelle. Nous aurions bien un universel, que nous noterons UL_i. La seule façon d'interpréter notre citation, c'est de penser que ce n'est pas en ce sens-là que Quine refuse l'universel linguistique ; nous noterons ce dernier U_*. Pourquoi UL_i n'est-il pas U_*, au point qu'on puisse envisager d'admettre la possibilité du premier, mais pas celle du second ? D'après ce qui précède, la réponse est claire : parce qu'on part toujours d'une langue donnée et de son système de coordonnées. UL_i est formulé dans ce système de coordonnées ; U_* supposerait une indépendance de tout système de coordonnées, ce qui n'a pas de sens. Supposons que nous disposions de *n* langues telles que nous puissions avoir les traductions $UL_i = UL_j = \ldots = UL_n$, ces traductions ne se feront pas sur la base d'une équivalence sous-jacente de signification, telle que nous pourrions égaler cette signification à U_*, qui jouerait le rôle du *b* de [7ii]. Elles se feront sur la base d'hypothèses d'analyse. La question de fond, c'est l'existence de U_* ; nous en aurions un indice certain si nous disposions d'un critère empirique indépendant de nos hypothèses d'analyses ; or, c'est justement l'absence d'un tel critère que l'indétermination de la traduction met au jour. Nous retrouvons en quelque sorte la structure de l'argumentation contre la démarcation entre les propositions analytiques et synthétiques, à laquelle l'indétermination de la traduction est plus homogène qu'on ne le croit souvent. La démarcation supposerait que l'on puisse se passer de recourir aux faits ;

1. À la limite, peu importe que ce soit ou que ce ne soit pas là ce que pense véritablement Quine. Notre but est de montrer que son argumentation n'est pas un refus trivial de l'universalité, mais qu'elle serait valable quand bien même on admettrait d'une certaine façon cette dernière. Autrement dit, que le point de l'argumentation est une question philosophique autrement plus profonde.

il y a toujours un fait caché et ce fait est un fait de langue donné. La détermination supposerait que l'on puisse recourir aux faits en se passant de tout langage ; il y a toujours une hypothèse analytique imposée et celle-ci dépend d'une langue donnée. Si la démarcation était possible, on pourrait distinguer clairement entre la structure des langues et celle du réel et on pourrait lever l'indétermination. Inversement, s'il y avait détermination, on pourrait sauver la démarcation.

La thèse de Quine, ce n'est pas l'intraduisibilité, ni même l'impossibilité pour les linguistes de formuler dans leur langage des propositions universelles, c'est qu'il n'existe pas de point d'ancrage absolu. Ce qui est refusé, c'est une interprétation *objective* des universaux linguistiques, quelque chose qui serait dans la tête des locuteurs lorsqu'ils parlent. Quine ne rejette pas le rôle que peuvent jouer dans l'analyse linguistique les structures profondes que Chomsky postulait en 1957[1] et 1965[2], mais il en donne une interprétation instrumentale : elles sont l'analogue des paraphrases en langue artificielle canonique que proposent les logiciens[3]. L'universalité elle-même est toujours indigène.

1. Dans *Syntactic Structure*, N. Chomsky reprend l'idée d'une théorie grammaticale basée sur l'engendrement ou génération des phrases selon un double processus : d'abord sont engendrées des structures de base (structure profonde) et, ensuite, celles-ci font l'objet de transformations (structure de surface). La grammaire est conçue comme un ensemble de composants algorithmiques engendrant les phrases de la langue. Le composant syntaxique est premier et autonome par rapport au composant sémantique. Les règles de grammaire sont semblables aux règles de réécriture des langages formels. Par la suite, Chomsky variera sur bien des points, mais son programme de recherche comportera toujours l'admission d'entités intensionnelles (mentalisme).

2. Dans *Aspects of the Theory of Syntax*, Chomsky propose une version plus systématique de sa théorie : introduction des notions de compétence et performance ; abandon des transformations généralisées en faveur des structures de phrase ; séparation entre, d'une part, les règles lexicales et les sous-catégorisations, et, d'autre part, les règles concernant les structures de phrase. Il soutient que les considérations sémantiques ne jouent aucun rôle dans le choix de la structure syntactique ou phonologique d'une langue. Ce modèle sera nommé théorie standard.

3. Voir son article Methodological reflections on current linguistics, *Synthese*, 1970, repris dans D. Davidson et J. Harmann (eds), *Semantics of Natural Language*, Dordrecht, Reidel, 1972, p. 442-454.

La relativité de l'ontologie et la question de la langue universelle

L'un des effets de la grammatisation des vernaculaires européens, à partir de la fin du XVIe siècle, et de la disparition progressive du latin comme langue de savoir et d'administration a été la constitution de cultures nationales. Symétriquement s'est posée la question de l'équivalence entre les langues des différentes cultures et de la construction d'un instrument qui transcende ces différences, c'est-à-dire d'une *langue universelle.* On pouvait y répondre naïvement, à partir des polyglottes de la Renaissance. Un polyglotte est un dictionnaire qui met en parallèle les mots de *n* langues. Si l'on attribue un numéro à chaque ligne de correspondance, on peut envisager d'utiliser ces numéros comme les éléments d'un code universel et de remplacer les mots d'une phrase dans une langue donnée par les numéros dans le dictionnaire. C'est exactement ce qui se passe pour les systèmes de numération des langues européennes : n'importe quelle expression rédigée en chiffres arabes peut être lue dans n'importe quelle langue européenne, parce que 1 = lat. *unus* = fr. *un* = all. *ein* = angl. *one*, etc. Bien entendu, dans le cas des langues naturelles, il faudrait qu'aucune ne diffère dans sa constitution sémantique. On pourrait considérer que la faillite du projet tient à l'imperfection des différentes langues qui sont construites arbitrairement. En fait, le concept d'une langue universelle a été argumenté sur d'autres bases par le chancelier Francis Bacon dans l'*Advancement of Learning* (1605) et dans la version latine qu'il en donna plus tard, *De dignitate et augmentis scientiarum* (1623). Le modèle devient celui des caractères chinois : on les concevait comme des idéogrammes, c'est-à-dire comme les signes des idées, alors qu'il s'agit, selon le terme proposé par Gelb (voir chap. 2 : « Qu'est-ce que l'écriture ? »), de logogrammes, c'est-à-dire des signes des mots qui, du coup, dépendent de la structure d'une langue. Comme Descartes l'explicite, dans une célèbre lettre au P. Mersenne du 20 novembre 1629, pour développer un modèle de ce type et parvenir à disposer des bases d'une langue universelle, il suffit de trouver les idées élémentaires dont toutes les autres sont composées. Le thème préoccupa longuement Leibniz. Les tentatives les plus poussées ont été faites par John Wilkins, premier secrétaire et cofondateur de la Royal Society londonienne, l'une des plus prestigieuses sociétés savantes de l'époque, dans *An Essay towards a Real Character and a Philosophical Language* (1668), et par Georges Dalgarno dans son *Ars signorum* (1661). Ce qui rendait sans doute plausible un tel programme, c'est la conception même de l'universalité de la pensée humaine, rarement mise en doute par les philosophes.

Les savants qui ont tenté de réaliser le programme classique de recherche d'une langue universelle s'efforçaient de respecter quatre types de contraintes :

i) Réduire à l'unité les moyens de la communication humaine (les langues) afin de permettre une généralisation de cette communication.
ii) Rectifier les irrégularités des langues naturelles qui rendent leur apprentissage et leur maniement malaisés.
iii) Supprimer les défauts que le développement des sciences modernes met en lumière dans les langues quotidiennes (polysémie, imprécision des termes, absence de correspondance entre les procédés linguistiques et la représentation scientifique du réel, c'est-à-dire, plus généralement, absence de motivation de la nomenclature).
iv) Lier la bonne constitution des énoncés de la langue à leur valeur de vérité, c'est-à-dire à leur rapport à la constitution du réel.

Somme toute, il s'agissait, d'un côté, de maximiser l'instrumentalité communicative du langage en étendant sa portée et en minimisant le coût de son apprentissage, de l'autre, de maximiser l'instrumentalité véridictive en améliorant la représentation de la pensée scientifique et l'adéquation au réel. Que ce but dût être atteint par la création d'une langue totalement artificielle (par opposition aux langues quotidiennes, qualifiées de « naturelles ») relève d'une option philosophique très forte qui, à la fois, disqualifie les langues naturelles parce qu'elles sont le produit de la contingence historique et soutient que la représentation scientifique et la communication quotidienne sont de même nature. Cette option est typiquement idéaliste ; les empiristes (Locke contre Leibniz) pouvaient en adopter la seconde partie, admettre également que les langues naturelles sont imparfaites[1], sans recu-

1. Il ne faut pas confondre l'idée condillacienne d'une « langue bien faite » avec celle d'une langue universelle : pour le sensualiste, les langues primitives sont des langues bien faites, de même que l'est une science bien traitée.

ler devant l'historicité : il leur suffisait d'adopter une option réformiste. Les tentatives classiques de langue universelle n'ont pas même abouti à leur construction effective. En fait, le programme traditionnel poursuivait deux projets qui peuvent être clairement séparés : d'un côté, la construction d'un instrument de communication qui dépasse la barrière constituée par les langues nationales ; de l'autre, celle d'un instrument de représentation qui soit adéquat à l'expression d'une connaissance correcte du réel et d'elle seule, étant entendu qu'il n'existe qu'une connaissance correcte. « Universel » n'a pas le même sens dans l'un et l'autre cas : soit il s'agit d'une langue utilisée par tous les hommes, soit il s'agit d'une langue valant pour tout le réel. Lorsque le projet sera repris à la fin du XIXe siècle[1], on sépare souvent ces deux éléments, en visant, d'un côté, une langue internationale auxiliaire (voir Couturat et Léau, 1903) et, de l'autre, une idéographie dont la syntaxe se confond avec les procédures de déduction. Les deux projets ont attiré quantité de doux rêveurs, mais aussi d'éminents savants, philosophes, mathématiciens, logiciens et linguistes, ces derniers bravant l'interdit de la Société linguistique de Paris qui, par l'article II des Statuts qu'elle possédait à sa fondation, refusait de recevoir des communications sur le sujet[2].

Il n'est certainement pas impossible de construire une langue artificielle qui possède toutes les caractéristiques d'une langue naturelle. Les savants de la fin du XIXe siècle, bénéficiant largement des progrès des sciences du langage, ont été capables de le faire à plusieurs reprises. Certaines de ces langues, comme l'espéranto, ont été diffusées et utilisées par plusieurs dizaines de milliers de locuteurs. Mais la langue internationale auxiliaire est incontestablement une utopie : elle supposait l'accord de tous et, bien souvent, les promoteurs des langues les plus élaborées ont

1. L'Association phonétique internationale, qui mettra progressivement au point l'Alphabet phonétique international (API) utilisé par les linguistes dans leur transcription des langues du monde, est créée en 1886. En 1887, Zamenhof invente l'*esperanto* qui connaîtra de nombreux dérivés dont l'*ido* (L. Couturat, 1907) et l'*esperantido* (R. de Saussure, le frère du linguiste, 1919).

2. On notera que les discussions menées par les Idéologues au sein de l'Institut au début du XIXe siècle avaient déjà conduit Destutt de Tracy à postuler que la langue universelle était aussi « impossible que le mouvement perpétuel ». C'était mettre le projet au rang des monstruosités scientifiques comme l'est la quadrature du cercle.

fini par mettre en place des projets concurrents ou des réformes qui donnaient lieu à des dissidences. Il était, en outre, vain de penser que dans son utilisation une langue auxiliaire internationale pût garder indéfiniment les « bonnes » qualités que sa formation artificielle devait lui assurer au départ. Pour cela, il eût fallu que sa grammaire prédise tous ses emplois – en un mot, qu'elle soit fixe et insensible à l'histoire[1].

Nous devons la constitution de la logique formelle moderne au versant idéographique des projets de langue universelle. La logique moderne a prouvé son utilité ; la question est de savoir si on peut considérer un formalisme comme une langue universelle. On pourrait argumenter à partir des limitations internes des formalismes : les théorèmes de Gödel ou de Tarski conduisent à une régression infinie de métalangages. Une universalité qui se paierait au prix d'une infinité n'est pas vraiment crédible. Mais le point à discuter se trouve probablement ailleurs, et il concerne l'ontologie. Russell n'hésitait pas à écrire qu'« il y a dans le monde quelque chose qui correspond à la distinction entre parties du discours telle qu'elle se présente dans un langage logique » (*Signification et vérité,* trad. franç., p. 369). Nous retrouvons la problématique médiévale selon laquelle les modes de signifier sont les modes de l'être[2]. L'universalité de la syntaxe logique correspond au fait qu'elle est adéquate au réel, tout comme devait l'être la caractéristique de Wilkins. Cela suppose son unicité. C'est pourquoi Carnap considère les propositions de la métaphysique comme des non-sens. Soit le passage suivant de *Qu'est-ce que la métaphysique ?* (1929) de Heidegger :

> On ne doit étudier que l'être ; en dehors de lui – *néant* ; l'être seul et au-delà – *néant* ; l'être unique et au-dessus de lui – *néant. Qu'en est-il de ce Néant ?* (...) *Qu'en est-il du Néant ?* (...) *Le Néant néante.*

La possibilité de formuler de telles propositions découlerait d'une carence logique du langage naturel : il est impossible, en effet, de les traduire dans la syntaxe logique (Carnap, 1934,

1. Voir S. Auroux, L'hypothèse de l'histoire et la sous-détermination grammaticale, *Langages,* n° 114, 1994, p. 25-40.

2. C'est pourquoi la grammaire spéculative intéressait Heidegger : « la *grammatica speculativa,* c'est-à-dire la méditation de la métaphysique sur la parole, dans son rapport à l'être » (*Acheminement vers la parole,* trad. franç., p. 92).

p. 25-31). On pourrait cyniquement soutenir que c'est dommage... pour la syntaxe logique. En tout état de cause, la thèse de Quine déplace totalement la question : notre langage logique est une variété indigène de langage, nous pouvons développer des arguments pour la préférer, mais ils n'auront jamais valeur d'absolu.

Nous avons de bonnes raisons de croire que toute langue universelle est impossible. Faut-il pour autant admettre que cette impossibilité a valeur de démonstration absolue ? Si l'on y réfléchit bien, l'idée que l'on puisse démontrer absolument qu'une langue universelle est impossible est contradictoire, parce qu'elle supposerait l'existence même de cette langue. Toute explication de la relativité linguistique serait dans le fond une façon de la surmonter, ce qu'il ne nous est pas interdit de tenter. La diversité des langues est probablement irréductible et cette irréductibilité constitue assurément le fait le plus énigmatique auquel soient aujourd'hui confrontées la philosophie du langage et la métaphysique occidentale.

6 – Pensée et langage

Qu'est-ce que la pensée ?

Par *pensée* on désigne habituellement un type d'activité essentiellement exemplifiée dans les sujets humains au point que l'on peut envisager d'en faire leur trait distinctif par rapport aux autres animaux. C'est à ce type d'activité que l'on rattache la capacité d'entrer en contact avec autrui, de prévoir ce qui va se passer, de décider d'une action en fonction de ce que l'on a vécu, etc. On remarque tout de suite que l'on peut distinguer deux éléments dans la pensée proprement dite : d'abord une *représentation* ou *contenu de pensée,* ensuite *l'activité même de la pensée* en tant justement qu'elle est activité (je *me* représente quelque chose).

Le langage est (notamment) une réalité matérielle (sons) parfaitement identifiable comme telle. Il paraît évident qu'il y a un certain rapport entre pensée et langage : non seulement le terme grec de *logos* peut désigner l'un ou l'autre (ou l'ensemble des deux), mais, comme on l'a vu, la conception traditionnelle fait du langage l'extériorisation (et par conséquent l'image) de la pensée. Il n'est donc pas étonnant que l'on puisse se poser la question de savoir si l'on peut penser sans langage, ou que l'on soutienne que sans pensée il n'y a pas de langage. Il s'agit d'un lieu traditionnel de la réflexion philosophique, largement repris par la psychologie. Deux thèses extrêmes délimitent les réponses possibles à ce problème : i) la véritable pensée est non linguistique, toute expression linguistique est une dégradation de la pensée (spiritualisme de Bergson) ; ii) la pensée n'est que langage (nominalisme).

On remarque très vite que la question est loin d'être simple et qu'elle met en jeu une problématique ontologique : si l'on admet que la pensée est langage, on peut accorder qu'elle est un processus matériel, et, plus généralement, ceux qui soutiennent qu'elle n'est pas de même nature que la matière auront tendance à y voir quelque chose de distinct du langage. Notre propos n'est pas d'entrer directement dans une discussion sur l'ontologie de l'esprit ou faculté de pensée. Il n'est pas non plus de traiter directement les relations de dépendance entre le langage et la pensée en tant que représentation. Nous avons déjà abordé la question dans le chapitre précédent en traitant le problème du relativisme linguistique. Nous nous centrerons sur l'*activité de pensée* ; notre question peut alors prendre la forme suivante : est-il possible d'envisager le langage humain sans recourir à une activité de pensée non linguistique ?

La question de l'intentionnalité

Dans le *Phèdre,* Platon adresse une critique particulièrement intéressante à la première grande technologie linguistique qu'est l'écriture :

> On croirait que de la pensée anime ce qu'ils <les écrits> disent ; mais qu'on leur adresse la parole avec l'intention de s'éclairer sur l'un de leur dire, c'est une chose unique qu'ils se contentent de signifier, la même toujours ! Autre chose : quand une fois pour toutes il a été écrit, chaque discours s'en va rouler de droite et de gauche, indifféremment auprès de ceux qui s'y connaissent et, pareillement, auprès de ceux dont ce n'est point l'affaire, il ne sait pas quels sont ceux à qui justement il doit ou non s'adresser. (...) à lui seul (...), il n'est capable ni de se défendre ni de s'assister lui-même (275 *c-e,* trad. L. Robin).

Autrement dit, le texte écrit est quelque chose de mort, il ne permet pas le dialogue, l'interrogation ou l'adaptation au contexte. On peut adresser le même genre de critique aux technologies informatiques. J'essaie de lancer un programme sur mon ordinateur. Sur l'écran s'affiche parfois un message d'erreur, ainsi qu'un choix d'options (par exemple : Abandon ou Nouvelle Tentative) parmi lesquelles je choisis pour continuer. Supposons que le rédacteur du programme ait prévu que s'affiche sur mon écran le message suivant : « Si tu veux continuer, je te promets d'essayer de mon mieux. » C'est sympathique, comme lorsque à la mise en marche de l'ordinateur s'affiche un message personnalisé, du genre : « Bonjour, Sylvain ! Djamel a rédigé sa part du chapitre ! » Le problème est qu'il n'est pas raisonnable de traiter des messages de ce genre venant de la part d'un ordinateur comme s'il s'agissait d'un dialogue avec un être humain. Dans l'état actuel de la technologie, cela n'a pas de sens de traiter un ordinateur comme s'il pouvait s'engager à tenir une promesse ou s'inquiéter de vos affaires en cours. Derrière l'écran de l'ordinateur, comme derrière le texte écrit qu'évoque Platon, il n'y a pas quelqu'un susceptible de s'engager ou de s'inquiéter. C'est l'un des arguments de Searle contre la possibilité de construire une simulation mécanique de la communication linguistique humaine : selon lui, la promesse (par exemple) est un acte de langage que ne pourront jamais effectuer les ordinateurs, bien qu'ils puissent construire la phrase « je te promets ».

Le problème posé appartient à la classe des questions concernant les spécificités de l'activité langagière humaine. On peut le rapprocher des réflexions de Descartes lorsque, dans la 5e partie du *Discours de la méthode,* le philosophe remarque que « les pies et les perroquets peuvent proférer des paroles ainsi que nous, et toutefois ne peuvent parler ainsi que nous, c'est-à-dire en témoignant qu'ils pensent ce qu'ils disent ». Il concerne également la réponse apportée par Descartes à ce problème : le langage humain suppose la raison, conçue comme « un instrument universel qui peut servir en toutes sortes de rencontres ». Pourtant notre problème n'est pas équivalent à la caractérisation de n'importe laquelle des spécificités langagières. C'est ainsi, par exemple, que la façon dont Chomsky résout le problème cartésien n'est pas pertinente. Le linguiste imagine que ce que Descartes attribue à la raison correspond au fait que le langage humain est engendré par des règles qui, sur la base d'un nombre fini d'éléments donnés, peuvent produire une infinité de phrases. Cette propriété (que Chomsky baptise improprement *créativité*[1]) est parfaitement réa-

1. La créativité, c'est, au sens propre, la capacité de créer du nouveau. La propriété visée par Chomsky (le rapport entre le caractère fini des entrées d'un algorithme et le caractère infini de ses sorties) ne touche pas à ce qui concerne profondément la créativité humaine (et donc pas la problématique cartésienne de la raison

lisée par des algorithmes mécaniques. Notre question touche plutôt la différence qu'il peut y avoir entre une réalité statique (l'écriture de Platon) ou mécanique (le psittacisme des animaux-machines de Descartes, les algorithmes des programmes d'ordinateur) et l'activité langagière humaine. Pourquoi un ordinateur ne peut-il ou ne pourrait-il pas simuler exactement un comportement linguistique humain ? Si l'on suppose réalisé un programme informatique capable d'engendrer toutes les phrases d'une langue qu'un locuteur humain reconnaîtra comme correctes (et elles seules), existe-t-il encore quelque chose qui sépare ce programme de la faculté langagière humaine ?

On a coutume aujourd'hui de rapporter ces questions au problème de ce que l'on appelle *intentionnalité*. Techniquement la formulation de ce que l'on entend par « intentionnalité » est due à Husserl : il s'agit d'une propriété de la conscience qui peut être résumée par le fait que toute conscience est conscience de quelque chose. On peut soutenir que l'intentionnalité s'ajoute à la *réflexivité* (toute conscience est conscience de soi-même en même temps que d'autre chose[1]) et à la *subjectivité* et/ou *intériorité* (le point de vue d'une conscience sur le monde est unique et elle seule peut y avoir accès) pour définir ce que l'on entend par « conscience ». Somme toute, ce qu'il manque au texte écrit (selon Platon) ou à l'ordinateur qui affiche un message sur l'écran, c'est la conscience.

conçue comme « instrument universel »). Soit un ordinateur programmé pour engendrer la suite des entiers naturels ; même si vous lui donnez un temps infini, il n'engendrera *jamais* un nombre irrationnel, ce qui serait proprement une invention ou une création. On peut aussi critiquer le fait que le caractère infini du nombre des phrases d'un langage soit une propriété intéressante pour caractériser le langage humain. Pour qu'avec les mêmes éléments de base on puisse disposer d'une infinité de phrases (c'est-à-dire que l'on puisse disposer d'une partie infinie de l'ensemble des combinaisons possibles de ces éléments), il est en effet nécessaire que l'on ne puisse pas assigner une limite à la longueur des phrases. Or, c'est une propriété sans grand intérêt : i) au-delà d'une certaine longueur et d'un certain degré de complexité, les phrases sont incompréhensibles ; ii) pour permettre le dialogue et la communication humaine, les phrases doivent nécessairement être finies. C'est pourquoi, depuis l'Antiquité, philosophes, grammairiens et linguistes ont insisté sur le caractère fini et achevé de l'*énoncé*.

1. Cette propriété a été mise en lumière par la théorie cartésienne du *cogito* (« je pense ») et elle est radicalisée par la théorie kantienne du sujet transcendantal : il y a un « je pense » qui accompagne toutes mes représentations, le sujet transcendantal est ce « je » qui ne peut jamais être objet.

La pensée humaine est conscience : là où il n'y a pas de conscience il n'y a ni pensée ni langage, tout au plus une image de la pensée ou du langage[1]. Toutes les propriétés de la conscience sont en cause. Par exemple la réflexivité : pour promettre, il faut dire que l'on promet, mais il faut aussi savoir que l'on a promis ; comment un ordinateur, assurément capable d'afficher « je promets », pourrait-il savoir qu'il a promis, c'est-à-dire être capable d'effectuer un véritable acte de langage en affichant « je promets » ? Il se trouve cependant que l'intentionnalité joue un rôle particulier dans les discussions, parce qu'elle est une façon d'aborder la relation entre le langage et la signification.

Conscience et intentionnalité : la thèse de Husserl

Que le langage signifie implique qu'il y ait connexion entre les signes linguistiques, les représentations mentales et le monde extérieur. La problématique de l'intentionnalité suppose que cette connexion ait pour fondement les représentations elles-mêmes. Dans les secondes *Recherches logiques,* Husserl s'efforce de décrire les actes (intentionnels) qui confèrent la signification[2]. On voit parfaitement le rôle de l'acte de conscience dans le cas du nom :

> Ce qui importe en premier, ce n'est pas la représentation ; ce n'est pas sur elle ni sur ce qu'elle peut concerner qu'il s'agit de diriger l'intérêt,

1. Cf. Platon, *Phèdre* : « Tu veux parler du discours de celui qui sait, du discours vivant et animé, dont le discours écrit n'est à proprement parler que l'image ? » (276 *b*).

2. L'utilisation de la description définie (*la* signification) ne doit pas tromper ; il y a plusieurs concepts possibles de signification, Husserl en distingue cinq : l'indication (les signes conçus comme des indices, par exemple, une marque à la craie pour distinguer une porte d'une autre ; il n'y a pas là de signification au sens propre) ; le contenu en tant que sens intentionnel (signification pure et simple, qui correspond à un acte donateur de sens) ; le contenu en tant que sens remplissant (une expression possède une signification quand la possibilité d'une illustration intuitive, formant une unité, correspond à son intention ; ce n'est pas le cas de *cercle carré*) ; le contenu en tant qu'objet (la référence de Frege) ; la connotation (lorsqu'un nom désigne son objet par le biais d'une propriété ; le terme vient de J. St. Mill). Il est clair que pour Husserl seuls l'acte donateur et l'acte remplissant donnent lieu à signification au sens propre.

mais ce qui importe est de le diriger sur l'objet représenté, comme étant celui qui est visé, et, par suite, nommé, et de le poser pour nous comme tel (trad. franç., Paris, PUF, 1969, p. 67).

Faire reposer la signification sur l'acte de conscience possède des conséquences ontologiques très lourdes : il est absolument nécessaire que la signification soit construite à l'intérieur de la sphère de la conscience (de l'intériorité du sujet pensant). C'est une conséquence que Husserl décrit parfaitement dans *Logique formelle et transcendantale* :

Les formations logiques (...) sont données exclusivement de l'intérieur, exclusivement grâce aux activités spontanées et en elles (trad. franç., Paris, PUF, 1965, p. 112).

Les entités intrinsèques à la conscience sont d'un genre très particulier : ce sont des idées, des concepts, des actes intellectuels (affirmer, nier, donner un sens, etc.). Il n'y a pas dans la conscience des choses comme sont les objets du monde ou les collections (ou classes) de ces objets. Or le problème est de *lier* ces deux types d'entités, puisque le langage parle du monde. La thèse husserlienne (que l'on peut baptiser *thèse de l'intentionnalité*, au sens propre) consiste à soutenir que cette liaison est le fait de la seule conscience[1]. Elle élimine immédiatement par là une conception béhaviouriste de la signification (Skinner, par exemple) qui la réduirait à être une réponse (différée et substitutive) à un stimulus externe (voir chap. 3 : « La conception béhaviouriste du signe »). De ce point de vue, le contenu de la thèse de l'intentionnalité ne date pas de Husserl mais de la *Logique* de Port-Royal (1662), lorsque Arnault et Lancelot font de l'affirmation un acte intellectuel nécessaire à la constitution d'un énoncé et s'efforcent de

1. Il est évident que quelque chose du problème de l'intentionnalité se trouve exprimé dans le texte de Platon cité plus haut. Toutefois, le problème ne pouvait être formulé explicitement que dans l'hypothèse de l'ontologie dualiste cartésienne pour laquelle l'esprit n'a rien en commun avec le monde. Tant que l'on reste dans la conception antique (la participation platonicienne qui lie le monde sensible au monde des idées ou la théorie aristotélicienne de la perception, acte commun du sentant et du senti), il n'y a pas de véritable autonomie de l'esprit et donc pas de problème de l'intentionnalité au sens propre. La source de ce dernier est incontestablement la façon dont, dans la philosophie médiévale, d'une part l'*intentio secunda* (le concept général) a acquis le statut non réaliste d'entité mentale et d'autre part l'*actus exercitus* (l'acte de l'esprit lors de l'énonciation) a acquis de l'indépendance par rapport à son contenu.

construire une représentation du raisonnement humain qui repose entièrement sur les contenus de conscience que sont les *idées*.

Une idée est un contenu intentionnel (« la forme de nos pensées par laquelle nous avons immédiatement conscience de ces mêmes pensées », disait Descartes) ; en ce sens, elle possède ce que les Messieurs de Port-Royal nomment une *compréhension* (c'est-à-dire une définition à l'aide d'autres idées ; par exemple, la compréhension de l'idée d'homme, c'est « animal rationnel »). Mais elle est aussi reliée à tout autre chose : elle possède une *extension* (par exemple, la classe[1] des hommes). C'est par référence à l'extension que l'on remplace souvent le terme *compréhension* par celui d'*intension* (avec un *s* !). On visualise ainsi facilement l'opposition entre intension et extension. Ce que la tradition, par la suite, nommera la *loi de Port-Royal* lie explicitement les deux : extension et compréhension des concepts varient en proportion inverse, ou encore : plus une idée possède d'extension, moins elle a de compréhension et réciproquement (voir chap. 4 : « Le problème de la référence (1) »). La loi de Port-Royal est sans doute la conception la plus simple, la plus claire et la plus forte de la thèse de l'intentionnalité. Elle permet aux Messieurs de Port-Royal (en l'occurrence, Arnauld et Nicole) de construire la logique comme un calcul sur les idées.

Intension, intention et extension

Une solution comme celle de Port-royal est valide à la seule condition qu'il revienne exactement au même de calculer sur les idées ou sur les classes (qu'il y ait isomorphie entre le calcul sur les classes et le calcul sur les idées) : on pourrait alors rester à

1. Notre exposé n'est pas historiquement tout à fait exact : ce n'est qu'au XVIIIe siècle que l'on envisagera les extensions comme des classes d'individus et, en toute rigueur, la formulation de la loi de Port-Royal que nous donnons plus loin ne figure pas sous cette forme dans la *Logique*. Pour la précision historique, le lecteur doit conserver ces remarques à l'esprit ; elles n'interviennent cependant pas dans la suite de notre argumentation. On trouvera dans Auroux, 1993, un exposé technique et historique complet sur ces questions, dont nous avons déjà donné un aperçu chapitre 4 : « Le problème de la référence (1) ».

« l'intérieur de la pensée », les classes (le monde) ne seraient pas indispensables. Malheureusement ce n'est pas le cas.

L'identité n'est pas la même chose sur les classes et sur les idées : i) *étoile du matin* et *étoile du soir* désignent le même objet (la planète Vénus) mais n'ont pas la même compréhension ; pareillement *animaux possédant un cœur* et *animaux possédant des reins* se réfèrent à la même classe sans posséder la même signification ; ii) *licorne, cercle carré, martien* ne sont certainement pas la même idée, mais leur extension (la classe vide) est identique. Il en va de même pour la négation[1] : le chien n'est pas un homme, c'est-à-dire que le chien ne fait pas partie de la classe des hommes, mais il ne s'ensuit pas que les idées contenues dans la compréhension de l'idée de chien ne fassent pas partie de celle de l'idée d'homme (l'idée d'animal fait partie des deux compréhensions) ! C'est pour des raisons techniques de ce type[2] que la logique moderne, à partir de Boole, s'est développée en utilisant les extensions des concepts et non leurs intensions.

Si la logique devient totalement extensionnelle, alors on peut sans doute se passer de toute entité intensionnelle : la signification d'une expression linguistique elle-même peut se réduire à ses conditions de vérité. Cela n'est toutefois pas si simple. Supposons que je m'adresse à Jean pour lui dire que Patricia, la femme de Paul, est malade. Jean connaît Patricia, mais ne sait pas qu'elle est la femme de Paul. Cela ne revient absolument pas au même de dire à Jean « Patricia est malade » et « La femme de Paul est malade » : dans le second cas, il ne saura pas de qui je parle. Autrement dit, la substitution de termes extensionnellement identiques n'est pas partout possible. On ne peut pas réduire les concepts à leurs extensions, il faut tenir compte de leurs intensions. Au reste, dans le langage quotidien, nous parlons souvent

1. On peut même démontrer que la négation n'est pas une opération interne sur les idées ; voir Auroux, 1993, p. 150-152.

2. L'une de ces raisons est d'un grand intérêt philosophique, il s'agit de la classe vide. Pour construire un calcul, on a besoin d'un élément neutre. Cet élément est très difficile à concevoir en termes d'idées. L'idée de rien n'est pas rien ; en outre, elle ne peut pas être contenue dans les autres idées. En fait, l'élément neutre pour les idées, c'est plutôt l'idée d'être, qui n'a aucun contenu et pourrait être contenue dans toutes les autres idées. La notion de classe vide ne pose pas ce type de problème ontologique.

des entités intensionnelles (les idées, le sens, la signification, etc.) plutôt que des entités extensionnelles (les individus, les classes, les états de choses, etc.). Cela arrive notamment dans le discours rapporté : lorsque je dis qu'elle m'a dit que ma crème au caramel a été mangée par le chat, je ne me réfère pas à un état du monde (« ma crème a été mangée par le chat »), mais à la signification de ce qu'elle m'a dit. La preuve en est que je puis en tirer des conséquences sur une entité intensionnelle comme son état de connaissance à elle (« tiens, elle ignore que c'est moi qui ai mangé la crème ! ») et pas seulement sur l'état du monde. On appelle « contexte opaque » (ou intensionnel) tous les contextes dans lesquels la substitution des expressions extensionnellement équivalentes est impossible. Les modalités sont introductrices d'opacité. La proposition « le nombre 9 est nécessairement impair » est sans doute vraie. Si je remplace l'expression « le nombre neuf » par une expression extensionnellement équivalente – par exemple, l'expression « le nombre des planètes » (comme chacun sait, il y a neuf planètes) –, j'obtiens une proposition manifestement fausse.

Depuis le premier tiers du XXe siècle, une grande partie des efforts des logiciens et des philosophes du langage a consisté à trouver des solutions techniques à ce problème ; par « solution technique » il faut entendre une réponse exacte à une question formulée selon le type suivant : comment pouvons-nous traiter le contexte intensionnel x en utilisant uniquement des entités extensionnelles (des individus et des ensembles d'individus) ? Les logiciens ont largement progressé dans ce sens, particulièrement depuis les années 1960 et la généralisation de l'utilisation de la notion de *monde possible*.

Cette notion permet effectivement de construire les intensions à partir des extensions. Pour se faire une idée de la façon dont cette construction est possible, on peut imaginer la procédure suivante. Soient des mondes $m_i, m_j, \ldots, m_n$ composés respectivement des individus $(x_i^1, \ldots, x_i^m), \ldots, (x_n^1, \ldots, x_n^k)$. Pour un terme T son extension dans l'un des mondes est sa valeur dans ce monde (il s'agit, par exemple, si T est un terme individuel, de x_j^5 pour le monde m_j). On peut alors définir l'intension comme l'ensemble des extensions de T dans chacun des mondes possibles (par exemple, il s'agit de $(x_i^2, x_j^5, \ldots, x_n^k)$. Cette procédure n'est pas trop éloignée de celle exposée plus loin dans la citation de Hintikka. On pourrait éviter la notion de « monde » en utilisant, comme le fait Montague, des indices temporels ; certains linguistes (Milner) définissent la signification comme une « référence virtuelle ». Il y a de notables différences techniques entre ces solutions, mais d'un point de vue général leur esprit consiste le plus souvent à construire des entités intensionnelles à partir d'entités extensionnelles. Tous les problèmes, pourtant, sont loin d'être résolus.

La question de l'intensionnalité ne nous éloigne pas de celle de l'intentionnalité. Parmi les contextes opaques figurent ce que l'on nomme, depuis Russell, les *attitudes propositionnelles,* comme par exemple « croire », « penser », etc. Il y a là, en effet, un problème posé à l'extensionnalité. Si j'ai une proposition composée de deux autres par une fonction de vérité (par exemple, « et »), il me suffit de connaître la valeur de vérité de chacune et la nature de ma fonction de vérité pour connaître celle de la proposition composée (dans le cas de « et », la composée est vraie si et seulement si les composantes le sont). Il n'en va pas de même pour « Paul pense que Dieu existe » : qu'il soit vrai ou pas que « Dieu existe » ne me dit rien sur le fait que Paul le pense ou pas. Autrement dit, les attitudes propositionnelles bloquent la réduction extensionnaliste du langage. Ce problème a fait couler beaucoup d'encre. Faut-il admettre des entités intensionnelles irréductibles ? Y a-t-il dans le langage, pour qu'il y ait langage, la participation nécessaire d'une activité spirituelle fondatrice ?

Une grande avancée, à la fois technique et philosophique, a été proposée, il y a une vingtaine d'années, par le philosophe finlandais J. Hintikka. Elle consiste d'abord à réduire l'intentionnalité à l'intensionnalité :

> Un concept est intentionnel si, et seulement si, il est nécessaire de considérer plusieurs situations ou scénarios possibles dans leurs relations mutuelles pour analyser la sémantique dudit concept. J'ai nommé cette proposition thèse[1] de l'intentionnalité comme intensionnalité. Cette thèse, pour l'expliquer en des termes plus proches de l'intuition, affirme que le sceau de l'intentionnalité, c'est-à-dire de la vie mentale consciente et conceptualisable, est d'être jouée avec, en toile de fond, un ensemble de possibilités non actualisées (PUL, 1989, p. 183).

1. J. Hintikka a publié le texte de base formulant cette thèse en 1975 (*The Intentions of Intentionality and other Models for Modality,* Dordrecht).

Pour aller jusqu'au bout, il fallait réduire les entités intensionnelles à des entités extensionnelles :

> Les concepts, comme les significations, sont, selon la sémantique des mondes possibles, des fonctions des mondes possibles qui vont des mondes possibles aux références (extensions). C'est là leur type logique et il s'agit bien sûr de mondes au sens propre, mis à part le statut logique des individus (entités) (PUL, 1989, p. 160).

Dans son ouvrage de 1984, M. Dominicy a montré qu'il était possible de traduire tout le contenu de la logique de Port-Royal en considérant, à la manière de Hintikka, que les idées sont tout simplement des fonctions des mondes possibles sur les mondes possibles.

Machines et comportement linguistique

L'avantage de la solution de Hintikka est de lever les hypothèques théoriques concernant un traitement purement extensionnel du langage naturel. Nous sommes donc invités à concevoir comme théoriquement possible de traiter le langage naturel sans recourir à des entités intentionnelles mystérieuses. Les points que nous venons d'évoquer ne sont pas les seuls en cause. Mais les solutions vont toujours dans le même sens. On a, par exemple, beaucoup insisté sur des éléments linguistiques comme *Ici*, *Maintenant*, *Je*, *Tu*, etc. Ils correspondent à ce que B. Russell nommait des « particuliers égocentriques » et le linguiste É. Benveniste l' « appareil formel de l'énonciation ». On a souvent voulu y voir la place de la subjectivité humaine dans le langage (voir chap. 7). Seul un sujet pensant pourrait dire « je ». Ces éléments marquent en effet, dans l'énoncé, le rapport de l'énoncé lui-même à la situation d'énonciation. Toutefois, Montague a proposé, dès 1968[1], un traitement des expressions indexicales sur la base habituelle des individus et des classes, auxquels il adjoignait un ensemble d'indices temporels. Il n'y a donc aucune opposition de principe (du moins pas qui puisse

1. R. Montague (1931-1971), dans un article publié en 1968 (« Pragmatics »), expose une théorie formelle des expressions indexicales qu'il développera en 1970 dans un autre article (« Pragmatics and intensional logic »).

reposer sur l'intensionnalité ou sur l'irréductibilité des entités intentionnelles) à ce qu'un programme d'ordinateur puisse traiter l'ensemble des éléments d'une langue naturelle. Admettons qu'un tel programme soit construit. L'ordinateur où on l'implémente sera-t-il capable, pour autant, d'un comportement linguistique humain ?

La réponse doit être, à coup sûr, négative. Dans le meilleur des cas, notre ordinateur serait dans la situation de ces malades qui souffrent de ce que l'on appelle la « cécité verbale ». On connaît des patients capables de décrire et de définir minutieusement les formes et les fonctions d'un objet (par exemple, un gant) et incapables de le reconnaître, d'affirmer, en face d'un gant : « Ceci est un gant. »[1] Ils dominent parfaitement la construction du langage naturel mais ont perdu l'aptitude de le rapporter au monde qu'ils perçoivent. Pour parler, il ne suffit pas de faire des phrases correctes, il faut encore les ancrer dans le monde perçu.

D'un autre côté, pour que quelque chose soit signe de quelque chose, il faut des relations causales entre les éléments linguistiques et le monde. La conception béhaviouriste de la signification est loin d'être absurde. Mais elle est insuffisante. Si quelque chose du monde externe est cause en moi d'une représentation ou de l'émission d'un signe linguistique, ce n'est pas pour autant que cette représentation est pour moi une représentation ou un signe de ce quelque chose. Husserl a parfaitement vu ce problème et y répond par l'intentionnalité comme acte donateur de sens. La conscience est l'origine absolue de la signification. Ce n'est pas la seule solution possible. On peut tout aussi bien soutenir que je ne sais qu'un signe linguistique est le signe de quelque chose du monde externe qu'à condition d'avoir vu quelqu'un l'employer. Ce n'est pas dans l'intention de signifier mais dans l'interaction sociale que naît le signe, et dans l'utilisation socialisée des signes que naissent et se développent l'intention de signifier et la conscience. Il se pourrait que Husserl ait pris les choses à l'envers.

1. Voir les livres rédigés par un de ces malades, O. Sacks, *L'homme qui prenait sa femme pour un chapeau* (trad. franç., Paris, Le Seuil, 1988) et *Des yeux pour entendre. Voyage au pays des sourds* (trad. franç., Paris, Le Seuil, 1990).

Si les ordinateurs ne simulent pas le comportement linguistique humain, ce n'est peut-être pas qu'il leur manque quelque chose de mystérieux comme la conscience ou la pensée humaine, ou du moins ce n'est peut-être pas qu'il faille s'arrêter à ces éléments mystérieux comme à des termes irréductibles. Avant tout, il est clair qu'une entité, fût-ce un homme, qui ne dispose pas de la perception comme rapport au monde et qui est incapable d'interaction sociale est incapable d'un comportement linguistique humain[1]. Cela n'implique évidemment ni qu'il soit possible ni qu'il soit impossible à des machines de simuler la perception ou l'interaction. En tout état de cause, ce qui manque à l'ordinateur pour parler comme un homme (ou au texte écrit de Platon pour être de la parole), ce n'est pas de disposer d'une âme ou d'entités intensionnelles comme les idées, c'est d'avoir un corps et de pouvoir être immergé dans une société.

La façon dont Platon et la tradition philosophique après lui ont abordé ce qui est devenu avec Husserl le problème de l'intentionnalité a peut-être contribué à voiler un phénomène essentiel. Le problème de Platon, c'est de montrer que l'écrit n'est qu'une image dégradée du comportement linguistique humain. De la même façon, on utilise souvent (cf. Searle) le phénomène de l'intentionnalité pour montrer que le traitement linguistique effectué par les ordinateurs n'est pas un véritable comportement linguistique humain. Il ne s'agit peut-être pas du point le plus important concernant le langage. Il y a une façon tout à fait positive de « retourner » le problème de l'intentionnalité : le langage humain est ainsi fait qu'il est possible d'en abstraire quelque chose (une image, disait Platon) qui fonctionne hors contexte dans le texte écrit ou dans le traitement informatique. Cela pèse

1. C'est sans doute Condillac qui a abordé le langage humain dans une perspective qui est la plus proche de ce que l'on suggère ici. D'un côté, au lieu de considérer, comme les cartésiens, que l'affirmation est un acte de l'esprit, il en fait l'activité corporelle de la *prononciation* de l'énoncé ; c'est seulement en prononçant des phrases que je rapporte mes représentations au monde et qu'il y a de la vérité et de la fausseté. De l'autre, lorsqu'il envisage l'origine du langage, il fait naître la reconnaissance de la fonction de signe d'un cri, non pas dans la conscience de celui qui crie, mais dans celle de celui qui l'observe. Il n'y a pas de langage individuel : il faut une société pour que naisse le langage.

d'un poids considérable dans le développement technologique de l'humanité. Nous y reviendrons dans notre chapitre sur la mécanisation de la communication verbale.

La question des aphasies

S'il est possible d'abstraire quelque chose du langage à partir du comportement linguistique humain dans l'écriture ou le traitement automatique du langage, on peut se poser la question inverse de la possibilité d'abstraire l'activité de pensée de ce même comportement linguistique. Il existe quantité de troubles du langage parfaitement observables – les plus graves sont rangés sous le nom générique d'*aphasie*. Que subsiste-t-il de l'activité de pensée lorsqu'il y a altération ou perte des capacités linguistiques ?

Les aphasies (notamment celles dues à des lésions temporales) étaient déjà connues des Égyptiens. Au XIXe siècle, Broca et Wernicke parvinrent à mettre en correspondance la lésion de certaines régions du cerveau et certains troubles de type aphasiques. Cela revenait à postuler la *localisation* cérébrale de la maîtrise du langage. Les deux zones de Broca et de Wernicke (situées dans le lobe temporal gauche, voir schéma ci-contre) sont reliées par une connexion fibreuse, le faisceau arqué. La zone de Broca est proche de l'aire motrice du cortex (contrôle de l'articulation, de l'expression faciale, de la phonation) ; celle de Wernicke inclut la compréhension auditive. Ce simple modèle à trois termes permet déjà de prévoir la différenciation de plusieurs types d'aphasies. Les recherches modernes (et les nouvelles techniques d'imagerie cérébrale) ont permis de compliquer considérablement le modèle, ce qui se conçoit facilement si l'on envisage la multiplicité des opérations mises en jeu pour, par exemple, nommer un objet que l'on voit. Le problème de fond consiste à savoir s'il faut envisager *globalement* la capacité linguistique (ce qui suppose une tendance à minimiser le rôle des différentes localisations) ou s'il faut la concevoir comme répartie en différentes composantes (d'où non seulement une considération plus attentive des localisations, mais aussi une tendance à *modulariser* cette capacité).

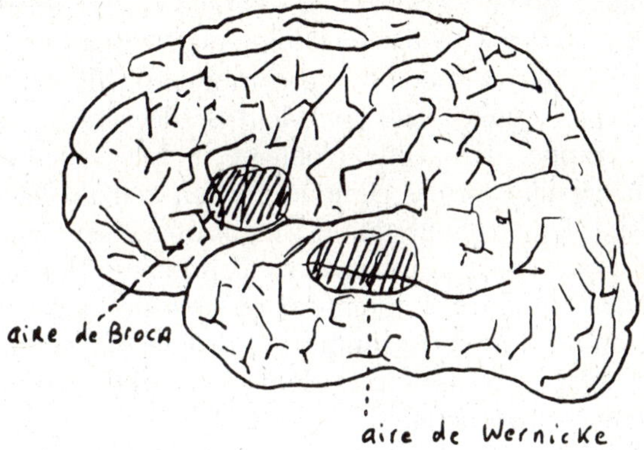

La typologie des aphasies est une question toujours largement controversée parmi les spécialistes[1]. On peut néanmoins, d'un point de vue au moins descriptif, rappeler que l'on distingue assez généralement une demi-douzaine de formes d'atteintes aphasiques relativement typées :

1 / L'*aphasie de Broca,* caractérisée par une atteinte plus ou moins complète des capacités d'expression orale souvent accompagnée d'incapacité à répéter des séquences orales et à dénommer les objets, mais avec un maintien de la compréhension.

2 / L'*aphasie de Wernicke,* où la fluence verbale n'est pas atteinte mais où la compréhension présente un déficit très marqué, de même d'ailleurs que la capacité de répétition et de nomination.

3 / L'*aphasie amnésique,* qui n'affecte ni la compréhension ni l'expression, ni la répétition, mais où la capacité de dénomination est très nettement atteinte.

4 / L'*aphasie de conduction,* qui touche surtout la répétition.

5 / L'*aphasie transcorticale motrice,* qui affecte surtout (et assez légèrement) l'élocution.

6 / L'*aphasie transcorticale sensorielle,* qui affecte surtout la compréhension et la capacité à nommer.

1. Le lecteur pourra se rapporter à quelques ouvrages d'accès relativement facile : S. Cazayus, *L'aphasie,* Bruxelles, Mardaga, 1977 ; J. Gagnepain *et al., Vers une approche linguistique des problèmes de l'aphasie,* Rennes, 1963 ; H. Hécaen et R. Angelergues, *Pathologie du langage,* Paris, Larousse, 1965 ; A. Roch-Lecours et F. Lhermitte, *L'aphasie,* Paris, Flammarion, 1979 ; J.-A. Rondal et R. Séron (éd.), *Troubles du langage,* Bruxelles, Mardaga, 1982.

On notera qu'un dernier type d'aphasie, dit *aphasie globale,* touche tous les aspects du fonctionnement linguistique. Il est généralement interprété comme la combinaison de deux ou plusieurs des types « purs » que l'on vient de décrire.

Ce qui frappe, dans cette typologie, et plus encore dans la description détaillée de cas cliniques, où en général les atteintes, leur intensité, leurs manifestations linguistiques sont encore plus nuancées, c'est précisément que la « capacité de langage » que l'on a souvent tendance à se représenter comme monolithique ou à tout le moins fortement unifiée se trouve ici complètement éclatée en diverses composantes dont on ne retrouve même pas de correspondance fonctionnelle claire dans les modèles du langage développés par les linguistes. L'unité sous laquelle le langage se présente à nous dans son fonctionnement normal peut se trouver totalement désorganisée par les processus aphasiques. La face signifiante et la face signifiée du signe linguistique, réputées inséparables, peuvent se trouver dissociées, l'une étant atteinte et pas l'autre. Mais la dissociation peut toucher aussi des unités syntagmatiques, paradigmatiques, voire des faisceaux de traits réputés inséparables. C'est ainsi que l'aphasie transcorticale sensorielle touche à la fois la compréhension et l'aptitude à nommer. On pourrait trouver cela « normal » dans la mesure où la difficulté à associer un signifiant à une image se retrouverait dans la difficulté inverse à substituer une chaîne signifiante à la représentation que la langue lui associe. Mais comment comprendre alors le tableau de l'aphasie amnésique où cette même difficulté de dénomination n'entraîne aucune difficulté de compréhension ni même d'expression ? On pourrait multiplier les questions de ce genre devant la variété des troubles aphasiques. En tout état de cause, on ne peut conserver, devant toutes ces dissociations possibles des composants de l'activité linguistique, l'image simpliste d'une compétence linguistique une et homogène.

Il existe des cas cliniques où dissociations et conservations au sein des composants linguistiques paraissent encore plus étranges : ainsi, dans certains types d'atteintes, un malade dont on est sûr qu'il ne peut pas accéder au mot « clé » sélectionne correctement, dans un ensemble d'objets, une grosse clé après qu'on lui eut fait voir une toute petite clé plate : l'image visuelle se montre ici suffisante pour évoquer le concept de clé en l'absence de toute possibilité de nomination[1]. Ce type de cas pose sans aucun doute des problèmes à la conception nominaliste traditionnelle ; nous y reviendrons.

En fait, la difficulté d'interprétation de ce type de situation se résout aisément si l'on admet que le concept est un *réseau hétérogène d'informations,* dont le mot ne forme que l'un des composants, les autres étant les représentations sensorielles (visuelles, tactiles, olfactives) et les informations culturelles typiques (clé = instrument pour ouvrir/fermer des portes). Comme composant de ce réseau, le mot lui-même s'analyse en un autre réseau de composants : phonologique, graphique, catégoriel, etc. Dans ces conditions, l'impossibilité d'accès aux composants linguistiques du concept n'empêche pas les autres afférences, laissées intactes, de permettre l'accès au concept et, par suite, d'en désigner une nouvelle instance, même très différente sensoriellement du stimulus présenté.

Un autre cas de figure, cité par Ninio[2], où le patient qui doit lire (à haute voix) CHEVAL lit en fait JUMENT, s'explique de façon foncièrement identique. Ne pouvant atteindre la représentation phonique du mot à partir de sa représentation graphique, le malade, ayant accédé au concept, se porte « par ricochet », selon l'expression de Ninio, sur un concept très voisin, largement associé aux mêmes percepts et dont la réalisation phonique se trouve être accessible.

Jusqu'ici nous n'avons considéré que les composantes de l'activité linguistique telles qu'elles sont mises en évidence, de façon analytique, et isolées par les tests d'évaluation. Mais il faut y ajouter, pour se rapprocher d'un tableau concret, les aptitudes communicatives réelles du patient. On observe par exemple que certains patients qui sont incapables de produire volontairement ou de répéter certaines séquences (par exemple, « bonjour, comment ça va ? ») pourront les produire spontanément en situation de communication réelle. De même, des malades incapables de faire une opération pourront réciter sans erreur leurs tables de multiplication. Ces paradoxes apparents sont expliqués par le

1. Cf. A. Roch-Lecours et F. Lhermitte, *L'aphasie,* Paris, Flammarion, 1979, p. 627.

2. J. Ninio, *L'empreinte des sens,* Paris, Odile Jacob, 1991, p. 256.

principe de la *dissociation automatico-volontaire,* principe qui conduit à différencier dans les productions linguistiques (y compris, bien sûr, celles des sujets sains) celles qui sont des formes plus ou moins accusées d'actes réflexes, et en tout cas largement automatisées, de celles qui résultent d'une véritable élaboration consciente. Selon Jackson, qui a le premier mis en lumière ce principe, il est possible de distinguer différents degrés dans le contrôle volontaire du langage, allant des jurons et interjections au langage propositionnel en passant par ce qu'il appelle *« ready-made speech ».*

Aphasie et capacités cognitives

Comme il fallait s'y attendre, le problème se complique encore si l'on s'intéresse non plus seulement aux performances purement linguistiques des aphasiques, mais aux autres aspects de leurs capacités cognitives. C'est sur ce point que les prises de position des spécialistes sont le plus radicalement opposées. D'un côté, des aphasiologues comme P. Marie, K. Goldstein, M. Head ou E. Bay, et plus généralement tous les tenants d'une conception « unitaire » de l'aphasie, considèrent que celle-ci, dans son état pur, a pour cause unique un trouble de la capacité fondamentale à utiliser des symboles. Bay n'hésite pas à affirmer que « l'aphasie proprement dite (...) n'est absolument pas un désordre du langage, mais plutôt un désordre de la pensée conceptuelle et du langage dans la mesure où le langage est notre indispensable outil pour penser conceptuellement »[1]. À l'opposé, certains auteurs, par exemple Roch-Lecours et Lhermitte, affirment de façon tranchée que « l'aphasie n'entraîne pas, de son fait, une diminution de l'intelligence générale » et ajoutent :

> S'il est des aphasiques dont l'intelligence dans son ensemble est détériorée, c'est que la lésion cérébrale ne s'est pas limitée aux régions dites du langage, mais s'est étendue à d'autres régions dont l'intégrité est nécessaire à la réalisation des tâches non linguistiques (*loc. cit.,* 1979, p. 621).

1. E. Bay, Principles of classification and their influence on our concepts of Aphasia, A. V. S. De Reuck et R. O'Connor (eds), *Disorders of Language,* Londres, Churchill, 1964, p. 122.

Les données expérimentales, qui ne manquent pas, conduisent à des conclusions plus nuancées. Ainsi, Roch-Lecours rapporte (*loc. cit.*, p. 622-624) le cas d'un patient, ancien épileptique, qui présente, durant des années, des crises périodiques d'aphasie paroxystique qui peuvent durer plusieurs heures. Au cours de ces crises, le patient continue de gérer sa vie sociale et professionnelle de façon parfaitement rationnelle (et même astucieuse) alors qu'il est linguistiquement coupé du reste du monde. On souhaiterait, pour pouvoir apprécier exactement la portée de ce cas, savoir si, pendant son aphasie, le patient conserve la faculté de « se parler à lui-même », s'il garde son « langage intérieur » : dans ce cas, son isolement linguistique par rapport à l'extérieur ne signifierait pas qu'il serait lui-même démuni du langage. En tout état de cause, les performances de ce sujet, au cours de ses crises, sont de nature « pragmatique », et la question reste posée de savoir quelle serait son attitude devant un problème plus « intellectuel ». Zangwill[1], qui donne une synthèse de la plupart des travaux consacrés aux aptitudes cognitives non verbales des aphasiques, montre que certains tests non verbaux mesurant la capacité d'abstraction donnent chez les aphasiques des résultats qui ne sont pas significativement différents de ceux qui sont obtenus avec des patients présentant des lésions neurologiques non aphasiques, alors que d'autres résultats révéleraient des difficultés spécifiques chez les aphasiques.

Zangwill lui-même a pu mettre en évidence, chez des patients ne présentant que des désordres légers du langage, de très sérieuses difficultés à rendre compte d'un niveau élaboré d'utilisation de la langue, niveau mettant en jeu la compréhension de proverbes, de figures de rhétorique ou d'expressions idiomatiques, révélant ainsi que des difficultés peuvent n'affecter que des usages « intellectuels » de la langue. Il estime d'une manière générale qu'il y a un bon parallélisme entre degré de détérioration du langage et degré de détérioration intellectuelle. Il signale néanmoins l'existence de cas où des malades ayant de sévères atteintes du langage présentent un très grand degré de réussite dans les tests d'intelligence non verbale et ne manifestent pratiquement pas de

1. O. L. Zangwill, The relation of nonverbal cognitive functions to aphasia, *in* E. Lenneberg (ed.), *loc. cit.*, n. 18.

défauts d'abstraction. Il émet cependant l'hypothèse que, chez de tels patients, le « langage intérieur » est préservé.

Dans tous les débats que suscite l'interprétation des tests d'aptitude intellectuelle des aphasiques apparaît en sous-jacence le problème de la spécialisation hémisphérique de la gestion des activités cérébrales chez les humains : schématiquement, on considère que chez la grande majorité des humains droitiers (et même chez une bonne partie des gauchers) l'hémisphère gauche est non seulement le siège des principales activités impliquées dans la compréhension et la production du langage, mais aussi dans la gestion des tâches ayant un caractère essentiellement analytique, séquentiel, numérique – bref, des tâches généralement associées à l'« intelligence formelle ». L'hémisphère droit, lui, aurait en partage la gestion des tâches à caractère global, holiste comme la reconnaissance des visages ou des rythmes. Dans ces conditions, il n'est pas déraisonnable de penser que certains troubles de la pensée « formelle » qui se manifestent en même temps que l'aphasie ne lui sont pas dus, mais lui sont simplement associés en raison du voisinage des localisations.

Il paraît en tout cas difficilement contestable que les activités intellectuelles où l'usage formel du langage est directement mis en jeu (comme le raisonnement logique et tous ses avatars) sont nécessairement atteintes par l'aphasie en elle-même sans préjuger des complications qui peuvent s'y ajouter si d'autres « processeurs » que ceux du langage sont atteints.

Langage et développement cognitif

On dispose, grâce aux recherches en psycholinguistique et en psychologie génétique (normale et pathologique), d'observations et d'analyses nombreuses et minutieuses[1] sur le développement cognitif de l'enfant. Si elles ne sont pas toujours unanimes, elles révèlent néanmoins un large consensus sur certains aspects fon-

1. Cf. par exemple, pour de larges synthèses : E. Lenneberg (ed.), *Foundations of Language Development* (2 vol.), New York, Academic Press, 1975 ; O. Oléron, *Langage et développement mental,* Bruxelles, Dessart, 1972.

damentaux des processus de développement intellectuel et linguistique.

Piaget et ses collaborateurs[1] ont établi, sur la base de longues et minutieuses observations, que le développement cognitif des enfants normaux est, tant dans son point de départ que dans nombre de ses modalités les plus fondamentales, indépendant du développement du langage. L'école piagétienne a montré que les racines les plus fondamentales de l'activité intellectuelle sont de nature sensori-motrice, et qu'elles sont à chercher dans le système de plus en plus riche et complexe des réponses que le sujet élabore au contact des objets qu'il perçoit et manipule. À travers ses interactions avec son environnement, l'enfant construit peu à peu un modèle, non pas intellectuel mais pratique, non pas représenté mais vécu, de la réalité. Qu'il s'agisse bien néanmoins d'un véritable modèle peut être aisément argumenté d'au moins deux points de vue :

— d'une part, et d'un point de vue « direct », on constate que le sujet humain engagé dans des interactions ne retient pas la totalité des données qui se présentent à la perception mais sélectionne celles qui sont pertinentes au développement de ses actions ;
— d'autre part, et d'un point de vue plus « indirect », les recherches actuelles en robotique (déplacement dans l'espace, reconnaissance d'images, manipulation d'objets) montrent de façon formelle que ces compétences mettent en jeu des modèles dynamiques de l'environnement dans et sur lequel porte l'action, de ses modifications apparentes (éclairage, angle de vue) ou réelles (mouvements spontanés ou provoqués d'entités présentes) ainsi que des stratégies extrêmement complexes exigeant des anticipations (par exemple sur la force que l'on prévoit d'appliquer pour soulever un corps en fonction de l'évaluation prévisionnelle de sa masse, évaluation fondée sur la forme, le volume, la densité probable, etc.).

Piaget insiste sur le fait que les aptitudes progressivement développées et mises en jeu pour mener à bien de telles interactions avec l'environnement sont bien des aptitudes intellectuelles, et l'on peut considérer que la thèse théorique fondamentale qui sous-tend les travaux de son école est qu'il n'y a aucune solution de continuité entre l' « intelligence sensori-motrice » et les formes plus élaborées, plus formelles d'activité intelligente chez l'homme.

1. Cf., par exemple, J. Piaget, Le langage et la pensée du point de vue génétique, *Six études de psychologie,* Genève, Gonthier, 1964.

À l'appui de ce point de vue, Piaget et ses collaborateurs, mais aussi d'autres psychologues, ont montré que non seulement les enfants normaux, mais aussi les enfants sourds, et donc handicapés sur le plan linguistique, parvenaient, avec l'âge et la maturation sensori-motrice, à des performances élevées dans des tâches touchant d'aussi près les capacités intellectuelles que les catégorisations et sériations d'objets selon des critères multiples, la généralisation et même la découverte de régularités fondées sur des successions réglées d'événements. Inversement, Piaget a montré que la disposition du langage n'est d'aucun secours pour résoudre certains types de problèmes si le stade de maturation atteint par l'enfant ne le permet pas : ainsi, les enfants de 5-6 ans, et donc maîtrisant déjà bien les ressources de leur langue et notamment l'expression de l'égalité et de l'inégalité des quantités, ne réussissent pas pour autant à reconnaître l'égalité de la même quantité de liquide présentée dans des contenants différents. Il faut attendre 7-8 ans pour que la maturation des structures cognitives permette d'atteindre le stade où la conservation des quantités est acquise. Le langage se contente d'enregistrer cette maturation et de l'utiliser.

D'autre part, divers chercheurs ont montré que certaines structures linguistiques ne sont pas réellement comprises par les enfants avant un certain âge (6 ans, parfois plus). Il en est ainsi des structures de subordination temporelle, de certains types de conditionnelles (notamment lorsqu'elles sont combinées avec des négations), etc. Enfin, les recherches sur les capacités linguistiques des handicapés mentaux[1] montrent que le degré de maîtrise du langage (mesuré notamment par la longueur moyenne des productions verbales) est en corrélation avec l'âge mental. Ces différentes constatations suggèrent que loin que le langage soit unilatéralement le point d'appui de la pensée et des processus intellectuels supérieurs, il est en fait tributaire du développement cognitif et intellectuel général.

Ce qui précède, et qui semble solidement étayé, ne signifie pas, cependant, que le langage ne réagit pas en retour sur les facteurs du développement cognitif. En effet, et bien qu'il ne soit pas

1. J.-A. Rondal et J.-L. Lambert, *Langage et arriération mentale,* Neuchâtel, Delachaux & Niestlé, 1982.

question de contester le bien-fondé des données que l'on vient de rappeler, il convient de les nuancer en évoquant d'autres travaux qui permettent de préciser sur de nombreux points leurs conclusions par trop unilatérales. Ainsi, Oléron (*loc. cit.*, 1972) souligne, en s'appuyant sur ses propres expérimentations et ceux d'autres chercheurs ayant travaillé avec des enfants sourds, qu'en effet, au niveau des aptitudes perceptivo-motrices, ces derniers n'accusent qu'un très léger retard sur les enfants normaux, ce qui conforte la thèse piagétienne d'une indépendance de ces aptitudes par rapport au langage. Mais il signale en même temps (*loc. cit.*, p. 206) que Piaget, qui considère ces résultats comme un argument en faveur de sa théorie de l'indépendance du développement cognitif par rapport au langage, tend par contre à minimiser les retards constatés par rapport aux enfants normaux et à ne leur attribuer qu'une signification marginale. Pour sa part, Oléron se livre à un examen attentif et systématique de tous les types de tests pour lesquels les performances des sourds sont inférieures à celles des entendants (l'écart pouvant être plus ou moins important). Il montre alors que non seulement les différences sont qualitativement significatives, mais que, à l'analyse, elles révèlent bien des handicaps assignables en dernière instance au déficit linguistique des enfants sourds. Il est ainsi amené à identifier deux types d'interventions du langage dans le développement cognitif : des interventions directes (instrumentales) et des interventions indirectes (effets d'exercice) plus difficiles à isoler mais en fait beaucoup plus générales et par suite beaucoup plus décisives.

Pour ce qui est des interventions directes du langage dans le processus cognitif, elles se ramènent toutes à la mise en jeu en quelque sorte matérielle, immédiate, du langage dans la résolution du problème cognitif rencontré. C'est par exemple le cas dans l'épreuve du « labyrinthe temporel » de Hunter ou de ses variantes : le parcours qui conduit à la réussite ne peut être réalisé que par l'application d'une formule linguistique comme « tourner deux fois à droite puis deux fois à gauche et ainsi de suite ». La structure d'un tel parcours est quasiment impossible à « sentir » sur des bases purement perceptives comme le montre la grande difficulté des animaux à l'apprendre ainsi que l'échec des enfants de moins de 5 ans. Par contre, la réussite immédiate obtenue par le recours à la formulation symbolique atteste l'efficacité de l'usage linguistique, au demeurant fort simple et ne mettant en jeu ici, on en conviendra, que des ressources fort modestes du langage humain. Un autre type de cas où l'intervention directe du langage a une efficacité démontrable est celui de la mémorisation. Divers auteurs ont montré que les sujets testés obtenaient de meilleurs résultats si les objets observés pouvaient être reconnus et nommés que s'il s'agissait de formes n'ayant pas reçu de nom dans la langue. Certaines recettes mnémotechniques conseillent même, comme on sait, d'associer les mots reconnus dans des phrases, la mémorisation s'en trouvant alors grandement améliorée. Oléron, qui rappelle ces faits (*loc. cit.*, p. 163 s.), signale que les sourds obtiennent pour ce type de test de moins bons résultats que les entendants, ce qui n'a rien pour surprendre. Il ajoute cependant, et la remarque est pleine d'enseignements, que les sourds se remémorent en général mieux les détails que les entendants : cela serait dû au fait que le passage par le langage, par nature conceptuel et abstrait, entraîne une moindre sensibilité aux détails concrets : « Ainsi, la richesse des images concrètes serait la rançon d'un moindre développement des systèmes symboliques. »

D'autres tests qui manifestent le handicap linguistique des enfants sourds semblent mettre en jeu non plus une intervention instrumentale directe du langage, mais plutôt des attitudes globales que sa pratique développe chez les humains et qui ont entre autres pour effet de faciliter l'aptitude à catégoriser et à généraliser : ainsi, après avoir appris aux enfants à sélectionner le plus lent de deux disques en rotation, on les met en face de lumières clignotant à des cadences différentes, puis de mobiles en mouvement plus ou moins rapide. On constate que les enfants sourds ne parviennent pas spontanément, à 11-12 ans, à abstraire le concept de vitesse, ce que font aisément des entendants de 8 ans. Oléron analyse finement cet échec par la difficulté des enfants sourds à se dégager des diverses modalités concrètes des mouvements observés (clignotement, mouvement linéaire, rotation) pour leur appliquer le terme abstrait, généralisant de « vitesse » dont les enfants entendants, eux, disposent d'emblée par leur pratique de la langue orale.

D'autres expériences visant à l'extraction de généralités à partir de diverses classes de données manifestent des retards comparables chez les sourds. Oléron observe que la majorité des erreurs commises sont des « non-généralisations ». Il en conclut que la pratique du langage favorise le développement d'une attitude de liberté relative par rapport aux indications que fournit la perception. Or il s'agit là d'une véritable disposition que l'usage du langage développe progressivement chez les humains qui l'utilisent de façon habituelle. C'est donc en fin de compte d'un véritable modelage des sujets qu'il s'agit, modelage qui conduit à une modification de leur mode d'approche de la réalité et des tâches qu'ils veulent y accomplir. Cette capacité à induire chez ses utilisateurs une aptitude à prendre du recul par rapport au donné immédiat, le langage la tient d'abord de son caractère de système sémiotique conventionnel fondé sur un nombre relativement petit d'unités significatives associées, au mieux, à des aspects extrêmement schématiques et épurés de la réalité. Mais, à y regarder de plus près, on s'aperçoit qu'elle est renforcée par plusieurs autres attributs, intrinsèques ou extrinsèques, du langage et de sa pratique :

— En toute langue on peut aisément présenter un même processus ou état de choses de divers points de vue (que l'on pense aux oppositions de diathèse[1], mais aussi aux modalisations[2]).

— La possibilité de construire des représentations partiellement modifiées des processus ou états de choses peut aller jusqu'à la formulation de situations improbables, voire impossibles (que l'on pense aux constructions conditionnelles et hypothétiques).

— En toute langue, et en plusieurs parties du système grammatical, on rencontre des règles extrêmement sensibles subordonnant l'usage (pour l'énonciateur) et l'interprétation (pour l'interlocuteur) de certaines unités à la prise en compte de l'état du contexte (que l'on pense aux principes de saillance qui commandent l'interprétation de certains anaphoriques).

1. Par exemple, entre la tournure passive et la tournure active.

2. On distingue, depuis les logiciens médiévaux, entre le contenu *(dictum)* d'un énoncé et la façon dont il est envisagé (la *modalité*). Initialement, cette opposition ne concernait que l'expression de la nécessité et de la contingence (les règles qui gouvernent l'emploi logique de ces expressions constituent ce que l'on nomme la *logique modale*). Les logiciens et les linguistes ont considérablement étendu le concept traditionnel. Si l'on a un contenu propositionnel *p*, on peut non seulement avoir « il est contingent que *p* », mais aussi « il est regrettable que *p* », « il est souhaitable que *p* », « je sais que *p* », « je crois que *p* », etc. Cette extension, et le fait que l'on peut ne pas considérer que les modalités traditionnelles expriment des propriétés des choses, conduit souvent à voir dans les modalités une forme de modulation du dire par l'énonciateur.

— De nombreux aspects du lexique présentent une structuration cognitive, variable selon les langues et les cultures, et qui interagit de façon subtile avec les conditions d'emploi des structures linguistiques (que l'on pense, par exemple, au fait que l'on doive dire en français « l'enfant lève LE bras » et non « SON bras », mais « l'enfant retient SON souffle » et non « LE souffle »...).
— Les êtres parlants sont très tôt conditionnés, par l'acquisition du langage et par son utilisation dans diverses conditions (interaction avec autrui, usage ludique, usage expressif), à réagir à ces stimuli très particuliers que sont les mots, à la fois concrets par leur face signifiante et leurs propriétés phoniques, rythmiques et métriques, et abstraits par leur face signifiée et les règles complexes de leur combinaison et utilisation.

On pourrait penser que l'on n'est pas loin, arrivé à ce point de la réflexion, des hypothèses de Whorf présentées dans notre chapitre 5 selon lesquelles les langues façonneraient la « vision du monde » de leurs locuteurs et leur manière d'appréhender la réalité. Il y a cependant une différence importante entre les deux points de vue, et l'acceptation de l'un n'entraîne nullement l'adhésion à l'autre. Il s'agit maintenant de reconnaître un effet cognitif qu'exercent dans le même sens toutes les langues humaines, et ce en raison d'une propriété extrêmement générale et universelle du langage humain : son caractère nécessairement généralisant, inévitablement et constitutivement schématisant. C'est une autre question que de savoir si chaque langue en particulier a suffisamment de cohérence structurelle pour non seulement proposer, mais même imposer, un modèle de la réalité permettant de conditionner ses locuteurs à un type prédéfini de perception, voire de mode d'action.

Que conclure de ce bref survol de quelques résultats importants de la psychologie cognitive normale et pathologique ? D'une part qu'à l'origine le développement cognitif est indépendant du langage et qu'il lui sert même de substrat (si du moins on n'adopte pas, comme les néo-innéistes, l'existence d'un circuit biologique autonome d'acquisition du langage). D'autre part, que, une fois mis en place (et peut-être en partie avant même d'avoir atteint son plein développement), le langage est appelé à jouer progressivement un rôle de plus en plus important dans l'accompagnement et le soutien des activités cognitives qui étaient déjà en place. Le couplage langage/cognition devient alors de plus en plus solide. Vigotsky (1986, p. 44) rend bien compte de ce processus progressif de mise en place d'un système langage/pensée :

1 / Dans leur développement autogénétique, pensée et langage proviennent de sources différentes.
2 / Dans le développement linguistique de l'enfant nous pouvons établir avec certitude l'existence d'un stade pré-intellectuel et dans son développement intellectuel celle d'un stade prélinguistique.
3 / Jusqu'à un certain stade les deux développements suivent des voies indépendantes l'une de l'autre.
4 / À un certain moment ces deux voies se rencontrent et la pensée devient verbale, tandis que le langage devient rationnel.

La question du nominalisme

Les pages précédentes ont présenté une approche des rapports du langage et de la pensée que l'on considère ordinairement comme *empirique.* On veut dire par là qu'il s'agit d'identifier un phénomène (par exemple, tel type d'aphasie) et de le relier à d'autres (par exemple, la reconnaissance d'un mot). On a donc des questions précises et des réponses précises. Comment les connecter à une interprétation plus générale, et plus spécialement avec les problèmes auxquels s'est affrontée la tradition philosophique ? On a pu dire[1] que la traduction scientifique d'un problème philosophique – son monnayage en quelque sorte dans différents problèmes précis de la forme de ceux que l'on vient de décrire – entraînait généralement une « dissolution » des termes de ce dernier. À cet égard, l'aphasiologie, dans son rapport au problème philosophique des relations « langage/pensée », est un très bon exemple : elle fait en effet « exploser » l'unité même de chacun des termes de la question. Une recherche « empirique » (ou, comme on dit : « scientifique ») fait-elle disparaître les problèmes philosophiques ou, du moins, permet-elle d'y répondre ? La meilleure façon d'aborder concrètement cette question est peut-être de confronter une longue tradition philosophique de

1. S. Auroux et D. Kouloughli (1993), Why is there no « true » philosophy of linguistics ?, *in* R. Harré et R. Harris (eds), *Linguistics and Philosophy. The Controversial Interface,* Oxford, Pergamon Press, p. 21-41.

réponse aux problèmes posés dans ce chapitre et que l'on appelle le *nominalisme* avec les études que nous venons très succinctement d'exposer. L'aphasiologie et la psychologie permettent-elles d'évaluer une fois pour toutes les théories nominalistes ?

Initialement le nominalisme, tel que le présente Occam au XIVe siècle, est une théorie qui s'intéresse au type ontologique que peut être la signification d'une expression linguistique. La question est déjà présente chez Platon dans la mesure où elle concerne les termes généraux. À quoi donc renvoie le terme « homme » ? Ce n'est évidemment pas à Socrate, puisque Gorgias aussi est un homme ! On sait que la réponse de Platon a consisté à soutenir que cette signification était l'idée d'homme, entité séparée de toute entité appartenant au monde sensible. Aristote refusait cette séparation et remplaçait les idées par des formes inhérentes aux choses que distingue leur matière. On peut envisager également que la signification de « homme » n'est pas une entité du monde réel, mais une abstraction construite par l'esprit. Il revint à Boèce, dans son commentaire de Porphyre, de formuler explicitement les deux thèses opposées de la « querelle des universaux » :

— les universaux existent sous forme réelle *(réalisme)*, idée platonicienne ou forme aristotélicienne ;
— les universaux ne sont que des abstractions, des constructions de l'esprit *(conceptualisme)*.

Le nominalisme, tel que le formule Occam, permet d'échapper aux deux branches de l'alternative :

— seuls les individus existent (cela est vrai autant des objets du monde que des entités mentales : il n'y a pas plus de représentation – en général – de l'homme qu'il n'y a d'homme – en général)[1] ;
— les représentations ne signifient que des individus ; les mots renvoient toujours à des choses singulières.

On comprend tout de suite le caractère dévastateur de ce type de théorie pour l'ontologie religieuse traditionnelle : en France, les doctrines nominalistes furent interdites par Louis XI. En fait,

1. Cette ontologie de l'individu implique également qu'il n'y ait pas de troisième terme entre les différents mots « homme » écrits sur cette page : il n'y a que des occurrences (ce que le logicien américain Peirce nommera des *tokens*) du mot « homme ».

les nominalistes postcartésiens insisteront davantage sur le rôle du langage naturel, et l'on peut caractériser globalement leurs doctrines par les thèses suivantes :

— seuls les individus sont réels[1] ;
— un rôle essentiel accordé au langage : sans langage, pas de pensée rationnelle (cf. Condillac : une science bien traitée est une langue bien faite) ;
— la majeure partie de nos processus cognitifs consistent en simples manipulations de signes qui ne signifient rien hors de leur contexte linguistique.

Les philosophes classiques se déterminent essentiellement par rapport aux théories conceptualistes. Face aux théories de l'abstraction, issues de la *Logique* de Port-Royal[2] et devenues avec Locke un élément essentiel de la philosophie empiriste, le nominalisme strict soutient la thèse qu'il n'y a pas d'idée générale (seul le mot est un terme général ; cf. Hobbes[3]). La théorie de l'association peut alors servir à expliquer la généralité (Berkeley, Hume) : celle-ci est produite par le fait qu'une idée particulière en éveille une collection (chez Hume, le particulier associé à la coutume qui déclenche l'association est toujours un mot). Condillac, après avoir soutenu une sorte de *conceptualisme linguistique* qui rend le mot nécessaire à la constitution des idées générales, formulera dans ses derniers écrits une conception selon laquelle certaines expressions linguistiques (par exemple, le signe pour un nombre irrationnel comme la racine carrée de 2) ne signifient pas d'idées du tout. En quelque sorte, elles ne font qu'indiquer les opérations à faire pour obtenir ce nombre et l'utiliser dans les calculs. C'était ouvrir la voie du nominalisme moderne qui se présente toujours comme une technique (souvent très sophistiquée) pour réduire dans le langage des entités dont on ne souhaite pas encombrer l'ontologie.

Soient, par exemple, les nombres cardinaux. Depuis Frege, on est capable de les définir à partir des individus : un cardinal

1. C'est pourquoi le nominalisme est nécessairement lié à une théorie empiriste de la connaissance : il lui faut expliquer la genèse des éléments généraux que comprend celle-ci à partir du contact avec les objets du monde.

2. L'idée générale est abstraite de l'idée particulière ou individuelle dont elle est une partie.

3. Ou encore les béhaviouristes modernes : la pensée est un langage subvocal.

est la classe d'équivalence des ensembles de même puissance (le nombre deux est la classe d'équivalence des classes qui ont deux éléments). Une classe est différente des individus qui la composent. Faut-il admettre qu'elle est quelque chose de réel ? Pour soutenir le nominalisme, il faut montrer que l'on est capable de se passer des classes, c'est-à-dire que les symboles qui paraissent avoir des classes pour signification ne sont que des abréviations par lesquelles on remplace des expressions linguistiques plus complexes dont aucune n'a de classe pour signification (on trouve ce type de solution, par exemple, chez Quine). Le nominalisme est devenu un programme réductionniste, ce qu'il était déjà chez Occam, mais un programme qui opère à l'intérieur du langage, ce qui est nouveau, car chez le médiéval, comme souvent chez ses successeurs, le nominalisme est compatible avec l'existence d'un langage mental (la pensée) différent du langage naturel par lequel les hommes communiquent.

On a souvent critiqué le nominalisme avec des arguments purement rationnels. Cela n'avancerait nullement d'affirmer que l'universel est un mot, car ce mot est déjà un universel (le mot *homme*, ce n'est pas le signe concret que l'on vient de lire, mais une entité (un *type* dans le vocabulaire de Peirce) que chaque phonation ou écriture réalise. Le nominalisme prétend que le seul universel est le mot, mais, pour appliquer le même mot à plusieurs choses, il faut que ces choses soient semblables : si cette similitude est réelle, n'est-il pas impossible que la similitude elle-même ne soit qu'un mot[1] ? Pour revenir au problème que nous nous posions au début de cette section, la question de fond, cependant, peut s'exprimer de la façon suivante : est-ce que la psychologie et la pathologie du langage réfutent le nominalisme et invalident définitivement son programme ? Assurément, si l'on réduit le nominalisme à la thèse selon laquelle il n'y a pas de pensée sans langage, cette thèse est erronée. Il faudra cependant

1. Nous reprenons l'argumentation de Russell, dans le dernier chapitre de *Signification et vérité*. Cet argument, conçu comme impliquant l'existence d'au moins un universel, peut être réfuté de la façon suivante : lorsque vous mettez deux pièces de monnaie dans un distributeur de boisson pour vous servir deux fois, les pièces sont évidemment « semblables », mais cette similitude n'est pas une entité abstraite, c'est le *fait* que les deux pièces passent par le même mécanisme (une pièce d'une taille différente n'y passerait pas) ; voir chap. 3 : « L'invention de la sémiotique ».

s'entendre sur ce que signifie « pensée » ; s'il s'agit de « pensée rationnelle et élaborée », la thèse est incontestablement correcte.

Tel qu'on l'a exposé, le programme nominaliste contemporain est un programme purement philosophique, au sens où il n'est ni corroborable ni réfutable par des faits. Il s'agit, à l'intérieur du langage, de trouver des procédures permettant de réduire certaines expressions à d'autres. Il est aussi technique et aussi précis qu'un programme empirique de psychologie cognitive. Sa nature montre bien le genre d'autonomie que revêt la philosophie (anglo-saxonne) du langage contemporaine. Toutefois, il y a un type de question que dans le fond il ne se pose pas : est-ce que l'homme pense et parle de cette façon, avec le type de construction linguistique que produit telle ou telle théorie nominaliste ? Comme programme philosophique, le nominalisme, s'il parvient à son but, montre simplement qu'il est possible qu'il en soit ainsi, et s'il n'en est pas ainsi (ce qui est une question de fait) cela ne montre pas que c'est impossible.

7 – Langage et subjectivité

Subjectivité et intersubjectivité

Considérée dans son extension la plus large, la notion de *subjectivité* désigne la conscience intérieure de soi[1]. Seul le sujet a accès à cette intériorité, par opposition à l'*objectivité* du monde externe que nous pensons être accessible à tous. Le rapport fondateur de la conscience au sens, thèse philosophique classique jusqu'à Hegel, recouvre un double problème : celui de la capacité

1. On peut avoir une conception plus « minimaliste » de la subjectivité, comme constituant l'*instance du locuteur dans l'acte de parole*. Soit une phrase comme « il est malheureusement décédé des suites de ses blessures ». Pour la comprendre, il faut concevoir que l'adverbe « malheureusement » n'appartient pas à la description de l'état de fait exprimé par le reste de la proposition, mais doit être référé à un jugement du locuteur. Le langage n'est pas un simple système abstrait représentant les états du monde ; le locuteur y a sa place : le mot « je » n'a pas une référence comme un nom propre ou une signification comme un substantif ordinaire, employé dans une phrase, *il désigne celui qui prononce cette phrase*. On doit étudier la nature et le rôle du locuteur dans l'expression linguistique. Cette place est même codée dans le système de la langue et constitue ce que Benveniste nommait l'« appareil formel de l'énonciation » (déictiques, pronoms personnels, système temporel, etc.). On peut aussi montrer comment le locuteur construit ses énoncés à partir de sa position dans le monde (théorie des actes de langage, théorie de l'énonciation, etc.). Ces thèmes ont été l'objet de nombreuses études, souvent contemporaines des problématiques que nous décrivons dans ce chapitre. Les deux ne vont pas sans un certain recouvrement. Il ne faut pourtant pas les confondre : d'un côté, par « sujet », on entend une pièce de notre analyse du langage et de son fonctionnement ; de l'autre, il s'agit de mettre en lumière le rapport radical du langage à la constitution de la subjectivité humaine.

de la conscience, en tant qu'instance psychique, à s'atteindre dans sa propre vérité, et celui de la transparence du sens à lui-même. Nous avons déjà rencontré la notion de subjectivité en analysant les rapports de la pensée et du langage (voir chap. 6 : « La question de l'intentionnalité »). Il s'agissait alors de savoir si, pour concevoir la nature du langage, nous avions besoin de recourir à la notion d'une subjectivité fondatrice, telle qu'elle a été construite par la philosophie transcendantale de Kant[1] à Husserl. En retournant, au-delà du formalisme kantien, à la dimension proprement métaphysique de la méditation cartésienne, Husserl cherche à démontrer l'impuissance de l'objectivité à se fonder, ou simplement à se garantir, en *et* par elle-même. Dans la *Krisis*[2] (§ 25, 26, 27), Husserl définit son projet d'une philosophie transcendantale en soutenant, contre tout objectivisme, qu'il s'agit d'une philosophie « qui régresse vers la subjectivité connaissante comme vers le lieu originel de toute formation objective de sens et de validité d'être, et qui entreprend de comprendre le monde-qui-est en tant que structure de sens et de validité » (*loc. cit.*, § 27). Cette *subjectivité connaissante* n'est transcendantale que dans la mesure où elle n'est pas seulement comprise dans la sphère du moi, mais où elle est aussi et d'abord un *nous*, c'est-à-dire une *intersubjectivité* dans laquelle la présence de l'autre est absolument requise pour la compréhension de l'objectivité du monde[3].

1. Kant reprend l'analyse cartésienne de la subjectivité. Mais dans la mesure où il cherche à replacer la sensibilité dans l'activité du sujet connaissant, la subjectivité, en tant précisément qu'elle est transcendantale, doit lui fournir la définition des conditions *a priori* de tout objet possible de la connaissance. La subjectivité se trouve de fait réduite à la dimension synthétique de l'objectivité. L'unité du sujet cartésien se dissout dans l'opposition entre un *moi empirique* et un *moi transcendantal*. Si ce dernier constitue une unité objective, l'unité subjective de la conscience n'est plus qu'une unité empirique : « L'unité transcendantale de l'aperception est celle par laquelle tout le divers donné par une intuition est réuni dans un concept de l'objet. Aussi s'appelle-t-elle *objective* et elle doit être distinguée de l'unité subjective de la conscience, qui est une détermination du sens interne, par laquelle ce divers de l'intuition est empiriquement donné pour être ainsi lié » (*Critique de la raison pure*, An. transc., § 18).

2. *La crise des sciences européennes et la phénoménologie transcendantale*, 1935-1936, trad. franç. par G. Granel, Paris, Gallimard, 1976.

3. Il y a d'autres voies que la phénoménologie pour reconnaître l'importance de la relation à autrui. Ainsi le néo-kantien M. Buber (*Je et tu*, 1923 ; trad. franç., Paris, Aubier, 1938) voit-il dans la rencontre avec l'autre homme le lieu où la parole reçoit

On retrouve, chez Heidegger, la même intuition : le langage, *ontologiquement coextensif au champ de l'intersubjectivité,* met en jeu le destin du sujet dans son rapport à la vérité et au sens. La polémique[1] qui l'a opposé à Ernst Cassirer, au cours des années 1928-1931, sur l'interprétation de la critique kantienne fait apparaître clairement l'enjeu philosophique de la discussion sur l'autonomie du symbolique dans le rapport du langage à la subjectivité. Dans le compte rendu qu'il fait du second volume de *La philosophie des formes symboliques* de Cassirer, Heidegger oppose à celui-ci l'idée qu'il faut poser l'existence de l'homme indépendamment de toute visée anthropologique, si l'on veut atteindre la métaphysique comme sa disposition naturelle. Pour Cassirer, au contraire, la valeur de la critique kantienne réside dans le fait qu'elle ouvre la possibilité d'une philosophie générale de la culture ; il s'agit d'appliquer la méthode critique à l'univers de la pensée symbolique. C'est pourquoi il recourt volontiers aux thèses de Humboldt concernant l'activité créatrice et synthétique de l'esprit face au langage. Le passage du *prendre* au *comprendre* est la source de la diversité des formes symboliques de l'expression, de la représentation et de la signification :

> Il n'existe pas d'autre voie que la médiation de la forme. Car telle est la fonction de la forme : en transposant en forme son existence, c'est-à-dire en transposant nécessairement tout ce qui est en lui de l'ordre du vécu en une forme objective, quelle qu'elle soit, dans laquelle il s'objective lui-même, l'homme ne se libère sans doute pas en cela de la finitude de son point de départ (car tout ceci est encore lié à sa propre finitude), mais en émergeant de la finitude, il amène celle-ci à se dépasser dans quelque chose de nouveau (*loc. cit.*, p. 41).

sa signification. Le Je-Tu qui naît de cette rencontre se définit dans un échange langagier par lequel les deux protagonistes sont posés comme sujets. M. Bakhtine (*Esthétique de la création verbale,* premières esquisses, 1920-1924 ; publication en russe, 1979 ; trad. franç., Paris, Gallimard, 1984) pose que le *je* ne peut exister sans le *tu* (voir T. Todorov, *Mikhail Bakhtine, le principe dialogique,* Paris, Le Seuil, 1981). Dans ces deux cas, il est moins question d'analyser la subjectivité que de mettre l'accent sur le dialogue (voir également F. Jacques, *Dialogiques. Recherches logiques sur le dialogue,* Paris, PUF, 1979).

1. Les pièces de la discussion ont été rassemblées et traduites en français, sous la direction de P. Aubenque, in *E. Cassirer, M. Heidegger : débat sur le kantisme et la philosophie,* Paris, Beauchesne, 1974.

Contre Heidegger, Cassirer pose l'une des thèses les plus fortes de la philosophie moderne : c'est *par l'intermédiaire du symbolique* que le sujet humain accède au *réel.*

L'analyse existentiale *du langage*

Selon Heidegger, la parole a ses racines dans la constitution *existentiale* du *Dasein* (*Être et temps,* 1927, trad. franç. E. Martineau, Paris, Authentica, 1985, § 34, 162). Ce qui se passe entre un locuteur et un auditeur quelconques ne peut jamais être réduit à une situation purement linguistique ou logique, car il s'agit d'une situation *existentiale*[1]. Les *existentiaux* définissent les manières d'exister propres à l'homme et constituent les modalités *a priori* selon lesquelles la conscience se saisit elle-même. La base du langage *(Sprache)* est dans la *discursivité (Rede)* et non pas dans la grammaire ou la logique. La discursivité est le propre d'un homme dont l'être est toujours *déjà dehors,* un être sans cesse engagé dans une ouverture aux autres et au monde.

La conception heideggérienne du langage repose sur la thèse selon laquelle les phrases ne sont que l'expression formelle du mode existential de l'ouverture du *Dasein* sur le monde. Se trouve du même coup récusée comme inadéquate toute tentative d'une analyse purement formelle du langage. La linguistique postérieure à la grammaire grecque du *Logos* a pour donnée fondamentale les *catégories de signification* envisagées dans le parler conçu comme énoncé[2]. Concevoir le *parler* comme un existential implique que la science du langage doit reposer sur des fondements ontologiques plus originaires : les « structures fondamentalement aprioriques du parler en général en tant qu'existential » (*Être et temps,* § 34).

1. Dans le vocabulaire de Heidegger, la catégorie d'*existential* est fondée sur la distinction entre l'être, l'ontologique et les étants, l'ontique. L'existential se rapporte à l'être, il ne relève pas d'un simple rapport de la conscience empirique aux étants, les choses qui composent le monde.

2. Cf. la thèse de Heidegger *Traité des catégories et de la signification chez Duns Scot,* 1916 ; trad. franç., Paris, Gallimard, 1970.

Langage et vérité ne sont pas définis par les caractéristiques purement formelles et logiques des propositions :

> Nous possédons une science du langage, et pourtant l'être de l'étant qu'elle prend pour thème reste obscur ; plus encore : l'horizon d'un questionnement possible à son sujet est voilé (...). La recherche philosophique devra ici renoncer à une philosophie du langage pour s'enquérir des choses mêmes, et se mettre ainsi dans l'état d'une problématique conceptuellement clarifiée *(ibid.)*.

Envisager le langage dans la perspective d'une ontologie du *Dasein* amène Heidegger à réfuter les conceptions philosophiques ordinaires portant sur les rapports du langage et de la pensée. L'*être-au-monde* du langage n'est pas simplement un être dans le monde, sur le mode d'une conscience s'appropriant le monde dans sa propre intériorité. Le *Dasein* est parlant, non pas parce qu'il serait « un intérieur séparé de l'extérieur, mais parce que, se comprenant en tant qu'être-au-monde, il est déjà dehors ». Il ne s'agit pas tant de rejeter l'idée d'une dimension référentielle du langage (*Être et temps*, § 34, énumère plusieurs modes du *parler sur*) que de montrer qu'une telle possibilité ne recèle pas l'essence du langage. Si le parler est un *existential originaire de l'ouverture*, son essence doit être saisie dans une ontologie plus originaire, et sous un questionnement dans lequel le langage est compris comme un élément de ce qui fonde l'être-au-monde du *Dasein*.

Dans la perspective heideggérienne, la compréhension du langage est donc détachée de toute approche instrumentale, mais aussi de tout rapport fondateur à une quelconque subjectivité. Mais, bien que le langage n'ait pas pour autant de réelle autonomie, la critique des *philosophies du langage* fait sentir, dès 1927, l'inspiration qui sera à l'œuvre dans la problématisation ultérieure des rapports de l'être et du langage[1].

Dans *Être et temps*, le langage n'est considéré que de façon seconde, ce qu'éclaire Heidegger en disant, au début du § 34 : « Que la parole ne devienne que maintenant <c'est-à-dire à

1. Sur la discussion autour de l'interprétation de la *Kehre* (retournement) heideggérienne comme *tournant linguistique de la philosophie* : R. Rorty, *The Linguistic Turn*, Chicago, 1980, et G. Vattimo, Herméneutique et anthropologie, in *La fin de la modernité*, trad. franç., 1987 ; voir aussi J. Beaufret, Du logos au langage, in *Dialogue avec Heidegger*, III, Paris, Minuit, 1980.

presque moitié de l'analyse développée dans l'ouvrage> notre thème, cela doit indiquer que le phénomène a ses racines dans la constitution existentiale de l'ouverture du *Dasein* ». C'est le concept de *mondanéité,* lui-même conçu dans la perspective de l'*être-à-portée-de-la-main (Zuhandenheit),* c'est-à-dire dans quelque chose de bien plus originaire que le langage lui-même, qui donne le principe à partir duquel peut être résolue la question du sens.

À partir des années 1930, le langage est considéré, à la lumière de l'*ouverture de l'être (Lichtung),* dans le rapport entre l'analyse du lieu ontologique de la parole et la possibilité d'une pensée de l'être rejoint dans son essence originaire. Dans la *Lettre sur l'humanisme*[1], la défiance à l'égard des philosophies du langage atteint son point culminant :

> Le langage, dans son essence, n'est pas le moyen pour un organisme de se manifester, ni non plus l'expression d'un vivant. On ne saurait, pour cette raison, le penser d'une manière conforme à son essence en partant de sa valeur de signe *(Zeichencharacter),* pas même peut-être de sa valeur de signification *(Bedeutungscharacter).* Le langage est la venue à la fois éclairante et celante de l'Être lui-même.

Le rejet des philosophies du langage se justifie du refus du privilège philosophico-linguistique accordé à la signification. La réflexion sur le langage ne se réduit pas à la simple analyse des modalités du rapport entre langage et réalité. En se tournant vers les œuvres poétiques de Hölderlin, Trakl, Rilke ou Hebel, Heidegger ne cherche pas à dénoncer la *domination de l'étant,* sous la forme, par exemple, d'une réduction du langage à sa capacité de décrire les choses. La poésie n'est pas abordée sous un angle esthétique comme un fait de langage, elle est *le* langage atteint dans son essence originaire : *le parlé à l'état pur est le poème* :

> La poésie proprement dite n'est jamais seulement un mode *(Melos)* plus haut de la langue quotidienne. Au contraire, c'est bien plutôt le discours de tous les jours qui est un poème ayant échappé, et pour cette raison un poème épuisé dans l'usure, duquel à peine encore se fait entendre un appel (*Acheminement vers la parole*[2]).

La poésie rend possible le langage ; ce n'est qu'à partir de l'essence de la poésie qu'on peut atteindre l'essence du lan-

1. 1946 ; trad. franç. par R. Munier, Paris, Aubier-Montaigne, 1957.
2. 1959 ; trad. franç. par J. Beauffret, W. Brockmeier et F. Fédier, 1976.

gage[1]. Le propre du poème est de montrer, c'est-à-dire de nommer, non pas au sens d'une quelconque procédure référentielle, mais dans ce que Heidegger désigne comme *appel*[2]. Le langage est la *maison de l'être,* selon l'expression consacrée de la *Lettre sur l'humanisme,* et c'est en tant que tel qu'il résiste à tout arraisonnement par la grammaire, ou tout autre formalisme logique.

La philosophie d'inspiration heideggérienne[3] s'est concrétisée dans des entreprises dont quelques-uns des effets remarquables ont été : 1 / de priver théoriquement le langage et les systèmes symboliques de leur dimension sémantico-référentielle ; 2 / de les associer à des formes variables du fatalisme historico-ontologique ; 3 / d'en subordonner la conception à une vision crépusculaire de l'histoire et de la philosophie qu'illustrent les thèmes lancinants de leur *fin* ou de leur *dépassement présumés.*

Langage et inconscient

Sous la formule programmatique *l'inconscient est structuré comme un langage,* thèse énoncée dans le rapport du Congrès de Rome en 1953[4], puis développée de façon systématique dans *Le Séminaire*[5], à partir plus précisément du livre III, *Les psychoses* (3e partie,

1. Cf. « Hölderlin et l'essence de la poésie », 1936 ; trad. franç. in *Approche de Hölderlin,* Paris, Gallimard, 1962.

2. Sur cette notion, cf. La parole, in *Acheminement vers la parole, loc. cit.*

3. Nous suivons l'article très instructif, parce que sans intention polémique, de J.-P. Cometti, La métaphysique de la parole et les faubourgs du langage, in *Revue internationale de philosophie,* Bruxelles, n° 4, 1992.

4. Rapport édité dans les *Écrits* sous le titre « Fonction et champ de la parole et du langage en psychanalyse ». Les *Écrits* (Paris, Le Seuil, 1966) regroupent des textes de J. Lacan datant des années 1936-1966, complétés par *Autres Écrits* (Paris, Le Seuil, 2001) où sont repris notamment les principaux textes parus dans la revue lacanienne *Scilicet.*

5. Le *Séminaire* est la transcription écrite de l'enseignement oral poursuivi par Jacques Lacan, pendant trente ans, à son domicile, puis à l'hôpital Sainte-Anne et, pour l'essentiel, à l'École normale supérieure de la rue d'Ulm et à la Faculté de droit du Panthéon. Lacan a chargé Jacques-Alain Miller d'établir l'ensemble du texte à partir de l'enregistrement et de la sténographie de chaque séance. De ce travail en cours, les Éditions du Seuil ont déjà publié, dans la collection « Le Champ freudien » : liv. I, *Les écrits techniques de Freud (1953-1954),* 1975 ; liv. II, *Le Moi dans la*

« Du signifiant et du signifié »), Jacques Lacan veut faire retour à la *lettre* des écrits métapsychologiques de Freud. L'originalité de la méthode freudienne tient, selon Lacan, aux *moyens* qu'elle met en œuvre, et qui relèvent essentiellement d'une dynamique de la *parole* dans laquelle le discours concret, matière de la relation analytique, constitue le champ de la *réalité transindividuelle* du sujet. L'inconscient est défini comme « cette partie du discours concret en tant que transindividuel, qui fait défaut à la disposition du sujet pour rétablir la continuité de son discours conscient » (Lacan, *Écrits*, 1966, p. 258).

Au début du *Sém.* XI, *Les quatre concepts fondamentaux de la psychanalyse* (1964, éd. 1973), Lacan rappelle que son effort pour revaloriser l'instrument de la parole aux yeux des psychanalystes a pu le faire passer pour être « hanté par je ne sais quelle philosophie du langage, voire heideggérienne, alors qu'il ne s'agissait que d'une référence propédeutique » (*loc. cit.*, p. 22). En fait, Lacan ne cherche pas chez Heidegger une *philosophie* du langage, mais une pensée de la vérité qui permette de comprendre pourquoi et comment celle-ci ne peut se manifester que sous les formes de l'*inapparence*, selon l'expression du philosophe lorsqu'il parle de la *phénoménologie de l'inapparence*. Le retour à Freud, dont Lacan s'est toujours réclamé, procède d'un retournement dans la clinique de la psyché, du même type que celui opéré par Heidegger dans la pensée de l'essence de la vérité. Comme si la clinique psychiatrique devait vérifier *a posteriori* la validité de la *Kehre* heideggérienne.

Si la fonction de la cure est de faire entendre la vérité, le psychanalyste est alors confronté à un problème qui se pose aux

théorie de Freud et dans la technique de la psychanalyse (1954-1955), 1978 ; liv. III, *Les psychoses (1955-1956)*, 1981 ; liv. IV, *La relation d'objet (1956-1957)*, 1994 ; liv. V, Les formations de l'inconscient (1957-1958), 1998 ; liv. VII, *L'éthique de la psychanalyse (1959-1960)*, 1986 ; liv. VIII, *Le transfert (1960-1961)*, 1991 ; liv. IX, *Les quatre concepts fondamentaux de la psychanalyse (1964)*, 1973 ; liv. XVII, *L'envers de la psychanalyse (1969-1970)*, 1991 ; liv. XX, *Encore (1972-1973)*, 1975. Si les conditions de publication du *Séminaire* ont pu soulever questions et objections quant à la fidélité à la lettre de l'enseignement de Lacan, l'édition de J.-A. Miller reste la seule disponible. Nous citerons donc le *Séminaire* dans l'édition et sous les titres et chapitres que celui-ci a proposés. Les subdivisions de chaque livre du *Séminaire* correspondent aux séances tenues par Lacan, elles apparaissent sous des chiffres romains, que nous ferons précéder de la mention « chap. », pour ne pas les confondre avec la numérotation en chiffres romains des livres eux-mêmes.

deux pôles de la relation analytique. Soit, d'abord, les conditions d'un *dire* qui échappe au locuteur lui-même dans cette zone d'ombre de l'inconscient que Freud désigne comme l'*autre* scène. Puis la possibilité de définir les règles d'un *interpréter* qui questionne le *désir de l'analyste* (problématique développée par Lacan sous le concept de *contre-transfert*)[1]. Le sens ne se manifeste que dans le *dire,* la parole de l'analysant, et doit être dégagé et distingué de la signification, le *dit,* qui résulte grammaticalement du discours. Si la signification articule le sens qui l'a engendrée, elle est aussi ce qui permet de l'entendre – si tant est qu'existe la disposition à l'écouter, disposition dont Lacan définit l'enjeu comme *vocation du discours analytique.*

En revenir à la lettre de la doctrine freudienne ne consiste donc pas à chercher une quelconque intuition originelle de l'idée d'inconscient[2], mais à faire retour à une doctrine constituée, fondée sur une clinique et une méthode thérapeutiques dont les règles, clairement définies, supposent la lecture de l'ensemble de l'œuvre de Freud. Pour relire Freud, Lacan recourt à une méthodologie structuraliste inspirée par la linguistique saussurienne, les thèses de Benveniste et Jakobson sur la nature de l'arbitraire du signe et sur les rapports signifiant/signifié, et l'analyse structurale des mythes par Lévi-Strauss. Pour autant, Lacan ne procède pas à un simple réaménagement conceptuel. Il trouve dans la linguistique structurale une *logique du signifiant* qui lui permet de repérer, au fondement de l'expérience clinique, le déterminisme des faits de langage dans la dynamique et l'économie des mécanismes inconscients[3]. Le phénomène fondamental de la révélation analytique, c'est « ce rapport d'un discours à un autre qui le prend comme support »[4]. La psychanalyse est la *science du langage habité*

1. *Écrits,* Fonction et champ de la parole et du langage en psychanalyse, p. 242 s.

2. Sur le renvoi de Lacan au « retour à Marx » effectué par L. Althusser, cf. L. Althusser, Freud et Lacan, in *Nouvelle Critique,* n° 161-162, décembre 1964 - janvier 1965.

3. La clinique des psychoses a joué, sur ce point, un rôle déterminant dans le développement de la doctrine lacanienne ; cf. *La psychose paranoïaque dans ses rapports avec la personnalité,* thèse de doctorat, 1932, éd. 1975 ; D'une question préliminaire à tout traitement possible de la psychose, in *Écrits,* 1966 ; *Sém.* III : *Les psychoses (1955-1956),* éd. 1981, plus particulièrement la 3e partie, « Du signifiant et du signifié ».

4. *Sém.* I : *Les écrits techniques de Freud (1953-1954),* éd. 1975, p. 272.

par le sujet. L'homme, envisagé dans une perspective freudienne, apparaît comme un *sujet pris et torturé par le langage* (*Sém.* III : *Les psychoses, loc. cit.*, p. 276). L'affirmation de la dimension proprement signifiante sous laquelle le sujet se pose dans la parole implique de concevoir la subjectivité dans un rapport fondateur au langage, et de mettre au jour « (...) tout ce qui, de la définition du langage, s'ensuit quant à la fondation du sujet, si renouvelée, si subvertie par Freud que c'est là que s'assure tout ce qui de sa bouche s'est affirmé comme l'inconscient » (*Sém.* XX : *Encore (1972-1973),* éd. 1975, p. 20).

Lacan s'oppose donc aux interprétations qui déplacent l'inconscient vers d'autres bases que celle du langage. Interprétations biologisantes comme celles qui font régresser Freud vers son *Esquisse d'une psychologie scientifique*[1], ou interprétation pragmatique et adaptative, développée dans la psychanalyse anglo-saxonne, notamment sur la base des travaux de Jung. Il dénonce aussi les récupérations tentées dans le champ de la philosophie, et dégage ce qui se cache derrière les réductions de la psychanalyse à l'expérience duelle de la cure – à savoir, la tentative de justifier par la psychologie les modèles philosophiques de l'intersubjectivité, soit d'un point de vue phénoménologique comme chez Merleau-Ponty[2], soit dans une perspective personnaliste ou existentielle, sur le modèle de la *Daseinanalyse* de Biswanger ou de la *psychanalyse existentielle* de Sartre[3].

Relue à la lumière de la *Traumdeutung*[4], l'œuvre de Freud apparaît comme une analyse de la relation essentielle qui unit le langage au désir. Objet privilégié de l'investigation analytique, le rêve fournit le modèle de toutes les formes d'expression substitutive du désir. L'interprétation, dans la technique freudienne,

1. Texte de 1895 (trad. franç., in *La naissance de la psychanalyse,* Paris, Gallimard, 1956) et donc antérieur à *La science des rêves* (1900) où la doctrine de l'inconscient est posée dans l'analyse des lois conditionnant la logique des rêves.

2. Cf. la discussion avec l'auteur de la *Phénoménologie de la perception* et de *Le visible et l'invisible* : Maurice Merleau-Ponty, in *Les Temps modernes,* numéro spécial sur M. Merleau-Ponty, 1961 ; Propos sur la causalité psychique, in *Écrits,* p. 178 s. ; *Sém.* XI : *Les quatre concepts fondamentaux de la psychanalyse, OC,* chap. VI, VII et VIII.

3. *Sém.* I : *Les écrits techniques de Freud,* chap. XVIII ; *Sém.* XI : *Les quatre concepts fondamentaux de la psychanalyse,* chap. VII.

4. 1900 ; trad. franç., *L'interprétation des rêves,* 1926, nouv. éd. révisée, 1967.

porte non pas sur le rêve lui-même, mais sur le *récit* du rêve, c'est-à-dire sur un *texte* dans lequel le sujet cherche la parole qui coïnciderait avec l'expression primitive du désir engagé dans le conflit inconscient qui en est la source. L'objet de l'analyse est donc le *langage du désir* plus que le désir comme tel. C'est en ce sens que le rêve peut fonctionner comme paradigme psychique des représentations symboliques du désir, cachées derrière les formes déplacées et déguisées du mot d'esprit et du lapsus, du mythe et de l'œuvre d'art, de l'illusion religieuse, etc.[1]. La psychanalyse cherche à circonscrire le domaine de symbolisation à l'intérieur duquel le parler humain est subverti par le désir : le désir marque en même temps l'échec de la parole et sa propre impossibilité à parler de son objet.

La résolution du problème de l'inconscient, qui conditionne la théorie analytique, comme la maîtrise du transfert dont dépend l'efficacité de la psychothérapie, apparaissent méthodologiquement comprises dans une certaine conception du rôle du langage. S'il y a une *matérialité* de l'inconscient, au sens où Freud n'a jamais cessé de reprendre la question de l'objectivité des phénomènes psychiques[2], elle est donnée *dans* le langage. Le fait que l'expérience analytique prenne essentiellement appui sur le dire du patient suffit à montrer que la structure de l'inconscient doit être cherchée dans le champ de la parole. Dire que l'inconscient est structuré *comme* un langage signifie d'abord que l'inconscient n'est pas le langage mais ce qui permet de le fonder :

> Si je dis que tout ce qui appartient à la communication analytique a structure de langage, cela ne veut justement pas dire que l'inconscient s'exprime dans le discours. La *Traumdeutung*, la *Psychologie de la vie quotidienne* et *Le mot d'esprit* le rendent transparent – rien n'est explicable des détours de Freud si ce n'est que le phénomène analytique comme tel, quel qu'il soit, est non pas un langage au sens où ça voudrait dire que c'est un discours – je n'ai jamais dit que c'était un discours –, mais structuré comme un langage. C'est en ce sens qu'on peut dire qu'il est une variété phénoménale, et la plus révélatrice, des rapports de l'homme au domaine du langage (*Sém.* III : *Les psychoses*, p. 187).

1. Cf., respectivement, *Le mot d'esprit dans ses rapports avec l'inconscient,* 1905, trad. franç., 1930 ; *Psychopathologie de la vie quotidienne*, 1901, trad. franç., 1934 ; *Essais de psychanalyse appliquée,* 1906-1923, trad. franç., 1933 ; *L'avenir d'une illusion,* 1907, trad. franç., 1947.

2. P. Bercherie, *Genèse des concepts freudiens,* Paris, Navarin, 1983.

La logique inconsciente du signifiant

La *structure de langage,* dont parle Lacan, se marque dans le fait que tous les phénomènes qui relèvent du champ analytique sont pris dans la duplicité essentielle du signifiant et du signifié, c'est-à-dire déterminés par l'autonomie et la cohérence du *signifiant.* Le caractère du signifiant marque de façon essentielle tout ce qui est de l'ordre de l'inconscient.

Dans son *Séminaire* de l'année 1956-1957[1], Lacan reprend l'*Analyse d'une phobie chez un petit garçon de 5 ans,* faite par Freud en 1909[2], pour montrer comment les éléments signifiants de la phobie du petit Hans restent incompréhensibles si on leur prête un sens *univoque* ; aucun *n'est l'équivalent d'un signifié unique* (*loc. cit.*, p. 286). La valeur du signifiant, « pont dans un domaine de significations » (*ibid.*, p. 297), réside dans ses propriétés combinatoires. L'exemple de la figure du cheval, dans laquelle se diffuse l'angoisse liée au développement de la phobie du petit garçon, est particulièrement probant : elle peut valoir, en même temps, comme équivalent symbolique du père ou représentation du pénis, mais aussi comme signification de certains aspects de la figure maternelle. Le signifiant qui agit dans le symptôme est constitué de telle sorte, et cela définit sa fonction, qu'il peut recevoir de multiples significations très différentes les unes des autres. Lacan en infère la distinction du signifiant et du signifié, et réinscrit la question de la signification dans la structure de l'activité symbolique, où chaque élément signifiant est défini par son articulation avec *tous* les autres éléments signifiants. Le réel ne s'atteint pour le sujet que par l'action de l'ensemble des signifiants qui le restructurent en y introduisant de nouvelles combinatoires de relations. On retrouve la même dynamique signifiante dans le mot d'esprit[3] à propos duquel

1. La structure des mythes dans l'observation du petit Hans, *Sém.* IV : *La relation d'objet,* Paris, 1994.

2. Trad. franç. dans *Cinq psychanalyses,* Paris, 1954.

3. Le *Witz* freudien. Comme l'énonce explicitement le titre de l'ouvrage de 1905, *Le mot d'esprit dans ses rapports avec l'inconscient,* dans lequel il analyse la forme et l'enjeu psychique de l'humour, Freud ne cherche pas à rendre compte du *Witz* (le trait d'humour) à partir de l'inconscient, mais à analyser le *Witz* lui-même comme

Lacan insiste sur le caractère « constitutif » du signifiant dans le réel :

> Tout ce que Freud développe dans la suite consiste à montrer l'effet d'anéantissement, le caractère véritablement détruisant, disrompant, du jeu du signifiant par rapport à ce que l'on peut appeler l'existence du réel. À jouer avec le signifiant, l'homme met en cause à tout instant son monde, jusqu'à la racine (*ibid.*, p. 294).

Le rôle fondamental de la structure signifiante à tous les niveaux de l'analyse freudienne, dans l'élaboration des rêves, dans les phénomènes relevant d'une psychopathologie de la vie quotidienne (lapsus, oublis de mots, actes manqués, etc.), dans le mot d'esprit comme dans la genèse de la névrose, amène donc Lacan à construire une théorie générale du signifiant, inspirée du modèle de la linguistique structurale.

Depuis Saussure, la définition linguistique du signe a comme présupposé la symétrie entre les deux faces qui le composent (voir chap. 3 : « La théorie saussurienne de la valeur »). C'est précisément cette symétrie qui est remise en question par Lacan, comme par J. Derrida, sur des bases plus proprement philosophiques – et d'une façon qui permet peut-être de mieux dégager, par différence, la spécificité de la démarche lacanienne.

Selon Derrida[1], la distinction entre signifié (le contenu) et signifiant (l'expression) reproduit l'opposition philosophique clas-

phénomène essentiellement inconscient. La psychanalyse comprend le plaisir spécifique associé au jeu verbal en montrant qu'il procède à l'inverse du rêve : si celui-ci vise à une épargne de déplaisir, le mot d'esprit réalise une acquisition de plaisir. Selon Freud, le plaisir apporté par le mot d'esprit provient d'une épargne plus ou moins importante de l'énergie d'inhibition, réalisant ainsi, du point de vue économique, un gain de plaisir dans le fait même de contourner l'interdit du Surmoi. Le *Witz* fonctionne donc comme le médium psychique du déplacement des représentations à travers les systèmes de l'appareil Inconscient-Préconscient-Conscient. L'érotisation verbale de la dynamique psychique amène l'inconscient au plus près des mécanismes du langage. Lacan analyse cet affleurement de l'Inconscient dans le signifiant en montrant comment l'Inconscient lui-même peut s'entendre comme un jeu de langage. Cf. l'analyse du jeu de mots sur le « famillionnaire » qui ouvre le premier chapitre (« La technique du mot d'esprit ») de *Le mot d'esprit dans ses rapports avec l'inconscient* (trad. franç., Paris, Gallimard, 1930) et Lacan, *Sém.* IV : *La relation d'objet*, chap. XVII, « Le signifiant et le mot d'esprit » (Paris, 1994).

1. *De la grammatologie*, Paris, Les Éditions de Minuit, 1967 ; cf. le commentaire de F. Wahl, La structure, le sujet, la trace, *in* O. Ducrot *et al.*, *Qu'est-ce que le structuralisme ?*, Paris, Le Seuil, 1968.

sique entre l'intelligible et le sensible, qui n'est qu'une autre façon de perpétuer le parti pris *idéaliste-logocentrique* sous-jacent à l'affirmation du caractère dominant de la conscience par rapport au monde. Domination marquée dans le privilège accordé au signifiant phonique sur le signifiant graphique, le langage parlé constituant l'essence du langage, à l'opposé duquel l'écrit ne serait qu'une forme redondante et purement instrumentale. Derrida repère dans le développement du discours sémiotique les effets contradictoires d'une thèse qui voudrait que le signifié, l'intelligible pur, soit immédiatement pensable en soi indépendamment des formes qui l'expriment. Le caractère transcendantal du signifié, sa position toujours *excédante* par rapport à la chaîne du signe, ne ferait donc que répliquer l'ancien schéma métaphysique du concept pur. En déplaçant la symétrie interne du signe vers sa face signifiée, la sémiotique retourne dans le champ de la métaphysique pour n'y occuper qu'une position d'instrument auxiliaire de l'analyse. À rebours de cette « métaphysique de l'écriture phonétique », Derrida pose la loi selon laquelle « tout procès de signification est un jeu formel de différences ». Signifié et signifiant sont conditionnés par une production systématique de différences, la différ*a*nce, chaque élément de la langue ne se constituant qu'à partir de la trace laissée en lui par tous les autres. Nous avons déjà vu (chap. 2, « L'archi-écriture et la différ*a*nce ») comment cette démarche conduit le philosophe à considérer que la possibilité de la *langue* elle-même ne peut être donnée que dans la possibilité générale de l'*écriture*.

La démarche de Derrida s'apparente finalement à la recherche d'une *archi-écriture,* refoulée derrière l'identification de la conscience à la parole (le « logocentrisme »). Lacan s'attache, au contraire, à comprendre l'inconscient freudien à partir de l'étude des effets de signifiant dans la parole analytique, pour montrer comment le sujet y apparaît divisé par son propre discours.

L'analyse du *stade du miroir*[1] fait apparaître le caractère à la fois prévalent et prééminent de l'Autre sur le sujet. Le langage, qui

1. Il s'agit de l'étape essentielle au cours de laquelle l'enfant apprend à reconnaître son image dans un miroir. Cf. Lacan, Le stade du miroir comme formateur de la fonction du Je, 1949, in *Écrits,* Paris, 1966, p. 93 s. ; voir également *Sém.* II, *Le moi dans la théorie de Freud et dans la psychanalyse (1954-1955),* 1978, chap. XIV.

donne sa forme particulière à l'histoire du sujet (le « scénario familial »[1]), est le *milieu* dans lequel l'individu est plongé dès sa naissance. Un milieu, que Lacan désigne comme lieu de l'Autre, et où le sujet va devoir s'*y* retrouver dans sa propre histoire. Le langage est moins un moyen de communication qu'une fonction originaire qui permet l'identification du sujet dans la reconnaissance des traits qui définissent la condition d'un être à la fois sexué et mortel. L'Autre, dans lequel le sujet s'aliène comme Moi sur un mode imaginaire, est défini par les lois propres du signifiant.

Derrida maintient la distinction signifié/signifiant au niveau du signe, dans la mesure où l'idée d'une primauté du signifiant occulterait à nouveau le travail de la différ*a*nce. L'idée de *trace* insiste précisément sur le fait que quelque chose agit comme signifiant au fond du signifié. Mais pour Lacan, au contraire, la découverte freudienne de la syntaxe inconsciente du rêve, du lapsus ou du mot d'esprit met en lumière le fait qu'on ne peut comprendre la place excentrique du sujet par rapport à la conscience qu'en partant des lois qui régissent les effets du signifiant, ses retours comme ses déplacements[2].

La théorie saussurienne du signe et les analyses de Jakobson sur les fonctions de sélection et combinaison (métaphore et métonymie) donnent à Lacan les éléments formels nécessaires pour dégager les mécanismes par lesquels le sujet s'aliène *au* signifiant. Mais si le langage est à la fondation du sujet, dire que l'inconscient est structuré comme un langage ne relève pas pour autant du champ de la linguistique. Lacan appelle, par contraste, *linguisterie* l'analyse de ce qui travaille sous la logique du signifiant : la *subversion du désir* (*Sém.* XX, *loc. cit.*, p. 2). Cette distinction

1. Freud a insisté sur le rôle central de l'identification aux parents dans la constitution du sujet et sur l'influence pathogène que la structure familiale peut exercer sur le développement psychique de l'enfant. L'enfant qui vient au monde est donc déjà pris dans le réseau des interrelations inconscientes qui organise sa constellation familiale. Ce réseau *s'inscrit* dans des signifiants organisant l'accès du sujet au langage et donc à sa propre subjectivité.

2. Lacan, La chose freudienne, ou Sens du retour à Freud en psychanalyse, 1955, L'instance de la lettre dans l'inconscient, ou la raison depuis Freud, 1957, in *Écrits* ; Du signifiant et du signifié, *Sém.* III : *Les psychoses (1955-1956),* Paris, 1981 ; *Sém.* XX : *Encore (1972-1973),* Paris, 1975, 2, 3, 4.

est répétée dans le démarquage entre langage et *Lalangue*[1] par lequel Lacan veut montrer comment le signifiant déchoit sans cesse le sujet :

> Le signifiant est signe d'un sujet. En tant que support formel, le signifiant atteint un autre que ce qu'il est tout crûment, lui, comme signifiant, un autre qu'il affecte et qui est en fait sujet, ou du moins qui passe pour l'être. C'est en cela que le sujet se trouve être, et seulement pour l'être parlant, un étant dont l'être est toujours ailleurs comme le montre le prédicat. Le sujet n'est jamais que ponctuel et évanouissant, car il n'est sujet que par un signifiant, et pour un autre signifiant (*ibid.*, p. 130).

Si l'usage des termes de *signifiant* et *signifié* se réfère au *Cours de linguistique générale* de Saussure (voir chap. 3, « La théorie saussurienne de la valeur »), Lacan prend à la lettre la barre qui les sépare dans la formule saussurienne (*Sa/Sé*) et la définit comme « barrière consistante à la signification ». La barre ne donne pas consistance à la différence entre signifiant et signifié, comme le voulait Derrida, mais elle marque le jeu proprement formel du signifiant dont les lois sont indépendantes de toute référence à une idée de contenu ou de sens. Lacan en déduit la thèse qui soutient tout son travail : du point de vue de l'inconscient, « le signifiant ne représente pas le signifié, il représente le sujet pour un autre signifiant ».

Cette insistance mise sur l'autonomie du signifiant ne se ramène pas à l'assimilation du signe à sa seule face signifiante, telle que la dénonçait Derrida. L'unité pertinente de la signification n'est plus ici le signe lui-même, mais la *chaîne signifiante*, c'est-à-dire le produit du redoublement des signifiants dans les relations qu'ils entretiennent au-dessus de la barre sous laquelle les signifiés glissent sans jamais pouvoir rentrer dans des relations claires de signification avec les signifiants. La chaîne signifiante ne relève donc pas de la linéarité propre à la parole, mais suppose de penser le fonctionnement du signifiant hors de l'unité

1. « Lalangue nous affecte d'abord par tout ce qu'elle comporte comme effets qui sont affects. Si l'on peut dire que l'inconscient est structuré comme un langage, c'est en ceci que les effets de lalangue, déjà là comme savoir, vont bien au-delà de tout ce que le sujet est susceptible d'énoncer » (*Encore*, *loc. cit.*, p. 127). Le concept de la « lalangue » ne désigne pas une nouvelle réalité linguistique, mais toute réalité linguistique en tant qu'elle possède un rapport unique avec le sujet. La meilleure façon de comprendre ce concept est de le rapprocher de celui de *langue maternelle*.

arbitraire du signe. La *logique du signifiant* doit s'analyser à partir des mécanismes linguistiques désignés par Jakobson comme *métaphore* et *métonymie,* mais abstraction faite du rapport des signifiants à leur signification. Lacan appelle *vascillation* le mouvement singulier par lequel le signifiant ne peut produire de signification sans disparaître, pour faire place à un autre signifiant avec lequel il forme chaîne. D'où le fait que, dans les formules lacaniennes, le signifiant se distribue sous plusieurs lettres, S_2 symbolisant la chaîne des signifiants et S_1 le signifiant toujours en plus par lequel se déroule la chaîne. *Métaphore* et *métonymie,* identifiées aux lois de la formation des rêves énoncées par Freud, soit respectivement *condensation* et *déplacement,* définissent les deux axes du langage à la structure duquel peut se comparer l'inconscient. La *métaphore* est ce qui permet le surgissement du sens. Surgissement, dans une chaîne signifiante, d'un signifiant venant d'une autre chaîne, et produisant ainsi un effet de *condensation* où s'inscrit, pour le sujet, le sens refoulé de son désir (*Sém.* III : *Les psychoses, loc. cit.*, chap. XVII et XVIII). La *métonymie* est le mécanisme qui agit les rapports de *déplacement* dans la chaîne signifiante. Elle est la marque de ce que le désir est toujours désir d'autre chose, qui ne consiste que dans un manque jamais comblé[1]. Ainsi s'opère, dans le langage, la présence de ce qui ne cesse jamais d'y faire défaut – à savoir, selon Lacan, la jouissance. Manque dont le sujet s'épuise et se perd de n'en avoir jamais fini avec la signification, c'est-à-dire avec le désir[2].

L'inconscient, c'est le discours de l'Autre

Dans une conférence de 1956 sur Freud (*Sém.* III : *Les psychoses, loc. cit.*, p. 266), Lacan avance que « la découverte fondamentale de la psychanalyse est d'avoir réintroduit la question du sens dans l'étude objective du comportement humain ». La

1. Symbolisé par l'*objet a* dans l'écriture lacanienne. Cf. *Sém.* XI : *Les quatre concepts fondamentaux de la psychanalyse (1964),* Paris, 1973, chap. XX.

2. Le sujet divisé, marqué par Lacan dans le symbole *sujet barré,* \$; cf. L'objet du désir et la dialectique de la castration, in *Sém.* VIII : *Le transfert (1960-1961),* Paris, 1991.

découverte des mécanismes psychiques inconscients qui agissent dans la formation des rêves ne fait pas que fournir un instrument heuristique puissant pour la compréhension des névroses, elle permet aussi de faire revenir dans le champ de la rationalité toute une part des phénomènes les plus obscurs et les plus *irrationnels* du comportement humain. Mais le prix à payer a consisté dans le *décentrement copernicien* de la conscience dans le psychisme, selon l'expression employée par Freud lui-même, ce qui supposait l'élaboration d'une nouvelle théorie du sujet comme *sujet de l'inconscient.*

Que le sujet ne puisse se poser que dans le monde de la parole[1] signifie d'abord que l'ordre symbolique ne peut plus être pensé comme production ou même manifestation de la conscience. L'être humain n'a d'accès à lui-même, au contraire, que dans un ordre symbolique qui le reçoit sous la forme du langage et dans lequel la détermination du signifiant fait valoir le sujet comme divisé par son propre discours. En même temps qu'il réfère l'inconscient freudien à la structure de langage qui le constitue, Lacan réintroduit la catégorie du sujet dénoncée par le structuralisme. Pour autant, le sujet freudien, divisé et barré par la présence même du langage, n'est pas assimilable au sujet de la philosophie classique. Ni sous la forme du *cogito* cartésien, sous la forme d'une conscience rendue intégralement transparente à elle-même dans l'extension hyperbolique du doute, ni sous la reformulation phénoménologique d'un *cogito existentiel* où le sujet n'existerait qu'en situation dans un monde humain, parmi et avec les autres sujets.

Si Lacan recourt à Descartes pour dire que le sujet cartésien est le présupposé de l'inconscient[2], le paradoxe n'est qu'apparent. L'hypothèse de l'existence d'un inconscient psychique ruine l'idée d'une transparence de la pensée à elle-même. En définissant l'inconscient par des *pensées* (« Propos sur la causalité psychique », in *Écrits*) et non plus par une dynamique plus ou moins confuse de *forces* obscures, Lacan fait retour sur le terrain de la philosophie pour y poser la question du sujet de l'inconscient. La réfé-

1. *Sém.* I : *Les écrits techniques de Freud (1953-1954),* Paris, 1975, chap. VII.
2. *Écrits,* p. 939 ; voir aussi *Sém.* XI : *Les quatre concepts fondamentaux de la psychanalyse,* chap. III et IV ; et *Sém.* XX : *Encore,* chap. II.

rence à la « substance pensante » cartésienne permet, du même coup, la correction de la position idéaliste sur la question du sujet.

On peut comprendre, à partir de là, la proposition lacanienne selon laquelle l'inconscient serait le *discours de l'Autre*, un autre auquel le sujet tiendrait plus qu'à lui-même puisque c'est lui qui le fait agir et parler[1]. Du fait de sa division, le sujet entre dans une dialectique de l'intersubjectivité où le *Je* est excentré par rapport au moi, et donc décalé par rapport au *Je* conscient, ou *Je* du *cogito*. L'Autre est le lieu où se pose le *Je* qui parle, en deçà du discours procédant du Moi, lieu qui recouvre ce que Freud a désigné comme inconscient. Le sujet de l'inconscient, excentrique par rapport à l'être conscient, n'est donc pas le Moi, fourni pour l'essentiel par la répétition de ses identifications aliénantes. Il suppose, au contraire, l'autonomie et la toute-puissance de l'ordre symbolique par rapport à l'être humain.

La position excentrique du sujet par rapport à son propre Moi désigne la place occupée par le *sujet du signifiant* relativement à celle qu'il occupe comme *sujet du signifié*. La barre qui sépare les deux faces du signe fait en quelque sorte retour dans le sujet, un *sujet barré par son désir*[2]. La division du sujet n'est pas simplement le résultat d'un conflit entre des désirs contraires, mais le produit de l'action du signifiant, un effet de la structure inconsciente du désir comme manque à être. Le travail *métaphorique* et *métonymique* du signifiant dans le désir fait que la division du sujet, pris dans le langage, vient se superposer à celle qui résulte de sa position dans la pulsion sexuelle, telle que Freud l'a analysée. Si le destin du sujet se joue dans la répétition de l'échec de son désir, la reconnaissance du primat du signifiant implique d'inscrire les lois de la répétition dans un ordre symbolique antérieur et hétérogène à l'activité du sujet. Les processus symboliques dominent et gouvernent toutes les choses du monde humain, peut dire Lacan (*Sém.* VII : *L'éthique de la psychanalyse*, p. 57). La question de l'autonomie et donc de la substantialité des phénomènes psychiques sous-tend toute la réflexion de Freud. On peut supposer, à la

1. Voir la notion de *grand Autre*, in *Sém.* II : *Le moi dans la théorie de Freud*, chap. XIX et XXIV.

2. *Sém.* VIII : *Le transfert*, chap. XVII et XXIV.

lumière des travaux de Lacan, qu'elle n'a pas d'autre issue, sans doute, que celle d'un *matérialisme symbolique*[1] pour lequel l'inconscient serait défini, avant tout déterminisme de type biologique ou neurologique, dans l'extériorité du symbolique à la conscience, ou en termes lacaniens, dans l'altérité du signifiant par rapport à l'homme défini comme *sujet* du langage[2].

Wittgenstein, l'ensorcellement par le langage

Une des thèses les plus fortes de la « seconde philosophie » de Wittgenstein[3] ressortit à sa manière, volontairement polémique, d'envisager les systèmes philosophiques comme l'expression d'un désordre mental, sinon même comme les symptômes d'une véritable maladie de l'esprit. Wittgenstein n'a qu'une connaissance limitée des travaux de Freud[4], mais il utilise à plusieurs reprises le modèle de la technique analytique comme métaphore de sa propre méthode (*Investigations...*, § 133, 255 par ex.).

Bien qu'il reproche à Freud son scientisme, Wittgenstein voit dans la psychanalyse un type inédit de description des phénomènes[5]. Si la pratique de la psychanalyse peut être dangereuse par son dogmatisme et son esprit de système, sa capacité à envisager d'un *œil nouveau* des faits depuis toujours conçus sous le même angle métaphysique peut, par contre, se révéler méthodologiquement très efficace.

1. L'expression est de A. Hesnard, *De Freud à Lacan,* Paris, ESF, 1977, p. 90.

2. Pour des éléments de discussion sur la question du sujet dans son rapport au langage, chez Lacan, cf. G. Miller (dir.), *Lacan,* Paris, 1987 ; B. Ogilvie, *Lacan, le sujet,* Paris, 1987 ; A. Juranville, *Lacan et la philosophie,* Paris, 1984 ; Lacan, *Revue internationale de philosophie,* vol. 46, I/1992 ; et, surtout, *L'inconscient,* VIe Colloque de Bonneval, 1960, éd. Paris, 1966, 2e partie : « L'inconscient et le langage », 6e partie : « L'inconscient et la pensée philosophique ».

3. *Investigations philosophiques,* 1945, trad. franç. P. Klossowski, Paris, Gallimard, 1961.

4. Il avait lu *L'interprétation des rêves,* mais ne possédait qu'une expérience indirecte de la thérapeutique analytique, par le biais d'une de ses sœurs qui avait suivi une analyse avec Freud lui-même ; cf. C. Chauviré, *Ludwig Wittgenstein,* Paris, Le Seuil, 1989.

5. « Conversations sur Freud », 1942-1946, trad. franç. in *Leçons et conversations,* Paris, Gallimard, 1971.

Le rôle du philosophe doit relever du même type de démarche : non pas produire de nouvelles théories, mais *faire voir* de façon plus claire ce que nous savons déjà. Le philosophe n'a pas la capacité de révéler de nouvelles solutions aux problèmes posés, mais simplement d'apprendre aux autres la manière de penser les problèmes par eux-mêmes. Le *Tractatus logico-philosophicus* finit sur l'idée que la seule méthode correcte en philosophie est de ne dire que ce que l'on *peut* dire, et de se taire sur tout le reste[1]. La psychanalyse freudienne est utile dans la mesure où elle permet justement de montrer que nous sommes toujours sujets à un certain *ensorcellement par le langage* (*Investigations,* § 109) et que la plupart des philosophes ont fini par succomber à cette *maladie* dans leur pratique intellectuelle.

Faire de Wittgenstein un psychanalyste du langage reste très discutable[2]. Mais cela n'enlève rien au fait que l'auteur des *Investigations* ait pu parler de *maladies philosophiques* (*Investigations,* § 593) et énoncer explicitement qu'on peut envisager les diverses méthodes philosophiques comme autant de *thérapies* particulières (*ibid.,* § 133). On peut reprocher à la critique wittgensteinienne une contamination *inconsciente* de la méthode logique par une herméneutique pseudo-freudienne[3], mais encore faut-il comprendre pourquoi Wittgenstein a pu dire que ces *maladies de la pensée* sont sinon le propre, du moins symptomatiques de la pensée philosophique – étant bien entendu qu'il a commencé par en faire le diagnostic sur lui-même, puisqu'il pensait que le *Tractatus* était en partie le résultat d'un *ensorcellement par le langage* auquel il avait succombé dans la première période de sa vie intellectuelle. Quand il oppose bonne et mauvaise philosophies, et qu'il fait de la première un outil pour démasquer le *philosophe* qui est en chacun de nous, Wittgenstein vise le fait que toute

1. *Tractatus logico-philosophicus,* 1918, trad. franç. P. Klossowski, Paris, Gallimard, 1961 ; nouv. trad. G.-G. Granger, Paris, 1993.

2. Cf. J. Bouveresse, Wittgenstein et la philosophie du langage, in *Herméneutique et linguistique,* Combas, L'Éclat, 1991 ; P.-L. Assoun, *Freud et Wittgenstein,* Paris, PUF, 1988.

3. C'est l'un des aspects, et certainement pas le moindre, de la discussion autour de l'interprétation du rapport entre les deux philosophies de Wittgenstein. Cf. J. Bouveresse, *Philosophie, mythologie et pseudo-science* ; *Wittgenstein lecteur de Freud,* Combas, L'Éclat, 1991.

philosophie se réalise moins comme un système plus ou moins logique de propositions – c'est précisément l'illusion du *Tractatus* – qu'elle ne s'incarne, en fait, dans un langage qui est d'abord le *langage commun*. Et là où Freud s'est attaché, abusivement selon lui, à donner un fondement pseudo-scientifique à ses thèses, Wittgenstein part au contraire de l'hypothèse que le problème réside justement dans ce que recouvre le mode scientifique de la pensée. Le tournant entre les deux philosophies de Wittgenstein s'est joué autour du constat que la capacité du langage commun à duper le philosophe, qui croit construire un langage technique et formalisé, procède de la contamination du langage commun par l'esprit scientifique, caractéristique de l'époque contemporaine.

Les jeux de langage

Dans les *Investigations,* Wittgenstein réfute l'idée qui est au principe de sa première philosophie. Le *Tractatus* a pour objet de dégager les règles qui sont supposées régir la structure logique du langage. Ces règles agissent au cœur même des langues naturelles et leur donnent une capacité d'expression indéfinie, sans pour autant que nous soyons capables de les connaître comme telles (*Tractatus,* 4.002). L'analyse philosophique est seule capable d'atteindre cet ordre logique idéal enfoui dans le langage *réel*. C'est sur cette prétention philosophique, qui fut aussi la sienne dans la première période de ses travaux, que Wittgenstein revient pour montrer que plus l'examen du langage réel est précis et plus l'idée d'un langage *idéal* est contradictoire (§ 105-108). Dans l'analyse, les termes comme *langue, proposition* et *signe* perdent progressivement l'unité formelle qu'on leur prête initialement, pour se distribuer dans des *familles de structures* dont l'apparentement n'est plus formalisable selon les règles de la logique formelle (*ibid.,* § 108). Wittgenstein reprend l'idée de *ressemblance de famille* (voir n. 1, p. 260), introduite précédemment dans le cadre d'une réflexion sur les jeux (*ibid.,* § 67), pour soutenir sa thèse selon laquelle l'idée d'un langage idéal est l'exemple même du faux problème créé par une mauvaise utilisation du langage.

La question des jeux de langage fait toucher au point le plus problématique, et parmi les plus controversés, de la philosophie de Wittgenstein. Qu'est-ce qu'un *jeu de langage* ? Dans les *Investigations,* le philosophe propose un exemple, simplifié à l'extrême. Il s'agit d'un constructeur A qui parle à son aide B. Le vocabulaire de ce jeu correspond à des mots comme *dalle, poutres,* etc. Par exemple, A dit *dalle* et B lui apporte une dalle. Un jeu de langage, c'est donc un (ou plusieurs) élément(s) linguistique(s) assorti(s) des conditions empiriques de son (leur) utilisation. Aucun jeu de langage ne représente l'essence du langage, il n'est que l'une des multiples *pratiques* possibles du langage ; de plus, il ne peut signifier que par *ostension* – si le contexte extralinguistique est donné. La proposition 3.203 du *Tractatus* énonce que « le nom signifie l'objet », que l'objet est la signification du nom. En partant du jeu de langage, on ne peut plus soutenir l'identification de la signification avec la chose[1]. La signification est donnée dans la fonction de reconnaissance des objets correspondants, à partir de la perception de leur nom au cours d'une activité déterminée. Autrement dit, l'usage est une dimension irréductible : l'important n'est plus de s'interroger sur la signification, mais sur l'*usage.*

Dans le *Tractatus,* la structure de la réalité est donnée dans la structure du langage. L'analyse du langage reste au centre des *Investigations,* mais il apparaît que sa correspondance avec la structure de la réalité n'est pas contenue dans une isomorphie énigmatique entre le langage et la forme logique de l'univers. Ce qui nous semble être la *structure* de la réalité n'est rien d'autre que l'ombre projetée de la *grammaire* de notre langage. Tous les problèmes posés dans le *Tractatus,* à commencer par celui des rapports entre langage, pensée et réalité, peuvent donc trouver leur solution dans la grammaire : « C'est dans le langage que tout se règle », pour reprendre une formule de la *Grammaire philosophique*[2].

1. L'un des inconvénients de la position du *Tractatus* est qu'il faudrait admettre l'idée incongrue que la plus grande partie des noms utilisés par les historiens n'ont aucune signification, puisqu'ils représentent des états de chose disparus.

2. La *Philosophische Grammatik* (éditée par R. Rhees, Oxford, Blackwell, 1969 ; trad. franç., Paris, Gallimard, 1980), ouvrage posthume, est le fruit d'une compilation raisonnée, effectuée par son éditeur, de différentes versions maintes fois corrigées et de passages inchangés d'un manuscrit *(Big Typescript).* En reprenant l'expression « grammaire philosophique » (qui semble due au chancelier F. Bacon et a parfois

On pourrait objecter qu'il n'y a pas *le* langage mais *des* langues, et que les langues ne sont pas des ensembles finis et invariants, qu'elles évoluent, y compris, et surtout peut-être, dans leurs structures grammaticales. Mais, derrière l'évolution des langues, l'usage du langage contient toujours potentiellement la même *mythologie*, déposée dans la dimension symbolique des mots, et il recèle toujours les mêmes pièges et les mêmes errements. Le *Tractatus* part de l'hypothèse que le langage n'a qu'une seule fonction réelle : représenter des *états de choses*. Dans les *Investigations*, on voit apparaître l'idée contraire que le langage permet de jouer avec une quantité peut-être indéfinie de fonctions. La liste non exhaustive qui est donnée au § 23 va de *commander et agir d'après des commandements* à *solliciter, remercier, maudire, saluer, prier*, en passant par une quinzaine de fonctions dans lesquelles on retrouve aussi bien *résoudre un problème d'arithmétique* que *chanter des comptines*.

L'usage d'une langue naturelle peut donc s'apparenter à celle d'une multitude de jeux de langage, dans lesquels nous pouvons utiliser les signes, mots et phrases qui la composent, selon des règles variables et infiniment combinables. Autrement dit, la langue est *une famille de structures*, non pas produites selon des règles intégralement définissables, mais reliées entre elles par de *simples ressemblances de famille*[1]. Ce que nous nommons *proposition* ou *langage* n'a pas d'unité formelle, mais relève de structures *plus ou moins apparentées entre elles* (*Investigations*, § 108). Ces *apparentements*, ou ressemblances, correspondent à autant de pratiques diverses du langage :

> (...) Il en est d'innombrables sortes, il est d'innombrables et diverses sortes d'utilisation de tout ce que nous nommons « signes », « mots »,

servi dans le passé à désigner la grammaire générale), Wittgenstein entend s'inscrire dans une discipline qui, selon lui, régit le rapport entre langage et réalité, sous une forme différente de la logique (la grammaire ne nous dit pas ce qui est vrai et ce qui est faux, mais ce qui a du sens et ce qui n'en a pas).

1. Dans le § 67 des *Investigations*, Wittgenstein part du fait que les éléments physionomiques qui créent une ressemblance de famille (taille, couleur des yeux, visage, démarche, etc.) sont inégalement répartis et combinés en réseaux de ressemblances entre les membres d'une même famille. Cette ressemblance ne suppose donc pas la présence de tous les éléments dans chaque membre de la famille, il n'y a pas un seul et unique critère qui devrait être satisfait par tous, mais seulement des réseaux plus ou moins complets de similitudes. Appliquée aux langues naturelles, cette notion suppose que celles-ci ne sont pas structurées selon une logique interne idéale, comme dans la syntaxe logique de Carnap.

« phrases ». Et cette diversité, cette multiplicité n'est rien de stable, ni de donné une fois pour toutes ; mais de nouveaux types de langage, de nouveaux jeux de langage naissent, pourrions-nous dire, tandis que d'autres vieillissent et tombent en oubli (*ibid.*, § 23).

Wittgenstein a non seulement détruit le concept de *langue idéale,* construit par les philosophes logiciens, mais son analyse fait planer un doute sur la consistance du concept de *langue,* comme réalité autonome et unitaire, tel que l'ont bâti les linguistes, particulièrement depuis la grammaire comparée du XIXe siècle (voir chap. 9, « Le problème de la langue »).

L'absence de langage privé et la lutte contre le langage

L'idée de *jeux de langage* rend donc caduc l'idéal d'un langage *parfait.* À la limite, chaque phrase du langage est en ordre telle qu'elle est. Les propositions ne peuvent pas être des *tableaux de la réalité,* comme le voulait le *Tractatus,* mais doivent être interprétées dans le contexte du *jeu de langage* dans lequel elles sont utilisables. La construction de langues idéales n'a de fonction que *thérapeutique* et n'a jamais eu, en fait, d'autre objet que de parer au trouble de ceux qui pensent avoir saisi l'usage précis des mots, comme le répète souvent Wittgenstein dans *Le cahier bleu*[1]. La reconnaissance de la multiplicité des usages possibles du langage exclut toute réduction à un modèle unique, et suppose de reconsidérer la problématique classique pour laquelle un acte de langage comprend à la fois la manipulation (l'usage) de signes et leur interprétation (penser, donner un sens). Wittgenstein fait remarquer que l'erreur, et toutes les difficultés philosophiques qui en résultent, consiste justement dans le fait que l'usage des signes est recherché comme s'il co-existait avec le signe lui-même dans une même « substance » langagière.

Son argumentation contre la possibilité d'un *langage privé* vise précisément à montrer le caractère fondamental du jeu de langage (public) qui permet la représentation des états mentaux. L'emploi des expressions qui semblent référer à des processus internes *privés*

1. *The Blue and Brown Books,* 1933-1935 (éd. en 1958), trad. franç. par G. Durand, *Le cahier bleu et le cahier brun,* Paris, Gallimard, 1965.

suppose un usage justifié par le fait que l'individu seul pourrait avoir accès à la présence immédiate d'un objet ou d'un état internes. L'analyse de la *douleur,* dont Wittgenstein fait un exemple particulièrement probant[1], montre en fait l'aspect déterminant du jeu de langage, c'est-à-dire le caractère *public* des éléments d'expression qui permettent la représentation de ces états.

La possibilité d'un langage privé repose sur l'idée que la conscience qu'un individu a de *sa* douleur est forcément indubitable. La connaissance que *nous* pouvons avoir de *sa* douleur ne serait donc jamais du même ordre que notre connaissance des processus du monde physique extérieur. Cette intériorité quasi ontologique attribuée aux états mentaux définirait l'essence même de la subjectivité, le *Moi* des philosophes. Mais Wittgenstein suggère que l'illusion provient du présupposé selon lequel une proposition du type *j'ai mal* décrirait un état d'esprit donné, selon le même modèle que celui utilisé dans la description d'un état du monde extérieur (*Investigations,* § 243-263). Le principe de la différence entre les jeux de langage implique que ce que nous utilisons comme description n'est rien d'autre qu'un *instrument* disponible pour des applications particulières. En ce sens, la description de la douleur n'est pas *une affaire privée.* Du point de vue d'une théorie de la signification, l'expression verbale d'une expérience interne n'est jamais élémentaire, mais est liée à des expressions de sensations naturelles qui ont une signification dérivée de propositions intersubjectives se rapportant au monde extérieur. Et *dans ce cas,* dit Wittgenstein, mon langage n'est pas un langage privé car il suppose la référence à des critères *publics* de l'usage linguistique (*ibid.,* § 256)[2]. S'il y a, bien sûr, un sens à l'idée que je puisse avoir mes douleurs, l'expression de cette idée, sa forme verbale, c'est-à-dire la signification de ma proposition, est de type *grammatical.* Elle revêt du même coup la forme *publique* qui est celle de la grammaire de la langue usitée. Il ne s'agit pas de nier la réalité des états mentaux, mais de comprendre que l'application adé-

1. Cf. *Investigations,* § 350 et s., mais aussi *Le cahier bleu, loc. cit.*

2. Il existe une abondante littérature sur la consistance et le rôle de cet argument du langage privé. Le célèbre ouvrage de S. Kripke (*Wittgenstein on Rules and Private Language,* Harvard University Press, 1982) s'efforce de montrer que l'argument porte sur la question de « suivre une règle ». Plus généralement, le lecteur pourra consulter J. Bouveresse, *Le mythe de l'intériorité,* Paris, Minuit, 1987.

quate des critères qui en régissent l'expression dépend elle-même de règles potentiellement publiques – règles qui ne sont pas nécessairement connues comme telles par le locuteur, même s'il les emploie en fait, et qui déterminent l'usage linguistique dans le langage des sensations et des perceptions.

L'intérêt critique de l'argumentation de Wittgenstein contre la possibilité d'un langage privé ne se limite pas à des considérations de technique linguistique, aussi décisives que puissent être, par exemple, ses conséquences philosophiques pour une théorie de la signification. Il s'agit, pour le philosophe des *Investigations*, de mieux comprendre certaines des raisons qui ont fait que trop de philosophes ont pu tenir l'existence de langages privés pour une idée indubitable. Comment ont-ils pu se fourvoyer dans l'hypothèse que les idées peuvent tenir le rôle d'images mentales de la réalité ? Une illusion qui, sous toutes les formes qu'elle a pu prendre dans la tradition épistémologique cartésienne, ressortit toujours à l'incompréhension de notre langage, au même ensorcellement de notre entendement par les *moyens* de notre langage (*ibid.*, § 109). S'il reste, en dernière instance, une fonction à la philosophie, et une justification possible de son exercice, elle ne peut avoir d'autre fonction que celle d'une *lutte contre le langage.*

Quelle que soit la nature du *tournant* entre les deux œuvres majeures de Wittgenstein, le *Tractatus* et les *Investigations* expriment une même conviction : les problèmes philosophiques sont le symptôme d'une incompréhension de la logique du langage. Ils doivent être résolus, c'est-à-dire en fait éliminés, par la description adéquate de cette logique, et non pas par des explications ou, pire, par des tentatives de fondation pseudo-scientifiques.

Wittgenstein rejoint Heidegger dans l'affirmation de la différence intrinsèque entre les méthodes et les buts de la philosophie et ceux mis en œuvre dans les sciences[1]. Mais l'analogie s'arrête

1. « Il n'est pas surprenant que toutes les objections de principe contre la méthode philosophique de Wittgenstein tournent finalement plus ou moins autour de la question de savoir s'il existe ou non une frontière nette entre les questions scientifiques et les questions philosophiques (...). Il est clair que, pour Wittgenstein, la prise de conscience de l'hétérogénéité totale de la philosophie par rapport aux sciences est elle-même un des buts principaux de la recherche philosophique et la méconnaissance de la distinction une des sources principales des difficultés du philosophe » (J. Bouveresse, *Wittgenstein et la philosophie du langage*, *loc. cit.*, p. 99).

là, car sa conception du langage n'a rien à voir avec celle amorcée dans *Être et temps,* et encore moins avec celle qui est développée dans *Acheminement vers la parole.* Wittgenstein définit la tâche de la philosophie comme critique des illusions provenant de l'origine linguistique des problèmes philosophiques. Et dont la persistance, depuis les premiers philosophes grecs, tient au fait que le langage est resté le même, et induit donc toujours les mêmes questions. Tant qu'il y aura un verbe *être* qui donne l'illusion de fonctionner comme les verbes *boire, manger,* etc., les philosophes buteront sur les mêmes énigmes métaphysiques qu'aucune explication ne semble pouvoir élucider.

Que signifie le refus du métalangage ?

S'il fallait assigner quelque chose de commun aux thèses de Heidegger, Lacan et Wittgenstein, on ne pourrait mieux l'exprimer que sous la forme d'un *refus du métalangage* (sur cette notion, voir chap. 2, « L'écriture et la naissance des sciences du langage »). Les trois auteurs formulent explicitement leur rejet :

> Depuis peu, la recherche scientifique et philosophique sur les langues vise toujours plus résolument à produire ce que l'on nomme la « métalangue ». La philosophie scientifique qui poursuit la production d'une telle « super-parole » se comprend elle-même conséquemment comme métalinguistique. Ce mot sonne comme métaphysique ; mais il ne fait pas que sonner comme lui : il est comme lui ; car la métalinguistique est la métaphysique de la technique universelle de toutes les langues en un seul instrument, l'instrument unique d'information, fonctionnel et interplanétaire. Métalangue et satellites, métalinguistique et technique spatiale sont le Même (*Acheminement vers la parole,* trad. franç., p. 144-145).
>
> Car, j'y reviens une fois de plus, « il n'y a pas de métalangage » tel qu'aucune des logiques, à s'intituler de la proposition, puisse s'en faire béquille (qu'à chacune reste son imbécillité) (L'étourdit, *Scilicet,* 4, 1973, p. 6).
>
> Quand je parle de la langue du langage (mots, phrases, etc.), je dois parler le langage quotidien. Ce langage est-il par hasard trop grossier, trop terre à terre pour ce que nous voulons dire ? Et comment en construirait-on un autre ? (*Investigations philosophiques,* p. 148).

Le refus du métalangage est, à première vue, paradoxal. Dans la pratique courante, l'utilisation du langage est régulée par sa propre image[1] ; par ailleurs, l'existence de termes métalinguistiques est un fait incontournable. Nos trois auteurs ne peuvent certainement pas soutenir que le métalangage est impossible. Heidegger se défend de déprécier l'étude scientifique et philosophique des langues, mais « l'expérience que nous faisons avec la parole » est autre chose (*loc. cit.*, p. 145). On remarquera, également, que chez Lacan la condamnation (surtout à partir de 1975) n'est pas absolue :

> Il me faut pourtant dire ce qu'il y a de métalangage, et en quoi il se confond avec la trace laissée par le langage (Encore, *loc. cit.,* 1975, p. 110).
>
> Le métalangage, je le fais presque advenir (1978, « Nomina non sunt consequentia rerum », *Ornicar ?,* n° 16, p. 7).
>
> On ne peut parler d'une langue que dans une autre langue. J'ai dit autrefois qu'il n'y a pas de métalangage. Il y a un embryon de métalangage, mais on dérape toujours, pour une simple raison, c'est que je ne connais de langage qu'une série de langues incarnées (« Vers un signifiant nouveau », *Ornicar ?,* n°s 17-18, 1979, p. 20).

La position de Lacan a fait couler beaucoup d'encre. M. Arrivé (1986, p. 164-165)[2] a proposé deux solutions non exclusives : i) c'est de la *lalangue* et non pas du langage en général qu'il n'y a pas de métalangage ; ii) la négation du métalangage tient à la problématique psychanalytique du refoulement : pour Lacan, c'est le signifiant qui serait l'objet du refoulement originaire ; par conséquent, il ne peut y en avoir de métalangage. Nous tenons sans doute là une façon de résoudre le problème posé par nos trois auteurs.

Qu'il s'agisse de la *lalangue* ou du signifiant refoulé, ce dont il n'y a pas de métalangage, c'est d'une forme de manifestation linguistique considérée comme première et indépassable. C'est bien ce caractère indépassable que nous retrouvons chez Heidegger avec la poésie et chez Wittgenstein avec les jeux de langage. Ce qui est visé, ce n'est pas essentiellement l'existence de la grammaire et de son métalangage, mais plutôt l'idée qu'en recourant (comme chez Carnap ou chez Tarski) à un empilement de métalangages on puisse par là atteindre le fonctionnement dernier du

1. Cf. l'importance de phénomènes comme le discours rapporté, l'importance de mots métalinguistiques ordinaires comme « dire », « se taire », etc.

2. À qui nous avons emprunté les dernières citations.

langage quotidien : celui-ci ne saurait être l'objet sans reste de ceux-là. Il y a une forme d'ordonnancement du sujet humain à l'ordre symbolique qui est à l'origine de toute autre possibilité, y compris celles des métalangages. Tel est le sens profond de la critique heideggérienne des philosophies du langage. Ce type de position (qui est une attaque contre le rationalisme) pose un dilemme de base : *ou bien* on prétend expliciter malgré tout le fonctionnement de l'incontournable primarité symbolique ; *ou bien* on désigne simplement cet incontournable, ce socle de l'activité symbolique. Dans le premier cas, non seulement on constitue un métalangage, mais encore, en créant un nouveau corps de doctrine métalinguistique, on heurte de front les formes de savoirs positifs consacrés au langage depuis des millénaires. Le second cas correspond probablement à l'attitude de Wittgenstein. La philosophie, selon l'auteur des *Investigations,* n'a rien à expliquer ni à déduire, elle ne peut faire que placer les choses devant nous. L'erreur consiste à chercher une explication là où il n'y a rien d'autre à faire que de concevoir les faits comme des « phénomènes originels », et de constater que tel ou tel jeu de langage est mis en œuvre : « Ce n'est pas de l'*explication* d'un jeu de langage par nos expériences vécues dont il s'agit, mais de la *constatation* d'un jeu de langage » (*Investigations,* § 655).

À la lecture de ce chapitre, nous concevons que le lecteur puisse ressentir quelque malaise. À première vue, on voit mal le rapport des démarches analysées avec les connaissances positives sur le langage. Le philosophe pourrait en retirer l'idée que ces connaissances sont de pures illusions positivistes ; et le linguiste qu'il convient de laisser les philosophes (et les psychanalystes) à leurs spéculations abstraites et paradoxales. Chacun aurait probablement tort. Au travers de démarches, dont on peut certainement accorder qu'elles sont parfois fort confuses, voire contradictoires, il nous semble que la philosophie moderne a acquis un résultat considérable. On peut formuler de façon brutale ce résultat : il n'y aura pas de savoir ultime, qui, à la fois, représente le fonctionnement du langage humain et exprime son essence. C'est ce résultat que Chomsky et les cognitivistes refusent. Ils proposent, en effet, de confondre les conditions de fonctionnement du langage et sa représentation théorique, puisqu'ils identifient les premières à des règles qui, tout en étant implémentées dans la *tête* des sujets parlants, seraient identiques à la seconde (voir chap. 9, sur la position substantialiste en matière de philosophie de la linguistique). On notera, enfin, que ce résultat n'a pas, pour les sciences du langage modernes et leurs technologies, les implications dévastatrices qu'on lui impute parfois : il laisse ouverte la possibilité d'interpréter la mécanisation du langage humain, son traitement automatique, comme une transformation de nos techniques d'outillage linguistique[1].

1. Heidegger a parfaitement raison de lier la question moderne des métalangages à un enjeu technique (voir notre citation, *supra*). On peut toutefois contester que cette technicisation soit une nouveauté autrement que dans ses formes et qu'elle soit une catastrophe. Le monde moderne nous offre de nouvelles expériences dans notre vécu linguistique ; il n'y a aucune raison de penser que ces expériences soient moins authentiquement humaines que celles que traduit la poésie de Hölderlin ou Celan !

8 – La mécanisation du langage

La troisième révolution techno-linguistique

Comme on l'a vu dans l'Introduction et dans le chapitre 2, la première révolution techno-linguistique fut l'invention de l'écriture, dont les effets se sont trouvés amplifiés lors de la généralisation de l'imprimerie. La seconde fut la grammatisation des différentes langues du monde, amplifiée elle aussi par la mise en place de politiques linguistiques nationales et l'alphabétisation. Il paraît difficilement contestable que nous soyons contemporains de la troisième grande révolution dans ce domaine, celle du traitement électronique de l'information présentée en langage naturel. Il s'agit véritablement d'une mécanisation des formes privilégiées de la communication humaine.

Cette dernière révolution s'appuie largement sur les deux premières et vient, d'une certaine manière, les parachever. Pour bien s'en rendre compte, il convient de réaliser deux choses :

— D'une part, l'ordinateur digital, dans le principe de base de son fonctionnement, pousse à son extrême limite l'exploitation d'une propriété fondamentale du langage, le caractère discret de ses unités constitutives, propriété justement dégagée et systématisée par la graphématisation.
— D'autre part, les technologies informatiques du langage utilisent tout ce qui, dans les produits de la grammatisation, se prête à un traitement automatisé, notamment les grammaires et dictionnaires, et il n'est guère difficile de prévoir que, sous leur pression, la forme et le contenu de ces outils tendront de plus en plus à se conformer aux exigences du traitement automatique[1].

1. Sur les aspects éthiques de la question, voir n. 1, p. 375.

La portée présente et future des effets de cette troisième révolution techno-linguistique fait l'objet d'évaluations contrastées, voire violemment opposées sur le thème des possibilités et des limites de ce que l'on appelle désormais l' « intelligence artificielle » (IA). Le débat autour de ce thème réactualise certaines questions traditionnelles de la philosophie du langage (la question de l'intentionnalité, notamment), mais introduit aussi de nouveaux éléments de discussion. Une réflexion philosophique concernée par le langage ne peut donc l'ignorer. À la différence de bien des débats, des enjeux techniques, culturels, économiques et sociaux sont immédiatement perceptibles ; on a imaginé, aussi, qu'un certain nombre de questions seraient susceptibles, par ce biais, de donner lieu à de véritables procédures de validation empirique.

Sur bien des points, la meilleure manière d'introduire cette problématique est d'effectuer un rapide survol des principales réalisations techniques dans le domaine du « traitement automatique des langues naturelles » (TALN). Nous allons donc nous y attacher en essayant de mettre en lumière à la fois les succès remportés et les échecs essuyés, afin d'en évaluer la portée et les enseignements pour une réflexion philosophique plus générale.

La traduction automatique

La traduction automatique est historiquement l'un des premiers domaines où l'on a essayé d'utiliser les services de l'ordinateur : dès 1949, le mathématicien W. Weaver défendait, dans un mémorandum célèbre, l'idée que la traduction automatique d'un texte d'une langue naturelle vers une autre était faisable. Sa conviction, qui paraît rétrospectivement étonnante compte tenu des énormes difficultés que ce domaine de recherche n'a cessé de révéler et de la modestie des progrès qui y ont été réalisés, reposait sur une idée qui paraît aujourd'hui bien faible mais qui semble avoir, au moins pour un temps, satisfait les décideurs, qui ont, à l'époque, généreusement financé des dizaines de groupes de recherche aux États-Unis : cette idée, c'est que la traduction d'une langue à une autre est assimilable à un processus de *décryptage* ! Or les techniques (essentiellement statistiques) de cryptographie avaient fait des progrès considérables durant la Seconde Guerre mondiale, et les premiers prototypes de calculateurs numériques (notamment le Colossus anglais) avaient fait la preuve de leur efficacité en la matière. Ne pouvait-on pas considérer que, du moins pour l'essentiel, les langues naturelles pouvaient être assimilées à des systèmes formels de codage de l'information ? Ainsi, selon Weaver, « quand je vois un article en russe, je me dis que c'est en fait un texte en anglais codé avec d'étranges symboles. Je vais donc entreprendre de le décoder ».

Sur la base d'une telle problématique de départ, la conception de base des programmes de traduction automatique de l'époque apparaît d'une « simplicité » qui prête aujourd'hui à sourire : il s'agissait, pour l'essentiel, d'une démarche de traduction directe, mot à mot, associant à chaque unité lexicale de la langue source (éventuellement analysée en ses composants morphologiques et ramenée à un lemme et des modifieurs) son équivalent dans la langue cible, trouvé par consultation d'un dictionnaire bilingue aussi complet que possible. Pour toute analyse syntaxique, on se contentait de faire subir aux mots des permutations visant à rétablir l'ordre canonique dans la langue cible là où il différait de celui de la langue source. Bref, il n'est pas exagéré de dire que l'on cherchait à réaliser un cancre technologique, capable de reproduire, à grande échelle et à grande vitesse, les thèmes latins du dernier de la classe !

Dès 1954, on dispose de programmes capables de traduire mot à mot un texte russe en anglais. Utilisés en grandeur réelle, ces programmes ne tardèrent pas à révéler les graves faiblesses de conception qui les minaient : c'est que, pour le malheur de la théorie naïve du mot à mot, une unité lexicale donnée dans une langue naturelle quelconque peut avoir de multiples traductions dans une autre selon le contexte dans lequel elle est employée. Une anecdote qui a longtemps circulé dans les milieux de la traduction automatique explique mieux que de longs discours les conséquences de cet état de choses :

> On soumet au test de la double traduction (de l'anglais au russe puis à l'anglais) un passage de l'Évangile (Matthieu, 26, 41) où il est dit : *« (...) l'esprit est ardent, mais la chair est faible. »* En fin de parcours, et par le jeu de la traduction mot à mot, le texte est devenu : *« L'alcool* (angl. *spirit*) *est fort mais la viande* (angl. *flesh*) *ne vaut rien. »*

Les résultats plus que décevants des programmes de traduction automatique ne ralentiront pas tout de suite la poursuite des travaux dans ce sens. C'est que le contexte général de la compétition Est-Ouest obsédait les politiques : la perspective de pouvoir assurer, grâce à la traduction automatique, une surveillance continue des progrès technologiques de l'adversaire leur faisait accepter les promesses des « scientifiques », aussi chimériques fussent-elles.

Cependant, dès le début des années 1960, l'évidence de l'échec commence à s'imposer aux esprits les plus lucides. En 1960, le linguiste et logicien Yehoshua Bar-Hillel, spécialiste du domaine, tire la sonnette d'alarme dans un rapport demeuré célèbre où il établit que l'objectif d'une traduction automatique de qualité est inaccessible. Un point clé de son argumentation mérite que l'on s'y arrête un instant : Bar-Hillel prend l'exemple très simple de la traduction d'une séquence comme : *le bois était dans la maison,* et montre que le premier substantif, *bois,* peut renvoyer soit au matériau combustible, soit à un lieu définissable comme « petite forêt ». Cette ambiguïté potentielle du mot *bois* passera totalement inaperçue pour un traducteur humain, car ses connaissances générales sur le monde lui permettent de savoir que le second sens est exclu dans cette phrase compte tenu de ce que l'on sait en général sur les dimensions respectives d'une maison et d'un espace boisé, et compte tenu du fait que le sémantisme de la phrase suppose que la maison est le contenant et doit donc être plus grande que le contenu. Pour une machine, par contre, cette ambiguïté est parfaitement réelle et ne peut être évitée que si l'on dote le programme de traduction non pas d'un simple dictionnaire bilingue, mais d'une véritable encyclopédie de toutes les connaissances humaines. Bar-Hillel conclut au caractère « parfaitement chimérique » d'une telle suggestion.

Quelques années plus tard, une commission d'enquête est chargée d'évaluer globalement les résultats des programmes de recherche américains en traduction automatique. Les conclusions qu'elle rend en 1965 (publiées sous le nom de rapport ALPAC), et qui vont dans le même sens que celles de Bar-Hillel, conduiront à un assez brutal coup d'arrêt au financement public et privé de la recherche américaine, et dans une certaine mesure mondiale, dans le domaine de la traduction automatique.

Les recherches actuelles reposent sur une prise en compte infiniment plus sérieuse de la complexité des langues humaines et du processus de traduction. En particulier, tout le monde admet aujourd'hui que la traduction n'est pas concevable sans une véritable analyse linguistique du texte visant à produire une certaine forme de compréhension de son contenu. On distingue d'ailleurs plusieurs niveaux de traduction possibles selon la profondeur de l'analyse du texte à traduire, et l'on s'accorde à considérer que, avant longtemps, seule une forme limitée de traduction pourra être entièrement automatisée (la limitation concernant soit la nature des textes pris en compte, soit la qualité du résultat).

Deux approches théoriquement concevables du processus de traduction d'une langue vers une autre ont été envisagées. La première vise à passer du texte en langue source à sa représentation dans ce qu'il est convenu d'appeler un « langage-pivot », sorte de langage conceptuel universel, dont les expressions représenteraient le point d'aboutissement d'un processus de compréhension de texte quelle que soit la langue de départ. Outre la séduction théorique qu'un tel objectif peut exercer sur l'esprit[1], l'avantage pratique qu'il y aurait à disposer de représentations en langage-pivot est évident puisqu'une traduction simultanée en *n* langues différentes n'exigerait alors que la mise au point de 2*n* modules de transfert : pour chaque langue il suffirait en effet d'un module de transfert vers le langage-pivot (ou module d'analyse) et d'un autre à partir de celui-ci (ou module de génération). Malheureusement, passé le stade des petites maquettes *ad hoc,* cet objectif s'avère irréalisable. Il suppose en effet, pour le langage-pivot, une finesse d'analyse sémantique, une puissance de représentation et une ampleur de connaissances de toutes sortes qui excèdent tout ce que l'on sait faire et même tout ce que l'on peut sérieusement imaginer. En fait, il souffre des mêmes défauts conceptuels que le concept traditionnel de langue universelle (voir chap. 5, « La relativité de l'ontologie et la question de la langue universelle »).

1. La problématique du « langage-pivot » est à rapprocher de l'hypothèse, formulée par certains des théoriciens les plus inconditionnels, d'une intelligence artificielle maximaliste, selon laquelle l'homme convertit toutes ses connaissances en un « langage intérieur » distinct de toutes les langues naturelles et que l'on a baptisé, dans la littérature spécialisée, le « mentalais » (voir chap. 1, « Le *verbum mentale et le mentalais* »).

C'est donc la seconde approche, qui repose sur la notion de systèmes de transfert par couples de langues, qui fait actuellement l'objet de recherches effectives. Dans cette approche, pour un texte en langue source, on produit, à l'aide d'un module d'analyse spécialisé, une représentation à laquelle on associe, par un module de transfert spécialisé, une représentation « équivalente » pour la langue cible. Ces représentations sont essentiellement linguistiques, codant au mieux l'information liée à la syntaxe, à la sémantique grammaticale et lexicale, et, dans une certaine mesure, au contexte, mais renonçant à donner une représentation conceptuelle « pure » du texte analysé. La représentation en langue cible est ensuite transformée, par un module de génération spécialisé, en texte en langue cible. La traduction en n langues nécessite alors $n(n-1)$ modules de transfert. C'est, on le voit, beaucoup plus lourd que dans l'hypothèse précédente, mais infiniment plus réaliste, surtout si l'on travaille sur le transfert de langues qui ne soient pas trop différentes par leurs structures linguistiques, ou sur des textes mettant en jeu des univers de connaissances relativement bien délimités (traduction de textes techniques ou scientifiques, par exemple).

La documentation automatique

Les recherches en documentation automatique sont nées de la nécessité, de plus en plus impérieuse, de gérer l'immense masse de documents écrits qui s'accumulent au fil du temps dans tous les domaines de l'activité scientifique et technique dans les sociétés avancées, et d'assurer, dans un monde dominé par la concurrence, une « veille technologique » permettant de ne pas se laisser distancer. À l'origine, le travail d'acquisition, d'identification et de classement des sources d'information était dévolu à des opérateurs humains. Plusieurs facteurs ont conduit, à partir des années 1950, à envisager de confier au moins une partie de ces activités à des machines : le travail d'analyse documentaire des opérateurs humains qualifiés était coûteux, lent et insuffisamment cohérent. En outre, le taux d'augmentation des publications dans des domaines sensibles ne permettait plus de se contenter des méthodes traditionnelles d'analyse documentaire.

Dès le début, plusieurs processus d'automatisation partielle ou totale de l'analyse documentaire sont envisagés, différant par leurs ambitions et donc par les difficultés théoriques et techniques que leur réalisation soulève. À un niveau relativement simple se situe l'établissement d'index de titres d'articles ou l'extraction de « phrases représentatives » des articles analysés, phrases sélectionnées à partir du calcul de la fréquence des mots « importants » et de leurs co-occurrences. À un niveau plus avancé se situe l'indexation automatique proprement dite, c'est-à-dire le repérage des concepts essentiels contenus dans les documents et l'identification des articulations de ces concepts. Enfin, au niveau le plus ambitieux, on envisage de réaliser de véritables résumés automatiques de textes, ce qui suppose de la part du système automatisé non seulement une connaissance experte du domaine scientifique ou technique concerné, mais aussi une capacité de réflexion synthétique et critique comparable à celle de sujets humains compétents, sans parler de l'aptitude à rédiger les résumés, qui met en jeu les techniques de génération de textes en langue naturelle.

À l'origine, les techniques linguistiques utilisées dans les systèmes d'analyse documentaire sont très peu sophistiquées dans la mesure où elles mettent en jeu une conception exclusivement « lexicale » reposant sur l'hypothèse que les passages « informatifs » d'un texte sont ceux dans lesquels apparaissent avec une certaine fréquence les mots techniques, essentiellement des substantifs et des verbes, qui caractérisent le domaine considéré. Une analyse documentaire automatique « classique » commence donc, typiquement, par une élimination des mots « non informatifs » – à savoir, tous les mots-outils (articles, pronoms, prépositions, conjonctions), et des mots à sens trop général. On procède ensuite à des tris alphabétiques sur les listes de mots conservés en vue d'en dégager les familles dérivationnelles (un nom, un adjectif et un verbe de même racine étant considérés comme des occurrences de la « même » notion). Enfin, on établit les fréquences d'occurrence et de co-occurrence des mots représentatifs. À ce stade, le système d'analyse documentaire est prêt à éditer ses « résultats ».

Un traitement aussi fruste a, on s'en doute, toutes les chances de générer à la fois beaucoup de « silence » (non-reconnaissance de passages importants) et beaucoup de « bruit » (fausses reconnaissances). Ici encore, des caractéristiques fondamentales des langues naturelles sont responsables de ces échecs, notamment l'homonymie et toutes les formes de synonymie.

On a tenté de résoudre ces problèmes en mettant au point des procédures de discrimination des homonymes et en améliorant les capacités de reconnaissance de la synonymie. En ce qui concerne l'homonymie, il s'est avéré nécessaire de tenir compte du contexte d'apparition des mots. Ainsi, dans un système documentaire traitant de textes politiques, le mot « parti » est en principe représentatif, mais à condition, entre autres, qu'il ne s'agisse pas du participe passé du verbe « partir ». On cherchera donc à vérifier, par une analyse de contexte, qu'une occurrence donnée de ce mot ne fait pas partie d'une forme verbale composée. De même, on éliminera ce mot s'il apparaît dans des contextes comme « prendre à parti », « tirer parti », etc. Pour la synonymie aussi, des procédures mettant en jeu des techniques linguistiques plus complexes ont dû être recherchées : une véritable analyse morphologique des mots et l'élaboration de réseaux lexicaux donnent de bien meilleurs résultats que le simple tri alphabétique. Mais assez vite ces techniques ont amené les chercheurs à se poser le redoutable problème de la reconnaissance de la paraphrase : il y a dans les langues naturelles de multiples manières de dire des choses équivalentes en utilisant non seulement les ressources du lexique, mais aussi celles de la syntaxe et même de la rhétorique (analogies, métaphores, etc.)[1].

Progressivement les chercheurs dans ce domaine, comme leurs confrères de la traduction automatique, se sont donc trouvés

1. On remarquera que la synonymie contextuelle n'est qu'un cas particulier des processus de paraphrase qui sont à l'œuvre dans la parole pour peu qu'on considère celle-ci sur un laps de temps suffisamment long. L'une des faiblesses originelles des tentatives de mécanisation est d'adopter un point de vue très restrictif qui ne tient pas compte des « textes », c'est-à-dire des enchaînements discursifs un peu longs. En 1969, M. Pêcheux (*L'analyse automatique du discours,* Paris, Dunod) a proposé un traitement formel qui repose sur les paraphrases discursives ainsi définies. Ce texte est à l'origine de l'*analyse de discours,* discipline qui abandonnera ultérieurement les traitements formels, pour se consacrer davantage aux événements linguistiques.

entraînés dans la résolution de problèmes exigeant un degré sans cesse croissant de sophistication linguistique. Que fallait-il faire des mots polysémiques ? Les rejeter toujours, au risque de perdre de l'information ; les garder systématiquement, en générant du bruit ? Seule une analyse linguistique approfondie permet de trancher dans chaque cas de façon sûre. Et que penser de l'élimination des mots-outils ? Une négation, une conjonction n'ont-elles pas le plus souvent un rôle crucial dans l'élaboration d'un raisonnement ? Les pronoms, par leur rôle anaphorique, n'ont-ils pas pour fonction de permettre de réutiliser, sans les nommer, des notions lexicales ? Les noms et verbes « généraux » ne jouent-ils pas bien souvent un rôle analogue ?

Il semble que l'on ait tenté, dans un premier temps, de composer avec ces problèmes en créant des « langages documentaires », sortes d'embryons de langues artificielles spécialisées permettant une « traduction » des textes analysés en représentations plus pauvres mais mieux maîtrisées que les langues naturelles.

Deux grands registres de termes étaient généralement mis en œuvre dans ces langages : des termes « lexicaux » couvrant le domaine de spécialité concerné et des termes « syntaxiques » exprimant des relations logiques diverses comme l'appartenance, la localisation, certaines relations actancielles, etc.

Les requêtes des utilisateurs du système de documentation étaient également traduites en langage documentaire, ce qui permettait au système d'analyser la demande et, éventuellement, de solliciter des éclaircissements si une ambiguïté était décelée. Quant aux réponses, elles consistaient essentiellement en l'édition de listes bibliographiques supposées répondre à la requête formulée.

Cependant les langages documentaires ont assez rapidement fait la preuve de leurs limites et, bien que certains d'entre eux survivent encore dans diverses institutions particulièrement conservatrices, il semble qu'aujourd'hui la recherche documentaire a véritablement pris son parti de la complexité des langues naturelles et que la recherche dans ce domaine ne se distingue plus des recherches générales en traitement des langues naturelles que par la nature spécifique des matériaux traités.

Intelligence artificielle et TALN

La traduction automatique et la documentation automatique sont nées de préoccupations pratiques et visaient des objectifs concrets. C'est sans doute ce qui explique que ces deux domaines ne font pas, traditionnellement, partie du champ de recherche, plus universitaire et plus prestigieux, de l' « intelligence artificielle » (IA).

Ce vaste champ de recherche est né, à la fin des années 1940, dans quelques grandes universités des États-Unis et a été, à l'origine, le fruit des spéculations de certains des esprits les plus brillants de l'après-guerre. Bien qu'il y ait des désaccords entre spécialistes sur la définition et les limites exactes de l'IA, on peut considérer, au moins en première approximation, que son objectif général est *la simulation par ordinateur des activités intelligentes de l'homme,* et que ses principaux domaines de recherche sont la reconnaissance de formes complexes (visuelles, sonores, etc.), la résolution de problèmes, l'acquisition et l'utilisation pertinente de connaissances, et la compréhension du langage naturel. C'est ce dernier domaine, sans doute le plus ambitieux, mais aussi le plus crucial dans le programme général de l'IA, qui retiendra seul ici notre attention.

L'un des premiers et des plus célèbres programmes de TALN nés dans les laboratoires d'IA (en l'occurrence, ceux du MIT, Massachusetts Institute of Technology) est, sans conteste, le programme ELIZA mis au point par Joseph Weizenbaum vers 1964. Ce programme, ainsi nommé en clin d'œil à l'héroïne du *Pygmalion* de G. B. Shaw, visait à établir la capacité pour un ordinateur à simuler une conversation en anglais avec un interlocuteur humain. Le programme était bâti sur deux niveaux : le premier, invariable, analysait les réponses entrées par l'interlocuteur pour y découvrir, selon la technique très élémentaire de la correspondance de forme *(pattern matching),* des schémas d'expressions. Le second, appelé *script,* variait suivant les versions du programme, et devait permettre d'improviser des réponses plausibles sur un thème conversationnel particulier. Le script qui allait assurer la renommée d'ELIZA (sous le nom de

DOCTOR) consistait à lui faire jouer le rôle d'un psychothérapeute « rogérien » engageant un premier entretien avec un patient. Techniquement, le programme ELIZA est extrêmement simple, pour ne pas dire simpliste : le traitement auquel il soumet les réponses de son interlocuteur humain consiste exclusivement à y rechercher des séquences (mots, expressions, phrases) qu'il a en mémoire et auxquelles il sait « répondre ». Par exemple, s'il rencontre la séquence « ma mère », il pourra répondre : « Dites-m'en plus sur votre famille. » Voici un fragment de conversation avec ELIZA-DOCTOR (les interventions d'ELIZA sont ici en italique) :

(...)
Les hommes sont tous les mêmes.
De quelle façon ?
Ils sont toujours à nous embêter avec leurs histoires.
Pensez-vous à un exemple précis ?
Eh bien, c'est mon ami qui m'a fait venir ici.
Votre ami vous a fait venir ici ?
Il dit que je suis déprimée.
Je suis navré d'apprendre que vous êtes déprimée.
C'est vrai, je suis malheureuse.
Pensez-vous que le fait de venir ici va vous aider à ne pas être malheureuse ?
J'ai besoin d'aide, c'est certain.
Que signifie pour vous obtenir de l'aide ?
Peut-être pourrais-je apprendre à m'entendre avec ma mère.
Dites-m'en plus sur votre famille.
C'est ma mère qui s'occupe de moi.
Qui d'autre dans la famille s'occupe de vous ?
Mon père.
Votre père ?
D'une certaine façon vous êtes comme mon père.
Quelle ressemblance voyez-vous ?
(...)

Aux mots clés auxquels le programme doit réagir sont associés des degrés variables de priorité dont le système tient compte dans ses réactions s'il rencontre dans une même réponse plusieurs séquences qu'il est capable de reconnaître : par exemple, les insultes et obscénités ont, dans de nombreuses versions du logiciel, un haut degré de priorité, et polarisent la réaction d'ELIZA quels que soient les autres mots de la réponse. Si, dans une réponse, le programme ne rencontre aucune séquence reconnaissable, il réagit soit en envoyant une formule passe-partout, du genre : « Pouvez-vous préciser votre pensée ? », soit une « relance » sur un thème précédemment abordé comme : « Vous avez dit tout à l'heure que (...). » Le programme est doté d'un mécanisme qui, pour faire plus « naturel », l'empêchera de toujours donner la même réponse à une classe donnée de stimuli. Ainsi, à une seconde occurrence de la séquence « ma mère » (ou de n'importe quelle autre séquence dénotant une relation de parenté), il fera une « réponse » différente de la première. Signalons en passant qu'ELIZA ne soumet même pas les réponses de ses interlocuteurs à une analyse morphologique : elle se contente d'y reconnaître les pronoms personnels et possessifs de première et de deuxième personne pour pouvoir les « interpoler » dans ses réponses, « Je » et « mon » devenant « Vous » et « votre » par exemple. C'est d'ailleurs souvent les erreurs d'ELIZA au niveau de la morphologie qui provoquent chez ses interlocuteurs des réactions de distanciation, presque jamais le « contenu » de ce qu'elle « dit ».

En dépit de sa rusticité, ce programme « marche » étonnamment bien ou, si l'on préfère, fait parfaitement bien marcher ses interlocuteurs humains, notamment les plus naïfs en matière d'ordinateurs et d'intelligence artificielle. Les anecdotes ne se comptent plus qui rapportent que tel vice-président d'une grosse entreprise s'est laissé piéger par ELIZA, dialoguant longuement avec le logiciel en croyant être en liaison avec un collaborateur humain, ou que telle secrétaire ayant engagé la conversation avec ELIZA demande à rester seule avec la machine, etc. Il s'est même trouvé, aux États-Unis, des psychologues professionnels pour soutenir que le recours à des programmes de ce type était susceptible de pallier le manque de psychothérapeutes !

La principale leçon à tirer des « performances » d'ELIZA, c'est que la simplicité de la technique d'analyse du langage mise en œuvre, la correspondance de forme *(pattern matching)*, n'empêche pas l'efficacité de la simulation. Pourquoi ? Diverses raisons peuvent être invoquées :

— D'abord, le thème de la conversation, de nature « psychologique », est peu lié à l'environnement physique immédiat, et renvoie à des réalités essentiellement « mentales », simplement évoquées. Les enjeux sont donc purement verbaux et il n'y a pas d'épreuve de réalité qui pourrait révéler la totale « absence » de l'interlocuteur-machine[1].

— Ensuite, l'interlocuteur humain naïf attend essentiellement de la conversation des indices qui le confortent dans sa stratégie de communication. Or le principe même de ce programme est de « renvoyer la balle » et donc de fournir à l'interlocuteur humain, sous forme de « reprises », de généralisations, de demandes de précisions, et autres techniques conversationnelles courantes, de tels indices, ou bien, autre procédé discursif classique, de « relancer la balle » par une question, une « attaque », etc.

— En somme, c'est l'interlocuteur humain qui « entretient » la conversation en fournissant, puis en alimentant, à son insu, le « crédit de sens » originel qui rend ces fausses conversations crédibles. Cette attribution de sens *(sense giving)* initiale lui est ensuite simplement renvoyée par le programme à l'aide de quelques mécanismes conversationnels fort simples[2].

— C'est aussi, bien évidemment, le sujet humain qui est responsable de l'attribution de sens dont sont créditées les « réponses » du logiciel. L'auteur d'ELIZA avait parfaitement perçu que la tendance spontanée des humains à accorder de tels crédits de sens en situation conversationnelle serait la meilleure garantie du fonctionnement de son programme de simulation d'un dialogue homme-machine.

Les limites d'ELIZA sont assez rapidement mises en évidence en prolongeant la « conversation ». Bien des progrès ont été accomplis depuis dans le domaine de ce que l'on appelle le « dialogue homme-machine ». Les enjeux (notamment économiques) de ce domaine sont aujourd'hui autrement plus importants qu'à l'époque d'ELIZA, et les logiciels élaborés mettent en jeu des techniques d'analyse des questions, de génération de réponses par la machine, mais aussi de raisonnement (inférence, déduction, connaissance du profil de l'interlocuteur) qui mobilisent un savoir linguistique et informatique beaucoup plus important avec celui dont Weizenbaum avait doté son programme.

Les progrès de l'analyse conversationnelle permettent de mieux comprendre, rétrospectivement, les raisons du succès exceptionnel

1. Il faut cependant préciser que la technique de la correspondance de forme marche également très bien dans la situation, tout à fait opposée, où il existe, comme enjeu de la conversation, une transaction précise dont toutes les variantes possibles ont été prévues : c'est le cas, par exemple, de la « conversation » avec un distributeur automatique de billets de banque.

2. Ces mécanismes ne sont pas foncièrement différents de ceux qu'une personne « polie mais non intéressée » met en jeu lors d'une conversation avec son voisin de palier (par exemple).

d'ELIZA. Le type de compréhension qui est essentiel, dans un échange face à face, concerne bien moins le contenu propositionnel de ce qui est dit que la reconnaissance des intentions de celui qui parle. Mais justement, dans le cas d'ELIZA-DOCTOR, l'intention centrale de l'interlocuteur humain n'est-elle pas, au fond, qu'on l' « écoute » et qu'on lui « parle » de lui-même ? Et, dès lors que cette intention centrale est satisfaite, ce qui était structurellement garanti par la conception même du programme, le contenu spécifique de ce qui se disait avait-il une véritable importance ? Si l'on ajoute à cela qu'ELIZA manifestait au niveau de l'interaction une remarquable fluidité, on tient sans doute l'explication du succès exceptionnel d'un programme qui, sur le plan du strict traitement du langage naturel, était rien moins que satisfaisant.

L'analyse syntaxique

Bien des programmes de TALN contemporains d'ELIZA visaient un but beaucoup plus ambitieux, celui d'analyser la structure syntaxique des phrases d'un texte, avec pour objectif plus lointain de véritablement en reconstruire le « sens ». Ces recherches s'inspiraient plus ou moins directement des problématiques contemporaines développées dans le domaine de la linguistique théorique, notamment autour des premiers travaux de Noam Chomsky. Ces travaux (dont les premiers datent de la fin des années 1950) ont provoqué une profonde modification dans les paradigmes de recherche en linguistique, notamment en mettant en évidence la possibilité technique et l'intérêt théorique qu'il pouvait y avoir à formuler des programmes de recherche sur la syntaxe des langues naturelles s'appuyant sur les techniques mises en œuvre pour l'étude des langages formels.

Chomsky pose que l'objectif fondamental d'une science du langage est de rendre compte de l'aptitude des locuteurs humains à produire et à reconnaître dans leur langue un nombre potentiellement infini de phrases qu'ils n'ont éventuellement jamais entendues auparavant. Cette aptitude, qu'il dénomme « compétence linguistique », serait caractérisable comme un ensemble de règles spécifiant toutes les configurations autorisées formant les phrases possibles et seulement celles-là, et établirait donc une partition stricte entre le « grammatical » et l' « agrammatical » d'une façon analogue à celle dont une « grammaire formelle » spécifie le sous-ensemble que constitue un langage formel dans le monoïde libre formé sur son vocabulaire terminal.

La grammaire d'une langue naturelle est donc, selon cette conception, un type particulier de grammaire formelle, une grammaire transformationnelle[1]. Dans la problématique initiale de Chomsky (celle de *Structures syntaxiques* [1957], trad. franç., Paris, Le Seuil, 1969), on peut caractériser sommairement celle-ci par la nécessité de mettre en relation deux niveaux, une *structure profonde* (constituée d'une ou plusieurs phrases engendrées par une grammaire syntagmatique) que l'on relie, par des transformations, à une *structure de surface,* laquelle correspond aux phrases observées dans la langue. En fait, dans le cadre même des recherches linguistiques conduites dans la mouvance de Chomsky, des difficultés théoriques et techniques innombrables, liées notamment à la puissance excessive des mécanismes transformationnels, ainsi que des critiques portant sur le principe et/ou les conditions de leur application n'ont cessé de faire rebondir le modèle théorique de remanie-

1. À la fin des années 1950, Chomsky a donné un certain nombre d'arguments tendant à montrer l'insuffisance des quatre types de grammaires utilisables pour traiter les langues naturelles. Pour dépasser ces limitations, il a utilisé le concept de *transformation,* largement élaboré par le linguiste Z. Harris. Supposons que nous obtenions un ensemble de phrases à l'aide de grammaires syntagmatiques (c'est-à-dire de type 1 ou 2) et considérons-les comme des « phrases-noyaux » ; alors il est possible d'imaginer une opération (on l'appelle *transformation*) qui nous fasse passer d'une, de deux ou de plusieurs de ces phrases-noyaux à une autre phrase qui n'est identique à aucune d'entre elles. Par exemple, on peut imaginer (les générativistes l'ont fait) que seules les tournures actives figurent dans les phrases-noyaux, et qu'une transformation (la transformation passive) engendre toutes les tournures passives. L'un des avantages des grammaires formelles est de permettre une discussion précise de leur structure. L'un des points importants consiste à savoir si deux grammaires données engendrent ou non le même langage. Selon une terminologie créée par Chomsky, on dit qu'elles sont faiblement équivalentes si elles engendrent le même langage et qu'elles sont fortement équivalentes si, en outre, elles présentent les mêmes dérivations. De nombreux résultats ont permis de confronter différents types de grammaires proposés depuis une trentaine d'années. L'un de ces résultats (dû en 1973 à S. Peters et R. Ritchie) montre que les grammaires transformationnelles sont équivalentes aux grammaires non contraintes (type 0). Ce dernier résultat peut s'interpréter comme signifiant que nous n'avons aucun moyen formel de distinguer les grammaires transformationnelles de toutes les grammaires calculables par une machine de Turing ; conséquemment, le problème général de savoir si une phrase est analysable à l'aide d'une grammaire transformationnelle est indécidable.

ments en nouvelles versions. La tendance générale a été à la fois de reconnaître un rôle de plus en plus important aux « structures superficielles » dans l'interprétation sémantique (notamment à travers l'étude de la portée des quantificateurs), de contraindre les conditions d'application des règles transformationnelles et d'en réduire la variété.

Du point de vue du TALN, l'évolution a été sensiblement différente. Il y a deux raisons qui l'expliquent : d'une part, les règles du « niveau transformationnel » avaient le plus souvent des formats qui les rendaient très lourdes, voire impossibles à gérer correctement en machine ; d'autre part, certaines des limitations associées aux grammaires non contextuelles pures (notamment l'impossibilité de gérer les phénomènes d'enchâssement) ont pu être en pratique résolues en particulier par l'utilisation de registres conservant des données et équivalant pratiquement à la disposition d'informations contextuelles. On comprend alors que *seules les grammaires non contextuelles ont donné lieu à des applications informatiques.*

L'investissement considérable dans les recherches visant à réaliser des analyseurs syntaxiques performants des langues naturelles s'explique sans doute par la conviction, partagée par de nombreux linguistes, que la connaissance de la structure syntaxique d'un texte est une étape obligée vers l'élucidation de son sens. On peut même dire que, dans la grande période de l'analyse syntaxique (1955-1970), celle-ci représentait l'essentiel de la recherche linguistique. Chomsky exprimait clairement une telle conviction lorsqu'il écrivait par exemple qu' « il existe des correspondances frappantes entre les structures, les éléments qui sont découverts dans l'analyse grammaticale, formelle, et les fonctions sémantiques spécifiques » (Chomsky, 1957, p. 114) ou encore qu' « un résultat de l'étude formelle de la structure grammaticale est d'amener au jour un cadre syntaxique qui peut supporter l'analyse sémantique » (*ibid.*, p. 123).

En fait, comme les linguistes eux-mêmes l'ont largement établi depuis, l'interprétation d'une même construction syntaxique dépend crucialement non seulement de la nature des éléments lexicaux qui l'instancient, mais aussi de son environnement textuel et du contexte de sa production. La conception selon laquelle la connaissance de la structure syntaxique constitue l'essentiel du processus de reconstruction du sens va donc, à partir du début des années 1970, être fortement contestée, par les linguistes autant que par les chercheurs en traitement automatique des langues (TALN).

Dans ce dernier domaine, les contestations vont être de deux types : modérées, prônant un traitement où l'analyse syntaxique ne sera qu'un élément du processus de construction du sens à côté des analyses sémantique et logique, et radicales, contestant toute utilité à la syntaxe. De manière générale, on semble reconnaître la trop grande complexité de l'analyse linguistique, et l'on se tourne vers des traitements à la fois plus limités et plus élémentaires.

L'analyse sémantico-logique

De tous les systèmes de compréhension du langage naturel combinant syntaxe, sémantique et logique, le plus célèbre est sans doute le système SHRDLU réalisé par Terry Winograd au début des années 1970. Ce système fonctionne au sein d'un univers virtuel, l'« univers des blocs », qui simule sur écran un espace à trois dimensions contenant une surface plane supportant une dizaine d'objets simples (parallélépipèdes, pyramides, cubes) de tailles et de couleurs diverses. Dans ce micro-univers, un « robot », réduit à un bras vertical descendant du « plafond », est capable de manipuler les objets conformément aux consignes qui lui sont communiquées par son interlocuteur humain. On peut schématiser l'ensemble comme suit :

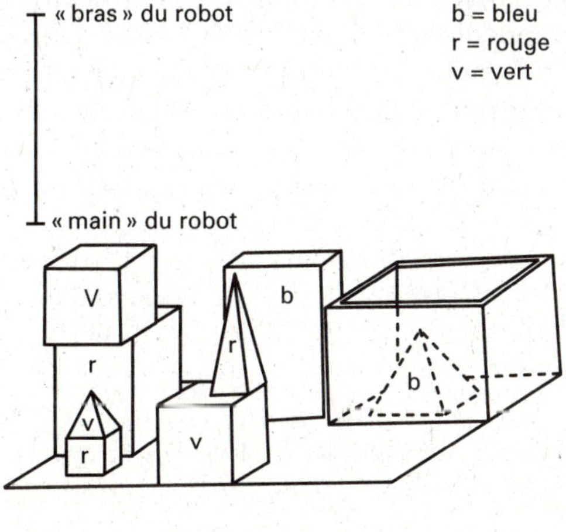

Ces performances peuvent paraître, surtout un quart de siècle plus tard, assez modestes. Mais on n'en mesurera véritablement la portée qu'en réalisant que SHRDLU se livrait, pour exécuter les ordres de son interlocuteur humain, à une véritable analyse des énoncés de celui-ci, non seulement du point de vue syntaxique, mais aussi, et c'était là la grande nouveauté, sémantique et logique : ainsi, si on lui demandait de « mettre la pyramide rouge sur le petit cube de même couleur », non seulement il interprétait correctement le syntagme « de même couleur » comme signifiant, dans ce contexte, « rouge », mais il déduisait aussi de l'état de son univers qu'il fallait d'abord enlever la petite pyramide verte de dessus le petit cube rouge pour pouvoir la remplacer par la pyramide rouge. Il était en outre capable d'expliquer le pourquoi de chacun de ses gestes et de donner une description correcte et constamment à jour de l'état de son univers. Enfin, et bien que sa « conscience du monde » soit limitée à l'univers des blocs, sa représentation de cet univers pouvait être enrichie : ainsi, si on lui disait que « la petite pyramide est belle » (à quoi il répondait : « Je comprends »), il devenait capable de réagir correctement à une consigne comme : « Place un bel objet sur le gros bloc bleu. »

C'est donc bien une véritable « compréhension du langage naturel » (selon le titre de l'ouvrage de T. Winograd) que SHRDLU réalisait. Pour ce faire, il disposait de trois « modules » d'analyse des énoncés de son interlocuteur : un module syntaxique (utilisant le modèle de la « grammaire systémique » de Halliday), qui cherchait à reconnaître la structure de ce qu'on lui disait, un module dit « inférentiel », responsable de la gestion de l'univers des blocs, et un module sémantique, faisant la liaison entre les deux. Une propriété essentielle caractérisait les liens entre ces trois modules : loin d'être en relation linéaire, la syntaxe informant la sémantique et cette dernière la « pragmatique », selon le bon vieux schéma du programme formaliste, les trois sous-systèmes collaboraient au contraire dynamiquement à la résolution du problème traité. T. Winograd pouvait donc à juste titre déclarer :

> Le processus linguistique ne se divise pas en une opération d'analyse syntaxique suivie d'une opération d'interprétation sémantique. Au contraire, le processus est unifié, les résultats de l'interprétation sémantique servant à guider l'analyse syntaxique.

Au demeurant, le choix même du modèle systémique comme cadre de l'analyse syntaxique révèle bien l'*a priori* « interprétatif » de l'auteur de SHRDLU : ce modèle considère en effet l'information syntaxique comme indiquant des sélections de propriétés linguistiques systématiques renvoyant à des choix en dernière analyse sémantiques.

Le travail de Winograd constituait donc, au début des années 1970, une des réalisations les plus impressionnantes de l'intelligence artificielle en matière de compréhension du langage naturel, et certains ont pu penser alors que l'on disposait en SHRDLU du modèle quasi définitif de tout « compréhenseur » automatique du langage humain, le reste du travail n'étant plus que la réalisation du programme, essentiellement quantitatif, d'élargissement progressif de l'univers du robot et corrélativement de ses connaissances linguistiques et non linguistiques.

L'intérêt de nombreux chercheurs a alors commencé à se détourner des problèmes de traitement du langage proprement dit pour se porter principalement sur celui de la représentation des connaissances, convaincus que les performances de la machine pourraient être considérablement améliorées dès lors que l'on réussirait à mettre à sa disposition la masse énorme de connaissances de toutes sortes dont tout être humain semble faire usage dans la moindre de ses activités intelligentes[1].

Il n'est cependant pas du tout sûr que Winograd lui-même ait partagé ces illusions, et, en tout état de cause, il est vite apparu que le projet visant à élargir l'univers des blocs à des parties de plus en plus significatives de l'univers réel péchait grossièrement par excès de simplisme. En effet, au-delà d'un certain seuil, technologiquement variable, mais toujours rapidement atteint, l'ac-

1. À ce niveau se situe une autre pomme de discorde entre chercheurs en IA, opposant « logicistes » et « sémanticiens » : pour les premiers, les connaissances doivent être communiquées à la machine sous une forme logique (notamment sous forme de clauses en si-alors). Pour les autres, les choses sont beaucoup plus complexes, et il est probable que les connaissances humaines sont plutôt stockées sous forme de réseaux. En réalité, ce débat a aussi des implications sur la manière même dont les connaissances sont utilisées : pour les logicistes, quelle que soit sa complexité, un système intelligent doit avoir un fonctionnement descriptible en termes logiques. Pour les « sémanticiens » – et selon une expression célèbre de Minsky, l'un de leurs chefs de file et l'inventeur du concept de *frame* –, « seule la surface de la raison est rationnelle ».

cumulation d'informations de toutes natures devient pratiquement impossible à gérer de façon utile par le système. Ce problème devient de plus en plus difficile au fur et à mesure que l'univers de référence se complexifie, car chaque action qui y est conduite devient susceptible d'avoir des conséquences de plus en plus nombreuses et variées, lesquelles doivent être instantanément enregistrées par le robot s'il veut conserver en temps réel une image fidèle de l'univers dans lequel il agit. On aboutit alors à l'un des plus difficiles problèmes de l'intelligence artificielle, le problème dit « du cadre ». Une machine intervenant dans un environnement va le modifier et devra tenir compte des modifications pour continuer à agir de façon intelligente. Elle devra rechercher les changements intervenus dans l'environnement. Quels seront les paramètres de l'environnement (ou *cadre de pertinence*) dont il faudra qu'elle saisisse et interprète la modification ?

L'analyse conceptuelle

Si les travaux de Winograd et de nombreux autres chercheurs partaient de l'hypothèse que l'analyse syntaxique est loin d'être une étape suffisante dans la compréhension d'énoncés en langues naturelles, ceux de Schank et de ces disciples, qui vont occuper le devant de la scène dans toute la seconde moitié des années 1970, posent brutalement que ce type d'analyse est même totalement inutile.

Le travail de Schank part d'une réflexion sur la nature des processus de compréhension. Il constate, par exemple, que les humains sont très rarement capables de se souvenir avec exactitude de la forme linguistique dans laquelle on leur a communiqué une information : ce dont ils se souviennent, c'est du « contenu » de l'information, qu'ils restituent par diverses paraphrases. Pour de parfaits bilingues, il est même souvent impossible de se souvenir de la langue dans laquelle ils ont acquis une information donnée. Cela suggère que les humains traduisent spontanément l'information linguistique en ce que Schank appelle des *représentations conceptuelles,* lesquelles sont indépendantes des structures syntaxiques et sans doute même du lexique particulier d'une langue naturelle.

D'autre part, Schank montre que, très souvent, l'information strictement linguistique est non seulement très pauvre mais aussi extrêmement ambiguë eu égard à ce que les humains sont capables d'en tirer. Ainsi, d'une phrase comme *Jean pleura lorsque Marie lui dit qu'elle aimait Jacques,* bien des humains inféreront, par exemple, que Jean aimait Marie et a été attristé par la révélation de son amour pour un autre. De nombreuses autres interprétations de cette phrase sont d'ailleurs possibles, mais toutes ont en commun de mettre en jeu bien plus de connaissances que celles que le texte lui-même met à la disposition du lecteur. Comprendre une phrase, et *a fortiori* un texte, c'est donc bien autre chose, soutient Schank, que d'en identifier la structure syntaxique, puis de lui associer la « description sémantique » adéquate. Comprendre, c'est intégrer une information nouvelle à toutes celles dont on dispose déjà sur l'univers, et cette intégration fait appel à une multitude d'informations et de connaissances acquises tout au long de notre vie. De ce point de vue, la forme linguistique précise dans laquelle se manifeste l'information nouvelle apparaît comme, de très faible importance, et comme la partie visible de l'iceberg sur laquelle les linguistes se sont inutilement acharnés.

D'ailleurs, souligne Schank, on peut comprendre sans difficulté des séquences qui sont, syntaxiquement, de véritables « cauchemars » comme par exemple : *avec rage j'ai frappé avec un marteau le type avec la fille avec des cheveux longs.* Là où un analyseur syntaxique myope verrait une succession de groupes prépositionnels tous introduits par « avec » et potentiellement ambigus, la traduction conceptuelle n'aurait aucun mal à assigner chaque groupe à la fonction la plus vraisemblable qu'il est susceptible d'occuper dans la spécification du processus décrit.

Schank part de l'hypothèse que la diversité lexicale d'une langue naturelle peut être réduite à un petit nombre de « primitives » conceptuelles : ainsi, l'ensemble des verbes d'action de l'anglais pourrait, selon lui, se ramener à une douzaine de représentations conceptuelles élémentaires. On pourrait ainsi représenter le sens d'une phrase donnée (ainsi que celui de toutes ses paraphrases) sous forme de « diagrammes conceptuels » que la machine serait capable de correctement interpréter[1]. Le sens de la phrase : « Pierre a craché sur Marie, ce qui l'a fait pleurer » peut alors être représenté de la façon suivante :

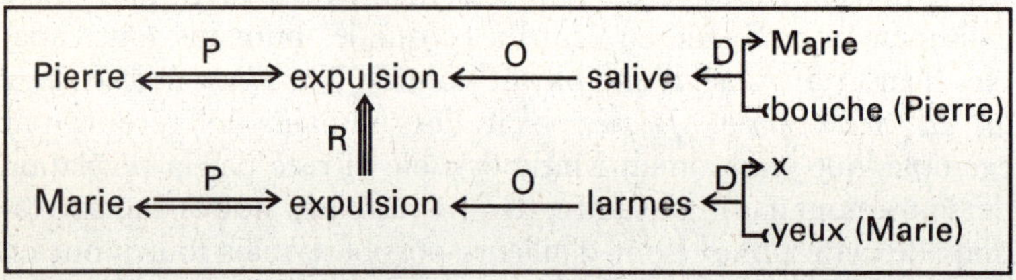

La première ligne du diagramme décrit la première partie de la phrase, la deuxième décrit la seconde. La triple flèche qui les relie exprime le lien de causalité ainsi que sa « direction » : la seconde action résulte de la première. Dans chacune des deux lignes, la double flèche exprime une relation agent/action et la flèche simple une relation action/objet. Quant à la partie de droite du diagramme, elle permet de spécifier le point de départ et le point d'arrivée de l'objet : dans le premier cas, la salive a pour origine la bouche de Pierre et pour destination Marie. Dans le second cas, les larmes ont pour origine les yeux de Marie et une destination *x*.

Mais Schank considère que cette traduction conceptuelle ne suffit pas pour permettre l'accès au sens véritable d'un texte : en effet, dans un enchaînement comme « Jean, mécontent de la mauvaise qualité de son hamburger, a quitté le restaurant sans payer », il ne suffit pas de comprendre, par exemple, que « l'ingestion d'un aliment, dit hamburger, a déplu a Jean », mais aussi que « dans un restaurant on paye pour recevoir de la nourriture et qu'en principe on attend que la nourriture soit bonne ». La bonne compréhension d'une séquence exige qu'elle soit replacée dans tout un contexte d'actions attendues, ou normales,

1. Schank considère qu'une représentation conceptuelle bien conçue permet en outre de rendre compte des usages métaphoriques du langage, usages extrêmement fréquents et variés, et qu'il serait donc vain de vouloir enregistrer exhaustivement dans un dictionnaire. Pour lui, une représentation conceptuelle correcte du verbe « fermer », par exemple, permettrait à la machine de comprendre sans difficulté un énoncé comme « Jean a fermé son esprit à toute idée nouvelle ».

et dont les humains ont en principe connaissance, ce qui permet de ne pas y faire explicitement référence dans le texte. On communiquera donc ces connaissances à la machine sous forme de « scripts », sortes de mini-scénarios explicitant des déroulements typiques d'actions.

D'autre part, la compréhension véritable suppose que l'on soit capable de rattacher les actions humaines à leurs motivations psychologiques : ainsi, si l'on apprend (cf. notre schéma *supra*) que « Pierre a craché sur Marie, ce qui l'a fait pleurer », on ne comprendra véritablement ce dont il s'agit que si l'on sait que, chez les humains, cracher sur quelqu'un est un signe de mépris, et que les gens n'aiment pas être méprisés, ce qui peut provoquer chez eux une émotion négative se traduisant par « l'expulsion de larmes de leurs yeux ». Notons que, une fois ces motivations explicitées[1], on n'a plus besoin de se préoccuper de l'ambiguïté syntaxique du pronom *« l' »*, ce qui constitue un argument supplémentaire, aux yeux de Schank, pour laisser la syntaxe de côté.

Enfin, et pour donner à son système l'aptitude à comprendre des situations complexes, mettant en jeu différents domaines, Schank est conduit à mettre au point des structures plus vastes que les « cadres » et qu'il baptise « paquets d'organisation mémoire » (MOP, en anglais). Ces structures ont, entre autres, la capacité de reconnaître des similarités entre situations et contextes différents.

Ainsi conçus, les systèmes de compréhension automatique de textes mis au point par Schank et ses disciples se sont montrés remarquablement performants pour l'interprétation de certains types de textes, par exemple les articles de journaux décrivant des incidents bien typés comme une sortie au restaurant, une prise d'otage ou les déplacements d'une personnalité politique.

Cependant il n'est que trop évident que les situations qui mettent en jeu des enchaînements relativement typiques d'événements, aussi nombreuses soient-elles, sont loin d'épuiser tout ce dont peut parler un texte. Or, si l'approche de Schank est particulièrement adaptée à ce genre de situation, elle ne se montre

1. Cette explicitation sera introduite dans les programmes de compréhension sous forme de « cadres » détaillant les « buts et plans » associés aux divers scripts.

guère performante pour tout ce qui n'est pas ainsi inscrit dans un enchaînement prédictible. Pis, elle peut s'avérer génératrice d'erreurs si elle est mise en œuvre dans le cadre d'une histoire commençant dans un contexte qui permet apparemment de faire des prédictions mais qui prend en réalité un tour tout à fait inattendu.

Certains chercheurs pensent que, même pour la catégorie de situations pour laquelle les programmes de Schank ont été conçus, l'immense quantité des connaissances mises en œuvre conduit inéluctablement à des programmes impossibles à gérer (nous verrons plus loin les significations différentes que l'on peut donner à ce type de remarque).

L'approche connexionniste

Depuis quelques années, une nouvelle approche des problèmes généraux de l'IA a fait son apparition, approche considérée par certains comme une véritable seconde naissance de la discipline. Il s'agit de l'approche dite *connexionniste* qui postule globalement que les activités cognitives de l'homme relèvent d'opérations fondamentales qui ne sont pas, comme l'a cru la première génération de chercheurs, du domaine exclusif de la logique symbolique, c'est-à-dire des capacités strictement calculatoires des êtres humains. Il s'agit donc de rompre avec le modèle computo-représentationnel ou cognitiviste qui caractérise, pour l'essentiel, les réalisations que nous venons de décrire.

On peut faire remonter le modèle connexionniste à la découverte par W. McCulloch et W. Pitts (1943) d'une analogie entre les cellules nerveuses ou neurones et les circuits électriques qui accomplissent des fonctions logiques. Un neurone fonctionne en transmettant un signal électrique, qu'il reçoit de ses connexions (synapses) avec d'autres neurones. Quelques années plus tard, D. Hebb, dans son ouvrage *The Organization of Behavior* (1949), donne un modèle neurologique du fonctionnement de l'esprit. Ces idées devaient conduire à la conception de nouvelles machines « intelligentes », constituées par des réseaux de « neurones ». Ces neurones sont des neurones formels qu'on a organisés d'abord par couches (la couche initiale ayant pour fonction de recevoir l'information externe). C'est ainsi que, en 1958, F. Rosenblatt proposait le modèle théorique d'un automate à trois couches, le *perceptron,* tandis que Widrow et Hoff présentaient en 1960 le système ADALINE, tous deux susceptibles de reconnaître des formes et d'effectuer des classements. La critique mathématique de Minsky et Papert (1969), montrant les limitations du perceptron, allait entraîner un relatif désintérêt pour ce genre de recherche, qui n'ont repris que vers la fin des années 1970. À cette date, on commença à envisager d'organiser les neurones non plus en couches, mais en agglomérats multidimensionnels[1], et le modèle fit l'objet de nombreuses études théoriques[2] et techniques. L'un des points importants a été le concept de « réseaux compétitifs », avec des systèmes de neurones capables de s'inhiber en fonction des excitations qui parcourent le système. À partir de cette idée on peut rapprocher un réseau sémantique d'un réseau connexionniste (on associe un nœud du premier à un neurone formel du second) et envisager le traitement des ambiguïtés (les nœuds associés à des éléments compatibles s'activent mutuellement, tandis que ceux qui le sont à des éléments incompatibles s'inhibent). Le lecteur aura peut-être une meilleure compréhension de ce type de système en considérant le modèle suivant[3], destiné à interpréter la phrase (éventuellement ambiguë) « The astronomer married the star ».

Les composants du réseau représentent (de bas en haut) des contraintes contextuelles (sémantiques, lexicales et syntaxiques) ;

1. Il faut noter que l'homme neuronal n'a pas été le modèle exclusif des travaux. L'une des avancées théoriques les plus importantes a été fournie par la considération de modèles de systèmes physiques constitués par un cristal contenant des atomes magnétisés soumis à un champ magnétique externe. Dans un tel système les atomes s'alignent spontanément dans celle de leurs deux positions possibles qui minimise l'interférence avec les autres atomes et le champ externe. J. J. Hopfield, en 1982, a montré qu'un système d'éléments bistables à connexion symétrique évolue spontanément vers une réduction de l'énergie totale du système.

2. Par exemple, calculer vers quel état évoluera un réseau donné, à partir d'un état initial donné, lorsqu'il est soumis à des excitations.

3. Nous l'empruntons à D. Béroule, Traitement connexionniste du langage, *Histoire, épistémologie, langage,* XI 1, 1989, p. 159. Le modèle est dû à D. L. Waltz et J. B. Pollack, Massively parallel parsing : A strongly interactive model of natural language interpretation, *Cognitive Science,* 9-1, 1985, 51-74.

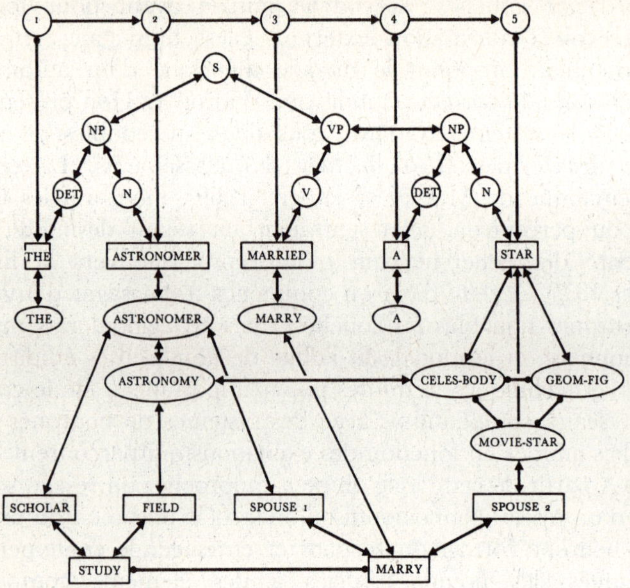

l'état du réseau, instable au départ, converge vers un état d'équilibre qui satisfait au mieux les contraintes.

On ne peut pas dire que le modèle connexionniste ait donné des résultats techniques déterminants. Dans le domaine du langage, et en l'état actuel des recherches, il semble bien adapté à la reconnaissance de la parole (y compris au milieu de « bruits »), à l'identification de caractères manuscrits, voire à l'analyse morphologique. De nombreuses réalisations existent dans ces domaines et certaines sont même devenues des applications industrielles. Pour ce qui est de l'analyse syntaxique et sémantique, les travaux semblent prometteurs mais n'ont pas encore opéré de percée incontestable. Enfin, pour la simulation de l'argumentation et du raisonnement, les modèles sérialistes ne semblent pas, pour le moment du moins, devoir être sérieusement menacés par l'approche connexionniste. L'importance du modèle, lui, vient essentiellement de son poids philosophique.

Les machines sérielles et tous les modèles algorithmiques reposent en quelque sorte sur le fait que le mode de traitement est *donné d'avance*, soit dans le câblage initial de la machine, soit dans le programme qu'on lui ajoute. S'agissant du langage, le modèle cognitiviste correspond parfaitement aux thèses de N. Chomsky : une langue est un objet symbolique, constitué par une infinité de phrases susceptibles d'être engendrées par un nombre fini de règles. Ce modèle conduit tout naturellement à l'innéisme[1] (puisque l'on est incapable de dire d'où viennent les règles) et à une séparation radicale de l'activité linguistique humaine d'avec tout autre type d'activité, d'où l'hypothèse chomskyenne d'un *organe mental* correspondant à la faculté du langage.

Fondamentalement un neurone, ou son pendant artificiel, fonctionne, de façon extrêmement élémentaire, en entrant en état d'excitation si un stimulus donné dépasse un certain seuil. Ce n'est qu'au niveau de l'organisation de plusieurs neurones connectés en réseau que ces états individuels d'excitation commencent à « dessiner » quelque chose de l'ordre d'une forme présentant une certaine cohérence structurelle[2]. Un réseau de neurones est ainsi capable d'auto-organisation et peut, par apprentissage, réagir de façon cohérente à une forme donnée, et même « restituer » une image complète de celle-ci lorsqu'une partie seulement lui en est présentée. Les réseaux de neurones n'acquièrent de véritables aptitudes au traitement « intelligent » de l'information qu'en fonctionnant de façon massivement parallèle, les capacités modestes, mais extrêmement fiables, de chaque petite unité apportant leur contribution à une synthèse progressivement plus large et plus complexe. Cette façon de voir tend à situer les fondements de toute activité intelligente moins du côté du calcul symbolique et digital[3] que de

1. On peut ajouter également qu'une thèse innéiste, dont la formulation est toujours assez vague, facilite grandement la solution purement verbale des problèmes posés par la découverte de contraintes qui se prêtent mal à formalisation et qu'on peut toujours renvoyer à des processus cognitifs innés.

2. Dans un système connexionniste, il n'y a pas de règle ; ses paramètres sont fixés par apprentissage.

3. À l'époque de Turing, et encore après lui, de nouvelles tentatives ont été faites pour définir la calculabilité de façon non intuitive : il s'agit, notamment, de la théorie des systèmes combinatoires, de celle des fonctions récursives générales et du lambda-calcul. Toutes procèdent en définissant des objets sur lesquels on opère pas à pas. La théorie des fonctions récursives (dont l'idée est initialement due à Gödel) définit ainsi quelques fonctions récursives de base (du genre : fonction successeur, fonction addition, etc.) et des règles de composition à partir desquelles on doit pou-

celui de l'organisation matérielle (subsymbolique et analogique), et à mettre en avant moins l'enchaînement logique que la mémoire et l'association. Elle modifie donc assez radicalement la configuration épistémologique du champ de recherche[1]. Le philosophe, en effet, reconnaît facilement derrière le modèle connexionniste une saveur empiriste[2], parfaitement opposée au rationalisme chomskyen[3]. L'enjeu du développement du connexionnisme est donc considérable.

voir définir toutes les fonctions récursives, dont l'ensemble constitue la classe des procédés de calcul. Le point de vue le plus intéressant pour aborder la calculabilité est sans doute le *lambda-calcul,* dû au logicien A. Church et développé par le mathématicien S. C. Kleene. Outre son intérêt technique, il possède un puissant intérêt philosophique. On peut dire qu'il permet de saisir la notion d'opération, dont il offre une présentation pas à pas. Dans la plupart des formalismes, les fonctions ou les opérations sont des notions dérivées que l'on construit à partir de classes ou d'ensembles. Une fonction binaire, par exemple, est définie comme l'ensemble des couples ordonnés d'objets qui la satisfont. Dans le lambda-calcul, c'est l'opération elle-même qui est conçue comme une entité première : on voit le changement d'ontologie sous-jacente, voire la différence des possibilités d'interprétations psychologiques. On comprend comment on peut, à partir de là, définir toutes les fonctions arithmétiques ; le lambda-calcul permet également d'obtenir une caractérisation générale de la calculabilité. On démontre que toutes les définitions que l'on a pu donner (machines de Turing, systèmes combinatoires, fonctions récursives, lambda-calcul et d'autres encore) sont rigoureusement équivalentes. Bien entendu, cela ne nous dit pas si ce concept de calculabilité recouvre exactement notre concept *intuitif* de calculabilité. L'objet de ce que l'on appelle la *thèse de Turing-Church* est de l'affirmer. Par définition, cette thèse ne peut faire l'objet d'une démonstration formelle. Jusqu'à présent, rien n'est venu l'infirmer. La thèse de Church-Turing signifie que, lorsque l'on est en présence d'une procédure quelconque, ou bien on peut construire une machine de Turing correspondante ou bien il ne s'agit pas d'un calcul.

1. Elle devrait aussi modifier la nature même des machines utilisées pour simuler l'activité cognitive humaine ; on notera, en effet, que les machines actuelles fonctionnent en mode sériel et que, lorsque nous envisageons un fonctionnement en mode parallèle, nous le *simulons* sur une machine sérielle. Il se peut aussi que le connexionnisme redonne vie aux modèles statistiques de l'usage linguistique.

2. L'auto-organisation est quelque chose comme l'émergence d'un nouvel élément dans la structure de l'esprit. Les empiristes classiques (Hume ou Condillac) qui considèrent que les contenus, voire les fonctions mentales, se construisent peu à peu à partir des stimulations externes utilisent ce que nous appellerions aujourd'hui des modèles à seuil : c'est l'*habitude* qui peut faire changer une opération de statut.

3. L'empirisme n'est pas le fait des seuls connexionnistes. Z. S. Harris (1909-1992), dans un article de 1946 : « From morpheme to utterance », développe l'idée d'une théorie grammaticale fondée sur l'engendrement des phrases en deux étapes, d'abord des structures de bases, puis d'autres obtenues des premières par transformation. Les grammaires de Z. Harris rejettent tout recours à des hypothèses d'innéité. Les langues doivent être décrites comme des systèmes auto-organisés et *self-evolving.*

La technique et les thèses philosophiques

Le lecteur aura remarqué que, derrière les tentatives ou les réalisations techniques que nous venons de parcourir, se dissimulent toujours des thèses très fortes concernant la nature du langage, thèses qu'un philosophe identifie rapidement, parce qu'elles sont bien souvent des thèmes classiques de la discipline. C'est ainsi que, derrière les hypothèses de la traduction automatique, on retrouve *la problématique de la langue universelle* ; derrière les réalisations de Winograd, on reconnaît l'idée que la langue est une *nomenclature* et une thèse forcément *réaliste* sur la nature de la signification ; le modèle de Schank, outre une hypothèse universaliste, nous invite à penser qu'il est possible de négliger syntaxe et morphologie et nous ramène à la conception d'une langue qui ne serait que le *vêtement externe et contingent* de la structuration intellectuelle de l'expérience humaine. La tentation pourrait être grande – surtout dans les communautés de linguistes – d'inférer de la relative réussite technique de tel modèle à la validité de ses thèses sous-jacentes ou, inversement, de lier l'échec au caractère erroné des thèses. Il ne semble pourtant pas que l'on puisse admettre ce type d'inférence.

Notre rapide survol des recherches en TALN révèle de façon incontestable au moins une chose : les conceptions du langage et de l'activité linguistique sont loin d'être unifiées. Mieux, et dans la mesure où chacune des approches parfois violemment antagoniques semble obtenir certains résultats concrets, il semble difficile de rejeter l'une ou l'autre comme totalement et manifestement inadéquate. Chacune, au contraire, semble avoir mis le doigt sur un aspect réel et pertinent du fonctionnement du langage, mais révèle ses limites dès qu'elle prétend réduire l'ensemble de ce fonctionnement à ce seul aspect. C'est de cette situation que surgit le véritable problème de fond. *Le langage est-il un domaine cognitivement homogène ?* Dans ce cas, les limites d'un modèle à la Winograd ou à la Schank proviendraient non pas d'une question purement technique (par exemple, trop grande quantité des données à gérer), mais du fait que, en isolant un aspect d'une faculté linguistique globale, on ne se trouve plus dans les conditions normales de la communication humaine : on a tout simplement construit un artefact. Ou bien, comme le suggèrent les modélisations antagonistes de l'IA, *l'ensemble des « compétences » qui font la faculté de langage ne seraient-elles pas le résultat de réseaux d'organisation et de traitement très différents* ? Les modèles « unitaires » ne seraient qu'une illusion[1], et il faudrait leur préférer des modèles *modulaires*[2]. La faculté de langage ne serait que le résultat de la composition de ces différents modules avec une double possibilité, soit que leur mise en relation change le fonctionnement de chacun d'eux (autrement dit, les limites d'un module lui viennent de son absence de relation aux autres), soit qu'ils restent inchangés.

Une autre question de fond concerne tout simplement la relation des réalisations techniques avec la représentation (ou la théorie) du langage humain. Faut-il nécessairement lier les deux ? La révolution technolinguistique de l'automatisation implique-t-elle une révolution théorique dans notre conception du langage humain ?

La chambre chinoise et les outils linguistiques

L'idée que les machines peuvent simuler le comportement humain a été incontestablement l'un des moteurs idéologiques du développement de l'IA et du traitement automatique des langues. Le mathématicien anglais Alan Turing, qui croyait fermement dans la capacité des ordinateurs à égaler un jour les performances intellectuelles des humains, avait imaginé que la manière la plus éloquente de tester les capacités d'un programme « intelligent » serait de faire converser un humain (qui sert de cobaye) alternativement avec le programme et un autre humain, sans qu'il sache à qui ou à quoi il s'adresse. Si le « cobaye » est incapable, au bout

1. Cette conclusion serait à rapprocher de celle qui se dégageait de l'étude de la pathologie du langage (voir chap. 6, « La question des aphasies »), où, là encore, les données expérimentales suggéraient que l'idée d'une faculté de langage « intégrée » n'était peut-être qu'un préjugé.

2. De fait, la modularité est un point de vue technique présent dès les débuts de la grammaire générative : on isole, par exemple, un composant syntaxique, un composant sémantique et un composant phonétique du langage. On peut penser qu'il y a là une facilité de traitement. La modularité est devenue une thèse générale sur la structure de l'esprit et des activités intelligentes avec le livre que J. A. Fodor consacre à la question en 1983.

d'un certain temps, de différencier les réponses de la machine de celles de l'autre humain, le programme a réussi le test. Évidemment, il s'en faut de loin qu'aucun des programmes analysés jusqu'ici ne passe victorieusement le test de Turing. Il n'est même pas sûr que l'on dispose d'une interprétation univoque de ce test.

Searle a fourni une argumentation visant à montrer que la réussite au test ne prouverait en rien qu'une machine comprend une expression linguistique au sens où nous disons qu'un homme la comprend. Il s'appuie sur une expérience imaginaire. Supposons un homme enfermé dans une pièce et qui reçoit des énoncés en chinois (langue dont il ignore tout) par une fente ; il est muni d'un livre d'instructions qui fournit une réponse acceptable pour tout énoncé en chinois introduit par la fente ; il suffit donc à notre homme de recopier la réponse et de la communiquer à l'extérieur par une autre fente. Deux choses, alors, sont claires : i) Nous ne serons pas disposés à dire que l'homme dans la « chambre chinoise » comprend le chinois (nous l'avons exclu par hypothèse), ni même que le dispositif pris dans sa totalité (l'homme, plus la chambre, plus le livre d'instructions) le comprenne ; ii) Par définition, le dispositif passe correctement le test de Turing. Searle se sert de cette expérience de pensée pour illustrer le fait que ce qui distingue une action *humaine* et un simple *comportement,* c'est l'intentionnalité (voir chap. 6, « Conscience et intentionnalité : la thèse de Husserl ») : l'homme dans la chambre ne partage aucun univers intentionnel avec le locuteur chinois qui se trouve à l'extérieur. Le but de Searle est sans aucun doute d'isoler la composante intentionnelle. Il n'est pas sûr que son expérimentation soit construite de façon à être susceptible de posséder un sens clair par rapport au problème posé par Turing. Elle présuppose, en effet, le point litigieux que le test de Turing était destiné à éclaircir, à savoir qu'il existe un dispositif mécanique (ici, le livre d'instructions) simulant parfaitement le comportement linguistique humain.

La signification du test de Turing peut être décomposée en deux niveaux ; il permet, en effet, de répondre à deux questions : i) Existe-t-il un processus mécanique simulant parfaitement le comportement linguistique humain, ce qui signifie le comportement dans son ensemble (la réponse doit être oui, si l'on ne peut distinguer le comportement mécanique et le comportement humain) ; ii) Est-ce qu'une machine peut se comporter comme un être humain ? On a tendance à confondre les deux questions et Turing lui-même ne les distinguait probablement pas ; le mérite de Searle est de montrer qu'elles ne sont pas équivalentes, puisqu'il répond oui à la première question et non à la seconde. Toutefois, on peut considérer qu'elles ne sont pas équivalentes pour des raisons très différentes de celles qu'avance le philosophe anglais. On peut, en effet, répondre oui à la seconde question, tout simplement parce que *les êtres humains sont parfaitement capables de se comporter comme une machine* ! C'est très clair sur des exemples mathématiques. Si je calcule une racine carrée, je le ferai à l'aide d'un algorithme et il n'y a aucune différence de nature avec ce que peut faire ma calculatrice électronique. Cela n'implique toutefois pas qu'on doive du même coup répondre oui à la première question et qu'un calculateur humain possède en tout point un comportement simulable par une machine. Dans le domaine linguistique, la première question touche à la nature du langage et il ne semble pas qu'elle puisse être résolue très facilement, ni même qu'elle puisse l'être autrement que par la négative : le type de manuel de conversation présupposé par Searle est probablement impossible (c'est là la véritable question technique qui intéressait Turing). La façon dont nous suggérons la possibilité d'une réponse positive à la seconde question peut nous permettre de donner une interprétation acceptable aux tentatives de mécanisation de la communication qui constituent la troisième révolution technolinguistique.

Il y a, en effet, une interprétation faible ou minimale de l'automatisation qui consiste à y voir simplement l'apparition d'une *nouvelle génération d'outils linguistiques*. Selon cette interprétation, il n'est pas besoin de se poser des questions métaphysiques sur l'ontologie du langage. Le programme ELIZA n'est pas plus étonnant qu'un manuel de conversation du XVIe siècle ; il est seulement plus riche et plus complexe. Un programme d'aide à la traduction n'est pas plus absurde qu'un dictionnaire polyglotte. Assurément, il s'en faut qu'ELIZA ne passe le test de Turing, c'est-à-dire qu'un être humain ne puisse reconnaître qu'il dialogue avec une machine. Pour relativiser cette limitation, il suffit de se poser la question de savoir au bout de combien de temps le sujet humain qui dialogue à l'aide d'un manuel de conversation (du type des guides pour les voyageurs en pays étranger) est reconnu par les locuteurs natifs comme ne sachant pas parler la langue. On peut douter qu'il résiste aussi longtemps qu'ELIZA au test de Turing. Cela ne l'empêchera pas de demander son chemin ou d'effectuer différentes opérations de la vie quotidienne, pourvu qu'elles soient prévues par le manuel, c'est-à-dire *totalement formalisées*. Dans des situations restreintes et parfaitement stéréotypées (commander un billet de train, par exemple), nos automates sont déjà largement performants. Améliorer ces performances, étendre les domaines où le traitement automatique se révèle satisfaisant constituent une nouvelle frontière technologique (que l'on désigne aujourd'hui sous le nom d'*industries de la langue*) dont les enjeux économiques sont considérables.

Nous disposons de modèles susceptibles de nous faire comprendre comment s'effectue le passage d'un comportement humain à des outils qui en recouvrent au moins partiellement les performances, ce sont les processus de construction des systèmes-experts. Un système-expert est une banque de connaissances implémentée dans une machine (un ordinateur) qui permet le traitement automatique des questions qu'on lui pose, par exemple lorsqu'il s'agit d'effectuer un diagnostic médical. Un tel système est conçu comme devant occuper la fonction d'un expert humain : « Les ordinateurs doivent être considérés comme des prothèses sociales – destinées à remplacer des personnes humaines au sein des communautés. »[1] Autrement dit, réaliser un système-expert consiste à effectuer le transfert de connaissances ou de capacités internes à un individu humain vers un support externe. Un moment important dans ce transfert consiste dans le repérage des connaissances dont dispose l'expert humain, le choix de celles qui seront utilisées et leur *formalisation*. Formaliser les connaissances consiste à les rendre explicites et invariables ; on retrouve cette opération à chaque fois qu'il est question de mettre en forme une pratique, qu'il s'agisse de manuels de maçonnerie, de cuisine, de tricot, etc. Toutes choses égales, c'est exactement ce moment que nous retrouvons dans la grammatisation et, antérieurement, dans la mise en écriture des langues (voir chap. 2).

1. H. M. Collins, *Experts artificiels. Machines intelligentes et savoir social*, trad. franç., Paris, Le Seuil, 1992, p. 291.

Si la formalisation a tant d'importance, c'est évidemment parce que l'action humaine, dans bien des domaines, n'est pas naturellement formelle. La formalisation concerne les actes répétitifs, ceux que l'on peut rendre indépendants des circonstances et de la multitude indéfinie des variations possibles. Il n'est pas étranger à sa nature que le langage soit l'activité humaine qui prête le mieux à formalisation et si précocement : comment concevoir l'échange communicationnel sans qu'il y ait déjà un minimum de stabilité ? Lorsque, dans son fameux *Cours de linguistique générale* (1916), Saussure soutient que la langue est une forme et non une substance, il saisit à sa façon le principe sur quoi repose depuis le développement de l'écriture une grande partie des progrès techniques de l'humanité. À l'inverse, toute formalisation suppose une perte ou, si l'on veut, un certain éloignement de la vie : la réalité concrète est toujours substantielle.

De même que l'écriture présente un schéma abstrait de la parole qui est dite ou susceptible de l'être, une grammaire est toujours un schéma abstrait ou partiel de la façon dont on peut parler, écrire ou comprendre un texte, et par là même un outil destiné à aider l'effectuation de ces opérations. Nous avons beaucoup de mal à nous représenter aujourd'hui le processus de grammatisation en tant que processus d'*équipement technologique*, parce que, lorsque nous construisons une grammaire pour une langue orale ou tout simplement inconnue, nous envisageons d'abord notre démarche comme une description (ou une théorie) de cette langue. Il n'en a pas toujours été ainsi. D'Alembert, dans l'article « Érudition » de l'*Encyclopédie*, présente clairement une autre façon de concevoir le processus :

> La bibliothèque du roi est pleine de manuscrits arabes, dont la traduction nous vaudrait une infinité de connaissances curieuses. Il en est de même de la langue chinoise. Quelle vaste matière de découvertes pour nos littératures ? On dira peut-être que l'étude seule de ces langues demande un savant tout entier, & qu'après avoir passé bien des années à les apprendre, il ne restera plus assez de temps, pour tirer de la lecture des auteurs, les avantages qu'on s'en promet. Il est vrai que dans l'état présent de notre littérature, le peu de secours que l'on a pour l'étude des langues orientales, doit rendre cette étude plus longue, & que les premiers savants qui s'y appliqueront, y consumeront peut-être toute leur vie ; mais leur travail sera utile à leurs successeurs ; les dictionnaires, les grammaires, les traductions se multiplieront & se per-

> fectionneront peu à peu, & la facilité de s'instruire dans ces langues augmentera avec le temps. Nos premiers savants ont passé presque toute leur vie à l'étude du grec ; c'est aujourd'hui une affaire de quelques années (*Encyclopédie ou Dictionnaire raisonné des sciences, des arts et des métiers,* t. V, 1755, p. 916-917).

L'histoire nous montre que l'encyclopédiste avait raison dans sa description du processus de développement des sciences du langage. La création d'un nombre considérable d'outils linguistiques a largement réduit l'ensemble des tâches réservées aux experts ainsi que la durée de formation de ces derniers. Il faut sans doute aller encore plus loin dans l'appréciation de cette vue technicienne sur le développement des connaissances linguistiques. Celles-ci sont toujours initialement internes aux individus (connaissance épilinguistique ; voir chap. 2, « L'écriture et la naissance des sciences du langage »). On peut étendre volontairement la connaissance linguistique d'une communauté en agissant sur cette connaissance interne, lorsque la communauté instrumentalise certains de ses membres (apprentissage par immersion de langues étrangères) ou ceux d'une autre communauté en leur faisant apprendre sa propre langue afin qu'ils deviennent des intermédiaires. D'une certaine façon, il faut toujours en passer par l'individu humain. Les révolutions technolinguistiques (l'écriture et la grammatisation) doivent être conçues comme la constitution d'outils linguistiques externes à l'individu. La mécanisation du langage n'est que le stade ultime de cette longue évolution.

L'automatisation nous place, cependant, devant un problème théorique que ne posaient pas les techniques linguistiques antérieures. Quoiqu'il existe dans l'extériorité, aucun outil (même une calculatrice électronique ou un ordinateur), par définition, n'est autonome. On peut bien envisager, comme on l'a fait, qu'il vienne formaliser et externaliser une expertise humaine, on peut concevoir que dictionnaires et grammaires remplacent les érudits auxquels d'Alembert fait allusion, ce remplacement a un sens bien délimité. Un dictionnaire ou une grammaire exigent pour qu'on puisse s'en servir une expertise de second niveau ; cette expertise correspond également au fait que ces différents outils ne rendent explicite qu'une partie du savoir épilinguistique. Un système d'outils linguistiques peut dans certaines circonstances nous éviter d'avoir recours à un truchement ou interprète, il ne le remplace pas véritablement. En fait, il prolonge et transforme l'expertise humaine plus qu'il ne la remplace. Si l'on veut penser les outils linguistiques dans les termes modernes de l'IA, alors on doit les concevoir comme des extensions artificielles de l'intelligence humaine. Il y a là une conception extrêmement profonde[1] de ce qui signifie l'IA. Celle-ci n'est pas essentiellement la simulation d'une aptitude purement humaine, mais la transformation de cette aptitude à l'aide d'outils externes dont l'origine est fort lointaine (qu'on songe aux règles, compas, bouliers et autres abaques). Il est probable que sans la création de tels outils l'intelligence humaine ne serait pas ce qu'elle est, tout comme, en l'absence de nos outils linguistiques habituels (systèmes d'écriture, grammaires, dictionnaires, etc.), les formes de communication humaine sont très différentes (cf. chap. 2). L'intelligence humaine est faite d'artifices, elle n'est pas une donnée brute de la nature ; elle est sociale et largement externe à l'individu, elle n'est pas définissable par la compétence d'un sujet abstrait.

L'interprétation forte de l'automatisation suppose que l'on puisse en étendre les performances jusqu'à ce qu'un automate simule le comportement linguistique humain, ce qui veut dire fonctionner quant au langage comme un être humain sans l'intervention d'un être humain. Concevoir ce changement qualitatif comme possible n'est pas théoriquement très différent du fait de concevoir comme possible qu'on puisse apprendre à parler une langue étrangère à l'aide seulement de grammaires et de dictionnaires ou encore de concevoir comme possible qu'une grammaire d'une langue donnée puisse prédire tous les événements linguistiques futurs qui affecteront cette langue. Tout laisse penser qu'il s'agit d'une utopie reposant sur des conceptions erronées. L'interprétation forte suggère qu'un monde de robots pourrait être une société humaine, alors que l'histoire des techniques nous montre que l'évolution des sociétés se constitue par l'invention de nouveaux outils et leur intégration dans des comportements et des relations humaines complexes. L'existence de ces outils se situe non pas hors des sociétés et à leur place, mais dans leur trame même, dans la constitution d'un seul tissu indissolublement technosocial.

1. Sur cette question, on peut consulter V. Pratt, *Machines à penser*, trad. franç., Paris, PUF, 1995.

9 – Philosophie de la linguistique

Qu'est-ce que la philosophie de la linguistique ?

Nous avons déjà largement indiqué dans notre Introduction (voir « L'indétermination du champ de la philosophie du langage ») en quoi consistait la philosophie de la linguistique. Il s'agit d'appliquer la réflexion aux sciences du langage considérées dans leur positivité. Autrement dit, la philosophie de la linguistique présuppose l'existence de la linguistique (et, plus généralement, des sciences du langage) ; elle est *seconde* par rapport à la discipline. On peut admettre sans trop de difficultés (il s'agit d'une simple taxinomie) que le territoire de la philosophie de la linguistique est occupé par les matières suivantes : 1 / ontologie des sciences du langage ; 2 / fondement des sciences du langage ; 3 / fonctionnement des sciences du langage et modélisation de leur développement historique. Dans les deux premiers cas, la philosophie de la linguistique prend en charge le traitement des problèmes non saturés (voir *loc. cit.*, « Une approche problématologique ») présents dans la discipline ; il en résulte que la meilleure façon d'identifier un problème de philosophie de la linguistique est de repérer les thèses où il y a divergence et querelles d'école (voir plus loin l'exemple de la querelle des lois phonétiques).

Les questions ontologiques ont été particulièrement développées ces quinze dernières années, notamment à partir de la discussion des thèses chomskyennes (sur l'innéisme, sur la nature du langage, sur la nature algorithmique des règles, etc.)[1]. Dans cette

1. Le lecteur pourra se faire une idée des questions soulevées dans l'ouvrage de S. Modgil et C. Modgil (eds) (1987), *Noam Chomsky : Consensus and Controversy*, Lewes, Palmer Press.

riche littérature, non traduite en français, on peut citer quelques ouvrages saillants : E. Itkonen, *Grammatical Theory and Metascience* (Amsterdam, Benjamins, 1978) ; J. J. Katz, *Language and other Abstract Objects* (Oxford, Blackwell, 1981) ; T. Pateman, *Language in Mind and Language in Society* (Oxford, Clarendon Press, 1987) ; P. Carr, *Linguistic Realities* (Cambridge, CUP, 1990).

Par « questions concernant le fondement des disciplines », il ne faut pas entendre la problématique philosophique du fondement, mais la clarification réflexive de concepts, comme par exemple dans l'ouvrage d'E. Itkonen, *Causality in Linguistic Theory* (Londres, Croom Helm, 1983). La causalité n'étant plus aujourd'hui conçue comme la simple réponse à la question *pourquoi ?*[1], mais comme une relation entre phénomènes obéissant à une axiomatique particulière[2] et dont nous voyons chaque jour les exemples dans la nature qui nous entoure, la question se pose, en effet, de savoir si une telle relation possède un quelconque intérêt dans le domaine du langage. Lorsqu'on dit que le verbe français s'accorde en nombre avec son sujet, cela « explique » la présence d'une certaine désinence du verbe, alors qu'il est difficile d'imaginer une quelconque relation de causalité (Itkonen, pourtant, *loc. cit.*, p. 257-315, va dans cette direction). L'ordre des relations entre symboles n'est probablement pas de nature causale, ce que montre bien la notion même de système formel. La question de savoir si les symboles peuvent avoir des liens de causalité avec d'autres choses (par exemple, les rapports sociaux) est elle-même très controversée : admise par certains linguistes et, massivement, par les sociologues (voir Bourdieu, 1982), la causalité est refusée par ceux des linguistes qui ont la vue la plus ascétique sur l'autonomie de leur discipline[3] (voir Milner, 1989, p. 185-187). Nous avons les mêmes types de problèmes avec l'extension de la notion de loi aux sciences du langage (voir plus loin). La nature de la linguistique s'y

1. Lorsque la conception aristotélicienne des quatre causes (formelle, finale, efficiente et matérielle) dominait, on pouvait encore définir la science comme recherche des causes. C'est pourquoi le célèbre ouvrage de J.-C. Scaliger est intitulé *De causis linguae latinae* (1540).

2. Ce sont les adages bien connus : i) pas d'effet sans cause ; ii) pas de cause postérieure à l'effet ; iii) les mêmes causes ont toujours les mêmes effets, etc.

3. Comme il est hors de question de nier la nature causale qui lie tel type d'aphasie avec une lésion cérébrale, on voit que la linguistique se trouverait alors limitée au strict domaine de la grammaire et de l'évolution interne des langues.

trouve en question, puisqu'il s'agit de déterminer son degré de proximité aux sciences naturelles.

La question des fondements englobe, bien entendu, toutes les tentatives pour présenter les concepts élémentaires, nodaux ou principiaux de la linguistique, y compris sous forme axiomatique[1]. Les discussions modernes à ce sujet[2] ont pour ancêtres les discussions du XIXe siècle.

Certaines d'entre elles, soulevées par le développement de la grammaire comparée, ont été particulièrement importantes et sont loin d'être résolues aujourd'hui. C'est le cas, par exemple, du modèle de représentation des relations entre langues (et donc de la nature de ce qu'on entend par « langue ») sous-jacent à la représentation du changement linguistique. Deux modèles s'opposent fortement. D'un côté, on a le modèle *généalogique* (voir fig. *a*) qui est déjà adopté par la mythologie biblique et patristique, mais qui permettra les progrès de la grammaire comparée (arbre génétique des langues, avec datation des séparations). De l'autre, on a le modèle *diffusionniste* (voir fig. *b*), prédominant au XVIIIe siècle, et repris dans le dernier tiers du XIXe siècle sous le nom de « théorie des vagues ». Dans le premier cas, les langues sont des entités quasi naturelles, formant une totalité bien identifiée, aux frontières nettes ; dans le second, la langue est plutôt un agrégat. L'opposition de ces deux modèles peut faire penser à l'opposition qu'a connue la physique entre théorie corpusculaire et théorie ondulatoire de la lumière.

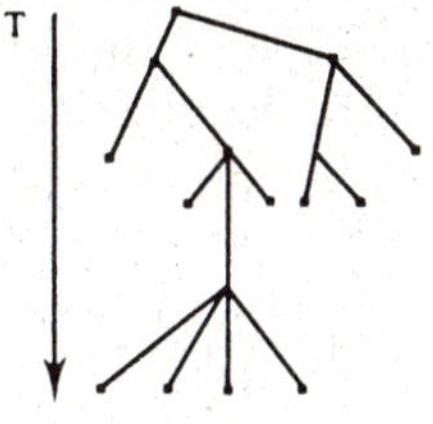

(*a*)

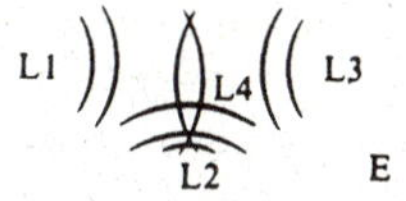

(*b*)

1. L'une des premières tentatives en ce sens est celle de L. Bloomfield, A set of postulates for the science of language, *Language*, n° 2, 1926, p. 153-164.

2. Cf., entre autres titres : B. Al (1975), *La notion de grammaticalité en grammaire générative transformationnelle*, Leyde, Presses Universitaires de Leyde ; R. Botha (1968), *The Fonction of the Lexicon in Transformational Generative Grammar*, The Hague, Mouton.

Les problèmes méthodologiques ont également trouvé une place importante dans les discussions des thèses chomskyennes en particulier et, plus généralement, des grammaires génératives[1]. Ils sont, incontestablement, davantage liés à la pratique de la discipline et on les rencontre exposés ouvertement dans des traités ou des articles de linguistique. Là encore, on retrouve une situation qui était bien représentée au XIXe siècle (discussion sur les lois phonétiques, sur la classification des sciences du langage parmi les sciences de la nature ou celles de l'esprit, etc.).

Une question fondamentale, surtout dans une communauté de linguistes fragmentée en écoles concurrentes, demeure celle de l'évaluation des théories et de la détermination de celles qui sont équivalentes. Là encore, les générativistes ont abordé la question de front, notamment à partir de la distinction chomskyenne entre *pouvoir génératif faible* (les grammaires engendrent exactement les mêmes langages) et *pouvoir génératif fort* (elles produisent, en outre, les mêmes analyses). Mais la discussion reste largement ouverte lorsqu'il s'agit de déterminer ce qu'est une explication en linguistique, voire comment choisir entre deux théories faiblement équivalentes. Les principes de simplicité et de cohérence (notamment avec d'autres disciplines comme la psychologie) demeurent largement indéterminés et sujets à quelque arbitraire.

Il est bien évident que les questions d'ontologie, de fondement et de méthodologie n'ont pas de frontières étanches et qu'on les trouve très intriquées dans la plupart des ouvrages que nous avons cités. Cette intrication était présente dans le premier ouvrage spécialisé en la matière (Henry, 1896), et on la retrouve dans le texte français le plus complet sur la question (Milner, 1989).

Le lecteur pourra s'étonner de ne rencontrer pratiquement aucun ouvrage d'inspiration historique concernant les fondements et la méthodologie. À cela deux raisons principales. D'abord la littérature anglo-saxonne, qui domine quantitativement la philosophie contemporaine de la linguistique, adopte, généralement,

1. Voir, par exemple, R. Botha (1973), *The Justification of Linguistic Hypotheses*, The Hague, Mouton ; D. Cohen (dir.) (1974), *Explaining Linguistic Phenomena*, Washington, Hemisphere Publ. Corp. ; T. Givón (1979), *On Understanding Grammar*, New York, Academic Press.

une conception de la science totalement anhistorique[1]. Pire encore, cette conception, qui provient le plus souvent d'une réflexion sur les sciences de la nature, a été adoptée par la grammaire générative dans la mesure où la plupart des théoriciens entendaient introduire le « style galiléen » (voir n. 1, ci-dessous) dans le domaine du langage. Ensuite, cette tendance, renforcée par la mathématisation, a été encore confortée par le développement relativement tardif (début des années 1970) des recherches modernes sur l'histoire des sciences du langage et par le fait que l'on dispose à peine aujourd'hui d'une véritable vue historique d'ensemble. Il paraît pourtant raisonnable de penser que c'est par une étude historique du développement des sciences du langage, et non par quelques rêveries *a priori*, que l'on parviendra à comprendre comment elles fonctionnent. Il manque encore aux sciences du langage ces études minutieuses et complexes dont ont fait l'objet la physique, la médecine, la biologie ou les mathématiques.

Bien souvent les informations historiques (généralement partielles et partiales) n'ont servi que d'arguments dans des querelles d'école. Par exemple, le fait de savoir s'il y a continuité ou non dans le développement des sciences du langage permet aux partisans de la discontinuité de faire table rase du passé et de présenter telle ou telle théorie à la mode comme une *révolution*. La discussion ne porte donc pas exactement sur le fait de déterminer s'il y a discontinuité, mais sur la possibilité de présenter telle ou telle théorie comme rendant les précédentes totalement obsolètes[2]. La situation

1. Dans ce type d'épistémologie, issue du positivisme logique, une théorie scientifique est généralement conçue comme une théorie nomologique déductive (qui propose des lois d'où se déduisent des conséquences que l'on confronte aux faits), selon le modèle des lois de la physique. À la fin des années 1970, Chomsky, dans le but explicite de ranger la linguistique sous la méthode des sciences de la nature, a lancé le slogan de l'adoption d'un « style galiléen » en matière de linguistique. Ce style consisterait en l'idéalisation des phénomènes, la mathématisation et l'adoption d'une démarche déductive.

2. On retrouve une stratégie présentiste du même type, lorsqu'un chercheur cherche à justifier ses propres théories en argumentant qu'elles existaient potentiellement chez des auteurs prestigieux. C'est ce que fait Chomsky avec la tradition cartésienne (voir Chomsky, 1966). Les historiens ont démenti assez vivement la possibilité de cette position : voir, par exemple, H. Aarsleff (1970), The history of linguistics and professor Chomsky, *Language*, 46, 570-585 (repris dans H. Aarsleff (1982), *From Locke to Saussure. Essays on the Study of Language and Intellectual History*, Minneapolis, University of Minnesota Press, p. 101-119).

est en train de changer (voir Auroux, 1994), ce qui ne manque pas de soulever de nouveaux problèmes.

On remarque, par exemple, que les sciences du langage sont, avec les mathématiques, les seules disciplines qui disposent d'un noyau de théorisation stable sur le très long terme ; on peut ainsi faire remonter l'opposition entre le nom et le verbe à Platon et Aristote. Il se trouve, en outre, que ce noyau stable semble être apparu de façon indépendante dans des traditions différentes (en Grèce, aux Indes ou chez les Arabes). E. Itkonen (*Universal History of Linguistics*, Amsterdam-Philadelphie, John Benjamins, 1991) se sert de ce fait pour conforter sa thèse du caractère non empirique de ces disciplines : elles seraient des disciplines analytiques, travaillant sur des concepts (comme la philosophie). On peut, toutefois, apporter des arguments contraires extrêmement solides : la construction ergative (voir chap. 5, « La thèse de Sapir-Whorf ») est une véritable découverte empirique (du XVIIe siècle), comme celle de nombreuses flexions casuelles qui ne sont apparues dans les théories qu'au fur et à mesure de la considération de nouvelles langues ou comme l'est encore le groupement de certaines langues dans la même famille génétique. Autrement dit, le développement de la connaissance de la diversité des langues joue un rôle fondamental dans les avancées des sciences du langage.

Dans ce chapitre, il n'est pas question de dresser un tableau complet de la philosophie de la linguistique, notamment parce que dans de nombreux cas la compréhension des questions suppose des connaissances trop techniques. Nous voudrions simplement faire comprendre au lecteur l'enjeu du domaine, en lui présentant quelques questions relativement simplifiées. Elles concernent le rapport de la philosophie de la linguistique avec les domaines connexes de la philosophie de la logique et du langage anglo-saxonnes ; la continuité entre la démarche scientifique et la démarche philosophique ; la nature des lois ou des règles qu'établit la linguistique ; l'ontologie de la discipline ; les problèmes posés par la notion de langue et celle d'universel linguistique.

La question de la logique et celle de la philosophie du langage anglo-saxonne

Lorsque l'on envisage la philosophie de la linguistique, on se heurte d'emblée à deux problèmes. L'un concerne le rapport de cette réflexion avec la « philosophie de la logique », l'autre son rapport avec la philosophie du langage anglo-saxonne.

La logique occidentale est une discipline formée dès Aristote *(Premiers Analytiques)* et qui a pour but de dire ce qui s'ensuit de quoi ou, encore, quelles sont les transformations qui, à partir d'un ensemble d'énoncés supposés vrais, nous font passer à un ensemble d'autres énoncés conservant la même valeur de vérité. Dès lors, il est clair, à première vue, que le domaine de la logique, dans la mesure où il est connecté avec le vrai, n'est pas celui de la science du langage quotidien. La philosophie de la logique traite de questions bien spécifiques[1] :

— Les lois de la logique (c'est-à-dire celles d'un certain système explicitement construit) sont-elles des lois universelles[2] ?
— Peut-on raisonner logiquement lorsque l'on ne dispose pas de système logique[3] ?
— Quelle théorie de la vérité faut-il postuler à la racine de la logique ?
— À quoi se réfèrent les variables de nos formules logiques ?
— Une proposition doit-elle être confondue avec la phrase qui l'exprime (ou bien est-ce une réalité immatérielle) ?
— De quoi parlent les logiques modales[4] ?

1. Voir, par exemple, un bon manuel comme S. Haack, *Philosophy of Logics*, Cambridge, CUP, 1978. Ou, en français, Vernant D., 1986 ; Engel P., 1989.

2. On pourrait admettre que chaque système logique correspond à des conventions, sinon totalement arbitraires, du moins dépendant largement de choix ou d'habitudes culturelles. Dans ces conditions, comment pourrait-on concevoir ce qu'est une argumentation probante ? Dans la philosophie du sujet qui va de Kant à Husserl, on nomme *logique transcendantale* la discipline qui étudie les formes de la pensée en tant qu'elles sont constitutives de la faculté humaine de connaissance et déterminent les formes des objets pensables.

3. Les logiciens de Port-Royal, en admettant que la logique est la théorie de la pensée, admettaient que la logique étudie des lois qui existent et que l'on suit indépendamment du fait qu'elles soient connues. Ils en concluaient que la discipline possédait une utilité pratique quasiment nulle.

4. Une logique modale est une extension des systèmes habituels à l'aide d'opérateurs propositionnels comme « il est contingent que (...) » et « il est nécessaire que (...) ».

— Est-ce que l'on étend véritablement la logique en construisant des « logiques déviantes »[1], par exemple des logiques avec trois, voire une infinité de valeurs de vérité ?
— Que signifient les différentes formulations du tiers exclu[2], et le fait qu'on puisse construire un système logique sans tiers exclu[3] ?

Ces questions ne donnent qu'une idée très sommaire de la philosophie de la logique qui est un domaine très vaste et très technique[4].

La philosophie du langage anglo-saxonne en est relativement proche : parmi ses courants principaux[5], nombreux sont ceux qui ont leur origine dans la poursuite d'une réflexion sur les systèmes logiques qui ont été construits dans la première moitié du XXe siècle. On y retrouve le même type de problèmes, mais dont l'ensemble est, d'un côté, relativement plus restreint (on y traitera de questions plutôt moins techniques), tandis que, de l'autre, il est plus étendu (on y traitera des actes de langage, de la nature des conventions linguistiques, etc.). Bien souvent, en outre, le traitement de ces problèmes est conçu comme ne devant pas être limité aux systèmes logiques. Si, par exemple, on développe, à partir d'une réflexion sur les systèmes logiques, la théorie selon laquelle la signification est l'ensemble des conditions de vérité d'une expression, il n'y a aucune raison pour que cette conception s'arrête au seuil du langage naturel.

Par conséquent, l'existence de ce type de philosophie du langage pose un problème de fond : il serait possible d'aborder la

1. Cf. S. Haack (1974), *Deviant Logic,* Cambridge, CUP.

2. On peut formuler ainsi le tiers exclu : la disjonction d'une proposition et de sa négation est une proposition toujours vraie (autrement dit, l'une ou l'autre est vraie). Cela revient à dire que la conjonction d'une proposition et de sa négation est toujours fausse (principe de contradiction).

3. Ce qu'ont fait au XXe siècle les logiciens intuitionnistes. Ils répondaient incontestablement à un problème philosophique, celui de l'existence des objets mathématiques : avec le tiers exclu et en raisonnant par l'absurde, on peut démontrer l'existence d'un objet dont on est incapable d'exhiber un exemple concret (c'est le cas de l'infini). Les intuitionnistes n'admettent que l'existence d'objets que l'on peut construire explicitement.

4. On peut trouver les sources de ce type de préoccupation dès Aristote. Le livre Γ de la *Métaphysique* est, par exemple, une réflexion sur le principe de contradiction.

5. Nous laissons de côté pour l'instant la philosophie du langage ordinaire, sur laquelle nous aurons l'occasion de revenir dans la conclusion de cet ouvrage.

nature du langage naturel sans passer par l'étude spécifique des langues naturelles, c'est-à-dire par la linguistique. Il s'agit d'une question complexe qui correspond à une classe de formulations très différentes ; nous le retrouvons, par exemple, sous la forme : *le langage naturel est-il de même nature que le langage formel*[1] ? Une étude attentive de la construction, dans les deux champs disciplinaires, de concepts apparentés conduit cependant à une vue plus complexe du problème. Deux exemples nous suffiront pour le montrer :

— *La relativité :* la relativité linguistique (voir chap. 5, « La thèse de Sapir-Whorf ») est, pour le linguiste, un problème empirique qu'il rencontre dans sa pratique quotidienne pour peu qu'il s'intéresse à plusieurs langues (par exemple, lorsqu'il lui faut traduire le latin *aquas !*, littéralement *les eaux !*, par le français *au feu !*). Il s'agit alors d'un problème ouvert, susceptible de recevoir différentes solutions techniques, toutes liées à des problématiques philosophiques distinctes. Pour un philosophe comme Quine, on y parvient abstraitement, en construisant un scénario et un échantillon linguistique imaginaires. Il s'agit d'un argument dans une problématique philosophique (l'indétermination de la traduction et celle de l'ontologie) qui utilise des expériences de pensée plutôt que des faits.

— *La synonymie :* nous avons déjà analysé la thèse de Quine, selon laquelle il est impossible de définir rigoureusement la synonymie (voir chap. 5, « L'indétermination de la traduction et l'incrustabilité de la référence »). Quine visait essentiellement les théories de Carnap et la construction de systèmes « linguistiques » artificiels. La « synonymie » est une relation entre deux expressions coextensives, c'est-à-dire qui peuvent être remplacées l'une par l'autre *salva veritate* dans tous les contextes non opaques. Il en va tout autrement dans l'étude des langues naturelles. On a certes construit un objet théorique, notamment à l'aide de l'axiome selon lequel il n'y a pas dans la même langue naturelle de synonymes parfaits. Mais le concept est associé à des protocoles empiriques, sur lesquels repose la construction des dictionnaires de synonymes. Pour un linguiste, il y a synonymie lorsque : i) deux éléments lexicaux

1. La réponse positive correspond à la thèse de R. Montague sur l'absence de différence entre les deux. R. Montague, dans un article intitulé « English as a formal language » (1970), soutient qu'il n'y a pas de différence théorique importante entre un langage formel et une langue naturelle. Son traitement de l'anglais correspond à ce que l'on appelle la « grammaire » de Montague, qui joint à une syntaxe catégorielle une sémantique reposant sur la notion de modèle. On voit la parenté des deux formulations, dès que l'on remarque que la position de Montague a pour conséquence, dans l'absolu, qu'il suffirait d'étudier des langages formels pour savoir également ce qu'est une langue naturelle.

ont des significations suffisamment voisines pour pouvoir être substituables dans certains contextes (par exemple : *Le faussaire a peint une copie / une imitation de la Joconde*) ; ii) on peut exhiber des paires d'expressions linguistiques en opposition qui contiennent ces éléments (par exemple : *on imite par admiration / on copie par stérilité*). Les deux concepts ne sont pas de même nature et n'ont pas la même extension ; c'est ce qui explique que les linguistes aient accordé si peu d'attention à la critique de Quine qui, au reste, ne les visait pas.

Ces deux exemples montrent bien où se trouve le problème de fond : à y regarder de près, la philosophie du langage et la linguistique n'ont ni les mêmes démarches, ni les mêmes constructions conceptuelles. La seconde est totalement empirique et *a posteriori*, la première est *a priori* et abstraite ; elle travaille sur des objets idéalisés qui ont un degré de parenté variable avec les langues naturelles. La présence de ces objets distingue la philosophie anglo-saxonne de la philosophie fondamentaliste continentale (Derrida, par exemple). La première se pose, en effet, des problèmes techniques et tâche de les résoudre à l'aide de protocoles bien définis ; en ce sens elle produit, à la différence de la seconde, indubitablement des connaissances objectives. S'il est certain que ces objets ont quelque chose à voir avec le langage, il est difficile de présenter exactement la nature et les limites de cette parenté. La théorie russellienne des *descriptions définies* ou la problématique des *noms propres* (voir chap. 4, « Le problème de la référence (2) ») n'ont pas un intérêt évident pour la connaissance des langues naturelles.

Il est clair que la solution doit consister dans un rapprochement des deux pratiques. La linguistique moderne (notamment l'école générativiste) a entretenu des rapports relativement étroits avec la philosophie du langage anglo-saxonne, soit pour la critiquer (sont visées, notamment, la thèse quinienne de l'indétermination de la traduction et la définition de la signification par l'usage dans la seconde philosophie de Wittgenstein[1]), soit pour

1. On comprend immédiatement comment une discipline qui entendait *déterminer* rigoureusement les propriétés sémantiques du langage ne pouvait admettre ces propositions sans renoncer à ses prétentions. Certains participants à l'aventure chomskyenne n'ont pas manqué de sacrifier au rituel anglo-saxon d'écrire un livre sur les thèses de Wittgenstein ; voir, par ex., J. J. Katz, *The Metaphysics of Meaning* (Cambridge, Mass., The MIT Press, 1990).

s'en inspirer. On peut considérer que l'inspiration est d'origine, puisque l'une des principales sources des grammaires génératives est la théorie des systèmes formels. Mais elle s'est accentuée à la fin des années 1970 et au début des années 1980. Ont été notamment introduits dans l'étude du langage naturel les phénomènes de domaine (angl. *scope*) ou celui des liaisons anaphoriques et du liage[1]. On fait un pas de plus avec l'introduction, dans la grammaire, de la *forme logique*. Cette dernière, pour le modèle générativiste, est un module fondamental de l'interprétation sémantique ; il s'agit tout simplement d'adjoindre à une structure linguistique son interprétation sous forme de paraphrase dans une formule du calcul des prédicats du premier ordre[2]. Il n'est pas du tout évident que cette introduction soit très heureuse. D'abord cela nous éloigne de tout projet de mécanisation du langage puisque, d'une part, il ne peut exister de procédure mécanique d'interprétation d'une phrase du langage naturel dans une formule logique et que, d'autre part, le calcul des prédicats ne dispose pas de procédure générale de décision. Ensuite rien ne dit que le premier ordre soit

1. En logique des prédicats, on dit qu'une variable est liée lorsqu'elle se trouve sous quantificateur (par exemple, dans « quel que soit x, $f(x)$ et $g(y)$ », x est lié et y libre). Le liage obéit à des conditions particulières dans le cas des contextes opaques. Dans la théorie du « gouvernement et du liage » (début des années 1980), Chomsky formule des règles concernant les relations de coréférences (par exemple entre un pronom et son antécédent) qui ont une parenté évidente avec ces notions logiques. En langue naturelle, une anaphore doit être liée (c'est une évidence, sinon on ne comprend pas ce qu'elle signifie) sous certaines conditions. Soit le réciproque anglais *each other* ; des deux phrases suivantes, la seconde est inacceptable pour un Anglais : *They like [NP the picture of each other]* (il s'agit de dire que chacun des deux aime l'image de l'autre) et **They like [NP my picture of each other]* (il s'agirait de dire que chacun des deux aime l'image que j'ai de l'autre). Le problème est de lier *each other* avec *they*. Considérons que le syntagme nominal (SN) constitue un domaine s'il comporte un sujet (au sens adopté par Chomsky en 1986, un possessif en position de déterminant est un sujet du syntagme nominal). Alors la règle « une anaphore doit être liée dans son domaine local » est violée par notre seconde phrase (*my* est un sujet et l'anaphore devrait être liée dans le SN, pas avec *they* qui est extérieur au domaine), respectée dans la première (le SN n'est pas un domaine, c'est la phrase entière qui est le domaine de l'anaphore ; donc celle-ci peut être liée avec *they*).

2. Le calcul des prédicats ou logique de la quantification analyse les propositions en les considérant comme des propriétés attribuées à des arguments. Il est du premier ordre lorsque seuls des signes d'objets peuvent être des arguments et être quantifiés (type : il existe x, tel que $f(x, y)$. Il est du second ordre lorsque les fonctions du premier ordre peuvent être des arguments (type : il existe f, telle que $g(f(x, y))$.

suffisant pour interpréter sémantiquement le langage naturel, le contraire est même plus que probable[1]. En tout état de cause, on a fait à Chomsky le même reproche que celui que nous venons de faire à la philosophie du langage anglo-saxonne, c'est-à-dire de négliger la diversité des langues. Ce reproche est probablement injustifié dans sa généralité dans la mesure où de nombreux travaux générativistes ont abordé des langues très différentes. Mais il met en lumière une question de fond qui constitue la ligne de partage essentielle pour la philosophie du langage moderne. La faculté humaine de langage apparaît sous la forme de multiples langues. Que signifie cette diversité ? Ou on la prend comme une donnée essentielle et incontournable, ou on considère qu'elle est seconde. La philosophie de la logique est insensible à cette ligne de partage ; la philosophie du langage anglo-saxonne et la grammaire générative possèdent comme caractéristique initiale de choisir la deuxième branche de l'alternative.

L'intrication du savoir positif et des problèmes philosophiques

La philosophie, quelle que soit la façon dont on la définit, n'est évidemment pas le même type de démarche cognitive que le savoir positif. Cela n'implique pas qu'il y ait solution de continuité entre les deux. On peut le montrer, en suivant simplement les questions les plus simples que pose l'exposé d'un état de la grammaire générative, correspondant à une étape assez ancienne (Chomsky, *Aspects de la théorie syntaxique,* 1965).

Les analyses associées à la « hiérarchie de Chomsky » concluent à l'inadéquation « structurelle » des grammaires des types 3, 2 et même 1 pour la description du fonctionnement syntaxique des langues naturelles. Cette insuffisance tient, notamment, à deux propriétés supposées essentielles de nos langues naturelles : l'*enchâssement* et le *chevauchement.* L'enchâssement peut

1. Voir les critiques de J. Hintikka et G. Sandhu, *On the Methodology of Linguistics. A Case Study,* Londres, Basil Blackwell, 1991.

être illustré par des phrases comme [1] ; quant au chevauchement, il correspond à des exemples comme [2].

[1] le type [a] qui t'a présenté cette fille [b] qui est si prétentieuse [c] est très modeste [d].

[2] cette maladie se manifeste par de la fièvre [e] et une forte douleur articulaire [f] : la première [g] est due à l'infection, la seconde [h] à l'inflammation locale.

Ces deux propriétés correspondent à l'existence, dans les langues naturelles, de configurations formelles de l'un des deux types suivants :

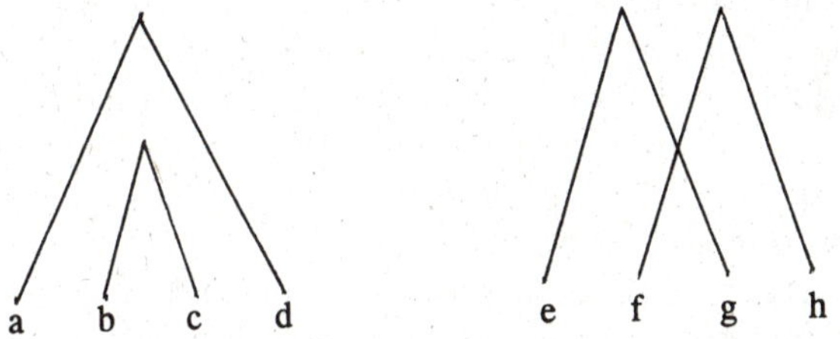

Ces deux phénomènes ne s'avèrent techniquement impossibles à décrire à l'aide de grammaires de type 2 ou 1 qu'à la condition expresse qu'ils se répètent un nombre indéfini de fois dans une même phrase. Par conséquent, décider si l'argument technique est valable est un premier choix de nature éminemment philosophique. Certains linguistes ont fait valoir l'argument empirique selon lequel de telles séquences sont peu attestées dans le langage parlé spontané et qu'elles n'apparaissent avec quelque fréquence que dans les phrases écrites et presque toujours avec de sévères limitations de longueur, faute de quoi elles deviennent vite ininterprétables. Chomsky rejette cet argument, considérant qu'il s'agit là de limitations inhérentes à la *performance* et qui n'ont donc rien à voir avec la *compétence*, seul véritable objet de la théorie linguistique. La performance est l'activité empirique du sujet humain lorsqu'il parle ; la compétence, c'est l'aptitude linguistique d'un sujet idéal, susceptible d'être indifféremment locuteur ou auditeur. C'est cette compétence dont la grammaire se propose de donner un modèle. Il ne s'agit pas d'un simple détour technique sans conséquence puisque c'est la définition même de ce que l'on entend par « langue » qui est en question (voir plus loin).

Ce parti pris n'est pas sans relation avec une autre position de Chomsky, centrale dans sa réflexion théorique, puisqu'elle concerne le problème dit de la « créativité linguistique » : pour Chomsky, cette propriété qu'il considère comme la plus importante du langage humain (cf. n. 1, p. 207) n'est pas du tout associée à une quelconque activité qualitative par laquelle les êtres humains, ou à tout le moins certains d'entre eux (les poètes, par exemple), seraient capables de former de nouveaux assemblages originaux et suggestifs de mots. La créativité est, dans le langage chomskyen, une aptitude essentiellement quantitative, et caractérisée comme l'aptitude à produire et à reconnaître un nombre infini de phrases nouvelles. Dans le modèle théorique développé par Chomsky, cette aptitude est totalement et adéquatement exprimée par une propriété formelle des grammaires des langues naturelles : la récursivité.

Cette propriété se manifeste par le fait que certaines des règles d'une grammaire (précisément les règles dites « récursives »[1]) présentent la particularité qu'un même symbole auxiliaire puisse apparaître « à gauche » (c'est-à-dire en entrée) comme « à droite » (c'est-à-dire en sortie) de la règle. C'est de cette manière que l'on rend compte des phrases complexes, par exemple celles qui contiennent une « proposition subordonnée complétive » comme *Jean sait que Marie ne l'aime pas*. Dans le cadre du modèle chomskyen de 1965, une telle phrase sera « générée » par un enchaînement de règles du type suivant :

P → GN + GV

GV → V + GN

GN → Nom propre

GN → Que + P.

On voit que, dans la quatrième règle, le symbole P, symbole initial de la grammaire, et qui est donc l'entrée de toute dérivation, se trouve réécrit à droite, en sortie d'une règle de réécriture

1. La récursivité prise en ce sens n'est pas tout à fait la même chose que la récursivité des logiciens que l'on peut considérer comme synonyme de calculabilité.

du groupe nominal. Selon Chomsky et ses disciples, dès lors qu'une telle règle figure dans la grammaire du français, on peut engendrer des phrases contenant un nombre indéfini (et *stricto sensu* infini) de phrases enchâssées les unes dans les autres. On pourrait avoir, par exemple, *Jean sait que Marie qu'aime Pierre ne l'aime pas*.

Pour ces linguistes, il n'est pas pertinent d'objecter que de tels enchâssements ne peuvent continuer ni indéfiniment, ni même un nombre moyennement grand de fois sous peine de rendre la phrase totalement incompréhensible. Un de leurs arguments « empiriques » favoris est, devant ce type d'objection, de citer les comptines connues dans toutes les langues bien documentées, et où l'on enchaîne un nombre impressionnant de fois des enchâssements de « chiens qui ont poursuivi les chats qui ont tué les rats qui ont mangé le fromage qui... ». Le fait que de tels exemples aient un statut d'énoncés ludiques, sans doute destinés à faire éprouver aux enfants un type de fonctionnement limite du langage[1], ne semble pas constituer à leurs yeux une objection recevable.

La récursivité, grâce à son élégance et à son économie au niveau formel et grâce à l'existence d'outils informatiques remarquablement bien adaptés à sa manipulation[2], est aujourd'hui un élément pratiquement inévitable de tout système de formalisation de la syntaxe des langues naturelles. Il convient cependant d'observer que la manière dont ce concept rend compte de la complexification des structures linguistiques est très particulière et contredit, à certains égards, des intuitions linguistiques anciennes et bien ancrées. En effet, d'un point de vue strictement formel, un élément récursif, par exemple le symbole P ci-dessus, qu'il

1. Au même titre par exemple que les *tongue-twisters* du genre « le chasseur sachant chasser sans son chien... » qui ne sont nullement représentatifs de la répartition statistique normale des phonèmes dans le discours usuel et sont, précisément pour cette raison, des bizarreries linguistiques à statut ludique.

2. Notamment la structure de donnée que les informaticiens appellent « liste ». Cette structure de donnée (qui est à la base de l'implémentation de langages tels que Lisp ou Prolog) est caractérisée comme le résultat de la concaténation de deux constituants : la tête de liste, dans le cas le plus simple un « atome » (unité non analysable), et la queue de liste, qui peut être elle-même un atome ou une sous-liste, laquelle s'analyse (récursivement) exactement comme précédemment.

apparaisse à la source d'une dérivation ou à droite d'une règle, a strictement la même valeur (c'est-à-dire se réécrit strictement de la même façon). Pourtant, on admet généralement qu'il y a une différence radicale entre une proposition indépendante et une proposition subordonnée qui n'exprime ni une signification complète, ni un jugement indépendant, du fait même de sa subordination. Une telle différence, essentielle aux yeux de bien des systèmes d'analyse linguistique, est totalement étrangère à l'approche en termes de récursivité. Cette approche pose donc le problème de la réalité psychologique de la grammaire : la formalisation de la structure linguistique de la phrase n'aurait-elle donc rien à voir avec celle de la structure logique et psychologique du jugement ?

Les modèles de grammaires des langues naturelles prônés par la théorie chomskyenne se sont heurtés à de nombreuses autres objections.

D'un point de vue strictement formel, les grammaires de type zéro, que semblait sélectionner la hiérarchie de Chomsky, se sont vites avérées réfractaires à toute caractérisation en termes de langages formels reconnaissables par une machine de Turing[1] : en

1. La machine de Turing, quoi que puisse suggérer son nom, est essentiellement un mécanisme conceptuel, purement abstrait, que l'on doit considérer comme une entité mathématique. Sa réalisation matérielle serait à la fois impossible *stricto sensu* et dénuée de tout intérêt « technologique ». Néanmoins, la présentation sous forme de « machine » (le modèle concret est celui des vieilles machines à écrire mécaniques) est sans doute pour beaucoup dans le succès intellectuel de la méthode de Turing pour la représentation des algorithmes, surtout depuis que la technologie des ordinateurs permet de mieux visualiser un tel dispositif. On représente généralement une machine de Turing comme constituée de trois composants « matériels » :

— une bande de longueur infinie divisée en cellules identiques susceptibles d'être lues et/ou écrites ;
— une tête de lecture/écriture mobile qui pointe à chaque instant sur l'une des cases de la bande et qui peut y lire, écrire ou effacer un symbole ;
— un mécanisme gérant le déplacement de la tête de lecture/écriture de telle manière qu'à chaque étape du fonctionnement de la machine celle-ci puisse se déplacer soit d'une case vers la gauche, soit d'une case vers la droite, soit rester sur place.

On comprend dès lors aisément le fonctionnement général d'une machine de Turing : dans un état donné, la tête de lecture de la machine lit un symbole, le remplace par un autre symbole, ou recule d'une case (G) ou avance d'une case (D) et passe dans un autre état ; et ainsi de suite. Si, au départ, figure sur le ruban les d'autres termes, l'analysabilité d'une phrase par de telles grammaires restait un problème indécidable. C'est essentiellement le « composant transformationnel » de ces modèles qui justifiait le recours à des mécanismes aussi généraux formellement que les grammaires non contraintes. Or ce composant est précisément celui contre lequel, pour d'autres raisons, de nombreux linguistes n'ont cessé d'accumuler des arguments. Chomsky l'abandonnera. Mais il n'abandonnera pas pour autant le concept « méta-théorique » qui lui était intimement lié, c'est-à-dire l'idée selon laquelle une grammaire est un mécanisme formel susceptible d'engendrer une infinité de phrases.

D'un point de vue plus linguistique, la conception initiale selon laquelle la dérivation d'une phrase était pour l'essentiel un phénomène syntaxique, c'est-à-dire indépendant du lexique, celui-ci n'étant « inséré » que tardivement dans les branches terminales des arbres syntaxiques, n'a cessé d'être contestée de divers points de vue[1].

données à traiter, on peut trouver un fonctionnement tel qu'à la fin figurent les résultats. Le projet de Turing était de parvenir à caractériser ce qu'il faut entendre par « calculable » ou « décidable ». La définition de la calculabilité en général s'exprime donc simplement : est calculable ce qui est calculable par une machine de Turing. Pour qu'un problème quelconque soit calculable par une machine de Turing, il faut évidemment que la machine en question finisse par s'arrêter sur un résultat. Il serait, bien sûr, intéressant de savoir de manière générale si telle machine devant telle donnée fournira un résultat ; cela revient à construire une machine de Turing qui résolve la question lorsqu'on lui fournit en entrée le numéro d'une machine et une donnée. On démontre qu'une telle machine n'existe pas – autrement dit, que le problème de l'arrêt est indécidable pour les machines de Turing. La machine de Turing représente la classe la plus générale d'automates abstraits. Il est clair que l'on peut en construire d'autres selon le même concept de base, mais en ajoutant des contraintes et/ou des éléments supplémentaires (par exemple, on peut rajouter une seconde tête de lecture et une seconde bande qui sert de mémoire consultable au cours du calcul). L'étude des ces entités abstraites constitue la théorie mathématique des automates. On remarquera que chaque type d'automate (moins général que la machine de Turing) définit un type particulier de calcul, voire de langage formel.

1. Le plus célèbre de ces points de vue est sans doute celui dit de la « sémantique générative » qui a proposé d'inverser les préséances et de faire des items lexicaux l'origine des dérivations syntaxiques, celles-ci restant à tout moment dépendantes des spécifications de ceux-là. Plus récemment, des modèles relevant de l'approche en termes d'unification ont mis au point des outils permettant de manipuler en permanence information syntaxique et information lexicale du début à la fin du traitement.

D'autre part, et ce point n'est pas sans rapports avec le précédent, on se trouve souvent, dans les langues naturelles, devant la situation où une structure syntaxique donnée supporte plusieurs interprétations sémantiques (très) distinctes, dépendant de la nature des items lexicaux présents dans la structure en question. Pis, dans certains cas tout se passe comme si c'était le choix d'une interprétation sémantique plausible qui permettait d'attribuer un statut grammatical déterminé à une marque syntaxique ambiguë : ainsi, rien ne différencie sur le plan syntaxique deux énoncés comme *un Italien est amateur de spaghettis* et *un Italien est auteur de « La Divine Comédie »*. Pourtant, dans le premier énoncé, une interprétation générique (équivalente à *tout Italien*) de l'article « un » est très plausible, alors que dans le second seule l'interprétation spécifique (équivalente à un *certain*) l'est. On se trouve alors dans la situation paradoxale où c'est l'interprétation sémantique (et, en tout cas, la nature des unités lexicales qui instancient la structure syntaxique) qui permet d'assigner une valeur précise à un marqueur syntaxique. Le phénomène est loin d'être marginal. Il suffit de citer la structure élémentaire « Nom_i de Nom_j » qui, selon la nature des noms qui figurent de part et d'autre de la préposition, peut exprimer une multitude de valeurs sémantiques telles que la possession *(le livre de Jean)*, l'origine *(le train de Bordeaux)*, la matière *(la table de pierre)*, etc. On comprend alors que la stratégie qui consiste à dire que l'analyse syntaxique doit être conçue comme un préalable et une condition de possibilité de l'analyse sémantique puisse être mise en question, voire complètement rejetée.

En outre, et à côté des cas très nombreux où la même structure syntaxique peut recouvrir des valeurs sémantiques très différentes, il n'est guère difficile d'exhiber des cas où des structures syntaxiques distinctes ont des valeurs sémantiques très proches au point d'être quasiment interchangeables dans des situations données. Dans la mesure où ce sont bien les valeurs sémantiques qui sont visées, et que les nuances associées à une forme donnée sont souvent trop subtiles pour être pertinentes, il est aisé de comprendre que l'importance de l'analyse syntaxique ait pu être mise en doute.

Enfin, la part considérable du non-dit par rapport au dit dans la plupart des communications langagières affaiblit encore la portée de l'approche qui fait de l'analyse syntaxique une nécessité pour la compréhension : il semble en effet plus important de disposer de puissants mécanismes d'inférence permettant de restituer le non-dit que de soumettre à une analyse formelle poussée le dit qui peut n'être que la partie visible de l'iceberg, voire constituer, du point de vue littéral, une fausse piste (comme par exemple si l'on dit *ça c'est intelligent !* devant une manifestation évidente de bêtise).

En suivant un simple exposé élémentaire, d'une théorie aujourd'hui abandonnée par ses promoteurs eux-mêmes, on voit ainsi apparaître aussi bien des questions d'ontologie que des questions nodales de méthodologie. La démarche positive ne peut en faire l'économie, et il est très difficile, voire impossible, de déterminer à quel moment on quitte le domaine de la théorie positive pour pénétrer dans d'inextricables problèmes qui relèvent incontestablement de la philosophie de la linguistique.

La querelle des lois phonétiques

L'histoire des langues a longtemps été conçue comme un phénomène totalement arbitraire qui n'avait guère d'intérêt pour le grammairien. Lorsque l'on a commencé à s'y intéresser, aux XVIIe et XVIIIe siècles, on rendait généralement compte de l'évolution linguistique en imaginant que les changements affectaient les mots en fonction des circonstances. Ils perdaient leur terminaison, des voyelles s'intercalaient à l'intérieur du mot, etc. Les conceptions ont profondément changé au début du XIXe siècle, comme on peut le voir avec la formulation de ce que la postérité a retenu sous le nom de *loi de Grimm*[1], mais que son inventeur désignait sous le nom de « mutation phonétique » *(Lautverschiebung)*. En prenant deux états de l'évolution des langues germaniques, le gotique *(got.)* et l'ancien haut allemand *(a.h.a.)*, Grimm a remar-

1. Cette loi concerne l'étude historique des dialectes germaniques à laquelle s'est livré J. Grimm dans sa *Deutsche Grammatik* (*Grammaire allemande,* 1819). En fait, on la trouve exposée seulement dans la seconde édition (1822), probablement sous l'influence du Danois E. Rask dont le grand travail sur les langues du nord de l'Europe est paru en 1818.

qué deux changements du système consonantique par rapport aux autres langues indo-européennes (que l'on peut représenter par le grec, *gr.*). Il expose sa découverte de la façon suivante :

gr.	P	B	F	T	D	TH	K	G	CH
got.	F	P	B	TH	T	D	...	K	G
a.h.a.	B(V)	F	P	D	Z	T	G	CH	K

ou encore :

gr.	*got.*	*a.h.a.*	*gr.*	*got.*	*a.h.a.*	*gr.*	*got.*	*a.h.a.*
P	F	B(V)	T	TH	D	K	...	G
B	P	F	D	T	Z	G	K	CH
F	B	P	TH	D	T	CH	G	K

La loi de Grimm a été l'une des théories les plus discutées dans la linguistique indo-européenne du XIXe siècle, la rotation à laquelle Grimm semblait tellement tenir étant la plupart du temps laissée de côté[1]. À première vue, il s'agit d'une généralisation qui « prédit » l'évolution de tous les mots contenant les sons en question. On la confirme en présentant ces mots. On a tout de suite cherché des exceptions. Il est très remarquable que toutes les exceptions présentées ont été peu à peu réduites. Le mécanisme général de cette réduction se voit clairement avec l'établissement de la loi de Verner (1876) qui permit d'éliminer les dernières exceptions.

Soit le tableau d'exemples suivant, dans lequel nous utilisons la notation de Grimm pour plus de clarté, quoique déjà du temps de Verner la description ait été considérablement plus raffinée :

sk. *pit**a**r, mat**a**r, brh**a**tar*
lat. *pater, mater, frater*
got. *fadar, modar, bro***TH***ar*
all. *Vatter, Mutter, Bruder.*

1. La régularité n'affecte pas seulement le passage d'un son (ou, plutôt, d'un phonème comme on dira plus tard ; Grimm, à la façon ancienne, parlait de « lettre ») à un autre (par exemple de gr. P à got. F). À chaque mutation, on distingue, mise en lumière par la présentation choisie par Grimm, une rotation d'un degré dans chacun des trois ordres de consonnes (labiales, dentales et gutturales).

En ce qui concerne la première mutation, on remarque que sur la ligne du gotique seul *bro***TH***ar* correspond à ce que prévoit Grimm. Comment expliquer que sk. *T* (*pitar*, par exemple) corresponde à got. *D* (*fadar*, par exemple) ? Verner a remarqué la différence de place de l'accent en sanskrit (en gras sur notre tableau) et a su la relier à toutes les exceptions. D'où sa loi que l'on peut exprimer ainsi : quand l'accent sanskrit tombe sur la racine, on a bien en gotique (comme le prévoit Grimm) une fricative sourde (en l'occurrence, **TH**), sinon on a une occlusive sonore (en l'occurrence, *d*). Elle a ceci de remarquable que l'effet de l'accent est constaté au moment où il a disparu.

Ce type d'analyse fait immédiatement penser aux *lois de la nature*. Elle correspond à l'apogée de la grammaire comparée : dans toutes les familles linguistiques on s'efforce de découvrir des lois d'évolution et de réduire les éventuelles exceptions. Cette situation conduit immanquablement à s'interroger sur le statut de ces « lois ». Méthodologiquement on est tenté de penser que « les lois phonétiques sont sans exception ». C'est ce que fera un groupe de jeunes linguistes de Leipzig, à partir de 1876 ; leurs adversaires les désigneront sous le nom de *Junggrammatiker* (néogrammairiens) : « Les lois phonétiques agissent aveuglément et sans exception. » Heuristiquement, le point de vue est fécond[1], et il est le bien commun des linguistes de l'époque comme en témoigne le fait qu'on assiste à des découvertes qui sont faites indépendamment par plusieurs chercheurs, lesquels n'hésitent pas à entamer des querelles de priorité. L'interprétation épistémologique est, toutefois, loin d'être évidente. C'est cette interprétation qui fait l'objet de la « querelle des lois phonétiques »[2]. A-t-on de

1. Le lecteur trouvera un exposé contemporain dans N. E. Collinge, *The Laws of Indo-European*, Amsterdam, John Benjamins, 1985. Pour une documentation sur la querelle des lois phonétiques, on se reportera à Wilbur, 1979.

2. 1876 a parfois été qualifiée d'*Annus Mirabilis* ou de *turning point*. On y voit paraître, en effet, une quantité remarquable de découvertes, émanant à peu près toutes du même groupe de jeunes chercheurs. E. Sievers (1850-1932), dans ses *Principes de physiologie phonétique (Grundzüge der Lautphysiologie)*, établit que les nasales et les liquides (*m, n, l, r*) peuvent avoir une valeur syllabique ; le jeune K. Brugmann (1849-1919) montre que l'indo-européen contenait un *r* syllabique (une sonante). Jost Winteler (1846-1929) publie la première étude conséquente sur la phonétique d'un dialecte *(Die kerenzer Mundart des Kantons Glarens)*. A. Leskien (1840-1916), dans son essai sur « la déclinaison en slave lituanien et en germanique », proclame que « les

véritables « lois », comme celles que l'on formule à propos des phénomènes naturels[1] ? Cela signifierait qu'il y a des « lois » de l'histoire ! Les adversaires des néogrammairiens mettent en avant la liberté du locuteur ; ceux-ci répondent que le devenir d'une langue est indépendant de la conscience et de la volonté de ceux qui la parlent. V. Henry proposera une solution positiviste typiquement néo-kantienne : il n'y a pas de véritable « loi » dans le langage humain, mais en le décrivant il faut faire comme si *(als ob)* il y en avait. On peut également considérer que les lois n'expliquent rien (pourquoi y a-t-il changement[2] ?) et qu'il faut trouver des *explications causales* sous-jacentes : par exemple, que la mutation du gotique est due au fait que cette langue a été parlée par des peuples qui avaient des habitudes articulatoires différentes des habitudes indo-européennes.

lois phonétiques sont sans exception ». Brugmann, coéditeur avec son maître G. Curtius (1820-1885) d'une revue spécialisée, y introduit, en l'absence de ce dernier, des développements sur la régularité des lois phonétiques qu'il oppose à l'analogie, comme les deux principes essentiels des mécanismes linguistiques. Curtius proteste : c'est la rupture et le début de la célèbre *querelle des lois phonétiques* qui secoua pendant des années le monde savant. Ce conflit oppose au départ des jeunes Turcs à leur ancien maître, au sein d'un groupe constitué à l'Université de Leipzig, laquelle était à l'époque le centre vivant du comparatisme où toute l'Europe venait s'instruire. En 1878-1879, H. Ostoff (1847-1909) et Brugmann publient les deux volumes de leurs *Morphologischen Untersuchungen (...) (Recherches morphologiques dans le domaine des langues indo-germaniques)*, vaste synthèse qui réaffirme dans sa préface le principe selon lequel les lois phonétiques agissent « aveuglément et sans exception *(ausnahmlos)* ». L'*Einleitung in das Sprachstudium* (*Introduction à la linguistique*, 1880) de B. Delbrück (1842-1822) et les *Prinzipien der Sprachgeschichte (Principes d'histoire linguistique)* de H. Paul (1846-1921) constitueront l'exposé des réflexions épistémologiques de ces *Junggrammatiker* (néogrammairiens). W. Meyer-Lübke (1861-1936) appliquera les principes des néogrammairiens aux langues romanes (*Grammatik der romanischen Sprachen*, 1890-1902).

1. Une loi de la nature (par exemple, la loi de la chute des corps) possède les caractéristiques suivantes : i) elle est universelle ; ii) elle exprime une nécessité (si un corps tombe, alors il tombe selon la loi) ; iii) elle permet des prédictions. La propriété (i) a vite été refusée aux lois phonétiques : elles ne valent qu'à certains moments de l'histoire. Leur prédiction (voir plus loin sur les coefficients) ne concernent pas l'avenir des langues, mais celui de notre état de connaissance (ce qui pose de sérieux problèmes épistémologiques !). S'il y a nécessité, d'où provient-elle ?

2. Ces questions sont loin d'être éteintes. On pourra consulter : C. Hagège et A.-G. Haudricourt, *La phonologie panchronique : comment les sons changent dans les langues*, Paris, PUF, 1978 ; ou R. Lass, *On explaining Language Change*, Cambridge, CUP, 1980.

Bien entendu, c'est la nature même de ce qu'est une langue qui est en question. La querelle, qui avait des racines institutionnelles, s'est éteinte au début du XXe siècle, quoique les discussions reviennent périodiquement. On remarquera que la conception des lois phonétiques suppose un changement d'ontologie : les réalités sur lesquelles agit le changement sont non pas les *mots*, mais des unités plus petites, ce que Grimm nommait des « lettres » et que nous appelons *phonèmes*. On peut donc essayer de la contester en cherchant à montrer que le changement affecte les mots ; empiriquement, les tentatives allant dans cette direction se sont soldées par des échecs. On peut aussi admettre ce changement d'ontologie et considérer que la réalité d'une langue (pour le point qui nous concerne), ce sont ces entités, les phonèmes. Le changement phonétique concerne le passage d'un système phonologique à un autre. Par conséquent, les lois phonétiques ne sont pas de véritables « lois » du type des énoncés universels que l'on rencontre dans les sciences de la nature : ce sont des formules qui mettent en relation deux éléments singuliers. On trouve cette solution dans le *Cours de linguistique générale* (1916) de F. de Saussure ; elle correspond à ce qui sera, ultérieurement, la conception structuraliste de la langue (voir plus loin). On échappe ainsi au mystère des lois phonétiques ; mais quel est le rapport de la langue, ainsi conçue, aux actes de parole des locuteurs ?

Qu'est-ce qu'une règle ?

Habituellement on apprend la grammaire en apprenant des règles, qu'il s'agisse de formules résolument prescriptives du genre *« dites... ; ne dites pas... »* ou plus neutres comme *« accorder le participe passé construit avec "avoir" avec l'objet direct lorsque celui-ci le précède »*. On peut ramener une règle à une prescription clairement exprimée de la forme *« Tu dois... »*. L'existence de la prescription n'entraîne pas nécessairement l'existence de l'action qu'elle prescrit *(principe de contingence de l'acte prescrit)*. Une faute consistant à ne pas faire l'action prescrite, l'existence d'une prescription fonde l'existence de la faute. Autrement dit, la règle préexiste à la faute, comme au fait qu'on la suive. La prescription, enfin, s'adresse à un sujet (libre de faire ou de ne pas faire), qui est censé la connaître *(principe de conscience)*. La règle définit donc la *norme* de l'action.

Cette conception de la règle a sa source dans la morale et dans le droit. Elle convient à peu près à la grammaire prescriptive, celle qui entend donner des normes auxquelles on doit se conformer pour bien parler. Convient-elle pour décrire l'activité linguistique des hommes, telle qu'elle a effectivement lieu ? On remarquera d'abord qu'il n'est pas du tout évident que l'homme parle en se conformant à des règles, puisque, bien souvent, nous ignorons les règles auxquelles semble correspondre notre langage, au sens où nous serions incapables de les formuler. Le savoir grammatical (métalinguistique) ne se confond pas avec le savoir (épilinguistique) interne des locuteurs.

Si l'on se donne un but descriptif, il faut admettre que les émissions linguistiques des sujets parlants sont premières et que le rôle du grammairien est de décrire les régularités qui les caractérisent. Ces régularités sont-elles produites par des règles qui les engendrent ? La contingence de l'acte prescrit rend la situation très malaisée : le grammairien rencontrera des émissions correctes et des émissions incorrectes, comment fera-t-il pour choisir ? S'il propose une règle, comment faire pour la discuter, puisque, dès qu'on lui opposera un contre-exemple, il pourra toujours dire qu'il s'agit d'une erreur du locuteur !

Admettons que ce soit notre conception de la règle qui soit incorrecte. Elle concerne la morale, pas le langage. On dispose d'autres modèles de règles, par exemple les règles techniques ; elles diffèrent des règles morales, en ce qu'elles énoncent ce qu'il faut faire pour construire un certain objet ou obtenir un certain but. La faute est immédiatement suivie d'effets : je n'aboutis pas à l'objet que je me propose de construire ou je n'obtiens pas le but visé. Si l'on s'intéresse aux grammaires, on voit bien que, avant même de nous dire ce que l'on doit faire pour parler correctement, elles nous disent ce qu'il faut faire pour conjuguer un verbe, mettre un nom au pluriel, etc. C'est Searle (1969, § 2.5) qui a attiré l'attention sur le problème de ce qu'il nomme les *règles constitutives* qui, selon lui, entrent en jeu chaque fois qu'il s'agit des activités culturelles des hommes. Celles-ci, à la différence des phénomènes naturels qui relèvent des lois, supposent des règles constitutives : dire ce qu'il « faut faire » pour jouer au football, c'est tout simplement dire ce que c'est que jouer au football.

La notion de règle constitutive rend cependant délicate la compréhension de la notion de faute. Si une règle définit ce que c'est que jouer au football ou énoncer, en français, qu'il fait beau, lorsque je ne respecte pas la règle je ne fais pas une faute, mais je ne joue pas au football ou je ne parle tout simplement pas français. On peut tourner la difficulté en considérant qu'une action institutionnelle n'est pas définie par une règle, mais par un ensemble de règles. Un ensemble de règles n'est pas une règle, parce qu'on ne peut pas définir ce que c'est que violer un ensemble de règles pris globalement. Mais, pour faire une faute, laquelle faut-il violer ?

Convient-il, comme l'ont proposé certains linguistes, avec des arguments très différents, de se passer de la notion de faute ? Il ne s'agit pas d'une décision philosophiquement anodine, qui se justifierait extrinsèquement (on pourrait, par exemple, décider de se passer de la notion de faute, pour fuir toute attitude répressive et éviter de culpabiliser les enfants !). La notion de faute (et plus généralement le principe de conscience) est ce qui distingue un comportement *suivant des règles* (= un comportement *réglé*) et un comportement régulier, voire simplement conforme à des règles. Un comportement est régulier lorsqu'il se reproduit de façon observable ; il est conforme à une règle lorsqu'il est identique à celui que produirait le fait de suivre une règle, sans que l'on suive une règle. Si pour parler on suit des règles, alors le comportement linguistique humain est régulier et conforme à des règles ; l'inverse n'est pas vrai. Le langage humain est-il le fait d'un système de règles[1] ? La règle est un élément essentiel non seulement parce qu'il s'agit d'une pièce nodale de nos connaissances linguistiques les plus anciennes, mais, surtout, parce qu'elle est un moyen commode de concevoir comment les comportements humains ne sont pas la simple répétition de stéréotypes toujours identiques. Connaître une règle, c'est être capable de l'appliquer dans de nouveaux cas ; une règle vaut même pour les cas aux-

1. Il n'est pas absurde d'admettre qu'un comportement linguistique simplement régulier évolue vers une plus grande maîtrise par le biais de l'établissement d'un système de règles.

quels on n'a pas pensé et ceux auxquels on ne l'appliquera jamais !

Généralement, dans le règlement d'un jeu, il y a des règles spéciales qui définissent les fautes et leurs sanctions (par exemple, un penalty ou un corner). Autrement dit, l'existence de règles constitutives ne supprime pas la nécessité de règles prescriptives. Searle soutient le contraire, parce qu'il pense que l'on peut déduire des normes à partir de simples faits, ou encore que les règles prescriptives, si elles existent, sont déductibles des règles constitutives. Il a proposé, en ce sens, de dériver le devoir que l'on a de tenir ses promesses du fait institutionnel que l'on a promis.

Le schéma abstrait des règles constitutives, c'est, selon Searle : « ... revient à Y. » Dans le cas considéré, la prescription dépendrait uniquement de la règle constitutive suivante : « Promettre revient à [devoir faire ce que l'on a promis]. » On objectera que la seconde partie de la règle constitutive, celle que nous avons mise entre crochets, contient subrepticement une norme. La chose devient claire si l'on définit la promesse par l'ensemble constitutif [3-5], où [5] conserve bien son caractère de règle prescriptive :

[3] promettre à $t_j(x_i, p) =_{\text{déf}} x_i$ dire à $t_j(x_i$, accomplir à $t_{(j+n)}, p)$;

[4] x_i a promis p si et seulement si x_i dire à $t_j(t_j < t_0)$ $(x_i$, accomplir à $t_{(j+n)}, p)$;

[5] Si on promet, on doit tenir.

On en déduit facilement que, si Paul a promis *p,* alors il doit accomplir *p*. Searle a parfaitement raison de considérer qu'il y a des faits *institutionnels,* c'est-à-dire qui ne sont définis comme tels que par un *ensemble de règles*. Mais tout fait institutionnel présuppose au moins une norme, dont il est une instance. La règle constitutive n'élimine pas la règle prescriptive.

Les linguistes positivistes du XIXe siècle évitaient tous ces problèmes en adoptant une attitude résolument descriptiviste tournée vers les *faits* de langue. Ils rencontraient d'autres problèmes liés à l'extension de la notion de loi (voir plus haut sur les lois phonétiques) et, surtout, laissaient de côté la question de savoir comment les gens parlent quand ils parlent.

La révolution chomskyenne tient, pour une large part, à la réintroduction du concept de règle dans le domaine de la linguistique. Cette réintroduction n'a été possible que par une reformulation du concept de *règle de grammaire*[1], inspirée des grammaires formelles.

On peut définir grossièrement une règle au sens de Chomsky comme une règle de réécriture de la forme $a \rightarrow b$, dont nous avons donné plus haut des exemples. Plus généralement, on peut définir une règle de cette espèce comme une opération *n*-aire sur des symboles, des suites de symboles ou des ensembles de suites de symboles à valeur dans un ensemble de symboles ou dans un ensemble de suites de symboles. Les règles de Chomsky doivent être considérées comme des éléments particuliers d'un montage technique, dont certains traits dépendent essentiellement des caractères du montage simulant (dans certaines limites) le comportement linguistique. Ce qui importe alors, c'est le rapport entre les sorties du montage et les phénomènes linguistiques. L'ensemble des règles d'une grammaire au sens de Chomsky (et plus généralement des théoriciens de l'intelligence artificielle) doit engendrer des phrases *acceptables* par un groupe donné de locuteurs[2], sinon elle est inadéquate. On laisse ainsi en dehors de la théorie le problème de la norme auquel se heurtait la règle constitutive.

Si l'on se réfère à notre définition initiale, il est inexact de penser que Chomsky présente en quelque façon que ce soit une nouvelle formulation du concept traditionnel. Ce qu'il invente est tout autre chose, ce qu'on peut appeler une *règle algorithmique*. Une RA (écrite dans un langage de programmation) déclenche une suite de processus de traitement automatique de l'information. Cette suite est définie par les caractères propres de la règle en relation avec ceux de la machine qui effectue le traite-

1. Le lecteur pourra se reporter au célèbre article de Chomsky, Sur la notion de « règle de grammaire » (1961), dont une traduction française est disponible dans la revue *Langages*, n° 4, 1966.

2. On notera que l'*acceptabilité* est une propriété différente de la *grammaticalité*. La première est une caractérisation tout intuitive des énoncés, elle dépend seulement des sentiments des locuteurs ; pour la linguistique, c'est une donnée externe. La seconde est une caractérisation des énoncés en fonction de leur analyse par la théorie linguistique. Bien sûr, l'idéal est que l'ensemble des énoncés que la théorie considère comme grammaticaux coïncide avec l'ensemble des énoncés que les locuteurs jugent acceptables.

ment[1]. Bien entendu, elle n'a rien à voir avec le *principe de conscience,* puisqu'elle ne s'adresse pas à un sujet humain. Il suit immédiatement que la règle algorithmique n'est une règle que par analogie avec les règles prescriptives ordinaires : elle déclenche, là où ces dernières prescrivent. La notion de *faute* n'a pas de sens pour *une* règle algorithmique.

On ne peut simplement se contenter d'une position positiviste du type de celle qu'avait V. Henry face aux lois phonétiques et soutenir qu'il faut décrire le comportement linguistique humain à l'aide de règles algorithmiques en faisant *comme si* elles étaient adéquates[2]. La véritable innovation chomskyenne tient moins à la technique, puisque celle-ci est empruntée à la théorie des langages formels, qu'à un coup de force philosophique. Pour le linguiste générativiste, en effet, les règles algorithmiques sont non seulement les « lois » que doit découvrir et formuler le linguiste, mais elles sont encore les moyens, qui, implémentés dans le cerveau des hommes, permettent à ceux-ci de parler. Une telle position substantialiste (voir section suivante) est rien moins qu'évidente. Admettons qu'une règle algorithmique ait le même contenu qu'une règle de grammaire traditionnelle (par exemple : *en français, il faut mettre des* s *au pluriel*). Alors, il est clair qu'au sens propre la règle algorithmique et la règle de grammaire ne sont pas la *même* règle : la première n'est pas l'implémentation dans la machine de la seconde. Disons la chose autrement. Si je suis la règle, ce n'est pas parce que j'ai cette règle algorithmique là implémentée dans le cerveau, sinon je ne pourrais pas faire de fautes et ce ne serait pas une règle. Cela n'exclut pas que j'aie des règles algorithmiques implémentées qui *gèrent* le respect que j'ai ou non de la règle. Cela ne l'implique pas non plus. Il se peut que la meilleure façon de simuler le comportement linguistique

1. Si on formule dans le langage naturel (ou, du moins, dans un langage qui n'est pas un langage de programmation, comme c'est généralement le cas chez les générativistes) une règle algorithmique, alors cette formulation n'est pas la règle mais, en quelque sorte, la représentation de la règle. Cette représentation ne vaut qu'autant que vaut l'hypothèse qu'il existe un langage de programmation et une machine *ad hoc.*

2. On se reportera aux deux dernières sections du chapitre précédent pour une solution qui accorde une place aux outils tels que les règles algorithmiques dans nos technologies linguistiques.

humain ne soit pas la construction d'algorithmes qui manipulent des symboles, mais les constructions analogiques que proposent les connexionnistes (voir chap. 8, « L'approche connexionniste »). En tout état de cause, une simulation parfaite suppose une machine capable de bredouiller et de faire des fautes[1], capacité qui doit être conçue non pas comme accessoire à la compétence linguistique[2], mais comme son fondement même.

On peut être pessimiste sur nos capacités philosophiques d'éclaircir la notion de règle, tant dans son rapport à la réalité linguistique qu'au comportement des hommes[3]. Ce pessimisme pourrait se soutenir d'un paradoxe soulevé par Wittgenstein, indépendamment du développement des sciences du langage, dans les *Investigations philosophiques* (§ 185 à 242). Selon ce paradoxe, on ne parvient pas à trouver de critère pour déterminer ce que c'est exactement que de suivre une règle. Supposons que Paul n'ait jamais calculé la somme « 68 + 57 » et qu'on ne lui ait jamais dit qu'elle correspondait à 125. On lui demande de faire le calcul ; il répond « 125 », ce que nous considérons comme une réponse correcte. Comment pouvons-nous savoir que Paul a maîtrisé la règle de l'addition symbolisée par « + » ? S'il utilisait la règle de la « quaddition », définie de la façon suivante : $x \# y = x + y$, si x et $y < 57$, sinon $x \# y = 5$, sa réponse serait incorrecte, mais nous ne le saurions pas, pas plus que nous saurions pourquoi elle est correcte si les nombres utilisés étaient inférieurs à 57. Quelle que soit la réponse de Paul, on peut trouver une règle à laquelle cette réponse est conforme, ce qui revient à dire que n'importe quel comportement est compatible avec l'hypothèse qu'il est conforme à l'une quelconque d'un ensemble indéfini de règles !

Le nœud du paradoxe consiste dans le fait que, puisqu'une règle concerne un nombre indéfini de cas, nous ne pouvons nous appuyer sur ses résultats passés pour déterminer ce qu'elle est.

1. Ce qui n'a vraisemblablement aucun intérêt technologique ni économique !

2. Lorsque l'on suit un algorithme pour faire une opération arithmétique, l'erreur est accessoire à l'algorithme qui définit l'opération : elle provient de causes externes (fatigue, inattention, etc.), comme celles que produirait une calculatrice électronique exposée à une source de chaleur.

3. On remarquera que cette situation désastreuse atteint toute théorie qui voudrait définir la signification d'un symbole par ses règles d'application.

On pourrait objecter que Paul, lui, sait quelle règle il applique. Wittgenstein a réfuté cet argument qui concerne la possibilité d'un langage privé (voir chap. 7, « L'absence de langage privé et la lutte contre le langage »). Supposons que Paul, un jour, possède une certaine sensation et qu'il décide de lui donner un nom, par exemple « bof ». Le lendemain, devant une autre sensation il peut dire que c'est « un bof ». Mais il n'a pas de critère pour distinguer entre les usages du mot qui lui semblent corrects et ceux qui le seraient réellement. Personne, pas même lui, ne peut dire s'il applique une règle prédéterminée ou s'il a seulement l'impression d'appliquer une telle règle. Kripke, dans un célèbre petit livre (1982), a essayé de montrer que l'intention de Wittgenstein n'était pas de développer une thèse sceptique quant à la notion de ce que c'est que de suivre une règle, mais de réfuter la possibilité d'un langage privé. Dans l'usage ordinaire, le langage est sous le contrôle de la communauté ; le seul critère serait l'approbation de cette communauté. Mais on ne fait que repousser le problème : l'argumentation précédente montre que la communauté ne possédera aucun critère pour décider si le comportement qu'elle approuve suit une règle ou est simplement conforme à une règle !

L'ontologie des sciences du langage

Contrairement à ce que nous avons fait dans notre chapitre 4, ce que nous allons entendre par « ontologie » dans cette section doit être pris en un sens très restrictif et très technique : il s'agit uniquement du statut des entités que présupposent les sciences du langage. Nous pouvons faire le parallèle avec l'ontologie de la physique (ou de toute autre discipline scientifique). Les physiciens nous parlent d'accélération, de masse ponctuelle, de quarks, etc. Bien évidemment, nous devons demander si de telles entités font partie de ce que Russell appelait « l'aménagement dernier du monde ». Une masse ponctuelle, c'est une idéalisation, une façon de concevoir les choses pour faciliter la représentation, et le calcul, ce n'est pas quelque chose qui existe dans le monde. La solution est moins évidente dans le cas des quarks !

Nous avons le même type de question dans les sciences du langage. Une transcription phonétique représente *quoi* du réel ? Quel est le statut des entités que construit le linguiste ? Cela vaut particulièrement pour celles d'entre elles qui n'apparaissent pas dans l'énoncé tel que nous le percevons (ce que l'on appelle aujourd'hui la « structure de surface » par opposition à la « structure profonde » de la représentation théorique). La question est particulièrement claire en ce qui concerne les éléments zéro. Si je dis que l'expression latine *canto* comporte un sujet vide[1], qu'est-ce que c'est qu'un « sujet vide », ça existe où, ça sert à quoi, le sujet n'est-il pas exprimé dans la désinence verbale ? La question concerne les constructions théoriques elles-mêmes. Dans les années 1970, tout un courant d'études phonologiques s'est singularisé en adoptant le mot d'ordre d'une « phonologie naturelle » : il s'agissait de recourir le moins possible aux entités ne correspondant pas à un élément observable dans les structures de surface[2]. Les nouveaux modèles syntaxiques, apparus dans les années 1980 à la suite des modèles chomskyens, refusent tout recours aux éléments zéro. Pourtant, ceux-ci paraissent loin d'être sans utilité technique. Revenons sur le problème du sujet vide. Il est clair qu'au contraire de [6i] la phrase [6ii] est incorrecte. Pour expliquer cette différence de statut, un moyen commode est d'introduire une forme sujet (notée habituellement PRO) dans la proposition infinitive, non réalisée en surface comme dans [7] : dans [7i], le sujet de l'infinitive est coréférent à l'objet de la principale, tandis que, dans [7ii], le verbe de la principale implique qu'il le soit à son propre sujet, condition que viole [6ii].

[6] i) Je lui ai ordonné de se raser.
ii) *Je lui ai promis de se raser.

[7] i) Je lui$_i$ ai ordonné [PRO$_i$ de se$_i$ raser].
ii) *Je$_i$ lui est promis de [PRO$_i$ se raser].

1. Dans le français *Je chante*, le sujet *(Je)* est exprimé.

2. Nous retrouvons un principe traditionnel de la philosophie des sciences ; le principe de parcimonie ou rasoir d'Occam (« il ne faut pas multiplier les entités », Occam ajoutait : « au-delà de ce qu'il est nécessaire »).

Ce type de problème ontologique n'est pas nouveau et il concerne tous les domaines des sciences du langage. Nous en avons un bon exemple avec le statut des reconstructions en grammaire historique et comparée. Une forme reconstruite est une forme non attestée[1] que le linguiste *postule*. Cette postulation a évidemment (comme dans le cas précédent) une valeur explicative : à partir de la forme reconstruite on doit pouvoir retrouver les formes attestées dans les différentes langues de la même famille ; par conséquent, les formes non attestées et les différentes règles de dérivation constituent une explication des formes attestées. On a déjà vu le problème posé par les règles de dérivation en matière phonétique. Il n'en demeure pas moins que cette forme d'explication fonctionne parfaitement et que, par rapport à l'*état de notre connaissance* au moment de la reconstruction, elle possède une indéniable valeur *prédictive* concernant les états ultérieurs. En 1879, Saussure, pour expliquer les valeurs des différentes voyelles des langues indo-européennes, a postulé l'existence, à un état primitif de l'indo-européen, d'éléments phonologiques (les « coefficients sonantiques ») qui, joints aux voyelles primitives, expliqueraient l'apparition ultérieure de telle ou telle voyelle. Saussure justifiait sa « théorie » parce qu'elle permettait de regrouper un nombre important de faits connus et, donc, de les expliquer moyennant l'hypothèse de quelques régularités dans les changements, régularités qu'expriment les coefficients. Ces derniers sont au nombre de trois : $*H_1$, $*H_2$, $*H_3$; on a notamment, à l'initiale d'un mot : $*H_1 + e = e$, $*H_2 + e = a$, $*H_3 + e = o$. Saussure postulait également la nature consonantique de ces coefficients. En 1927, J. Kurylowicz a pu reconnaître dans le *h* du hittite (langue morte dont on avait, depuis le travail de Saussure, déchiffré l'écriture) les deux derniers coefficients. Ainsi hit. *hanti* = gr. *anti* et hit. *hastai* = gr. *ostéon*. Nous retrouvons le même type de « prédiction » dans d'autres domaines linguistiques : ainsi Bloomfield, en s'appuyant sur la notion néogrammairienne de loi phonétique, a-t-il postulé une consonne occlusive dans sa reconstruction du proto-algonquin[2], élément hypothétique et abstrait

1. En général, on la distingue des formes attestées en la faisant précéder d'un astérisque. Cette pratique, qui date du XIXe siècle, est antérieure à celle qui consiste à marquer d'un astérisque les formes incorrectes (qui peuvent, elles, être attestées).
2. Article dans la revue *Language*, n° 1, 1925, p. 130-156.

dont il verra plus tard l'existence confirmée dans un dialecte algonquin encore peu étudié[1].

En dépit de l'indéniable succès méthodologique, le problème ontologique est crucial : qu'est-ce que l'entité reconstruite ? La position la plus immédiate consiste à penser qu'il s'agit de quelque chose qui a existé, tout comme la paléontologie reconstruit certaines parties d'un animal ou d'une plante à partir d'éléments fossiles. Si l'on reconstruit l'ensemble des éléments constituant l'état primitif d'une famille de langues, par exemple le proto-indo-européen, il paraît normal de penser que nous avons reconstruit la langue que parlaient les Indo-Européens primitifs ! Le linguiste allemand A. Schleicher a, sur cette base, rédigé une fable en proto-indo-européen (1869). Mais rien ne nous assure que ce proto-indo-européen a bien existé ; il est même probable qu'il ne l'a pu sous la forme qu'on lui donne dans les reconstructions :

— d'un côté, les déterminations de ses éléments restent fort abstraits[2] : lorsque l'on dispose d'une langue attestée susceptible d'être assignée comme la protolangue d'une famille bien connue (par exemple, le latin par rapport aux langues romanes), les formes reconstruites n'ont qu'une lointaine correspondance avec les formes attestées[3] ;
— de l'autre, le postulat de son existence nécessite des hypothèses très discutables sur ce qu'est une langue (on l'identifie à une espèce naturelle, voir la section suivante).

Les néogrammairiens se sont engagés dans une voie plus « nominaliste » que Schleicher : les éléments reconstruits ne représentent que l'état de notre connaissance à propos d'une famille linguistique, c'est-à-dire constituent nos hypothèses sur le degré d'unité de cette famille. On peut trouver cette solution (qu'on qualifiera de néo-kantienne) peu satisfaisante : comment ne pas accorder quelque réalité à l'ensemble des éléments reconstruits, si la reconstruction est vraie ? Hjelmslev, qui considère que les éléments reconstruits sont simplement une façon de résumer

1. *Language*, n° 4, 1928, p. 99-100.

2. Saussure ne postulait aucune nature phonique précise pour ses coefficients sonantiques ; ce n'est que plus tard que l'on admettra qu'il s'agit de laryngales.

3. C'est pourquoi (entre autres raisons) on postule souvent une entité non attestée en tant que telle, le latin vulgaire, qui serait la protolangue des langues romanes.

les relations de dépendance entre différentes formes linguistiques attestées (ce qui ressemble à la position néogrammairienne), y voit la représentation de la structure (voir section suivante) de la langue originelle :

> Car la langue originelle, qui n'a été introduite dans la science que comme un ensemble de formules faites pour désigner les fonctions des éléments, est, en elle-même, un état linguistique et, qui plus est, un état linguistique dans lequel la structure est la seule chose donnée. Même si l'on voulait aller jusqu'à dénier à nos formules indo-européennes tout rapport avec une réalité située au-delà des fonctions des éléments eux-mêmes, il est indéniable que ces formules (...) constituent quelque chose qui ressemble globalement au système de l'expression d'une langue, à un système d'éléments de l'expression (*Langage,* trad. franç., 1966, p. 162).

Nous avons introduit cette section par une comparaison entre les problèmes posés par l'ontologie de la linguistique et ceux de la physique. Si cette analogie peut être éclairante, elle a ses limites ; l'ontologie des sciences humaines est infiniment plus compliquée que celle des sciences de la nature. Pour ces dernières, nous avons seulement à mettre en relation la théorie T et les propriétés des objets O_i dont elle est une représentation. C'est à propos de cette relation que s'opposent les doctrines philosophiques : les *réalistes* admettent que les entités de T sont identiques à celles de O, qu'il s'agisse de la réalité matérielle ou d'un autre monde (idéalisme de type platonicien ; cf. l'ouvrage de Katz, 1990, cité plus haut) ; les *nominalistes,* que les entités de T ne sont que des représentations ; les *opérationnalistes,* qu'elles ne correspondent qu'à la façon dont nous organisons notre appréhension du réel, etc.

Dans le cas du langage, comme de la plupart des sciences humaines, il faut introduire un troisième type d'élément : il s'agit des mécanismes M_i par lesquels le sujet produit les objets O_i. On peut soutenir qu'il faut se passer de M et que la linguistique n'est concernée que par le rapport entre T et O (position *objectiviste,* que défend Bloomfield, en adoptant l'antimentalisme). Les questions ontologiques (et les positions philosophiques possibles) sont alors du même type que celles que l'on rencontre à propos des sciences de la nature. Mais si l'on introduit M, il faut lui accorder un statut. Deux positions, toutes deux refusant l'objectivisme, prédominent. Dans l'une, que l'on peut appeler *herméneutique,* on suppose que T se confond avec la représentation de la partie de M dont le sujet peut avoir conscience lorsqu'il parle : la représentation de la conscience de ce qu'on fait, lorsqu'on le fait, est la connaissance de ce qui est fait[1]. Dans l'autre, que l'on peut qualifier de *substantialiste*, on suppose que la connaissance de O, c'est-à-dire la représentation T, est identique à la représentation de ce qui se passe dans M, laquelle n'est pas nécessairement connue du locuteur.

On peut admettre que la position substantialiste a été la plus largement représentée dans l'histoire des sciences du langage. La version moderne qu'en donnent les chomskyens est particulièrement intéressante : les règles de la grammaire (donc T) sont exactement les mêmes que celles qui sont « implémentées » dans la tête du locuteur (c'est-à-dire M). On comprend comment, à partir de là, il est facile de considérer que la faculté de langage propre à l'homme est un ensemble d'algorithmes, qui peuvent être supportés indifféremment par un cerveau humain ou un ordinateur. Le débouché technologique, sur lequel Chomsky insistait tant à ses débuts, correspond donc à une thèse ontologique très forte.

Le problème de la langue

Lorsque nous nous posons intuitivement la question de savoir quelle est notre langue, nous n'avons habituellement pas de problème particulier. Il y a le français que nous parlons et que nous comprenons et il y a les langues étrangères. Pourtant, il n'est pas toujours évident de décider si ce que nous entendons est du français. Si nous comprenons une phrase qui nous paraît bizarre,

1. Ce type de conception a été défendu par P. Winch pour l'ensemble des sciences humaines (*The Idea of a social Science and its Relation to Philosophy*, 1958, 1990², Londres, Routledge). Winch argumente à partir de l'analyse que Wittgenstein fait de la conduite « suivre une règle » (*loc. cit.*, p. 24-39). La position de Itkonen (1978, cité plus haut) est un bon exemple de la thèse herméneutique ; quand je prononce une phrase, je sais intuitivement quelle est la norme ; le but de la linguistique est de construire des règles qui formalisent ou représentent cette norme. La thèse herméneutique a pour conséquence que la linguistique ne saurait être une science empirique, puisqu'elle ne porte pas sur des entités spatio-temporelles.

nous pourrons peut-être nous en sortir en disant que le locuteur a fait des fautes. Mais, d'une part, c'est peut-être nous qui en faisons (voir la discussion précédente sur la notion de règle !) ; d'autre part, la notion de compréhension n'est pas un critère très sûr d'identification, car l'intercompréhension peut n'être pas transitive[1]. La phrase « ci falt la geste que Turoldus recitat »[2] est-elle du français ? Quand a-t-on cessé de parler latin pour parler français (ou toute autre langue néo-latine) ? Ce type de question a fait l'objet, chez les linguistes, d'une célèbre querelle dans les années 1980. L'occasion en a été la publication, par le savant italien G. Ascoli, d'une grande étude sur les dialectes parlés dans la péninsule. Géographiquement, il s'agissait d'identifier les différents dialectes italiens et de marquer leurs frontières. Dans un compte rendu qu'il fit d'un des volumes de l'ouvrage, le romaniste français P. Meyer s'éleva contre l'idée même du projet. Comment trouver de véritables frontières dialectales ? Il faudrait pour cela identifier une série de traits caractéristiques ; mais chacun de ces traits se répartit selon des frontières (des *isoglosses*) différentes, de sorte qu'il y a une véritable *continuité* entre les différents parlers, on passe insensiblement de l'un à l'autre. Meyer en concluait qu'un dialecte (ou une langue) n'est pas une espèce naturelle, comme en constituent les chiens ou les roses, mais que son identification est conventionnelle. V. Henry fera de ce problème (continuité ou discontinuité)[3] la première de ses antinomies linguistiques (1896). Dans la synthèse destinée à surmonter l'antinomie, il reprend, dans son style néo-kantien, la solution de Meyer. C'est elle que choisira également Saussure dans son célèbre *Cours de linguistique générale* (1916) : la langue est l'unique objet de la linguistique, mais c'est *le point de vue qui crée l'objet*.

On pourrait penser que ce type de solution induit une conception nominaliste pour l'ontologie de l'entité *langue*. Cela n'est toutefois pas si simple. La conception saussurienne est, d'un point de vue technique, extrêmement raffinée : en considé-

1. La chaîne (A comprend ce que dit B, B comprend ce que dit C, C..., ..., Y, Y comprend ce que dit Z) n'implique pas nécessairement que A comprenne ce que dit Z.

2. Il s'agit du dernier vers de *La Chanson de Roland*.

3. On remarquera que la représentation du changement par les lois phonétiques (voir plus haut) suppose des discontinuités radicales.

rant la langue « comme une forme et non comme une substance », elle laisse ouverte un nouveau type d'option réaliste. Le refus du substantialisme correspond à l'adoption d'un certain nombre de discontinuités, exprimées par des couples de termes opposés, notamment la *diachronie* et la *synchronie*, la *langue* et la *parole*.

La langue est un système de pures valeurs (voir chap. 3, « La théorie saussurienne de la valeur ») que rien ne détermine en dehors de l'état momentané de ses termes : « Dans la perspective diachronique on a affaire à des phénomènes qui n'ont aucun rapport avec les systèmes, bien qu'ils les conditionnent » (*CLG/E*, p. 122). Autrement dit, soit un élément *x* d'un état de langue, sa réalité linguistique est uniquement déterminée par les relations à d'autres éléments *y, z* du même état. Que l'on puisse dire que cet *x* vient de *v* de l'état précédent n'a aucune influence profonde sur sa réalité actuelle. Prenons un exemple que donne Saussure. Le pluriel en vieux haut-allemand est marqué par l'adjonction d'un *-i* (*gast/gasti*, l'hôte/les hôtes) ; plus tard, cet *-i* produit un *Umlaut*, c'est-à-dire change le *a* en *e* dans la syllabe précédente *(gesti)* ; enfin, cet *-i* perd son timbre *(geste)*. À ce changement correspond le fait que le pluriel s'exprime désormais dans l'opposition *gast/geste*. Le pluriel est un fait de l'état synchronique du système : il consiste, en effet, dans une relation entre deux éléments *(gast/gasti ; gast/geste)*. La solution saussurienne revient à admettre qu'il n'y a pas de relation explicative entre le changement diachronique (celui de la suite /*a*C*i*/ pour la suite /*e*C*e*/) et les états synchroniques (les pluriels). Un premier argument consiste à noter que le changement ne concerne pas seulement ce qui est en question (autrement dit, il n'est pas orienté vers le changement du système des pluriels)[1], mais encore bien d'autres éléments (ainsi, la troisième personne des verbes : *tragit*, donne *trägt*, (il) porte). Un second argument tient dans le fait que le changement ne tend même pas à transformer le système : la modification ne porte pas sur l'agencement mais sur les éléments agencés, il n'y a pas de finalité cachée. Saussure résume sa position dans une formule très forte : « La multiplicité des signes (...)

1. « (...) le fait que *gasti* a donné *gesti, geste (Gäste)* n'a rien à voir avec le pluriel des substantifs » (*CLG/E*, p. 121).

nous interdit absolument d'étudier simultanément les rapports dans le temps et les rapports dans le système » (*CLG/E*, p. 116)[1].

Définie comme système, la langue ne peut être confondue avec les activités langagières des individus, ce que Saussure appelle la *parole*. « La langue existe dans la collectivité sous forme d'empreintes déposées dans chaque cerveau, à peu près comme dans un dictionnaire dont tous les exemplaires identiques seraient répartis entre les individus. C'est donc quelque chose qui est dans chacun d'eux, tout en étant commun à tous et placé en dehors de la volonté des dépositaires. Ce mode d'existence de la langue peut être présenté par la formule : $1 + 1 + 1 + 1 \ldots = 1$ » (*CLG/E*, fasc. 1, p. 57). À l'inverse : « Il n'y a rien de collectif dans la parole ; les manifestations en sont individuelles et momentanées. Ici, il n'y a rien de plus que la somme des cas particuliers, selon la formule : $(1 + 1' + 1'' + 1''' \ldots)$ » *(ibid.)*. Le structuralisme européen (voir Dosse, 1991-1992) exploitera cette ouverture ontologique et verra dans la structure (= le système), définie par le fait que la totalité préexiste à ses parties, le véritable réel linguistique. Il s'agit donc d'une réalité qui ne peut être donnée empiriquement dans aucune de ses manifestations singulières et qui dépasse l'activité des sujets parlants. Comme il s'agit d'une forme (le système des oppositions qui définit les valeurs), on peut être tenté de voir dans cette solution une variante de platonisme[2]. Saussure avait une conception plus sociologique : « Si tout ce qui se produit de nouveau s'est créé à l'occasion du discours, c'est dire en même temps que c'est du côté social du langage que tout se passe » (*CLG/E*, fasc. 3, p. 384). On peut penser que l'énigme reste entière : Comment passe-t-on des actes individuels à leur efficacité sociale et, donc, au système ?

1. Le lecteur peut penser à la situation que produit en physique quantique le principe d'incertitude de Heisenberg : on ne peut déterminer simultanément la position et la vitesse d'une particule élémentaire à plus d'une précision égale à la constante de Planck.

2. On notera cependant que l'école française, qui fit du structuralisme un véritable mouvement philosophique dans les années 1970 (voir les critiques de Pavel, 1988), a connu un courant radicalement matérialiste. La structure linguistique – ou, plus exactement, ce que l'on nommait *le réel de la langue* – peut permettre d'envisager de dépasser le réel empirique sans pour autant conduire automatiquement à l'admission du monde des idées. On consultera : Milner, 1978 (voir également Milner, 1989) ; Gadet et Pêcheux, 1980 ; Conein *et al.*, 1981.

L'admission des dichotomies saussuriennes, donc des discontinuités dans la représentation, conduit inéluctablement à de redoutables problèmes ontologiques. La question de la langue demeure l'un des problèmes les plus difficiles de la philosophie de la linguistique moderne. La grammaire générative a déplacé les concepts sans apporter de véritable solution. L'opposition de la *compétence* à la *performance* (voir plus haut) rappelle à certains égards l'opposition de la langue et de la parole ; l'innovation principale réside dans l'introduction du locuteur dans chacun des termes de l'opposition. En admettant que la compétence est le véritable objet (idéalisé) du linguiste, on accepte une réversibilité totale entre la production d'un énoncé par le locuteur et son interprétation par l'auditeur (c'est une même théorie qui rend compte des deux). On remarque cependant que, contrairement à cette hypothèse, il y a une certaine irréversibilité des processus de production : en introduisant une chose aussi simple qu'une définition, on peut changer la puissance du système[1]. La conception chomskyenne de la langue peut se résumer de la façon suivante : en compréhension, c'est l'ensemble des règles intériorisées par le locuteur (langage interne) ; en extension, c'est l'ensemble des phrases engendrées par les règles (langage externe). On peut évidemment se poser des questions sur le réalisme de cette représentation qui doit nécessairement accepter comme appartenant à la langue des phrases de longueur non finie ! Elle conduit à

1. Par définition, on entend l'acte qui consiste à poser un nouveau terme comme équivalent à un ensemble de termes déjà donnés. De Pascal à Russell on a toujours conçu de telles définitions comme des façons, sans conséquences, d'abréger le discours. C'est le logicien polonais Lesniewski qui, en 1931, a montré le contraire. Supposons un calcul des propositions muni des règles de substitution et de détachement et qui possède pour seul axiome la formule suivante : $r \equiv ((p \rightarrow p) \rightarrow q)$. Il est clair que les seules formules que l'on pourra déduire proviendront des substitutions et que l'on ne pourra appliquer le détachement. Introduisons la définition $D_1 : Cp \equiv (p \rightarrow p)$. Dès lors, en substituant Cp à la variable r dans l'axiome, on obtient $Cp \equiv (p \rightarrow p) \rightarrow q)$, d'où se déduit par détachement la formule q, qui n'était pas une thèse du système initial. Il y a des systèmes dans lesqueles les définitions ne sont pas créatives (par exemple, le calcul des propositions avec les règles de détachement et de substitution et, parmi les axiomes, l'axiome $p \rightarrow p$), d'autres où elles le sont. Les mathématiciens et les logiciens s'arrangent pour travailler dans des systèmes où elles ne le sont pas et où elles sont donc toujours éliminables par substitution du *definiens* au défini. Nous avons toutes les raisons de penser que dans notre langage les définitions sont créatives.

admettre (voir plus haut notre définition de la règle algorithmique) qu'il y a toujours un système symbolique originaire ; d'où la solution du recours à l'innéisme[1]. Quel rapport peut-il y avoir entre le langage externe et cette réalité sociologique, dont nous parlions au début de cette section, la langue française ? Il est arrivé à Chomsky de répondre qu'il n'y a tout simplement aucun rapport :

> La sociolinguistique ne s'occupe pas des grammaires, elle est censée donner un contenu à des mots comme « langue ». Personnellement, je ne crois pas qu'une telle notion puisse devenir un objet scientifique. Le seul objet qui puisse être discuté s'appuie sur l'idéalisation des systèmes dans des communautés homogènes. Au-delà, on fait régner une confusion de grande envergure (Chomsky, 1977, p. 196).

Une telle attitude conduit le générativiste à soutenir que « le locuteur réel est le lieu d'interaction de systèmes idéalisés (...) que nous pouvons maintenant postuler comme des structures linguistiques idéalisées, conformes aux principes biologiquement déterminés de la grammaire universelle » (*ibid.*, p. 197). Le problème de la langue semble déboucher sur une inconsistance ontologique : comment l'individu *réel* pourrait-il être un lieu pour des structures *idéalisées* et celles-ci être *déterminées* par la *biologie* ?

Les universaux linguistiques

Nous avons déjà abordé la question des universaux dans notre chapitre 4. Nous nous posions la question de savoir quel est leur statut ontologique. La question était nécessairement liée à l'existence du langage, puisque d'évidence les termes linguistiques *(chien, homme)* constituent le modèle même de ce que peut être un terme universel. On peut l'aborder différemment en prenant le point de vue de ce qui peut être affirmé concernant le langage humain : existe-t-il des propriétés valables pour toutes les langues ? La question est essentielle pour le statut épistémologique

1. Pateman et Carr, dans les ouvrages cités au début de ce chapitre, qualifient de *conceptualiste* la position de Chomsky, parce qu'elle admet la réalité psychologique interne des règles ; elle s'oppose au *platonisme* de Katz, pour qui ces règles sont des réalités (non matérielles) externes aux individus.

des sciences du langage. Si l'on adopte une définition de la science qui convient à la physique, on ne pourra pas l'appliquer aux sciences du langage s'il n'y a pas d'universaux linguistiques !

Un universel linguistique est une proposition assertant une propriété linguistique qui demeure vraie lorsque tous les éléments qui, dans la proposition, permettent d'identifier une langue sont remplacés par des variables quantifiées. On pourrait adopter des universaux purement formels. C'est la solution des structuralistes, notamment américains. Si je dis que dans toutes les langues les éléments qui appartiennent à la même classe sont substituables dans le même contexte, on doit pouvoir admettre qu'il s'agit d'une proposition universelle. On aura cependant affaire à un « universel » qui qualifie davantage la méthode de la linguistique que les langues elles-mêmes : dans le fond, nous ne faisons qu'expliciter la façon dont nous construisons nos catégories. En général, lorsque l'on parle d'universel linguistique, on vise quelque chose de plus substantiel, des éléments qui seraient présents dans toutes les langues. Les universaux formels sont parfaitement compatibles avec un relativisme radical qui nierait que des langues différentes disposent des mêmes éléments[1]. À l'inverse, la diversité des langues pose des problèmes pour la définition des universaux substantiels (par exemple, il n'y a pas d'article dans toutes les langues). L'adoption d'une structure implicationnelle, proposée par Greenberg (1966), permet de surmonter les variations catégorielles, et, surtout, de dégager des régularités moins immédiates que les universaux substantiels traditionnels. Soit par exemple l'universel : « Si dans une langue l'objet pronominal suit le verbe, alors l'objet nominal le suit aussi. » Le français n'est pas un contre-exemple : puisque l'objet pronominal (par exemple /Je *l'*ai vu/) y précède le verbe, l'antécédente est fausse et conséquemment la conditionnelle toujours vraie. L'assertion resterait également vraie si d'aventure il existait une langue qui ne possède ni nom ni pronom. Elle serait fausse s'il existait une langue où l'objet pronominal suit le verbe et où l'objet nominal précède le

1. On remarquera, en effet, que la procédure de définition des catégories que nous avons utilisée comme exemple d'universel est entièrement intrinsèque à chaque langue. On peut douter de son efficacité parce qu'elle repose sur une méthode inductive qui ne suppose aucun terme théorique initial.

verbe. Au fond, ce qu'asserte l'universel, c'est qu'une telle langue est impossible. Prendre au sérieux une assertion universelle, c'est en effet accorder qu'elle vaut non seulement pour tout le réel, mais pour tout le possible – autrement dit, c'est lui accorder une valeur légale.

C'est sur cette légalité que repose la stratégie de la grammaire générative, elle est complexe comme le lecteur le vérifiera sur cette définition :

> Les universaux linguistiques postulés par la grammaire générative sont des hypothèses explicatives destinées à rendre compte des sauts inductifs que ne font jamais les locuteurs et des aspects de leur savoir linguistique effectif qui ne font l'objet d'aucun apprentissage, comme, par exemple, ceux qui ont trait à ce qu'on pourrait appeler la « syntaxe » de la coréférence (J. Guéron et J.-Y. Pollock (dir.), *Grammaire générative et syntaxe comparée,* Paris, Éditions du CNRS, 1991, p. 17).

Le type d'universel pris pour exemple correspond notamment à la règle concernant l'anaphore exposée dans la n. 1, p. 315. On fait d'abord l'hypothèse (i) de l'existence des universaux ; en ce sens, il s'agit d'une simple assertion empirique soumise à de possibles contre-exemples et qui ne diffère pas, dans son statut, du cas précédent. On passe de là à (ii) l'existence de certains phénomènes d'apprentissage (positifs et négatifs). Selon les générativistes, les locuteurs n'apprennent pas par induction à partir des stimuli auxquels ils sont soumis, parce que ceux-ci sont trop pauvres pour expliquer leur créativité linguistique. Il s'agit d'une thèse qui devrait être parfaitement vérifiable empiriquement. Elle demeure sujette à caution. Si elle était vérifiée, elle n'impliquerait pas nécessairement que (iii) les universaux correspondent à des éléments innés du comportement des sujets humains. Or c'est (iii) qui donne aux universaux leur statut explicatif dans la théorie. Non seulement cette simple définition montre l'intrication entre la construction de la connaissance positive et des choix philosophiques, mais elle invite à ne pas renoncer à l'analyse philosophique de ces choix.

10 – Éthique linguistique

En quoi consiste l'éthique ?

L'éthique concerne les actions et les comportements humains. Son rôle intellectuel est de déterminer en quoi consiste ce qu'il convient de faire ou ce qu'il est bon d'obtenir pour un individu, un groupe ou tous les hommes. Il y a problème éthique lorsque l'évaluation du statut éthique d'une action (si elle est bonne ou mauvaise) n'est pas clairement reliée (parce qu'il s'agit d'un cas nouveau ou que l'action peut avoir des conséquences contradictoires) soit avec les règles et les valeurs éthiques communément admises dans une société, soit avec des règles et des valeurs éthiques universelles. Les normes éthiques se spécifient selon les domaines ouverts à l'action. Il existe, par exemple, des éthiques sexuelles ou des éthiques professionnelles ; il y a une éthique de la recherche scientifique, qui peut se diversifier selon les disciplines. Évaluer l'impact du développement scientifique et technologique sur l'environnement et la vie des hommes, déterminer, en particulier, dans quelle direction il importe de poursuivre ou non ce développement constituent autant de problèmes éthiques.

L'immense diversification intellectuelle et culturelle des sociétés modernes autant que la multiplication des échanges entre différentes civilisations ont conduit à un renouveau important de la réflexion éthique contemporaine. Ce renouveau, s'il a utilisé les résultats et les méthodes de la philosophie linguistique anglo-saxonne[1], n'a quasiment pas porté sur les activités langagières réelles des hommes. Comme, par ailleurs, à deux exceptions près (critique platonicienne de la rhétorique et critique lockienne de l'abus des mots), la tradition philosophique ne s'est guère préoccupée d'éthique linguistique, on peut dire qu'il s'agit d'un domaine relativement neuf. Nous nous bornerons à indiquer des pistes et à réfléchir sur cette carence de la pensée philosophique, tellement massive qu'elle ne saurait être fortuite.

La linguistique et l'éthique scientifique générale

La discipline linguistique relève en tant que telle de la forme d'éthique générale de la science que nous admettons depuis la fin de la Renaissance. Comme toute science, elle a donc pour but la production par une communauté organisée de connaissances qui ont à être communicables et contrôlables par tous. Et comme pour toute science cette éthique générale se trouve mise en péril par la pratique ordinaire de la discipline ! Le développement de la physique nucléaire a accompagné la course aux armements ; celui de la grammatisation des vernaculaires, la colonisation. On vole et on cache des connaissances en chimie, en physique ou en biologie ; les missionnaires des différentes religions se sont mutuellement caché les grammaires et dictionnaires donnant accès aux langues des peuples qu'ils souhaitaient convertir. Les premières recherches en traduction automatique ont été largement subventionnées par des crédits militaires, dont ont entièrement dépendu la théorie et la pratique des codes, qui ont une (longue) histoire encore mal documentée. La plupart des sciences ont connu et connaissent de grandes fraudes[2] : on a

1. Qui ont, notamment, permis de définir le statut des propositions éthiques (valeurs et prescriptions).

2. Une fraude scientifique – outre le vol des résultats d'autrui – consiste dans l'annonce d'un résultat que l'on sait faux, ce qui se produit lorsque l'on a manipulé des données pour obtenir le résultat souhaité. La « rectification » des données pour obtenir des résultats interprétables n'est pas considérée comme une fraude, mais la limite reste floue. Voir, par exemple, le livre de W. Broad et N. Wade, traduit en français sous le titre *La souris truquée. Enquête sur la fraude scientifique*, Paris, Le Seuil, 1987.

construit des « fossiles », on a aussi fabriqué des langues[1]. Il n'y a là rien qui fasse exception au fonctionnement « normal » des disciplines scientifiques ! Tout au plus les sciences du langage (au même titre que de nombreuses sciences humaines et sociales) souffrent-elles d'un certain défaut institutionnel. D'un côté, la multiplication des écoles concurrentes (possédant leurs filières universitaires, leurs revues, leurs collections, etc.) nuit à l'existence d'un véritable contrôle et conduit à faire passer des hypothèses de travail, très éloignées des données, pour des acquis définitifs qui ne sont, pourtant, que les dogmes de certains milieux de recherche[2]. D'un autre côté, l'absence de vulgarisation sérieuse auprès du grand public ne donne pas de véritable stabilité aux conceptions du langage engendrées par les théories linguistiques. Dans nos communautés intellectuelles, personne ne peut vraiment soutenir que la Terre est plate ou que la chute des pierres est due à leur désir de rejoindre le centre du monde. Mais on voit de bons esprits affirmer sans précaution que telle langue est meilleure que telle autre, que les dauphins parlent, etc. L'organisation de la communauté scientifique et la représentation extérieure des connaissances qu'elle produit constituent de véritables questions d'éthique scientifique pour les sciences du langage. Ces dernières ont une responsabilité globale – qu'il leur faudrait assumer – dans la circulation sociale des représentations mythiques concernant le langage.

Il y a un point fondamental sur lequel l'éthique courante de la recherche linguistique diverge de l'éthique scientifique commune, c'est son rapport au réel qui est son objet, c'est-à-dire aux langues et aux pratiques langagières humaines. Il est difficile d'envisager des physiciens (nous entendons par là la communauté entière, y compris les décideurs en matière de politique scientifique) qui se désintéressent totalement des conséquences pratiques de leurs découvertes[3]. Ce rapport aux conséquences pratiques peut s'en-

1. Le cas le plus connu est celui de la langue *taensa*, langue prétendument amérindienne forgée par J. Parisot (1861-1923) qui abusa la communauté scientifique entre 1880 et 1885.

2. C'est le cas, par exemple, de la thèse chomskyenne de l'innéisme.

3. Cela ne veut évidemment pas dire que l'on ne puisse poursuivre un savoir théorique purement abstrait et qu'il faille piloter la recherche à partir de ses applications techniques.

visager de deux points de vue. D'un côté, il s'agit de développer les moyens d'aménager le territoire et la vie des hommes ; cela concerne la technique. De l'autre, on s'inquiète des conséquences proprement éthiques des découvertes scientifiques (armement, destruction de l'environnement, etc.). Or l'éthique scientifique développée par les linguistes depuis la seconde moitié du XIXe siècle repose sur un refus absolu de toute considération pratique. Cette attitude a sa source dans une conception extrêmement limitée de ce qu'est une pratique scientifique. Il semble aux linguistes que le statut « scientifique » ne se puisse assumer qu'à la condition de ne pas intervenir dans la réalité de leur objet. C'est ainsi qu'ils ont, jusqu'à une date récente, obstinément refusé d'intervenir dans des questions comme celle de la réforme orthographique, de la pédagogie des langues ou celle de la planification linguistique. On a vu comment les premiers Statuts de la Société de linguistique de Paris refusaient de prendre en considération la question de l'origine des langues (voir chap. 1, « La question de l'origine des langues ») ou celle de la langue universelle (voir chap. 5, « La relativité de l'ontologie et la question de la langue universelle »). On peut soutenir qu'il s'agissait également des conséquences du choix d'éthique scientifique de non-intervention. Ce choix (caractéristique de la grammaire comparée du XIXe siècle et, plus tard, du structuralisme) reposait sur une conception particulière de la nature des langues humaines, conçues comme des espèces quasi naturelles, soustraites à la volonté et à l'action des locuteurs. Il y a là un déficit philosophique considérable[1], puisqu'une telle attitude aboutit à ce que les politiques linguistiques et, plus généralement, les choix éthiques en matière de langage s'effectuent de façon « sauvage », en l'absence de toute réflexion contrôlée.

Il est assez facile de prendre la mesure de l'étendue du problème, par simple comparaison avec d'autres disciplines. Imagine-t-on un économiste qui reste muet lors d'une crise économique ? Pourquoi faudrait-il que les linguistes se taisent lorsqu'il y a des discussions sur l' « invasion » d'une langue par des termes

1. Nous y voyons l'une des raisons essentielles pour refuser de réduire la philosophie du langage à la linguistique générale, selon l'hypothèse envisagée dans notre Introduction, p. 8.

étrangers, ou lorsqu'il s'agit de décider des politiques scolaires d'apprentissage des langues étrangères ? Autre exemple. Un consensus semble s'être dégagé dans les communautés scientifiques (et plus largement auprès du public) autour de l'idée qu'il était fondamental pour notre avenir de répertorier et de préserver la diversité des espèces naturelles. Il disparaît, en effet, chaque jour des espèces biologiques, pour des raisons différentes dont certaines dépendent des activités humaines et d'autres pas[1]. Mais il disparaît (et il a disparu !) également des langues et des formes d'expressivité humaine. Il arrive que des groupes luttent pour la survie de leur langue commune. Mais on ne rencontre guère de réflexion approfondie sur ce que peu(ven)t représenter pour l'humanité la perte et/ou la transformation radicale de son patrimoine linguistique. On peut faire l'hypothèse que cette situation tient à la conception implicite selon laquelle la diversité des langues n'affecte pas l'unité intellectuelle et affective de l'humanité. Cela concerne non plus seulement l'éthique générale de la linguistique, mais celle des pratiques langagières.

Platon et la condamnation de la rhétorique

Le *Gorgias* de Platon est probablement le premier texte conséquent de la tradition occidentale qui ait lié la critique d'une discipline concernant le langage (la rhétorique) à ses conséquences pratiques. On sait dans quel contexte se sont développées, dans l'Athènes démocratique, la vogue de la rhétorique et, plus généralement, celle des écoles sophistiques. Dans les diverses assemblées, comme dans les tribunaux, les décisions dépendaient d'un vote et, par conséquent, des techniques oratoires permettant de conduire l'auditoire à voter dans tel ou tel sens. Les écoles de rhétorique et de sophistique avaient pour but de préparer les jeunes gens à la vie publique ; elles jouaient en quelque sorte le rôle dévolu aujourd'hui aux écoles de sciences politiques ou d'administration. Inévitablement la rhétorique a tendance à devenir

1. La paléontologie témoigne de la disparition de quantités d'espèces à une époque où l'homme n'existait pas.

une technique générale de persuasion, indépendante de tout contenu. C'est ce que lui reproche explicitement Platon :

> *Socrate :* Tu es capable, dis-tu, d'enseigner la rhétorique à quiconque veut l'apprendre de toi ?
>
> *Gorgias :* Oui.
>
> *Socrate :* De telle sorte que sur tous les sujets on puisse obtenir l'assentiment d'une assemblée nombreuse sans l'instruire, mais en la persuadant ?
>
> *Gorgias :* Parfaitement.
>
> *Socrate :* Tu disais tout à l'heure que même sur les choses relatives à la santé l'orateur est plus persuasif que le médecin.
>
> *Gorgias :* En effet, devant la foule.
>
> *Socrate :* Devant la foule, c'est-à-dire, sans doute, devant ceux qui ne savent pas ? Car devant ceux qui savent, il est bien impossible que l'orateur soit plus persuasif que le médecin.
>
> *Gorgias :* Tu as raison.
>
> *Socrate :* S'il est plus persuasif que le médecin, le voilà plus persuasif que celui qui sait ?
>
> *Gorgias :* Assurément.
>
> *Socrate :* Sans être médecin lui-même, n'est-ce pas ?
>
> *Gorgias :* Oui.
>
> *Socrate :* Celui qui n'est pas médecin ignore ce que sait le médecin.
>
> *Gorgias :* Évidemment.
>
> *Socrate :* Ainsi, c'est un ignorant parlant devant des ignorants qui l'emporte sur le savant, lorsque l'orateur triomphe du médecin ? Est-ce bien là ce qui arrive, ou est-ce autre chose ?
>
> *Gorgias :* C'est cela, dans ce cas du moins.
>
> *Socrate :* À l'égard des autres arts aussi l'orateur et la rhétorique ont sans doute le même avantage : la rhétorique n'a pas besoin de connaître la réalité des choses ; il lui suffit d'un certain procédé de persuasion qu'elle a inventé, pour qu'elle paraisse devant les ignorants plus savante que les savants ?
>
> *Gorgias :* N'est-ce pas une merveilleuse facilité, Socrate, que de pouvoir sans aucune étude des autres arts, grâce à celui-là seul, être l'égal de tous les spécialistes ? (*Gorgias,* 458 *e* - 459 *b*).

La critique platonicienne de la rhétorique est donc indissociable de ce que doit être le rapport des activités humaines aux valeurs que sont la vérité et le bien. Et c'est son inconsistance ontologique que lui reproche essentiellement Platon :

> Pour abréger, je te dirai dans la langue des géomètres (...) que ce que la toilette est à la gymnastique, la cuisine l'est à la médecine ; ou plutôt

> encore que la sophistique est à la législation comme la toilette est à la gymnastique, et que la rhétorique est à la justice comme la cuisine est à la médecine (*Gorgias,* 465 *c*).

Autrement dit, on peut établir des proportions dans lesquelles le premier terme représente une forme sans valeur (parce qu'elle ne respecte ni la vérité ni le bien) de l'activité humaine (cela donne la célèbre équation : toilette/gymnastique = cuisine/médecine = rhétorique/législation). La rhétorique est l'art de la flatterie, elle est donc inutile et pernicieuse.

La position platonicienne tient à des conceptions précises concernant la vérité et son rapport au langage. On peut résumer ces conceptions de la façon suivante : i) il y a une seule représentation du monde qui soit vraie et digne d'intérêt humain (le reste est apparence que disqualifient des possibilités indéfinies de variation) ; ii) le bien (les valeurs éthiques) manifeste la même stabilité ontologique que les substances du monde[1], il est l'objet d'un savoir indiscutable et nécessaire ; iii) le langage est en lui-même dépourvu de valeur intrinsèque, il est en quelque sorte « ontologiquement » neutre et ne tient sa valeur que de ce qu'il exprime le vrai/bien. Il en résulte inéluctablement que les arts du langage n'ont aucun intérêt intrinsèque. L'éthique linguistique platonicienne n'est pas réductible à de simples prescriptions sur l'usage du langage (« n'argumentez pas pour défendre ce que vous savez faux ou ce que vous ne connaissez pas »[2]), elle tient à des raisons métaphysiques.

Il suffit, en effet, d'affaiblir la position du vrai/bien, c'est-à-dire de la possibilité d'une détermination absolue et transcendante de la valeur des discours dans l'univers cognitif humain,

1. En fait, il possède chez Platon une stabilité supérieure, puisque, « soleil » du monde des idées, il est la condition de la vérité.

2. De telles prescriptions sont communes, soit dans la pratique quotidienne (« ne mentez-pas ! », « soyez polis ! »), soit de façon plus complexe. Cf. ce passage de Kant : « Je ne puis affirmer, c'est-à-dire exprimer comme un jugement nécessairement valable pour chacun, que ce qui produit la conviction <qui est, pour Kant, une croyance objective, c'est-à-dire valable pour chacun>. Je pense garder pour moi la persuasion <qui est pour Kant une croyance dont le fondement repose sur la nature particulière du sujet qui la possède>, si je m'en trouve bien, mais ne puis, ni ne *dois* <nos italiques> la faire valoir hors de moi » (*Critique de la raison pure,* trad. franç., Paris, PUF, 2001.

pour retrouver une place à la rhétorique. C'est ainsi que, selon Aristote, elle n'a pas pour objet le vrai mais l'*opinable,* qui est pour lui identique au *vraisemblable.* Sa fonction est de

> traiter des sujets dont nous devons délibérer et sur lesquels nous ne possédons point de techniques devant des auditeurs qui n'ont pas la faculté d'inférer par de nombreux degrés et de suivre un raisonnement depuis un point éloigné (*Rhétorique,* I, 1357*a*).

Il y a quelque chose d'extrêmement profond dans le fait d'accorder une place essentielle aux pratiques langagières en tant que telles dans la délibération, c'est-à-dire l'activité sociale de fixation des opinions et des choix collectifs. Cela signifie qu'au moins dans certaines sphères[1] ce que l'on va tenir pour valable ne dépend pas de quelque chose de préétabli dont le langage ne serait que la traduction. Les procédures langagières (argumentations, controverses, discussions, négociations) sont le milieu même de la mise au jour de la conviction partagée. Sans l'échange langagier et ses règles, il n'y aurait tout simplement pas de conviction partagée. L'importance philosophique de la rhétorique, c'est de donner lieu à une réflexion sur ce point. Telle est la signification de son renouveau dans l'école de Bruxelles (Perelman) : ce qui forme l'opinion, c'est la délibération, et délibérer, c'est discuter. Comme Habermas, on peut voir dans l'agir communicationnel la clé de la morale, ce qui signifie constituer une morale à partir (voire *sur*) des pratiques discursives. Mais ce n'est pas seulement le droit (Perelman) ou la morale qui sont l'objet du choix délibératif en milieu d'échange langagier, la science aussi est produite dans des communautés[2] et au sein de discussions longues et difficiles. L'art de la discussion et les protocoles qui peuvent la régler ne sont pas des ornements superflus, rajoutés à un *discours-vérité* qui irait de soi. L'erreur de Platon, ce n'est pas d'avoir protesté contre les pratiques de certains rhéteurs ; ses attaques contre le cynisme éhonté, qui consiste à tenter de convaincre autrui de ce à quoi l'on n'accorde pas foi, sont amplement justifiées. L'échange langagier doit répondre à certains prin-

1. Chez Aristote, cette situation ne saurait concerner la science, qui doit être démonstrative.
2. Voir, par exemple, B. Latour, *La science en action,* Paris, La Découverte, 1989.

cipes éthiques. L'erreur de Platon, c'est d'imaginer l'unicité d'un discours référentiel dont la source et la justification transcenderaient absolument les communautés humaines. La valeur de la rhétorique et de la sophistique antiques – quels que soient les nombreux dérapages que l'on y peut déceler – est d'avoir reconnu le rôle fondamental des pratiques langagières.

De la critique lockienne de l'abus des mots aux maximes conversationnelles

Locke justifiait l'importance du livre III de l'*Essai sur l'entendement humain,* consacré aux mots, par l'abus qui est souvent fait de ces derniers, aussi bien dans les traités savants que dans l'usage courant. Par « abus des mots », il faut entendre leur usage dans des circonstances telles qu'il entraîne soit l'incompréhension du locuteur par l'allocutaire, soit, chez ce dernier, une représentation erronée de ce que voulait dire le premier ou encore, pour les deux, une attribution de propriétés au monde externe dénuée de vérité. Beaucoup de nos querelles sont de simples querelles de mots. Locke décrit les causes de cet abus de la façon suivante[1] :

i) usage de mots auxquels on n'attache aucune idée, du moins aucune idée claire ;
ii) inconstance dans la manière dont on applique les mots ;
ii) application vicieuse des termes ;
iv) confusion entre les mots et les choses ;
iv) donner aux mots des significations qu'ils ne peuvent avoir ;
vi) supposer que les mots ont une signification certaine et évidente ;
vii) utilisation figurée des termes[2].

1. Nous nous sommes efforcés de dégager cet exposé de toute formulation qui serait trop liée aux particularités de la sémantique lockienne quoiqu'on n'en puisse éviter le principe de base (tout mot a pour signification l'idée du locuteur lorsqu'il parle).

2. On retrouve là l'écho de la critique platonicienne de la rhétorique (dont Locke a une conception purement ornementale) : « Tout l'art de la rhétorique, toutes les applications artificielles et figurées qu'on fait des mots, suivant les règles que l'éloquence a inventées, ne servent à autre chose qu'à insinuer de fausses idées dans l'esprit, qu'à émouvoir les passions et à séduire par là le jugement : de sorte que ce sont, en effet, de véritables supercheries » (*loc. cit.,* III.X.34).

Les remèdes proposés par le philosophe ne brillent guère par leur originalité :

a) n'employer aucun mot sans y attacher une idée ;
b) se servir des termes propres ;
c) déclarer en quel sens on prend les mots ;
d) employer constamment le même terme dans le même sens et avertir quand on change la signification.

On peut se demander ce qui distingue le programme lockien de tout programme réformiste, en particulier des propositions de construire des langues artificielles ou du projet carnapien de gérer les langues à partir de leur syntaxe logique. Il est clair, en effet, que ces propositions (sous une quelconque reformulation) ne peuvent qu'être intégrées à un projet réformiste. On remarque de suite, pourtant, qu'aucune réforme du langage quotidien, au sens propre où il s'agirait de changer la langue, n'est proposée par le philosophe. Les remèdes ne sont pas des constructions techniques, mais des injonctions faites aux usagers. La position de Locke dépend de ce que nous avons appelé son *libéralisme linguistique* (voir chap. 3, « Le conventionnalisme lockien »). L'acte de parole est toujours le fait d'un sujet individuel, dont la liberté n'est jamais restreinte par l'existence d'aucun code préalable :

> la liberté qu'Adam avait d'attacher un nouveau nom à quelque idée que ce fût, chacun l'a encore aujourd'hui (...) ; nous avons, dis-je, aujourd'hui ce même droit, mais avec cette différence, que dans les lieux où les hommes, unis en société, ont déjà une langue établie parmi eux, il ne faut changer la signification des mots qu'avec beaucoup de circonspection, et le moins qu'on peut (*loc. cit.*, III.VI.51).

Autrement dit, les remèdes proposés par Locke sont des maximes qui s'adressent au sujet parlant qui demeure libre de les suivre ou pas ; au sens propre, ce sont des *maximes éthiques*.

Il y a fort longtemps que l'on sait que les échanges langagiers de la vie sociale sont régis par des règles qui ne tiennent pas simplement à la structure morpho-syntaxique de l'énonciation, mais à des contraintes affectant le sujet énonçant. Les théologiens médiévaux et leurs successeurs de l'âge classique discutaient, par exemple, pour savoir à quelles conditions d'énonciation l'énoncé « Je te baptise » était valable, c'est-à-dire le baptême effectivement réussi[1]. L'originalité de Locke est d'étendre ces conditions à tous les échanges langagiers, même s'il reste prisonnier de l'idée selon laquelle un langage a pour unique fonction la représentation.

C'est avec le développement de la pragmatique (voir chap. 3, « Conventionnalisme et mentalisme ») que l'époque contemporaine a systématisé un point de vue analogue, en particulier dans les *maximes de la conversation* proposées par H. P. Grice[2].

On peut résumer comme suit les fameuses maximes de Grice qui les présente selon la répartition kantienne en quatre espèces de catégories :

— *quantité :* (*a*) faites en sorte que votre contribution soit aussi informative qu'il est requis pour les besoins courants de la conversation ; (*b*) ne rendez pas votre contribution plus informative qu'il est requis ;
— *qualité :* (*a*) ne dites pas ce que vous croyez faux ; (*b*) ne dites pas ce pour quoi vous manquez d'évidence appropriée ;
— *relation :* soyez pertinent ;
— *modalité :* (*a*) évitez l'obscurité de l'expression ; (*b*) évitez l'ambiguïté : soyez bref (évitez la prolixité inutile) ; (*c*) soyez ordonné.

Quel statut accorder aux maximes conversationnelles ?

Elles jouent incontestablement un rôle dans l'échange langagier, permettant, notamment, des inférences à partir de ce que dit explicitement le locuteur. Faut-il les considérer comme des conventions purement éthiques (dépendant seulement du libre arbitre du sujet) ou comme des règles techniques dont la violation porte en soi-même sa sanction (l'échec de l'acte de communication) ? Peut-on vraiment distinguer entre l'éthique et le technique ? Est-ce même utile ? Doit-on les considérer comme des règles intrinsèques à la langue ou comme des conventions surajoutées et telles que l'on puisse en changer sans changer de langue ? Enfin, quel est leur domaine de validité ?

1. On trouvera une autre illustration dans la fameuse « querelle des signatures ». En 1655, les autorités ecclésiastiques demandent aux prêtres et aux religieux de signer un document dans lequel un énoncé implique « La doctrine de Jansenius est hérétique ». Les Messieurs de Port-Royal (Arnauld, Nicole et Pascal, notamment) ont largement discuté pour savoir à quelles conditions d'interprétation ils pouvaient signer : autrement dit, la structure de la phrase est insuffisante pour fixer cette interprétation.

2. Logic and conversation, *Logic and Semantic,* III, New York, Seminar Press, p. 43-58 (le texte date d'une conférence de 1967 à l'Université Harvard).

Je puis critiquer la maxime de sincérité (la clause (*a*) de la qualité). Après tout, ne suis-je pas libre de mentir et le mensonge n'est-il pas le témoignage même de la liberté ? Où irait-on dans un monde sans mensonge ? On peut rétorquer que la maxime de sincérité n'a pas pour fonction de régler *absolument* ma parole mais qu'elle est un principe général qui rend possible la communication sous la forme de la véracité et du mensonge. Si l'échange langagier ne reposait pas sur la maxime de sincérité, alors je ne pourrais pas mentir puisque personne n'interpréterait mes paroles comme véraces.

L'échange langagier obéit certainement à des contraintes d'éthique sociale, dont l'inobservance conduit au malentendu et à l'incompréhension. Pour demander à boire en subanum[1], il ne suffit pas de savoir construire un énoncé grammatical et de pouvoir produire la traduction du français : « Pourriez-vous me donner à boire ? » Quelle que soit la correction de la phrase, elle ne serait pas comprise. Dans cette société, la boisson est ritualisée : il faut savoir à qui adresser sa demande et comment mener la joute oratoire qu'entraîne la boisson de bière. Chez les Bassari[2], peuple sans écriture, un guérisseur ne dit pas, à celui qu'il enseigne : « Les feuilles de tel arbre soignent les maux de ventre. » Il lui demande de l'accompagner dans sa cueillette, puis il lui fera cueillir les feuilles. Il le laissera faire seul le rapprochement entre les feuilles et le malade soigné, et ce n'est qu'à la demande du disciple (« ces feuilles soignent-elles les maux de ventre ? »), qu'il répondra « oui »[3]. Dans tout cela, que deviennent les maximes de Grice ? La pertinence, la clarté, l'ordre ne sont-elles pas des contraintes imposées dans un certain type de société relativement à certains échanges langagiers (guidés par une efficacité assez plate, par exemple, lorsqu'un employé s'adresse à son patron, ou lors d'un entretien d'embauche) ?

Il est probable qu'une étude complète des phénomènes linguistiques ne peut se passer d'une *pragmatique générale* qui s'efforce d'étudier les régularités des échanges langagiers dans les contrain-

1. Langue des Philippines.
2. Population du Sénégal oriental.
3. Nous empruntons ces exemples à un article de M.-P. Ferry, paru dans *Langages,* n° 18, 1970.

tes du type de celles que l'on vient d'évoquer. À suivre toutefois le programme d'une *pragmatique transcendantale* (K. O. Apel), qui déterminerait ces régularités *a priori*, on risque de prendre pour des conditions de possibilité en général de la conversation des coutumes qui affectent l'Occident à un moment particulier de son histoire.

Le racisme linguistique

Ce qui renforce l'idée d'une nécessaire éthique linguistique, c'est, fondamentalement, l'acceptation du *fait* de la diversité des langues. Mais le véritable passage à une dimension éthique s'effectue lorsque l'on réfléchit au statut de ce fait. Le premier problème que l'on rencontre est celui de ce que l'on peut appeler le *racisme linguistique*. Il y a racisme lorsque les différences réelles sont interprétées comme des différences de statut intellectuel et spirituel, en un mot comme des différences d'humanité.

Le racisme linguistique a deux sources. L'une provient de ce que l'on peut appeler la *linguistique populaire*. Les individus et les peuples voient (à juste titre) dans leur idiome une forme d'individuation et de constitution de leur identité. C'est une tendance courante que d'interpréter la différence comme inégalité et supériorité par rapport à l'autre. Ce n'est toutefois pas une nécessité. Il existe des populations multilingues (voir plus loin). La constitution des États-nations dans l'Europe de la Renaissance a renforcé un processus d'individuation linguistique et de concurrence entre langues, qui était un terrain privilégié pour le racisme linguistique populaire.

La seconde source du racisme linguistique est d'origine savante. Il tient à la façon dont s'est constituée la typologie linguistique, depuis le début du comparatisme moderne, dans la génération du romantisme allemand, jusqu'aux théories évolutionnistes de la fin du XIXe siècle. Il a de fort prolongements dans la philosophie contemporaine par l'intermédiaire du thème (par exemple, heideggérien) de la supériorité indépassable du grec (ou de l'allemand) pour la constitution de cette discipline. On en trouve des échos atténués dans des textes remplis par ailleurs de bonnes intentions :

> Le déclin des études grecques fait partie du destin crépusculaire de l'homme occidental. Il court-circuite la pensée philosophique de l'origine perpétuelle de la pensée (Maldinier, 1975, p. X).

Lorsque les linguistes ont disposé de suffisamment d'informations sur la diversité des langues du monde, ils n'ont pas manqué de tenter de mettre de l'ordre dans cette diversité en proposant une classification dans de grands types. La classification la plus largement admise, au XIXe siècle, peut être résumée de la façon suivante :

i) *langues isolantes :* la phrase est constituée de mots invariables ;
ii) *langues agglutinantes :* la phrase est constituée de racines que l'on ne rencontre jamais isolées, mais accompagnées d'autres éléments, les affixes (qu'on ne rencontre pas non plus de façon isolée) et qui expriment les relations temporelles, agentives, causales, etc. ;
iii) *langues flexionnelles :* la phrase est constituée de mots variables et dont les variations internes (les flexions, c'est-à-dire les déclinaisons et les conjugaisons) expriment les différentes relations.

Aujourd'hui, nous raisonnons plutôt en termes de traits typologiques que de catégories classificatoires bien délimitées. On peut toujours discuter d'une typologie, c'est-à-dire de son adéquation aux phénomènes décrits. Ce n'est pas cela qui fait problème, c'est la projection d'une typologie sur une échelle hiérarchique. Les linguistes romantiques allemands (par exemple, les frères Schlegel) remarquaient déjà le privilège des grandes langues culturelles de l'Occident, toutes flexionnelles, et valorisaient une filiation mythique *sanskrit* → *grec* → *allemand*[1]. Mais le véritable principe hiérarchique surgit lorsque l'on projette la typologie sur l'axe temporel d'une évolution, c'est-à-dire d'un *développement unilinéaire.* Cette conception se fait jour dès les débuts de la typologie, mais elle devient dans la seconde moitié du XIXe siècle une construction intellectuelle cohérente, organisée sur le modèle de la

1. Il n'est pas sans rapport avec le problème que l'on discute que l'effort des linguistes comparatistes du XIXe siècle ait porté avant tout sur les langues indo-européennes, même si cet état de fait provient de multiples autres causes. On remarquera aussi que le concept de langues indo-européennes (qui correspond à une filiation historique fondée) conduit à isoler ce groupe de celui des langues sémitiques, ce qui peut donner (et a donné lieu à) de multiples dérapages.

théorie biologique de l'évolution (Schleicher). Les langues isolantes sont celles des débuts primitifs de l'humanité, pauvres en science et en culture ; les langues agglutinantes manifestent un progrès, mais seules les langues flexionnelles sont aptes à permettre et exprimer le développement d'une pensée raffinée. Par conséquent, dans la lutte des langues entre elles, il est inéluctable que les « langues inférieures » disparaissent, c'est même un bien pour le progrès de l'humanité. Dès lors, il ne faut guère s'étonner de trouver chez un spécialiste de tamoul (langue dravidienne de l'Inde) et de basque (langue de l'Europe non apparentée aux langues indo-européennes) des jugements comme celui qu'expriment ces quelques lignes :

> On s'attriste en découvrant sur tous ces visages la marque d'une intelligence encore endormie (...). Pourquoi le pays basque a-t-il gardé cette physionomie spéciale ? La cause principale en est certainement la conservation de sa langue[1].

Le racisme linguistique a été une doctrine sinon universellement partagée, du moins relativement dominante vers le milieu du XIXe siècle[2]. Pourtant, dès le départ, il a rencontré un contre-exemple très fort avec le cas du chinois. Que les langues isolantes et agglutinantes soient des langues primitives incapables de porter les développements spirituels de la civilisation, cela concordait avec la façon traditionnelle dont les anthropologues considéraient généralement les « peuplades » amérindiennes à culture purement orale. Mais le chinois est une langue isolante qui correspond à une civilisation millénaire ! C'est un problème auquel s'est affronté Guillaume de Humboldt, dans sa fameuse *Lettre à M. Abel*

1. Julien Vinson, Coup d'œil sur l'étude de la langue basque, *Revue de linguistique et de philologie comparée,* 1868, p. 382.

2. Il ne s'agit pas d'une conception isolée, concernant uniquement les langues ; il faut au contraire la relier à l'idée générale d'un progrès des civilisations qui a sa source dans la philosophie des Lumières et que spiritualise la génération romantique (voir, par exemple, les conceptions de Hegel sur l'histoire universelle !). Il ne s'agit pas non plus d'une position propre à l'idéalisme allemand, puisqu'elle est également celle de l'anthropologie positive de la seconde moitié du XIXe siècle. Voir C. Blanckaert (dir.), *Des sciences contre l'homme,* 2 vol., Paris, Autrement, 1993. On peut également consulter Léon Poliakov, *Le mythe aryen. Essai sur les sources du racisme et des nationalismes,* Paris, Calmann-Lévy, 1971 (rééd. Bruxelles, Complexe, 1987), particulièrement la section du chap. V intitulée « La tyrannie des linguistes ».

Rémusat[1] *sur la nature des formes grammaticales et sur le génie de la langue chinoise en particulier* (1827) :

> La langue chinoise me semble, sans aucun doute, très inférieure, comme organe de la pensée, aux langues qui sont parvenues à donner un certain degré de perfection à un système qui est opposé au sien (p. 123).

La réponse au problème qui nous intéresse était déjà contenue dans son mémoire de l'Académie de Berlin, *De l'origine des formes grammaticales et de leur influence sur le développement des idées* (1822-1823) :

> Quand même une langue ne possède aucune forme grammaticale véritable, comme elle ne manque jamais d'autres moyens de représenter les rapports grammaticaux, il arrive que non seulement le discours y demeure possible, matériellement parlant, mais même que tous les genres du discours peuvent se naturaliser dans une langue semblable et s'y cultiver. Mais ce dernier fait n'est dû qu'à l'action d'une force étrangère qui se sert d'une langue imparfaite dans le sens d'une langue parfaite (p. 17).

On peut donc avoir une langue imparfaite et une civilisation développée malgré elle. La solution évidemment est *ad hoc* ; elle ne protège pas des jugements comme celui que l'on a cité plus haut à propos du basque. De fait, on ne dispose pas de sens clair dans lequel on pourrait concevoir qu'une langue est inférieure à une autre, ni par conséquent de critère pour hiérarchiser les langues. Le critère humboldtien (la façon dont la morphologie reflète les relations grammaticales et sémantiques) n'a de force que dans la mesure où nous prenons comme modèles les langues flexionnelles européennes. C'est toujours de l'(indo)-européanocentrisme et le critère est parfaitement tautologique. On remarquera, en outre, que la base typologique est loin d'offrir la possibilité d'une hiérarchisation absolue, parce qu'il est difficile d'envisager la flexion comme un point d'achèvement. Au cours de leur histoire, les langues flexionnelles ont tendance à voir leurs flexions se simplifier et disparaître. Il suffit, pour le constater, de voir le passage du latin aux langues romanes (le français n'a pratiquement plus de marques casuelles, il ne lui reste que d'infimes traces du genre neutre, etc.) ou encore, parmi les langues germaniques, de considérer le cas de l'anglais (toute la morphologie d'un verbe anglais régulier tient en trois variations : forme de

1. Célèbre sinologue français (1788-1832).

base, forme de base + -s, [auxiliaire +] forme de base + *-ed*). De nos jours, 60 % des publications scientifiques de l'humanité s'effectuent dans une langue qui n'est pas tellement éloignée du type isolant attribué aux débuts de l'humanité ! Factuellement et intellectuellement, on ne peut que soutenir le principe suivant :

> [A] Les différences entre les langues ne peuvent pas être interprétées dans les termes d'une hiérarchie ; le concept de « langue inférieure » n'a aucun contenu factuel ou intellectuel.

Qu'est-ce qui est inacceptable dans le passage de Maldinier que nous avons cité plus haut ? Il est incontestable que ce que nous appelons philosophie a commencé en Grèce et a correspondu à un certain rapport avec la langue grecque ; on ne saurait trop, également, recommander d'apprendre le grec pour se consacrer à la philosophie grecque ! Mais l'idée d'un déclin de l'humanité n'a pas l'ombre d'une preuve ; on ne peut que regretter la confusion entre un commencement et une « source perpétuelle » ; enfin, la liaison d'une discipline intellectuelle et d'une langue n'a jamais rien eu d'inéluctable.

Le principe [A] n'est pas nécessairement compatible avec le relativisme linguistique. On peut, en effet, utiliser le relativisme pour défendre le racisme linguistique, puisque ce dernier *implique* le relativisme. C'est évidemment parce qu'il y a des différences que la diversité des langues (et, plus généralement, des formes de communication) pose un ensemble de questions éthiques. Le point essentiel est d'interpréter les différences autrement que comme des inégalités.

La question est loin d'être simple. Lorsque les premiers missionnaires en Amérique ou en Afrique remarquaient qu'ils ne pouvaient pas traduire certaines choses, ils faisaient incontestablement une expérience concrète et véridique. Imaginons une langue L, parlée par une tribu d'aborigènes amazoniens qui n'ait eu aucun contact avec la civilisation occidentale. Prenons un article de théorie physique rédigé, disons en français F, et concernant, par exemple, la possibilité pour les cordes[1] d'être le germe de certains types de galaxies. Est-ce que cela a un sens de demander, comme cela, aujourd'hui, sans préparation, la traduction de

1. « Corde » désigne, dans la physique moderne, un type bien précis d'entité.

l'article de F vers L ? Assurément, les indigènes peuvent se faire dans L une représentation (plus ou moins bonne ou plus moins intelligente) de ce qui est dit dans F à propos des cordes comme germes de galaxies. Mais on voit mal une traduction de l'article en question qui permette de continuer dans la langue L une recherche en astronomie théorique. Ne doit-on pas dire, dans ce cas, que L est inférieure à F ? Mais si on l'accepte, pourquoi ne pas admettre également que F est inférieur au grec en ce qui concerne l'expression philosophique ?

Si notre traduction échoue, c'est que la langue L n'est liée à aucune tradition de physique théorique. Cela ne signifie pas qu'il est impossible *par la nature de L* d'introduire la physique théorique dans cette langue et d'initier une tradition. Les vernaculaires européens vers le début du XVIe étaient dans une situation comparable à celle de notre langue imaginaire, du moins en ce qui concerne toute la riche tradition scientifique (et philosophique !) qui s'exprimait en latin. Pour changer la situation, il a fallu traduire les textes classiques, constituer une littérature, prendre la nouvelle habitude de s'exprimer sur certains sujets dans ces langues, construire différents outils linguistiques (grammaires, dictionnaires, etc.). Ce n'est qu'à la fin du XVIIIe siècle (après trois siècles de travail !) que les langues européennes ont acquis le statut de langues appropriées à l'expression scientifique. Lorsque nous mettons en avant le principe [A], il ne s'agit pas simplement de considérer les langues à un moment donné avec toutes leurs traditions d'expressivité et leurs liaisons à différentes cultures. Il s'agit de les considérer dans leurs potentialités indéfinies. Nous voulons dire :

> [A'] Il est impossible d'admettre le concept de « langue inférieure » parce que toutes les langues ont potentiellement les mêmes capacités expressives.

[A'] n'est pas une assertion strictement factuelle, puisqu'elle concerne des virtualités. Quoiqu'on puisse lui trouver des corroborations historiques (cf. l'histoire des langues européennes ou d'une langue comme le japonais), son statut ressemble assez à celui d'un *principe de charité*. Ce à quoi il s'oppose, c'est à la conception humboldtienne du *déterminisme linguistique,* selon laquelle une langue pourrait être conçue comme *energeia* enfermant, une fois pour toutes, ses locuteurs dans un certain type de vision du monde.

La qualité de la langue

Si nous pensons impossible de soutenir l'existence de langues inférieures, il devient très difficile d'attribuer aux langues diverses qualités, ainsi qu'on le fait habituellement lorsque l'on parle de langues *harmonieuses,* de langues *logiques,* de langues *pauvres,* etc. Ces qualités sont, en effet, toujours traduites en termes d'échelles de valeurs où nos propres habitudes linguistiques (ou l'idée que nous nous en faisons) servent d'étalon. Pourtant, on ne peut s'empêcher d'admettre une certaine valeur objective à ces prédicats évaluatifs. Le *basic english* d'Odgen, langue minimale dérivée de l'anglais afin de servir de langue internationale auxiliaire, est incontestablement une langue « pauvre » : elle comporte 850 mots seulement et une syntaxe simplifiée par rapport à l'anglais courant.

C'est dans les apologies nationalistes ou les utopies linguistiques que l'on rencontre le plus facilement une approche qualitative des langues. Nous nous limiterons aux exemples du second type. Chacun connaît le célèbre roman de G. Orwell, *1984,* où l'auteur décrit une société totalitaire dont les dirigeants créent une langue afin de maîtriser la pensée et les actes de la population. Le but du *novlangue* était non seulement de fournir un mode d'expression aux habitudes mentales des dévots de l'angsoc[1], mais de rendre impossible tout autre mode de pensée : suppression de certains mots ou de certains de leurs usages (par exemple, l'usage de l'adjectif *libre,* dans son application aux actions humaines), appauvrissement du vocabulaire, interchangeabilité presque complète des parties du discours, régularité de la morphologie (système de suffixes), vocabulaire contractant des phrases de propagande, séparation des types de vocabulaire, etc.

Généralement les utopies linguistiques ne sont pas négatives. Depuis la langue des Sévarambes[2] jusqu'à celle des Maras[3], les romanciers se sont efforcés de décrire des langues imaginaires

1. C'est le nom de la doctrine sociale totalitaire.

2. Denis Vairasse d'Allais, *Histoire des Sévarambes, peuples qui habitent une partie du troisième continent communément appelé la Terre australe (...),* Paris, Maichalet, 1677-1678.

3. E. Arsan, *Laure,* Paris, 1976.

censées déterminer/refléter une forme de vie plus ou moins idéale. Comme Orwell, ils fournissent parfois un appendice linguistique à leur ouvrage. E. Arsan précise, entre autres choses, que dans la langue mara « la désinence *êo*, propre aux prénoms féminins, indique l'union, la compréhension, l'entente ». Le cas le plus intéressant, bien qu'il ne donne pas lieu à des descriptions linguistiques précises, est peut-être celui que développe C. van Vogt dans la suite romanesque consacrée au monde des ~ A (= non-A). Le ~ A est d'abord un mode de penser qui refuse la logique aristotélicienne, c'est-à-dire, selon l'auteur, le principe du tiers exclu (ou son dual, le principe d'identité). Van Vogt se réfère explicitement à la théorie du prince Alfred Korzybski que son auteur a baptisée pompeusement *sémantique générale*. Selon la sémantique générale[1], il faut formuler une sémantique non bivalente parce que la logique aristotélicienne n'est correcte ni vis-à-vis de la structure du monde (les processus sont continus), ni vis-à-vis de notre système nerveux[2]. Le langage aristotélicien produirait des blocages « sémantogènes » dans le comportement humain. Pour éviter la haine raciale, il suffirait de ne pas parler de Noir en général, mais de parler concrètement avec des noms propres Noir1, Noir2, etc. Les principes posés par Korzybski à la base de sa thérapeutique linguistique[3] sont peu originaux :

— le mot n'est pas la chose qu'il désigne (autrement dit : il faut distinguer entre le signe et sa référence) ;
— une carte n'est pas un territoire (autrement dit : aucun signe ne peut valoir pour la totalité du représentable) ;

1. Le lecteur peut trouver en français un exposé rapide et une critique de la doctrine dans Schaff, 1974, chap. IV. S'il cherche un éloge, il peut se reporter à l'ouvrage de Bachelard cité plus loin.

2. Il est difficile de concevoir ce que signifie exactement ce genre d'assertion. En tout état de cause, on notera que i) le système nerveux fonctionne, au niveau le plus élémentaire, de façon binaire (l'impulsion qui se propage le long du nerf correspond à une dépolarisation de l'enveloppe de myéline), ii) on n'a encore aucune idée de la façon de relier les propriétés observables du langage au système nerveux.

3. Le gros ouvrage qui a « fondé » la sémantique générale a pour titre *Science and Sanity. An Introduction to Non-Aristotelician Systems and General Semantics* (New York, 1933). La « discipline » a produit un nombre considérable de travaux divers. Elle a donné lieu, aux États-Unis, à la création de revues, d'instituts, de groupe dissidents. Bref, elle a été organisée selon la sociologie de la science normale. Mais elle a vite pris la tournure d'une secte, Korzybski lui-même soutenant que, faute de suivre ses principes, la population des États-Unis deviendrait vite schizophrène !

— les symboles sont multi-ordonnés (autrement dit : il y a une hiérarchie de langages comme l'admet la théorie des types de Russell ou la sémantique de Tarski).

Dans son livre le plus paradoxal, G. Bachelard n'hésite pas à écrire : « Le non-aristotélisme, tel que l'expose Korzybski, n'est rien moins qu'une bifurcation des centres nerveux élevés »[1] ! Il relie la sémantique générale aux tentatives de construire une logique adéquate à la physique quantique. Nous avons déjà évoqué la question des logiques déviantes (voir chap. 9, « La question de la logique »). Pour le reste, les hypothèses de base de la sémantique générale sont celles du déterminisme linguistique. Par conséquent, le problème de fond que cette théorie met en lumière peut se formuler de la façon suivante. Ou bien on soutient le déterminisme linguistique et il faut sans doute admettre des langues de qualités différentes, et, par conséquent, on finit par reconnaître une valeur au racisme linguistique. Quelle différence, en effet, pourrait-on faire entre l'interprétation que donne Bachelard de la sémantique générale (assez proche de celle que nous livrent les romans de van Vogt) et la thèse du linguiste belge H. Chavée qui prétendait avoir démontré « scientifiquement, par des faits d'histoire naturelle du langage, la diversité naturelle de la constitution mentale, et, par conséquent, de l'organisation cérébrale »[2] ? Ou bien on nie le racisme linguistique et il faut renoncer à différencier des langues de qualités différentes et refuser le déterminisme linguistique. Or, si nous souhaitons refuser le racisme linguistique, ne doit-on pas, cependant, admettre comme un fait empirique qu'il y a des langues totalitaires, des langues grossières, etc. ?

Le problème tient peut-être à une profonde ambiguïté terminologique. Prenons un exemple simple. Victor Klemperer[3] raconte que le premier mot qu'il ressentit comme spécifiquement nazi est *Strafexpedition* (expédition punitive). Mais, si on suit le récit, on s'aperçoit que le mot n'est « nazi » que dans un certain

1. *La philosophie du non*, Paris, PUF ([1940], 1973), p. 127-128.
2. *Les races et les langues*, Paris, 1862, p. 60.
3. Philologue allemand antinazi (1881-1960). Nous nous référons à son célèbre ouvrage *LTI. notizbuch eines philologen (LTI = Lingua Tertii Imperii, Langue du IIIe Reich)*, paru en 1946, non encore traduit en français.

contexte d'emploi : celui de la conversation avec l'auteur (son professeur) de cet étudiant que l'on nous dit doué et qui raconte fièrement et avec exaltation comment il a participé à une *Strafexpedition* contre deux communistes, leur a fait boire de l'huile de ricin, etc. Il n'y aurait rien de nazi à dire que les Sabins ont monté une expédition punitive pour répondre au rapt de leurs femmes ! La valeur nazie ou pas de *Strafexpedition* dépend des circonstances du discours ; elle n'est nullement absolue. Il convient donc de distinguer :

— les possibilités expressives de certaines structures morpho-syntaxiques et sémantiques (ce que de façon abstraite les linguistes, en suivant Saussure, appellent *une langue*) ;
— les *discours* ou actes linguistiques accomplis par des sujets dans des circonstances données et acquérant pas là une valeur spécifique.

C'est évidemment à la langue que s'applique le principe [A], pas au discours. Il y a des propriétés qui sont applicables au discours et pas à la langue, et inversement. Un discours d_x dans une langue L_i peut comporter *n* phonèmes, cela n'indique pas combien en comporte la langue et inversement. Si L_i est une langue à construction ergative, cela n'implique pas que d_x possède précisément une construction ergative. Il y a des propriétés qui sont même absolument *non transférables* entre la langue et le discours. Le cas le plus évident est celui de la *vérité*. Il y a des discours qui possèdent une valeur de vérité ; cela n'a aucun sens de parler de la valeur de vérité d'une langue. De la même façon, un discours peut être plus rationnel qu'un autre, cela n'a aucun sens de soutenir qu'une langue serait plus rationnelle qu'une autre[1]. Lorsque l'on parle de la « qualité de la langue », on vise, en fait, la qualité du discours.

La solution proposée est-elle totalement satisfaisante ? Les langues n'ont-elles en fin de compte absolument aucune de ces propriétés qualitatives, susceptibles de plus et de moins et dont les discussions ont fourni tant de pages et tant de querelles ?

1. Nous laissons de côté les propriétés relatives, comme « ... être plus simple », « ... être plus commode », etc. Pour un Chinois, le chinois est certainement plus commode que le français ! La simplicité d'une langue n'est pas quelque chose de clair. On aurait tort de la confondre avec l'inverse de la complexité morphologique. Le sanskrit est morphologiquement plus complexe que l'anglais et, assurément, que le chinois, mais, comme il faut bien exprimer ce qu'il y a à exprimer, on perdra sur la syntaxe ce que l'on gagne sur la morphologie.

Reprenons un exemple. Appelons système numérique NN_i d'une langue donnée L_i l'ensemble constitué par l'ensemble E_i de toutes les expressions numériques complexes[1] possibles dans cette langue et l'ensemble N_i des expressions numériques simples (c'est-à-dire des éléments lexicalisés – généralement sous forme nominale –, comme en français *un, deux, trois,* etc.). L'une des données empiriques indiscutables de la linguistique est le caractère fini dans toute langue de NN_i ; il y a donc un nombre maximal (M_i) qui figure dans le NN_i de chaque langue : J. Greenberg soutient que pour l'anglais/américain ce nombre est 10^{36} *(trillion)* ; pour le français courant, c'est probablement 10^8 *(milliard)*. Or il y a incontestablement des langues pour lesquelles ce nombre maximal est peu élevé : les anthropologues prétendent qu'en xhosa il n'y a pas de nom pour 8 ; en guana (Amérique du Sud, famille arawak), les noms de nombres correspondent à *un, deux, trois, quatre* et *« beaucoup »*. Des remarques de ce genre ont été faites très tôt et ont été discutées par les philosophes du XVIIIe siècle (La Condamine, Condillac). Ces derniers en concluaient que les hommes qui s'exprimaient dans ces langues (bien évidemment « primitives ») ne pouvaient pas compter au-delà du M_i en question. Il est, effectivement, probable que les hommes en question ne comptent pas au-delà parce qu'ils n'en éprouvent pas le besoin ; on peut même aller jusqu'à admettre que, s'ils avaient éprouvé ce besoin de façon constante, on en trouverait trace dans leur système numérique[2]. Il est pourtant impossible d'en conclure que dans une langue on ne peut pas compter au-delà de M_i : il suffit de changer le système, comme nous le montre l'exemple de nombreuses langues.

L'article 24 des Statuts octroyés à l'Académie française en 1635 par Richelieu précise le rôle de cette institution :

> La principale fonction de l'Académie sera de travailler avec tout le soin et toute la diligence possible à donner des règles certaines à notre langue et à la rendre pure, éloquente et capable de traiter les arts et les sciences.

1. Nous nous limiterons aux cardinaux. Nous reformulons des idées exprimées par le linguiste américain Joseph H. Greenberg.
2. Certains spécialistes de la reconstruction soutiennent qu'il n'y avait pas de nom pour 100 en indo-européen.

L'histoire nous montre que l'Académie a atteint, vers le milieu du XVIIIe siècle, le but qui lui avait été fixé. Ce n'était sans doute pas l'unique modèle institutionnel possible ; seule la Real Academia espagnole (1713) suivit son principe centralisateur. Dans les pays germaniques, le consensus sur le *hochdeutsch* s'est effectué par la convergence des aspirations de bourgeoisies que ne contraignait aucune unité politique ; dans les régions de la péninsule Italienne, la *question de la langue* a vivement opposé les partisans des différents parlers locaux. La situation française est sans doute due à une conjoncture exceptionnelle entre un pouvoir royal en passe d'absolutisme, une classe d'écrivains relativement peu nombreuse et des grammairiens, pour la plupart issus d'une bourgeoisie qui fournit à l'absolutisme ses élites administratives. Dès le XIXe siècle, le développement d'une industrie linguistique moins étatique, plus diversifiée et plus nombreuse (éditeurs, écrivains, grammairiens) va marginaliser l'Académie. Quoi qu'il en soit, on voit facilement les bases du travail des académiciens et de leur réussite pendant les deux siècles de l'efficacité linguistique maximale de l'institution. Il s'est agi :

— de poursuivre le travail de traduction entamé dès le XVe siècle. Les grands grammairiens classiques furent souvent aussi de grands traducteurs. La traduction provoque un « modelage » stylistique et sémantique de la langue cible ; elle conduit également à introduire des mots et des tournures de pensée nouveaux ;
— de produire une littérature qui serve de corps de référence et de base de discussion ;
— de favoriser l'expression scientifique en langue française (ce but ne sera véritablement atteint qu'au cours du XVIIIe siècle) ;
— surtout, de poursuivre et de mener sur une autre dimension le programme de *grammatisation* du français entamé au XVIe siècle.

Arrêtons-nous sur le dernier point. Par *grammatisation* nous entendons le fait d'*outiller* une langue avec des instruments linguistiques comme les grammaires ou les dictionnaires. Contrairement à ce que peut laisser croire la linguistique moderne (celle d'après le comparatisme), un dictionnaire, par exemple, celui de l'Académie (1694), n'est pas une pure description de la capacité ou compétence linguistique d'un locuteur natif. Il n'y a aucun locuteur qui dispose d'une compétence aussi étendue (le dictionnaire lui serait inutile), et, inversement, la plupart des locuteurs ont des compétences correspondant à des éléments qui ne figurent pas dans le dictionnaire. Avec ou sans outil linguistique un espace de communication n'est certainement pas le même. L'outillage de la langue française a pour conséquences l'homogénéisation des variations dialectales ou régionales (on peut dire aussi : leur suppression !) et la mise à disposition des utilisateurs lettrés d'un fonds incomparable en matière lexicale, syntaxique et, plus généralement, documentaire. Il assure au français, à l'époque des Lumières, une prédominance européenne[1] fondée objectivement sur des critères quantitatifs (il s'agit de la langue la plus utilisée dans les cours, dans les lettres et dans les sciences, si l'on fait exception du latin), et subjectivement sur des critères qualitatifs. Ces derniers sont au nombre de trois : la *propriété des termes* (c'est-à-dire la précision des distinctions sémantiques), la *clarté de la syntaxe* (c'est-à-dire l'absence d'ambiguïté dans la reconnaissance des fonctions de chaque élément de la proposition) et, plus généralement, la *pureté de la langue* (c'est-à-dire l'absence de mélange entre différentes langues ou entre différents niveaux d'une même langue). Ces critères qualitatifs sont avant tout des maximes discursives (en tant que telles, les deux premières ne sont guère originales). Elles se sont imposées au travers de l'outillage de la langue et comme normes de l'espace de discursivité francophone, au moment même où se constituait dans cet espace un ensemble de textes de référence. Bien entendu, une langue n'est ni « propre » ni « claire », et le fait qu'elle puisse être « pure » est parfaitement contingent.

On peut donc admettre qu'il n'est pas absurde de concevoir que les « langues » se distinguent selon certaines propriétés qualitatives sans sombrer dans le racisme linguistique. Mais ces propriétés tiennent à l'outillage des langues et aux normes qui régissent l'espace discursif, pas à quelque chose qui serait leur nature immuable. L'erreur de fond, c'est celle que commet l'idéalisme linguistique. Il n'y a pas dans le réel quelque chose qui serait une entité stable et active comme l'« esprit » des peuples ou le « génie » des langues, il n'y a que des histoires affectant des populations et des habitudes linguistiques éminemment variables et contingentes.

1. La « qualité » de la langue française et sa prétendue supériorité ont donné lieu à quantité de discours délirants, dont le *Discours sur l'universalité de la langue française* de Rivarol (1784) n'est qu'un exemple, somme toute modéré.

Il se peut qu'un outillage orienté par une éthique puriste ait été quelque chose d'efficace lors de la constitution des États-nations et de leur consolidation dans l'espace de la concurrence européenne. Mais qui soutiendra aujourd'hui que la purification ethnique et/ou linguistique soit un but éthiquement acceptable ? La recherche de la pureté de la langue est *ipso facto* destruction de formes d'expressivité qui sont des formes de vie humaine tout aussi respectables que les autres. Si on parle en termes d'efficacité, il est même probable que la *tolérance linguistique* soit un support de diffusion plus valable que le purisme : le cas contemporain de l'anglais montre bien que le statut de langue internationale suppose un abaissement considérable du normativisme et un important accroissement de la variabilité.

Le droit des individus à disposer de leur langue

Si les activités linguistiques relèvent du domaine de l'éthique, ce n'est pas seulement parce que les échanges langagiers sont régis par des normes et des principes moraux, comme le reconnaissait Platon dans sa critique même de la rhétorique. Ce sont la diversité des langues et la relativité linguistique qui obligent, aujourd'hui, à poser des principes éthiques en matière de langage.

Dans son ouvragr *Les grammairiens illustres* (chap. 22), Suétone rapporte qu'alors que, un courtisan demandait à Auguste si un mot était bien latin, le grammairien Pomponius Marcellus aurait déclaré à l'empereur : « Vous pouvez donner le droit de cité aux hommes mais non pas aux mots. » L'anecdote est reprise par Locke (*Essai*, C.II.8) et par plusieurs auteurs du XVIIIe siècle. Elle a servi de fil conducteur pour l'idée moderne selon laquelle la langue serait, par excellence, le domaine de la démocratie et de la liberté. Or la relativité linguistique rend cette idée rien moins qu'évidente :

— en discutant avec quelqu'un, j'impose une certaine vision du monde ; tout discours qui s'impose sur un autre discours est une forme de violence ;
— en obligeant quelqu'un à changer de langue ou de forme discursive, on le contraint à changer sa forme de rapport au monde et à autrui.

Avons-nous les moyens de formuler des principes éthiques qui permettent de résoudre ce problème ? On pourrait imaginer de poser les principes suivants :

[B] Une langue est une forme de vie et il faut préserver une forme de vie ;

[C] Un individu a un droit imprescriptible à s'exprimer selon les formes linguistiques qui sont les siennes, et conséquemment dans la langue qu'il choisit ; cela est également valable pour un groupe.

Toutefois, la question est loin d'être simple. Les langues sont parlées par des individus. Si le principe [B] est appliqué à propos d'une langue parlée par une centaine de locuteurs monolingues, la préservation aboutit à les priver de tout accès aux univers discursifs externes. Quant au principe [C], sa simplicité n'est qu'apparente. On pourrait, en effet, le comparer au principe de liberté de penser. Comme le remarquait Spinoza, nul ne peut m'empêcher de penser ce que je veux en mon for intérieur. Mais on peut évidemment m'interdire de parler la langue que je souhaite[1] ou faire en sorte que je sois contraint de m'exprimer dans une autre, insidieusement parce que je souhaite participer au mieux de mes intérêts à l'appropriation des biens disponibles, ou tout simplement pour survivre.

Dans le monde moderne l'utilisation des langues est régie par des lois : les États fixent généralement dans leur constitution la (les) langue(s) officielle(s), c'est-à-dire celle(s) dans la(les)quelle(s) s'effectue l'administration, se promulgue la loi, se rend la justice, etc. Une langue ne survit que si elle est une langue officielle pour un nombre important de locuteurs. Or on peut discuter du fondement de cette juridiction, en rapport, précisément, au principe [C], auquel elle contredit le plus souvent. La fameuse loi 109 du Québec fait une obligation aux enfants d'immigrés non anglophones d'êtres scolarisés en français. Il s'agit manifestement d'une violation du principe [C]. Mais, sans cette loi, on peut imaginer que les enfants conserveront en privé la langue de leurs parents et adopteront l'anglais pour leur scolarisation. À terme, ce seraient les Québécois francophones envers lesquels le principe [C] manquerait d'être appliqué. On peut même envisa-

1. On sait que les instituteurs du XIXe siècle interdisaient de parler les dialectes et les langues autres que le français à l'école.

ger que le principe aboutisse à défavoriser les individus, dans le cas où ils s'expriment dans une langue très minoritaire (cf. notre discussion de [B]).

Dans la plupart des pays européens, les politiques linguistiques se sont organisées autour de deux principes qui ont rarement été remis en cause : *a*) le monolinguisme ; *b*) l'expansion et la diffusion de la langue nationale. Il est loin d'être évident qu'il s'agisse aujourd'hui des principes les plus rationnels et les plus valables éthiquement. On sait que le multilinguisme (celui des individus) est une solution qui a été adoptée dans de nombreuses circonstances historiques et culturelles[1]. On peut penser que le multilinguisme respecte davantage la liberté individuelle et qu'il préserve la diversité.

La diversité linguistique a rarement été prise pour une qualité positive et une richesse de l'humanité. On l'a conçue comme un obstacle à la communication, que devaient lever les projets de langues universelles ou de langues internationales auxiliaires (voir chap. 5, « La relativité de l'ontologie »). Il faudrait pouvoir répondre clairement à une question comme celle-ci : Est-il bon ou mauvais pour l'avenir de la pensée scientifique qu'elle s'exprime dans une seule langue[2] ?

En tout état de cause, on peut préserver l'avenir des discussions concernant toute éthique linguistique, en adoptant un principe pour l'éthique de la linguistique :

> [D] Les sciences du langage ont le devoir de décrire le maximum de langues et de formes d'expressivité différentes.

Il ne s'agit pas d'un principe vide, car il suppose des choix qui ne sont pas nécessairement simples. Rien que dans la zone amazonienne, les chercheurs estiment qu'il reste environ 120 langues à décrire, entreprise qui reçoit le soutien de l'Unesco. Mais nos capacités d'investissement en matière de recherche sont limitées : ce que l'on investit dans l'étude des langues minoritaires ou en

1. On citera, par exemple, l'Occident médiéval. Dans ce cas, une langue unique domine chez les élites, le latin. Mais il y a des cas de multilinguisme plus équilibré et qui affectent tous les individus d'un groupe. C'est le cas, par exemple, des Indiens trumai (haut Xingu, Brésil central) qui utilisent des langues différentes en fonction des circonstances de la vie.

2. Savoir si c'est plus commode (ou moins coûteux) est une autre question.

voie de disparition, on ne l'investit pas dans la recherche spatiale, la lutte contre telle ou telle maladie, le développement de technique agricoles ou, tout simplement, si l'on reste dans les sciences du langage, dans la production de systèmes de traitements automatiques des énoncés en « langues naturelles »[1]. Il n'est justifié que si nous sommes persuadés que la diversité des langues et des formes d'expressivité est une richesse absolue de l'humanité.

1. L'automatisation de la communication génère elle-même de redoutables problèmes éthiques. Elle est une nécessité fondamentale du monde moderne (la documentation d'un avion peut correspondre à plusieurs mètres cubes de catalogues. Comment gérer une telle quantité d'informations ?). Mais on voit facilement les problèmes posés, sans même que l'on ait besoin de se référer à des techniques de traitement automatique des langues naturelles (nous voulons dire que *qualitativement* la question éthique se pose déjà avant l'automatisation ; comme nous l'avons vu dans le chapitre 2, la mise en forme commence avec la première révolution techno-linguistique qu'est l'écriture). Je remplis un questionnaire pour entrer aux États-Unis. Il y a des cases que je dois remplir me demandant si je suis marié ou pas, si j'ai des enfants, etc. Il y en a une qui me demande quelle est ma religion. Je n'ai pas le choix de la question et une forme de réponse m'est imposée : il n'y a pas de place pour les athées, sauf à considérer l'athéisme comme une religion. Autre exemple, qui touche la seconde révolution techno-linguistique et la constitution d'outils linguistiques (grammatisation). Je veux écrire une lettre dans une langue étrangère. Un mot me manque. J'attrape mon dictionnaire bilingue favori ; l'équivalent français à partir duquel je formule ma pensée n'y figure pas. Il me reste à chercher un autre équivalent et à voir s'il s'y trouve. Si l'opération se répète souvent, il est clair qu'il y a peu de chances pour que je dise en fin de compte ce que je voulais dire au départ. On aperçoit à quoi peut aboutir la simple utilisation de questionnaires ou de dictionnaires électroniques. Ajoutons que les langues qui ne seront pas pourvues d'outils informatiques (par exemple, celles qui ne figureront pas dans les dictionnaires électroniques d'aide à la traduction) finiront par être dans des positions difficiles par rapport aux autres. Comment préserver la liberté et la diversité humaines, tout en profitant des avantages de l'automatisation de la communication et du traitement de l'information ? Dans quelle mesure est-il possible que cette automatisation puisse aider à ce but ?

Conclusion – Connaissances et énigmes linguistiques

Où le lecteur aurait tort d'être soulagé

On a raison d'être impressionné par le développement des sciences du langage et des technologies linguistiques. Il n'en demeure pas moins que cette longue histoire nous place aujourd'hui devant de solides énigmes. Par exemple : Une langue naturelle est-elle de même nature qu'une langue formelle ? Une langue naturelle est-elle une « espèce » naturelle ou quasi naturelle ? La classe des énoncés linguistiques comporte-t-elle des énoncés de longueur non finie ? Une théorie des énoncés linguistiques est-elle une théorie de la compétence linguistique réelle des êtres humains ? Quel rapport y a-t-il entre la forme logique des énoncés linguistiques et leur structure linguistique ? Jusqu'où le comportement linguistique humain est-il formalisable ? Jusqu'où est-il raisonnable que l'ontologie de la linguistique diffère du sentiment des sujets parlants ? Dans quelle mesure la structure génétique des êtres humains peut-elle déterminer la structure des langues naturelles ?

On peut considérer que nous sommes confrontés à deux énigmes essentielles. D'abord, ce que nous pouvons nommer *le problème de Leibniz pour le langage*[1] : quel rapport y a-t-il entre le lan-

1. L'adage de Leibniz : « Dieu calcula et fit le monde » (voir note 1, p. 43) n'est pas une évidence, mais un problème : l'ensemble des événements du monde est-il calculable ? Le développement des langages formels et de la mécanisation des langues naturelles pose également de nouveaux problèmes : les émissions verbales d'un sujet humain sont-elles calculables, ou encore (ce qui est un problème différent) les langues naturelles sont-elles calculables ? On peut appeler cette dernière classe de problèmes *problème de Leibniz pour les langues naturelles*. Corollairement, si l'on répond par la négative au problème de Leibniz, que signifie la mécanisation des langues naturelles ?

gage naturel et le calcul ? Ensuite, ce que l'on peut considérer comme *le problème de l'identité de signification du mot « langage »* : quel rapport y a-t-il entre un langage naturel, un langage de programmation et un langage de spécialité ? Le fait que nous utilisions le même mot « langage » dans ces trois cas (et dans d'autres) exprime-t-il plus qu'une simple parenté de famille ?

Les énigmes ne concernent pas simplement la spéculation théorique et abstraite. Il est devenu crucial d'être capable de résoudre le problème que la mondialisation de la communication nous pose : *est-il plus rationnel et préférable de construire nos sciences, nos spéculations philosophiques, politiques et morales au sein d'une seule langue (ou sous la domination d'une seule langue) ou bien le monolinguisme intellectuel est-il un danger considérable pour l'humanité ?* Jamais nous n'avions auparavant été confrontés à ce type de problème. Généralement, les grandes langues de culture (latin, sanskrit, arabe, chinois écrit) ont bien dominé dans des espaces où les échanges quotidiens se faisaient dans de multiples autres langues ; mais, jusqu'à une date récente, elles constituaient justement plusieurs centres culturels indépendants. La construction des États-nations a imposé, sur de vastes territoires, l'utilisation d'une seule langue pour tous les usages possibles ; mais le principal problème était alors de permettre aux vernaculaires d'être le vecteur de travaux littéraires et scientifiques, ce qui a créé les monolinguismes locaux aujourd'hui menacés par l'internationalisation.

Derrière cette énigme pratique, se cache une question probablement plus théorique, mais encore plus énigmatique : *Que signifie vraiment, pour l'humanité et pour la connaissance, la diversité des langues ?* Jusqu'à présent, la *relativité* a été un thème du scepticisme philosophique (relativisme) ; elle est restée très marginale et fort décriée par la majorité des philosophes. Se pourrait-il qu'elle devienne un thème valorisé positivement, comme on en voit les prémices chez Quine, l'un des philosophes les plus originaux de la seconde moitié du XXe siècle ?

Notre ouvrage n'a fait qu'entamer le sujet. La philosophie du langage est aujourd'hui un champ vaste et complexe, en pleine évolution. Il est probablement appelé à devenir, dans les prochaines années, l'un des domaines fondamentaux de la recherche philosophique.

En avançant le slogan du tournant linguistique de la philosophie, Rorty (1967) mettait en avant l'idée que l'analyse du langage était une nouvelle méthode permettant d'aborder les problèmes traditionnels. Ce n'est pas ce qui nous semble l'essentiel. Se demandant pourquoi le langage était devenu une matière aussi importante pour la philosophie contemporaine, Hacking (1975) répondait en développant une analogie avec la philosophie classique et son analyse de l'entendement. Lorsque, avec le cartésianisme, la philosophie a été débarrassée des formes substantielles inhérentes aux choses, l'analyse des idées (ce que les commentateurs nomment chez Locke le *way of ideas*) est devenue le seul moyen de comprendre les relations entre les sujets et les objets de la connaissance. Pareillement, lorsque avec la science moderne la connaissance a été aussi massivement objectivée que Popper a pu parler à son propos de *troisième monde,* il est devenu fondamental de pouvoir traiter les propositions comme des entités autonomes, porteuses des valeurs de vérité de cette connaissance. Autrement dit, c'est parce que le langage est devenu le médiat d'une connaissance autonome qu'il est devenu un objet spécifique pour la philosophie contemporaine. La thèse est profonde. Elle explique bien l'analyse moderne du langage, telle que la pratiquait au milieu du XXe siècle la philosophie analytique. En l'élargissant à la culture, elle s'applique aussi à Cassirer et, plus près de nous, à Derrida. Mais elle nous semble n'être que partielle et, à tout le moins, ne plus rendre exactement compte de ce qui se passe, ni avec le processus engagé par ce que nous nommons la troisième révolution techno-linguistique, ni avec le développement contemporain des connaissances linguistiques.

Le langage est un enjeu technologique fondamental pour les décennies qui viennent. À chaque fois qu'une telle situation s'est produite (avec le développement de l'écriture ou avec la grammatisation des vernaculaires), il s'en est suivi d'importantes conséquences pour l'humanité. L'automatisation n'est cependant pas un enjeu comme les précédents ; elle met en question la nature du langage, son rapport à l'activité spécifiquement humaine et son existence sous forme de langues différentes. Ce n'est pas pour des raisons adjacentes, même bien fondées comme le sont les questions de théorie de la connaissance, que le langage doit maintenant être une matière fondamentale pour la philosophie.

Le philosophe n'a plus à passer par le langage pour des raisons d'ontologie ou d'épistémologie ; aujourd'hui, il doit affronter la question de l'essence du langage en soi et pour soi.

Où l'on évoque la question de l'irrationalisme

Nous considérons qu'il est indispensable, si l'on s'intéresse à la philosophie du langage, de connaître quelque chose de l'existence des localisations cérébrales, de l'histoire des langues et de celles des connaissances linguistiques ou des technologies linguistiques modernes. Une telle position pose évidemment un problème à la thèse de l'autonomie de la recherche philosophique. Cette thèse est parfaitement exprimée par Derrida :

> Bien entendu, les *sciences* positives de la signification ne peuvent décrire que l'*œuvre* et le *fait* de la différ**a**nce, les différences déterminées et les présences déterminées auxquelles elles donnent lieu. Il ne peut y avoir de science de la différ**a**nce elle-même en son opération, non plus que de l'origine de la présence elle-même, c'est-à-dire d'une certaine non-origine (*De la grammatologie,* 1967, p. 92).

L'autonomie de la philosophie se nourrirait des limites de la science : il lui resterait la différ**a**nce parce que cette dernière ne peut l'atteindre. Cela suppose qu'il existe un sens du mot « savoir » qui relève spécifiquement de la philosophie et soit étranger à la démarche scientifique.

La question des limites du savoir positif concerne également le refus des métalangages évoqué à la fin de notre chapitre 7. Ce refus signifie qu'il est vain de résorber, comme l'espérait Carnap, l'être du langage, c'est-à-dire l'existence factuelle, concrète et historique des différentes langues, dans une série de métalangages qui en épuiseraient à la fois la connaissance et les fonctions. On peut traduire cette attitude par une thèse ontologique : l'être du langage naturel des hommes n'est pas de l'espèce des idéalités, mais, au moins pour une partie qui est essentielle, de la nature des objets mondains et des réalités historiques[1]. Dès lors, le refus de résorp-

1. Cette thèse n'est nullement indifférente aux technologies linguistiques et aux sciences du langage : elle exprime exactement pourquoi une grammaire n'épuisera jamais le phénomène de l'existence d'une langue et pourquoi jamais une machine ne parlera comme un être humain.

tion est une position parfaitement rationnelle et cohérente. Il en va des sciences du langage comme des sciences de la nature : la connaissance scientifique n'abolit jamais la facticité. La chose est sans doute plus difficile à admettre en matière de langage qu'ailleurs : de ce que celui-ci est pour l'homme le médiat de l'intelligibilité, on s'attendrait à ce qu'il soit de part en part intelligible.

Il est de la responsabilité de telle ou telle doctrine philosophique de soutenir la thèse selon laquelle il lui serait possible de développer un discours « rationnel » qui soit un savoir fondateur arrachant le langage à la facticité. Pourra-t-on alors construire autre chose qu'une stratégie illusoire, une discipline-doublure de la connaissance scientifique et sans véritable contenu ? Que peut, par exemple, apporter la « grammatologie », concernant la nature et la connaissance du langage ? La seule question importante concerne les cas où ce style de philosophie se trouverait en conflit avec les sciences du langage. Lorsque Heidegger soutient que la poésie manifeste l'essence du langage, le linguiste peut s'opposer et présenter des objections fondées sur sa connaissance des phénomènes. On ne pourra fuir ces objections en prétendant que la science ne pense pas. Toutes les propositions sont ouvertes à la discussion. Aucun type de discours ne peut jouir du privilège d'échapper à la loi commune de l'argumentation.

Où le lecteur devra décider de son chemin

Dans cet ouvrage, nous avons constamment fait reposer nos analyses sur la connaissance positive des langues, qu'elle soit présente ou passée. On pourrait en conclure que nous suggérons de remplacer la philosophie du langage par la philosophie de la linguistique, à laquelle, au reste, nous avons consacré l'un de nos chapitres les plus longs. Il est certain qu'un exposé doit posséder un point de vue et que nous assumons pleinement d'en avoir eu un. Nous nous sommes efforcés de le signaler constamment afin de laisser au lecteur la liberté de ne pas s'y enfermer. Nous souhaitons le préciser clairement en achevant cette conclusion.

Le problème initial de la philosophie du langage peut s'exprimer par la multiplicité des approches possibles des phénomènes langagiers. Nous ne rencontrons pas la simplicité du cas des phénomènes naturels à propos desquels la philosophie de la physique a, depuis plus d'un siècle, largement submergé la philosophie de la nature de la période romantique. On peut même envisager d'aborder le langage sans passer par la médiation explicite d'un savoir positif et professionnalisé. C'est ce que pratiquent non seulement de nombreux philosophes, mais aussi ce que la plupart d'entre nous font chaque jour. Cette situation possède de solides raisons qui tiennent à la nature du langage. Notre langue nous est accessible directement sans expérimentation et sans moyens complexes. Les termes théoriques de la grammaire sont enseignés à l'école élémentaire et nous demeurent plus proches que ceux des sciences de la nature. Pourquoi chacun renoncerait-il à réfléchir et à s'exprimer sur ce sujet ? Pourquoi le philosophe ne pourrait-il aborder, lui aussi, directement la question du langage ?

Dans l'état actuel des choses, il serait absurde et mutilant de réduire la philosophie du langage à la philosophie de la linguistique, voire des sciences du langage en général. Nous perdrions, par exemple, ce qui concerne la logique, la psychanalyse et certains des développements de la philosophie analytique, comme la discussion, initiée par Wittgenstein, du statut des règles, du langage privé ou celui, plus tardif, des actes de langage. Il serait toutefois paradoxal de ne pas tenir compte de l'un des plus vieux savoirs scientifiques de l'humanité. Il y a des problèmes cruciaux (sur la nature de la langue, sur le rapport au calcul, etc.) dont n'aurait pas même idée celui qui s'abstiendrait du détour par les positivités. Notre sentiment est qu'il faut accorder, dans la philosophie du langage, une place plus centrale à la philosophie des sciences du langage. Tout laisse supposer qu'il s'agit d'un choix porteur d'avenir : les questions de fond, aujourd'hui, concernent les langues naturelles et pas simplement les artefacts que construisent les logiciens. Par ailleurs, l'étude de ces langues ou les technologies qui lui sont liées renouent sous nos yeux avec des problèmes, comme celui de l'intentionnalité ou de la référence, qui ont été solidement analysés par la tradition philosophique. Il y a là une articulation à ne pas manquer.

Il faut éviter l'écueil du positivisme qui consiste à croire que le savoir scientifique fonctionne tout seul, sans nul besoin de dimension critique. Or l'on peut échouer sur cet écueil de deux façons. D'abord, c'est le point auquel on pense immédiatement, en admettant le scientisme et en refusant tout rapport du développement des sciences et de la réflexion philosophique. Mais aussi, et cela paraîtra peut-être plus paradoxal, en défendant l'idée d'une démarche absolument autonome de la philosophie qui aborderait ses objets selon son propre fond cognitif. On admet alors l'autonomie réciproque du savoir positif, ce qui revient à un scientisme qui s'ignore, non pas triomphant, mais honteux. Il y a sans doute des questions philosophiques qui sont de faux problèmes ; il y a probablement, parmi les assertions qui circulent doctement dans les articles de revues savantes, certaines d'entre elles qui sont de pures naïvetés ou, tout simplement, des thèses hautement questionnables. Comme le notait déjà V. Henry, la linguistique ne peut résoudre les questions philosophiques. À la rigueur, on doit concevoir qu'elle les déplace et en fait naître d'autres. On admettra aussi qu'il est inconcevable que le philosophe légifère *a priori* sur ce que doit être la connaissance scientifique. Nous ne pensons pas qu'il existe de principe de démarcation net entre ce qui est de la science et ce qui est de la philosophie. En l'absence de discontinuité, le développement de la connaissance par la résolution des problèmes, sous forme de savoir scientifique et de certitude pratique, est la seule finalité ultime qu'il est raisonnable d'assigner au travail philosophique.

Bibliographie

Notre but n'est pas d'être exhaustifs, mais de donner au lecteur un ensemble suffisant de textes qui soient, dans la mesure du possible, accessibles en français (ce qui limite considérablement la bibliographie, pour l'époque contemporaine notamment), en évitant les articles de revue ou les textes d'accès trop difficile. Nous indiquons des textes étrangers, de préférence en anglais, lorsqu'ils sont indispensables même pour une première approche ; les autres références (titres étrangers, articles, ouvrages plus spécialisés) sont introduites dans le texte du livre. Pour les collections, nous n'avons cité que les collections françaises ; quant aux rares revues spécialisées que nous avons toutes recensées, elles sont généralement plurilingues. La date de la première publication est indiquée entre [ ].

Abeillé A. (1993), *Les nouvelles syntaxes. Grammaires d'unification et analyse du français,* Paris, A. Colin.

Abélard ou la philosophie dans le langage (1994), présentation, choix de textes, bibliographie par J. Jolivet, Fribourg, Éditions Universitaires.

Alwood J., Gärdenfors B. (eds) (1999), *Cognitive Semantics. Meaning and Cognition,* Amsterdam-Philadelphie, J. Benjamin.

L'analyse linguistique dans l'Antiquité classique (1981), Anthologie commentée, avec une longue introduction et des traductions nouvelles par M. Baratin et F. Desbordes, Paris, Klincksieck.

Andler D., Jacob P., Proust J., Recanati F., Sperber D. (dir.) (1992), *Épistémologie et cognition,* Liège, Mardaga.

Anis J. (1988), *L'écriture : théories et descriptions,* Bruxelles, De Boeck (avec la collaboration de J.-L. Chiss et C. Puech).

Anthologie de la linguistique allemande du XIXe siècle (1988), par B. Nerlich, Münster, Nodus Publikationen.

Aristote. Le Langage (1990), Présentation et choix de textes par A. Cauquelin, Paris, PUF.

Aristote ([IVe s. av. J.-C.] 1966), *Catégories* et *De l'interprétation,* trad. J. Tricot, Paris, Vrin.

Aristote ([IVᵉ s. av. J.-C.] 1967-1989), *La rhétorique,* trad. M. Dufour, Paris, Les Belles Lettres [aussi trad. D. Ruelle, Librairie générale française, « Le Livre de poche », nº 4607, 1991].

Aristote ([IVᵉ s. av. J.-C.] 1980), *La poétique,* trad. franç. de R. Dupont-Roc et J. Lallot, Paris, Éditions du Seuil.

Arnauld A. et Lancelot C. (1660), *Grammaire générale et raisonnée* [éd. critique par H. E. Brekle, Stuttgart-Bad Cannstatt, Friedrich Fromann Verlag, 1970].

Arnauld A. et Lancelot C. (1662), *La logique ou art de penser* [éd. critique par E. H. Brekle, Stuttgart-Bad Cannstatt, Friedrich Fromann Verlag, 1970].

Arrivé M. (1994), *Langage et psychanalyse, linguistique et insconscient. Freud, Saussure, Pichon, Lacan,* Paris, PUF.

Augustin ([387] 1975), *De dialectica,* texte établi par J. Pinborg, trad. anglaise et commentaire par B. D. Jackson, Boston [on trouvera l'essentiel du texte traduit en français dans l'anthologie de Baratin et Desbordes, 1981, p. 211-231].

Augustin ([389] 1976), *De magistro,* texte établi et traduit par G. Madec, Paris, Bibliothèque augustinienne.

Auroux S. (1979), *La sémiotique des encyclopédistes. Essai d'épistémologie historique des sciences du langage,* Paris, Payot.

Auroux S., Jacques-Chaquin N., Chevalier J.-C., Marchello-Nizia C. (1985), *La linguistique fantastique,* Paris, Clims/Denoël.

Auroux S. (1993), *La logique des idées,* Montréal-Paris, Bellarmin-Vrin.

Auroux S. (1993), *La raison, le langage et les normes,* Paris, PUF.

Auroux S. (1994), *La révolution technologique de la grammatisation,* Liège, Mardaga.

Auroux S. (dir.) (1989), *Histoire des idées linguistiques,* t. I : *La naissance des métalangages en Orient et en Occident,* Liège, Mardaga.

Auroux S. (dir.) (1992), *Histoire des idées linguistiques,* t. II : *Le développement de la grammaire européenne,* Liège, Mardaga.

Auroux S. (dir.) (2000), *Histoire des idées linguistiques,* t. III : *L'hégémonie du comparatisme,* Liège, Mardaga.

Austin J. ([1962] 1970), *Quand dire c'est faire,* trad. franç. de Gilles Lane, Paris, Éditions du Seuil.

Ayer A. J. ([1936] 1956), *Langage, vérité et logique,* trad. franç. de J. Ohana, Paris, Flammarion.

Baratin M. (1989), *La naissance de la grammaire à Rome,* Paris, Les Éditions de Minuit.

Barthes R. ([1953 et 1964] 1965), *Le degré zéro de l'écriture,* suivi de *Éléments de sémiologie,* Paris, Gonthier.

Beauzée N. (1767), *Grammaire générale,* Paris, Barbou [éd. critique par B. E. Bartlett, Stuttgart-Bad Cannstatt, Friedrich Fromann Verlag, 1974 ; on se reportera également aux articles « Langue » et « Grammaire » rédigés pour l'*Encyclopédie* de D'Alembert et Diderot, rééd. par S. Auroux, Tours, Impr. Mame, 1973].

Benveniste É. ([1939-1964] 1966), *Problèmes de linguistique générale*, Paris, Gallimard [on consultera en particulier : « Catégories de pensée et catégories de langue » [1956], p. 63-74, et « Remarques sur la fonction du langage dans la découverte freudienne » [1956], p. 75-87].

Benveniste É. ([1965-1972] 1974), *Problèmes de linguistique générale II*, Paris, Gallimard.

Berman A. (1984), *L'épreuve de l'étranger. Culture et traduction dans l'Allemagne romantique*, Paris, Gallimard.

Biard J. (1989), *Logique et théorie du signe au XIVe siècle*, Paris, Vrin.

Blanchet P. (1991), « Le droit des locuteurs à disposer de leur idiome. Un nouveau principe linguistique », *Langage et société*, n° 55, 85-94.

Bloomfield L. ([1933] 1970), *Le langage*, trad. franç. de Janick Gazio, Paris, Payot.

Boole G. ([1854] 1992), *Les lois de la pensée*, trad. franç. de Souleymane Bachir Diagne, Paris, Vrin.

Bougeant (abbé) ([1739] 1954), *Amusement philosophique sur le langage des bêtes*, rééd. par H. Hastings, Genève, Librairie Droz.

Bourdieu P. (1982), *Ce que parler veut dire*, Paris, Fayard.

Bouton C. (1976), *Le développement du langage. Aspects normaux et pathologiques*, Paris, Masson.

Bouton C. (1984), *Discours physique du langage. Genèse et histoire de la neurolinguistique*, Paris, Klincksieck.

Bouveresse J. (1971), *La parole malheureuse. De l'alchimie linguistique à la grammaire philosophique*, Paris, Les Éditions de Minuit.

Bouveresse J. ([1976] 1987[2]), *Le mythe de l'intériorité. Expérience, signification et langage privé chez Wittgenstein*, Paris, Les Éditions de Minuit.

Bouveresse J. (1987), *La force de la règle. Wittgenstein et l'invention de la nécessité*, Paris, Les Éditions de Minuit.

Bouveresse J. (1991), *Herméneutique et linguistique*, Combas, L'Éclat.

Bouveresse J., Rosat J.-J. (dir.) (2003), *Philosophies de la perception : phénoménologies, grammaires et sciences cognitives*, éd. Collège de France, Paris, O. Jacob.

Bréal M. (1897), *Essai de sémantique*, Paris, Hachette.

Bréhier É. (1970[4]), *La théorie des incorporels dans l'ancien stoïcisme*, Paris, Vrin [voir chap. II : « L'incorporel dans la logique et la théorie des exprimables »].

Brykman G. (1993), *Berkeley ou le voile des mots*, Paris, Vrin.

Buridan (1993), *Sophismes*, trad. J. Biard, Paris, Vrin.

Calame-Griaule G. (1965), *Ethnologie et langage. La parole chez les Dogons*, Paris, Gallimard.

Cambreuil M. et Pariente J.-C. (1990), *Langue naturelle et logique. La sémantique intensionnelle de Richard Montague*, Berne, Peter Lang.

Cardonna G. R. (1985), *La foresta di piume. Manuel di etnoscienza*, Rome-Bari, Laterza.

Cardonna G. R. (1990), *I linguaggi del sapere*, Rome-Bari, Laterza.

Carnap R. ([1931] 1934), *La science et la métaphysique devant l'analyse logique du langage*, trad. franç., revue et mise à jour par l'auteur, Paris, Hermann.

Carnap R. ([1937] 1971), *The Logical Syntax of Language,* trad. angl., Londres, Routledge & Kegan Paul.
Cassirer E. ([1922[1], 1953[2]] 1972), *La philosophie des formes symboliques,* 1 : *Le langage,* Paris, Les Éditions de Minuit.
Cassirer E. ([1953] 1972), *Langage et mythe,* Paris, Les Éditions de Minuit.
Catach N. (dir.) (1989), *Pour une théorie de la langue écrite,* Paris, CNRS Éditions.
Cerquiglini B. (1989), *Éloge de la variante. Histoire critique de la philologie,* Paris, Éditions du Seuil.
Chauviré C. (dir.) (1994), « Actualité de Peirce », *Histoire, épistémologie, langage,* « 16 », 1.
Chauviré C. (1995), *Peirce et la signification. Introduction à la logique du vague,* Paris, PUF.
Chevalier J.-C. (1968), *Histoire de la syntaxe. La naissance de la notion de complément,* Genève, Droz.
Chomsky N. ([1957] 1969*a*), *Structures syntaxiques,* trad. franç. de Braudeau, Paris, Éditions du Seuil.
Chomksy N. ([1965] 1971*a*), *Aspects de la théorie syntaxique,* trad. franç. de J.-C. Milner, Paris, Éditions du Seuil.
Chomsky N. ([1966] 1969), *La linguistique cartésienne,* Paris, Éditions du Seuil.
Chomsky N. ([1967] 1969*b*), « La nature formelle du langage », publié à la suite de Chomsky 1969*a*, 125-183.
Chomsky N. ([1968] 1990), *Le langage et la pensée,* trad. franç. de J.-L. Calvet, Paris, Payot.
Chomksy N. ([1971] 1973), *Les problèmes du savoir et de la liberté,* trad. franç. de M. Laroche, M. de Beauregard, Paris, Hachette.
Chomsky N. ([1975] 1981), *Réflexions sur le langage,* trad. franç. de J. Milner, B. Vautherin, P. Fiala, Paris, Maspero.
Chomsky N. (1987), *La nouvelle syntaxe* (trad. par L. Picabia de *Some Concepts and Consequences of the Theory of Government and Binding,* 1982, avec une préface et un postscript d'A. Rouveret), Paris, Éditions du Seuil.
Chomsky N. (1992), *Langue et linguistique politique : dialogues avec Mitsou Ronat,* trad. franç. et présentation de M. Ronat, Paris, Flammarion.
Cicéron ([55 av. J.-C.] 1922-1930), *De l'orateur,* 3 vol., Paris, Budé.
Cicéron ([46 av. J.-C.] 1964), *L'orateur,* Paris, Budé.
Colombat B. (dir.) (1988), « Les parties du discours », *Langages,* n° 92.
Condillac E. B. de (1946-1951), *Œuvres complètes,* éditées par G. Le Roy, Paris, PUF [on se reportera particulièrement à l'*Essai sur l'origine des connaissances humaines* (1746), à la *Grammaire* (1775), à la *Logique* (1780) et à *La langue des calculs* (posthume et inachevée)].
Condillac E. B. de (1981), *La langue des calculs,* éd. critique par S. Auroux et A.-M. Chouillet, Villeneuve-d'Ascq, Presses Universitaires de Lille.
Conein B., Courtine J.-J., Gadet F., Marandin J.-M. et Pêcheux M. (dir.) (1981), *Matérialités discursives,* Villeneuve-d'Ascq, Presses Universitaires de Lille.
Coquet J.-C. (1997), *La quête du sens,* Paris, PUF.
Corrazé J. (1980), *Les communications non verbales,* Paris, PUF.

Couturat L. ([1901] 1969), *La logique de Leibniz,* Hildesheim, Olms.
Couturat L. et Leau L. (1903), *Histoire de la langue universelle,* Paris, Hachette.
Culioli A. (1990), *Pour une linguistique de l'énonciation,* t. 1 : *Opérations et représentations,* Paris, Ophrys.
Dagognet F. (1969), *Tableaux et langages de la chimie,* Paris, Éditions du Seuil.
Dascal M. (1978), *La sémiologie de Leibniz,* Paris, Aubier-Montaigne.
Davidson D. ([1984] 1993), *Enquêtes sur la vérité et l'interprétation,* trad. franç. par P. Engels, Nîmes, Jacqueline Chambon.
Deleuze G. (1969), *Logique du sens,* Paris, Les Éditions de Minuit.
Denys le Thrace, cf. Lallot J. (1989), *La grammaire de Denys le Thrace. Traduction annotée,* Paris, Éditions du CNRS.
De Rouilhan P. (1988), *Frege. Les paradoxes de la représentation,* Paris, Les Éditions de Minuit.
Derrida J. (1967*a*), *L'écriture et la différence,* Paris, Éditions du Seuil.
Derrida J. (1967*b*), *La voix et le phénomène,* Paris, PUF.
Derrida J. (1967*c*), *De la grammatologie,* Paris, Les Éditions de Minuit.
Derrida J. (1971), « Le supplément de copule : la philosophie devant la linguistique », *Langages,* n° 24, 14-39.
Desbordes F. (1990), *Idées romaines sur l'écriture,* Villeneuve-d'Ascq, Presses Universitaires de Lille.
Descartes R. ([1637] 1961), *Discours de la méthode* (V^e^ partie), Paris, Vrin.
Descles J.-P. (1990), *Langages applicatifs, langues naturelles et cognition,* Paris, Hermès.
Descombes V. (1983), *Grammaire d'objets en tous genres,* Paris, Les Éditions de Minuit.
Destutt de Tracy ([1803-1815] 1970), *Éléments d'idéologie,* 4 vol., rééd. Paris, Vrin.
Détienne M. ([1967] 1990^4), *Les maîtres de vérité dans la Grèce archaïque,* Paris, La Découverte.
Dinouart J. A. T. ([1771] 1987), *L'art de se taire,* extraits précédés de *Silences du langage. Langages du visage à l'âge classique,* par J.-J. Courtine et C. Haroche, Grenoble, Jérome Millon.
Dominicy M. (1984), *La naissance de la grammaire moderne,* Liège, Mardaga.
Dominicy M. (dir.) (1991), « Épistémologie de la linguistique », *Histoire, épistémologie, langage,* 13, 1.
Donat ([IVe s.] 1981), *Ars Donati,* éd. critique dans L. Holtz, *Donat et la tradition de l'enseignement grammatical. Étude sur l'*Ars Donati *et sa diffusion (IVe-IXe siècle),* Paris, CNRS.
Dosse F. (1991-1992), *Histoire du structuralisme,* 2 vol., Paris, La Découverte.
Dortier J.-F. (dir.) (2003), *Le cerveau et la pensée : la révolution des sciences cognitives,* Auxerre, Sciences Humaines Éd.
Dubarle D. (1977), *Logique et formalisation du langage,* Paris, Klincksieck.
Dubois C.-G. (1970), *Mythe et langage au XVIe siècle,* Bordeaux, Ducros.
Dubois J. et Hecaen H. (1969), *La naissance de la neuropsychologie du langage,* Paris, Flammarion.

Ducrot O. (1972), *Dire et ne pas dire. Principes de sémantique linguistique,* Paris, Hermann.

Ducrot O. (1980), *Les mots du discours,* Paris, Les Éditions de Minuit.

Ducrot O. (1985), *Le dire et le dit,* Paris, Les Éditions de Minuit.

Ducrot O. (1989), *Logique, structure, énonciation,* Paris, Les Éditions de Minuit.

Dumarsais C. ([1730] 1986), *Traité des tropes,* éd. critique par F. Douay-Soublin, Paris, Flammarion.

Dummett M. (1973), *Frege, Philosophy of Language,* Londres, Duckworth.

Dummett M. (1991), *Philosophie de la logique,* trad. franç., Paris, Les Éditions de Minuit.

Dupreel E. (1948), *Les sophistes (Protagoras, Gorgias, Prodicos, Hippias),* Neuchâtel, Éditions du Griffon.

Eccles J.-C. ([1989] 1994), *Évolution du cerveau et création de la conscience,* trad. franç. par J.-M. Luccioni, avec la participation de E. Motzkin [voir chap. 5].

Eco U. (1976), *A Theory of Semiotics,* Bloomington, Indiana University Press.

Eco U. (1988²), *Sémiotique et philosophie du langage,* Paris, PUF.

L'Encyclopédie, « grammaire » et « langue » au XVIIIe siècle (1973), éd. des articles « Langue » et « Grammaire » de l'*Encyclopédie,* introduction et notes de S. Auroux, Tours, Impr. Mame.

Engel P. (1989), *La norme du vrai. Philosophie de la logique,* Paris, Gallimard.

Engel P. (1994), *Davidson et la philosophie du langage,* Paris, PUF.

Faye J.-P. (1972), *Les langages totalitaires. Critique de la raison (et de l'économie) narrative,* Paris, Hermann.

Felman S. (1978), *Le scandale du corps parlant,* Paris, Éditions du Seuil.

Fehr J. (1997), *Saussure entre linguistique et sémiologie,* Frankfurt/M., Suhrkamp Verlag ; trad. franç. de Pierre Caussat (2000), Paris, PUF.

Fodor I. et Hagège C. (dir.) (1983), *Language Reform. History and Future,* 4 vol., Hamburg, Buske Verlag.

Fodor J. A. et Katz J. J. (eds) (1964), *The Structure of Language. Readings in the Philosophy of Language,* Englewoods Cliffs, Prentice-Hall Inc.

Fodor J. A. (1975), *The Language of Thought,* Cambridge (Mass.), Harvard University Press.

Fodor J. A. (1981), *Representations. Philosophical Essays on the Fondation of Cognitive Science,* Cambridge, The MIT Press.

Fodor J. A. (1983), *The Modularity of Mind,* Cambridge (Mass.), The MIT Press.

Fodor J. A. (1994), *The Elm and the Expert. Mentalese and its Semantics,* Cambridge (Mass.) - Paris, The MIT Press - CNRS Éditions.

Fontaine J. (1974), *Le cercle linguistique de Prague,* Tours, Impr. Mame.

Fontanille Jacques (1998), *Sémiotique du discours,* Limoges, PULIM.

Forest R. (1999), *Empathie et linguistique,* Paris, PUF.

Foucault M. (1966), *Les mots et les choses,* Paris, Gallimard.

Foucault M. (1968), *L'archéologie du savoir,* Paris, Gallimard.

Frege G. ([1879-1925] 1994), *Écrits logiques et philosophiques,* trad. franç. de Claude Imbert, Paris, Éditions du Seuil.

Fuchs C. et Le Goffic J.-P. (1992), *Les linguistiques contemporaines,* Paris, Hachette.

Fuchs C. (dir.) (2004), *Les linguistiques cognitives,* Paris, Ophrys.

Fumaroli M. (1980), *L'âge de l'éloquence. Rhétorique et « res litteraria » de la Renaissance au seuil de l'époque classique,* Genève, Droz.

Gadamer H.-G. ([1960] 1976), *Vérité et méthode. Les grandes lignes d'une herméneutique philosophique,* trad. franç. de E. Sacre et P. Ricœur, Paris, Éditions du Seuil.

Gadet F. et Pêcheux M. (1980), *La langue introuvable,* Paris, Maspero.

Gadet F. (1987), *Saussure. Une science de la langue,* Paris, PUF.

Galmiche M. (1991), *Sémantique linguistique et logique. Un exemple : la théorie de R. Montague,* Paris, PUF.

Gardies J.-L. (1975), *Esquisse d'une grammaire pure,* Paris, Vrin.

Gelb I.-J. ([1952] 1973), *Pour une théorie de l'écriture,* Paris, Flammarion.

Gènes et culture, Travaux du Collège de France, Symposium annuel (2003), Paris, O. Jacob.

Gochet P. (1978), *Quine en perspective,* Paris, Flammarion.

Gochet P. (1980), *Esquisse d'une théorie nominaliste de la proposition,* Paris, Colin.

Gochet P. (1986), *Ascent to Truth. A Critical Examination of Quine's Philosophy,* Münich, Philosophia Verlag GmbH.

Goddard C. (1998), *Semantic Analysis : A Practical Introduction,* Oxford, Oxford University Press.

Goffman E. ([1981] 1992), *Façons de parler,* trad. franç. de A. Kihm, Paris, Les Éditions de Minuit.

Goody J. ([1977] 1978), *La raison graphique. La domestication de la pensée sauvage,* trad. franç. et présentation de J. Bazin et A. Bensa, Paris, Les Éditions de Minuit.

Granger G.-G. (1979), *Langages et épistémologie,* Paris, Klincksieck.

Granger G.-G. (1990), *Invitation à la lecture de Wittgenstein,* Aix-en-Provence, Alinéa.

Greimas A. J. (1966), *Sémantique structurale,* Paris, Larousse.

Greimas A. J. et Fontanille J. (1991), *Sémantiques des passions, des états de chose aux états d'âme,* Paris, Éditions du Seuil.

Gross M. et Lentin A. (1967²), *Notions sur les grammaires formelles,* Paris, Gauthier-Villars.

Guéron J. et Pollock J.-Y. (dir.) (1991), *Grammaire générative et syntaxe comparée,* Paris, Éditions du CNRS.

Guilhaumou J. (1989), *La langue politique et la Révolution française,* Paris, Méridiens-Klincksieck.

Guilhaumou J., Maldidier D. et Robin R. (1994), *Discours et archive,* Liège, Mardaga.

Gumperz J. ([1982] 1989), *Engager la conversation,* trad. franç. de M. Dartevelle, M. Gilbert, I. Joseph, Paris, Les Éditions de Minuit.

Habermas J. ([1981] 1987), *Théorie de l'agir communicationnel,* Paris, Fayard.

Habermas J. ([1983] 1986), *Morale et communication. Conscience morale et activité communicationnelle,* trad. franç. et introduction de C. Bouchindhomme, Paris, Cerf.

Habermas J. ([1990] 1992), *De l'éthique de la discussion,* trad. franç. de M. Hunyadi, Paris, Cerf.

Hacking I. (1975), *Why does Language matter to Philosophy ?,* Cambridge, Cambridge University Press.

Hacking I. (1993), *Le plus pur nominalisme,* Combas, L'Éclat.

Hagège C. (1985), *L'homme de paroles,* Paris, Flammarion.

Harnad S. R., Steklis H. D. et Lancaster J. (ed.) (1976), « Origins and Evolution of Language and Speech », *Annals of the New York Academy of Sciences,* n° 280.

Harris R. (1994), *Sémiologie de l'écriture,* Paris, CNRS Éditions.

Heidegger M. ([1916] 1970), *Traité des catégories et de la signification chez Dun Scot,* Paris, Gallimard [cette thèse d'habilitation est, pour partie, un commentaire de la *Grammatica speculativa* de Thomas d'Erfurt, dont l'attribution correcte ne sera faite qu'en 1924].

Heidegger M. ([1959] 1981), *Acheminement vers la parole,* trad. franç. de J. Beaufret, W. Brokmeier, F. Fédier, Paris, Gallimard.

Hénault A. (1979), *Les enjeux de la sémiotique,* Paris, PUF.

Hénault A. (1983), *Narratologie, sémiotique générale,* Paris, PUF.

Hénault A. (1992), *Histoire de la sémiotique,* Paris, PUF.

Henry V. (1896), *Les antinomies linguistiques,* Paris, Alcan.

Herder J. G. ([1772] 1992), *Traité de l'origine du langage,* trad. franç. de D. Modigliani, Paris, PUF.

Hintikka J. ([1969-1979] 1989), *L'intentionnalité et les mondes possibles,* Villeneuve-d'Ascq, Presses Universitaires de Lille.

Hintikka J. ([1976-1990] 1994), *Fondements d'une théorie du langage,* trad. franç. de N. Lavand, Paris, PUF.

Hjelmslev L. ([1943] 1971), *Prolégomènes à une théorie du langage,* trad. franç. de U. Canger, Paris, Les Éditions de Minuit.

Hjelmslev L. ([1963] 1966), *Le langage,* Paris, Les Éditions de Minuit.

Humboldt G. de (1969), *De l'origine des formes grammaticales* (1822-1823), suivi de *Lettre à M. Abel Rémusat* (1827), Bordeaux, Ducros.

Humboldt G. de (1974), *Introduction à l'œuvre sur le kavi et autres essais,* trad. et introd. de Pierre Caussat, Paris, Éditions du Seuil.

Husserl E. ([1902[1], 1913[2]] 1972), *Recherches logiques,* II-1, trad. franç. de H. Élie, A. Kelkel, R. Schérer, Paris, PUF.

Isidore de Séville ([VIe s.] 1982), *Etymologiae II : Rhetoric,* trad. angl. de P. K. Marshall, Paris, Les Belles Lettres.

Isidore de Séville ([VIe s.] 1984), *Étymologies IX : Les langues et les groupes sociaux,* trad. franç. de R.-M. Reydellet, Paris, Les Belles Lettres.

Itard J.-M. ([1801] 1964), *Mémoire sur Victor de l'Aveyron,* dans L. Malson, *Les enfants sauvages,* Paris, UGE.

Jacob P. (éd.) (1980), *De Vienne à Cambridge,* Paris, Gallimard [trad. des textes classiques du positivisme logique].

Jacob P. (1980), *L'empirisme logique,* Paris, Les Éditions de Minuit.
Jacques F. (1979), *Dialogiques I. Recherches logiques sur le dialogue,* Paris, PUF.
Jacques F. (1985), *Dialogiques II. L'espace logique de l'interlocution,* Paris, PUF.
Jakobson R. (1963), *Essais de linguistique générale,* Paris, Les Éditions de Minuit.
Jakobson R. (1969), *Langage enfantin et aphasie,* Paris, Les Éditions de Minuit.
Jeannerod M. (2002), *La nature de l'esprit,* Paris, O. Jacob.
Jespersen O. ([1922] 1976), *Nature, évolution et origines du langage,* trad. franç. de L. Dahan et A. Hamm, préface de A. Martinet, Paris, Payot.
Jespersen O. ([1924] 1971), *La philosophie de la grammaire,* Paris, Les Éditions de Minuit.
Jodelet F. (1979), *Naître au langage. Genèse du sémiotique et psychologie,* Paris, Klincksieck.
Jolivet J. (1969), *Arts du langage et théologie chez Abélard,* Paris, Vrin.
Joly A. et Stefanini J. (dir.) (1977), *La grammaire générale des modistes aux Idéologues,* Villeneuve-d'Ascq, Presses Universitaires de Lille.
Joly A. (1987), *Essais de systématique énonciative,* Villeneuve-d'Ascq, Presses Universitaires de Lille.
Joseph J. E. (1999), « How structuralist was "American structuralism" ? », *Henry Sweet Society Bulletin,* 33, 23-8.
Katz J. J. ([1966] 1971), *La philosophie du langage,* trad. franç. de J. Gazio, Paris, Payot.
Katz J. J. (1981), *Language and Other Abstract Objects,* Totawa, Rowman & Littelfield.
Katz J. J. (ed.) (1985), *The Philosophy of Linguistics,* Oxford, Oxford University Press.
Katz J. J. (1990), *The Metaphysics of Meaning,* Cambridge (Mass.), The MIT Press.
Keller R. (1998), *A Theory of Linguistic Signs,* Oxford, Oxford University Press.
Kerbrat-Orecchioni C. (1990-1994), *Les interactions verbales,* 3 vol., Paris, Armand Colin.
Kintsch W. (1998), *Comprehension. A Paradigm for Cognition,* Cambridge, Cambridge University Press.
Kleiber G. (1981), *Problèmes de référence : descriptions définies et noms propres,* Paris, Klincksieck.
Kleiber G. (1990), *Sémantique du prototype,* Paris, PUF.
Kripke S. ([1980] 1982), *La logique des noms propres,* trad. franç. de *Naming and Necessity* par P. Jacob et F. Recanati, Paris, Les Éditions de Minuit.
Kripke S. (1981), *Wittgenstein on Rules and Private Language,* Londres, Blackwell.
Kristeva J. (dir.) (1971), « Épistémologie de la linguistique », *Langages,* n° 24.
Lacan J. (1967), *Écrits,* Paris, Éditions du Seuil.
Lakoff G. (1976), *Linguistique et logique naturelle,* trad. franç. de J. Milner et J. Sampy, Paris, Klincksieck.
Lamizet B. (1992), *Les lieux de la communication,* Liège, Mardaga.
Lane H. ([1984] 1992), *Quand l'esprit entend. Histoire des sourds-muets,* trad. franç. de J. Henry, Paris, Odile Jacob.

Largeault J. (1971), *Enquête sur le nominalisme,* Louvain-Paris, Nauwelaerts.
Largeault J. (1980), *Quine. Questions de mots, questions de faits,* Toulouse, Privat.
Laugier-Rabate S. (1992), *L'anthropologie physique de Quine. L'apprentissage de l'obvie,* Paris, Vrin.
Laurier D. (1993), *Introduction à la philosophie du langage,* Liège, Mardaga.
Laurier D. (dir.) (1991), *Essais sur le sens et la réalité,* Montréal - Paris, Bellarmin - Vrin.
Laurier D. et Lepage F. (dir.) (1992), *Essais sur le sens et l'intentionnalité,* Montréal - Paris, Bellarmin - Vrin.
Leibniz G. W. ([1704, publ. 1765] 1966), *Nouveaux essais sur l'entendement humain,* éd. J. Brunschwig, Paris, Garnier-Flammarion.
Le Ny J.-F. (1989), *Science cognitive et compréhension du langage,* Paris, PUF.
Lepschy G. C. ([1966] 1976), *La linguistique structurale,* trad. franç. de L.-J. Calvet, Paris, Payot.
Leroi-Gourhan A. (1964-1965), *Le geste et la parole,* t. 1 : *Technique et langage,* t. 2 : *La mémoire et les rythmes,* Paris, Albin Michel.
Lévi-Strauss C. (1962), *La pensée sauvage,* Paris, Plon.
Lévy P. (1990), *Les technologies de l'intelligence,* Paris, Éd. La Découverte.
L'Hermitte R. (1987), *Marr, marrisme, marristes. Une page de l'histoire de la linguistique soviétique,* Paris, Institut d'Études slaves.
Lightfoot D. W. (1999), *The Development of Language,* Oxford, Blackwell.
Linden E. (1979), *Ces singes qui parlent,* trad. franç., Paris, Éditions du Seuil.
Linsky L. ([1967] 1974), *Le problème de la référence,* trad. franç. de S. Stern-Gillet, P. Devaux et P. Gochet, Paris, Éditions du Seuil.
Locke J. ([1690] 1983), *Essai sur l'entendement humain,* trad. franç. de P. Coste, Paris, Vrin.
Maingueneau D. (1984), *Genèse du discours,* Liège, Mardaga.
Maldinier H. (1975), *Aîtres de la langue et demeures de la pensée,* Lausanne, L'Âge d'homme.
Manetti G. (1987), *Le teorie del segno nell'Antichità classica,* Milan, Strumenti Bompiani.
Marin L. (1975), *La critique du discours. Sur la « logique de Port-Royal » et les* Pensées *de Pascal,* Paris, Les Éditions de Minuit.
Martin R. (1983), *Pour une logique du sens,* Paris, PUF.
Martinet A. (1992²), *Des steppes aux océans. L'indo-européen et les « Indo-Européens »,* Paris, Payot.
Meillet A. ([1922] 1926), *Linguistique historique et linguistique générale,* Paris, Champion.
Merleau-Ponty M. (1960), *Signes,* Paris, Gallimard.
Merleau-Ponty M. ([1952] 1969), *La prose du monde,* éd. C. Lefort, Paris, Gallimard [manuscrit inachevé, dont la publication est posthume].
Meschonnic H. (1990), *Le langage Heidegger,* Paris, PUF.
Meyer M. (1986), *De la problématologie. Philosophie, science et langage,* Liège, Mardaga.
Michon C. (1994), *Nominalisme. La théorie de la signification de Occam,* Paris, Vrin.

Mill J. Stuart ([1843] 1988), *Système de logique,* trad. franç. de L. Peisse (1866), rééd. avec une introduction de M. Dominicy, Liège, Mardaga.
Milner J.-C. (1978), *L'amour de la langue,* Paris, Éditions du Seuil.
Milner J.-C. (1982), *Ordres et raisons de langue,* Paris, Éditions du Seuil.
Milner J.-C. (1989), *Introduction à une science du langage,* Paris, Éditions du Seuil, 1989.
Nef F. (1991), *Logique, langage et réalité,* Paris, Éditions Universitaires.
Nef F. (dir.) (1983), « La sémantique logique. Problèmes d'histoire et de méthode », *Histoire, épistémologie, langage,* 5, 2.
Nef F. (dir.) (1984), *L'analyse logique des langues naturelles,* Paris, Éditions du CNRS.
Newmeyer F. J. (1986), *Linguistic Theory in America,* Orlando, Academic Press Inc. [ouvrage de référence sur le développement de la grammaire générative].
Ockham Guillaume d' ([XIIIe s.] 1978), *Commentaire sur le livre des prédicables de Porphyre, précédé du Proême du commentaire sur les livres de l'art logique,* Université de Sherbrooke (Québec), Centre d'Études de la Renaissance.
Ockham Guillaume d' ([XIIIe s.] 1988), *Somme de logique I,* trad. J. Biard, Mauvezin, TER.
Ogden C. K. et Richards I. A. (1923), *The Meaning of Meaning : A Study of the Influence of Language upon Thought and of the Science of Symbolism,* Londres, K. Paul.
Ombredane A. (1951), *L'aphasie et l'élaboration de la pensée explicite,* Paris, PUF.
Panaccio C. (1991), *Les mots, les concepts et les choses. La sémantique de Guillaume d'Occam et le nominalisme d'aujourd'hui,* Montréal - Paris, Bellarmin - Vrin.
Parain B. (1942), *Essai sur le logos platonicien,* Paris.
Parain B. ([1942] 1972), *Recherches sur la nature et les fonctions du langage,* Paris, Gallimard.
Pariente J.-C. (éd.) (1969), *Essais sur le langage,* Paris [reprend des articles classiques de différents auteurs, parus en 1933 dans le *Journal de psychologie,* sur les rapports de la langue et de la vision du monde, le bilinguisme, l'onomatopée, la sociologie].
Pariente J.-C. (1985), *Le langage à Port-Royal,* Paris, Les Éditions de Minuit.
Parret H. (1987), *Prolégomènes à la théorie de l'énonciation : de Husserl à la pragmatique,* Bern-eParis, Peter Lang.
Pavel T. (1988), *Le mirage linguistique,* Paris, Les Éditions de Minuit.
Peirce C. S. (1978), *Écrits sur le signe,* choisis, traduits et commentés par G. Deledalle, Paris, Éditions du Seuil.
Peirce C. S. (1987), *Textes fondamentaux de sémiotique,* introd. de D. Savan, trad. et notes de B. Foucher-Axelsen et C. Foz, Paris, Méridiens-Klincksieck.
Pennisi A. (1994), *Le lingue mutole. Le patologie del linguaggio fra teoria e storia,* Rome, La Nuova Italia Scientifica.
Perelman C. (1977), *L'empire rhétorique. Rhétorique et argumentation,* Paris, Vrin.
Perelman C. et Olbrechts-Tyteca L. (1952), *Rhétorique et philosophie,* Paris, PUF.

Perelman C. et Olbrechts-Tyteca L. (1958), *Traité de l'argumentation. La nouvelle rhétorique,* Paris, PUF.
Petitot J. (1989), *Morphogénèse du sens,* Paris, PUF.
Piaget J. ([1923] 1984), *Le langage et la pensée chez l'enfant,* Paris, Denoël-Gonthier.
Piaget J. (1945), *La formation du symbole chez l'enfant,* Neuchâtel, Delachaux & Niestlé.
Piatelli-Palmarini M. (dir.) (1979), *Théories du langage / théories de l'apprentissage. Le débat entre Jean Piaget et Noam Chomsky,* Paris, Éditions du Seuil.
Prieto L. (1972), *Messages et signaux,* Paris, PUF.
Platon ([386-385 av. J.-C. ?] 1961), *Cratyle,* texte bilingue, Paris, Les Belles Lettres.
Platon ([395-390 av. J.-C. ?] 1966), *Gorgias,* texte bilingue, Paris, Les Belles Lettres.
Pollock J.-Y. (1997), *Langage et cognition. Introduction au programme minimaliste de la grammaire générative,* Paris, PUF.
Porphyre ([IIIe s.] 1981), *Isagogê,* trad. franç. de J. Tricot, Paris, Vrin.
Pottier B. (1992), *Sémantique générale,* Paris, PUF.
Pottier B. (dir.) (1970), « L'ethnolinguistique », *Langages,* no 18.
Pratt V. ([1987] 1995), *Machines à penser. L'évolution de l'intelligence artificielle,* trad. franç., Paris, PUF.
Premack D. (1986), *Gavagai ! or the Future History of the Animal Language Controversy,* Cambridge (Mass.), The MIT Press.
Proust J. (1986), *Question de forme. Logique et proposition analytique de Kant à Carnap,* Paris, Fayard.
Proust J, Pacherie E. (dir.) (2003), *Philosophie cognitive,* Paris, Ophrys.
Putnam H. ([1988] 1990), *Représentation et réalité,* trad. franç. de C. Engel Tiercelin, Paris, Gallimard.
Quine W. v. O. ([1953] 1980), Deux dogmes de l'empirisme, trad. franç. dans P. Jacob, *De Vienne à Cambridge,* Paris, Gallimard.
Quine W. v. O. ([1960] 1977), *Le mot et la chose,* trad. franç. de J. Dopp, P. Gochet, Paris, Flammarion.
Quine W. v. O. ([1969] 1977), *Relativité de l'ontologie et autres essais,* trad. franç. de J. Largeault, Paris, Aubier-Montaigne.
Quintilien (1933-1934), *L'institution oratoire I-IV,* texte établi et traduit par H. Bornecque, Paris, Garnier.
Ramat P. (1985), *Typologie linguistique,* Paris, PUF.
Ramnoux C. (1968²), *Héraclite ou l'homme entre les choses et les mots,* Paris, Les Belles Lettres.
Rastier F. (dir.) (1989), « Sciences du langage et recherches cognitives », *Histoire, épistémologie, langage,* 11, 1.
Rastier F. (1991), *Sémantique et recherches cognitives,* Paris, PUF.
Recanati F. (1979), *La transparence et l'énonciation,* Paris, Éditions du Seuil.
Recanati F. (1981), *Les énoncés performatifs,* Paris, Les Éditions de Minuit.
Renan E. ([1848 et 1858] 1992), *De l'origine du langage,* Paris, Didier Érudition.

Rey-Debove J. (1978), *Le métalangage,* Paris, Le Robert.
Ricœur P. (1969), *Le conflit des interprétations. Essais d'herméneutique,* Paris, Éditions du Seuil.
Ricœur P. (1975), *La métaphore vive,* Paris, Éditions du Seuil.
Ricœur P. (1983), *Temps et récit,* 2 vol., Paris, Éditions du Seuil.
Renault F. (1996), *Sémantique du temps et lambda-calcul,* Paris, PUF.
Robins R. ([1967] 1976), *Brève histoire de la linguistique de Platon à Chomsky,* trad. franç. de M. Borel, Paris, Éditions du Seuil.
Rondal J.-A. et Thibaut J.-P. (dir.) (1987), *Problèmes de psycholinguistique,* Liège, Mardaga.
Rorty R. (ed.) (1967), *The Linguistic Turn. Recent Essays in Philosophical Method,* Chicago, The University of Chicago Press.
Rosier I. (1983), *La grammaire spéculative des modistes,* Villeneuve-d'Ascq, Presses Universitaires de Lille.
Rosier I. (1994), *La parole comme acte. Sur la grammaire et la sémantique au XIIIe siècle,* Paris, Vrin.
Rosier I. (dir.) (1989), *L'ambiguïté. Cinq études historiques,* Villeneuve-d'Ascq, Presses Universitaires de Lille.
Rousseau J.-J. ([1763 ?] 1970), *Essai sur l'origine des langues où il est parlé de la mélodie et de l'imitation musicale,* éd., introd. et notes par C. Porset, Bordeaux, Ducros.
Rousseau N. (1986), *Connaissance et langage chez Condillac,* Genève, Droz.
Russell B. ([1903-1918] 1989), *Écrits de logique philosophique,* trad. franç. de J.-M. Roy, Paris, PUF.
Russell B. ([1940] 1969), *Signification et vérité,* trad. franç. de P. Devaux, Paris, Flammarion.
Sanctius F. ([1587] 1982), *Minerve ou les causes de la langue latine,* introd. et trad. annotée par G. Clérico, Villeneuve-d'Ascq, Presses Universitaires de Lille.
Sapir E. ([1949] 1968), *Linguistique,* trad. franç. de *Selected Writings,* par J. E. Boltanski et N. Soulé-Susbielle, Paris, Les Éditions de Minuit.
Saussure F. de ([1916] 1967-1974), *Cours de linguistique générale,* éd. critique par R. Engler, Wiesbaden, Otto Harrassowitz [cité sous la forme *CLG/E*].
Schaff A. ([1960] 1974), *Introduction à la sémantique,* trad. franç. de G. Lisowski, Paris, UGE.
Schaff A. ([1967] 1969), *Langage et connaissance. Suivi de six essais sur la philosophie du langage,* Paris, Anthropos.
Searle J. R. ([1969] 1972), *Les actes de langage,* Paris, Hermann.
Searle J. R. ([1979] 1982), *Sens et expression. Études de théorie des actes de langage,* trad. franç. et préface de J. Proust, Paris, Les Éditions de Minuit.
Searle J. R. ([1983] (1985), *L'intentionnalité. Essai de philosophie des états mentaux,* trad. franç. de C. Pichevin, Paris, Éditions du Seuil.
Searle J. R. ([1984] 1985), *Du cerveau au savoir,* trad. franç. de C. Chasseylin, Paris, Hermann.

Searle J. R. (1998), *Mind, Language and Society,* New York, Basic Books.
Sebeok T. A. (1972), *Perspectives in Zoosemiotics,* La Haye, Mouton.
Seris J.-P. (1995), *Langages et machines à l'âge classique,* Paris, Hachette.
Serrus C. (1933), *Le parallélisme logico-grammatical,* Paris.
Seymour M. (1994), *Pensée, langage et communauté. Une perspective anti-individualiste,* Montréal - Paris, Bellarmin - Vrin.
Sgard J. (dir.) (1982), *Condillac et les problèmes du langage,* Genève, Slatkine.
Soulez A. (1991), *La grammaire philosophique de Platon,* Paris, PUF.
Soutet O. (2001^3), *Linguistique,* Paris, PUF.
Sperber D. et Wilson D. ([1986] 1989), *La pertinence,* trad. franç. de A. Gerschenfeld et D. Sperber, Paris, Les Éditions de Minuit.
Strawson P. F. ([1971] 1977), *Études de logique et de linguistique,* trad. franç. de J.-C. Milner, Paris, Éditions du Seuil.
Tarski A. (1971), *Logique, sémantique, métamathématique,* trad. franç., sous la dir. de G. Granger, 2 vol., Paris, A. Colin.
The Lautgesetz-Controversy : A Documentation (1885-1886) (1977), T. H. Wilbur (ed.), Amsterdam, J. Benjamins.
Thibault P. J. (1997), *Re-reading Saussure,* Londres, Routledge.
Thomas d'Erfurt ([*ca* 1300] 1972), *Grammatica speculativa,* éd., trad. angl. et commentaire par G. L. Bursill-Hall, Londres, Longman.
Tiercelin C. (1993), *La pensée-signe. Études sur C. S. Peirce,* Nîmes, J. Chambon.
Toulmin S. E. ([1958] 1993), *Les usages de l'argumentation,* trad. franç. de P. de Brabanter, Paris, PUF.
Trabant J. (1992), *Humboldt ou le sens du langage,* Liège, Mardaga.
Vandeloise C. (dir.) (1991), « Sémantique cognitive », *Communications,* 53.
Vanderveken D., Kubo S. (eds) (2002), *Essays in Speech Act Theory,* Amsterdam-Philadelphie, J. Benjamin.
Vanderveken D. (1988), *Les actes de discours,* Liège, Mardaga.
Van Heijenoort J. (1967), *From Frege to Gödel. A Source Book in Mathematical Logic, 1879-1931,* Cambridge (Mass.), Harvard University Press.
Varia Linguistica (1970), textes de Maupertuis, Turgot, Condillac, Dumarsais et A. Smith, rassemblés et annotés par C. Porset, préface de M. Duchet, Bordeaux, Ducros.
Vermes G. et Boutet J. (dir.) (1987), *France, pays multilingue,* 2 vol., Paris, L'Harmattan.
Vernant D. (1986), *Introduction à la philosophie de la logique,* Liège, Mardaga.
Verschueren J. (1999), *Understanding Pragmatics,* Londres, Arnold.
Verschueren J. *et al.* (1997), *Handbooks of Pragmatics,* Amsterdam, J. Benjamins.
Vignaux G. (1991), *Les sciences cognitives. Une introduction,* Paris, La Découverte.
Vitgosky L. ([1934] 1986), *Thought and Language,* translation newly revised and edited by A. Kozulin, Cambridge (Mass.), The MIT Press [original en russe].
Vuillemin J. (1967), *De la logique à la théologie. Cinq études sur Aristote,* Paris, Flammarion.
Vuillemin J. (1971), *La logique et le monde sensible,* Paris, Flammarion.

Vuillemin J. (dir.) (1986), *Mérites et limites des méthodes logiques en philosophie,* Paris, Vrin.

Warburton W. ([1738-1741] 1764), *Essai sur les hiéroglyphes des Égyptiens,* trad. franç. de M.-A. Léonard de Malpeines, éd. et notes de P. Tort, préface de J. Derrida, rééd., Paris, Aubier, 1978.

Whitehead N. et Russell B. ([1910] 1970), *Principia Mathematica,* Cambridge, Cambridge University Press.

Whitney W. D. ([1875] 1992), *La vie du langage,* Paris, Didier Érudition.

Whorf B. L. ([1956] 1971), *Linguistique et anthropologie,* trad. franç. de C. Carme, Paris, Denoël.

Wildgen W. (1999), *De la grammaire au discours,* Berne, Éditions scientifiques européennes - Peter Lang SA.

Wittgenstein L. ([1921] 1993), *Tractatus logico-philosophicus,* trad. franç., préambule et notes de G. Granger, Paris, Gallimard.

Wittgenstein L. ([1953] 1984), *Remarques philosophiques,* éd. posthume de R. Rhees, trad. franç. de J. Fauve, Paris, Gallimard.

Wittgenstein L. ([1969] 1980), *Grammaire philosophique,* éd. de R. Rhees, trad. franç. de M.-A. Lescourret, Paris, Gallimard.

Yaguello M. (1984), *Les fous du langage. Des langues imaginaires et de leurs inventeurs,* Paris, Éditions du Seuil.

Zipf G. K. ([1937] 1974), *La psychobiologie du langage,* trad. franç. de S. Deflandre et M.-R. Delorme, Paris, Retz-CEPL.

REVUES ET COLLECTIONS SPÉCIALISÉES

Analytiques, collection publiée conjointement à Montréal (Bellarmin) et à Paris (Vrin).

Beiträge zur Geschichte der Sprachwissenschaft, revue publiée à partir de 1991, Münster, Nodus Publikationen.

Histoire, épistémologie, langage, revue de la Société d'histoire et d'épistémologie des sciences du langage (1979-1984, Presses Universitaires de Lille ; 1985-1994, Presses Universitaires de Vincennes ; à partir de 1995, distribuée par les PUF).

Historiographia Linguistica, revue publiée à partir de 1974, Amsterdam, John Benjamins.

History and Philosophy of Logic, revue publiée à partir de 1980, Londres, Abacus Press, puis (vol. 2) Taylor & Francis Ltd.

Langage et philosophie, collection publiée à Liège (Mardaga).

Linguistics and Philosophy, revue publiée depuis 1977, Dordrecht-Boston, Reidel.

Rhetorica, à partir de 1983, revue de la Société internationale d'histoire de la rhétorique, University of California Press.

Index des noms

Index des concepts

Cet ouvrage a été mis en pages
par Vendôme Impressions
Groupe Landais
73, avenue Ronsard
41100 Vendôme

Imprimé en France
par France Quercy
113, rue André-Breton
46001 Cahors
N° d'impression : 42618/

Dépôt légal : novembre 2004